Eugene L. Feagin II

langue et littérature

A SECOND COURSE IN FRENCH

THOMAS H. BROWN
Brigham Young University
Provo, Utah

LISTENING
SPEAKING
READING
WRITING

McGRAW–HILL BOOK COMPANY
NEW YORK ST. LOUIS SAN FRANCISCO TORONTO LONDON SYDNEY

ACKNOWLEDGMENTS

The author is grateful to the following publishers for permission to use copyright materials:

Editions Gallimard for permission to use extracts from Jules Romains' KNOCK; André Gide's LA SYMPHONIE PASTORALE; Albert Camus' L'ETRANGER and Simone de Beauvoir's MEMOIRES D'UNE JEUNE FILLE RANGEE. All the above are copyright © Editions Gallimard to whom exclusive rights belong.

Editions Albin Michel for permission to use extracts from Vercor's LE SILENCE DE LA MER.

Editions Bernard Grasset for permission to use extracts from François Mauriac's THERESE DESQUEYROUX © 1927 and LE DESERT DE L'AMOUR © 1925.

Text and illustrations from LE PETIT PRINCE by Antoine de Saint-Exupéry, copyright, 1943 by Harcourt, Brace & World, Inc., are reprinted and reproduced with their permission.

Langue et Littérature

Library of Congress Catalog Card Number 67–14669

08362

1234567890 LK 732106987

PREFACE

LANGUE ET LITTERATURE, *A SECOND COURSE IN FRENCH: LISTENING, SPEAKING, READING AND WRITING* with its accompanying Writing Exercises, Tests and Tapes, is a fully articulated program for intermediate French. It is designed to provide the student and instructor with a usable, flexible language-learning tool, to reinforce the introductory course and to further develop the reading-writing skills. It is intended to bring the student to the point where he can read, and discuss in French and comprehend the works of major *contemporary* authors, which treat *contemporary* ideas and which are on a level commensurate with the abilities, interests and intellectual maturity of the college student.

Written entirely in French, LANGUE ET LITTERATURE, is intended to prepare the student for, and to encourage him to continue, further study in French.

The three *Leçons Préliminaires* constitute a brief review of all verb tenses in the indicative mood.

The fourteen units which comprise the main portion of the text have two parts each. Each pair of units is based on a work or works of one of seven authors (Vercors, Jules Romains, Antoine de Saint-Exupéry, Albert Camus, André Gide, Simone de Beauvoir, and François Mauriac).

Each unit is organized as follows:

Première Partie:

A short *introduction* to author and the passage precedes each selection.

Vocabulaire de base are key words from the passage presented in the form and the order in which they appear in the passage with a definition in French and a simple completion sentence exercise. The intention is to prepare the student to read with understanding rather than to decode.

The *selections,* unedited extracts from major works of some of France's best known 20th century writers of prose, provide challenging and thought-provoking ideas worthy of the intellectual maturity of college students. In some cases, these passages may duplicate material already read by the student. The intensive development, grammar review and format of the lessons, nevertheless, are new and a second reading using this approach will insure both greater comprehension and more articulate reaction.

Compréhension et Exercises de Vocabulaire is a series of varied drills checking comprehension of the passage read and providing extensive practice with new vocabulary.

Dialogue is an exchange among students treating some facet or idea of the selection.

Révision is an extensive review of grammar with a wide variety of contextual drills including substitution drills, replacement drills, transformation and question-answer drills.

Conversation—a series of questions leads the student to a meaningful discussion of what has been read.

Causeries, the culminating activity of each segment of the unit, are suggestions for oral or written reports in the form of résumés, discussions of characters, style, theme, and ideas.

Deuxième Partie:

Since the first part of each unit is primarily concerned with teaching skills, this second part tests the student's progress by providing a reading assignment and discussions similar to the ones he has been trained to handle in the first part.

The author is grateful to his colleagues in the Department of Languages at Brigham Young University for helpful suggestions and encouragement and to all those who helped in the preparation of the program.

TABLE DE MATIERES

PREMIERE LEÇON PRELIMINAIRE

On rentre

1

Jean rentre à l'université. Il va à la gare. Il attend un taxi depuis déjà une demi-heure.

—A quelle heure pars-tu?

—Mon train arrive à dix heures vingt et part un quart d'heure après.

—Tu n'as pas beaucoup de temps.

—Enfin. Voilà mon taxi.

—Au revoir, Jean, et bon voyage. Amuse-toi bien.

—Merci. Au revoir, Anne. (au chauffeur) A la gare, s'il vous plaît, et dépêchez-vous.

2

—Salut, Jean. Où vas-tu?

—Je vais choisir mes cours. Tu y vas?

—Bien sûr. Les cours commenceront demain, n'est-ce pas?

—Oui. Dis, Michel est là?

—Pas encore. Il arrivera ce soir.

3

—Nous aimions bien les cours l'an dernier.

—Quel cours préfériez-vous?

—Les mathématiques, je crois, et puis j'aimais aussi mon cours de français.

—Etudiiez-vous beaucoup en ce temps-là?

—Oui, assez. Je lisais beaucoup de romans.

Structure: Révision du présent et de l'impératif (verbes comme *parler, finir, attendre,* et *partir*), du futur, de l'imparfait, et du conditionnel des verbes réguliers

Notes de grammaire

Voir Appendice 1.

A. Dans les phrases suivantes, substituez les mots suggérés.

1. Habitez-vous ici?
   __________ à Genève?
   ______ il ______________?
   ______ elles ______________?
   __________ en Allemagne?
   ______ vous ______________?
2. Tu ne finis jamais à l'heure.
   Vous ______________.
   Je ______________.
   ______________ avant six heures et demie.
   Nous ______________________________.
   ______________ à temps.
   Ils ______________.
   Elle ______________.
3. Paul attend un taxi.
   Je ____________.
   Nous ____________.
   Tu ____________.
   Vous ____________.
   Elle ____________.
   Ils ____________.
4. A quelle heure partez-vous?
   ________________ tu?
   ________________ elles?
   ________________ il?
   ________________ nous?
   ________________ le train?
5. Nous partirons de bonne heure.
   Vous ______________.
   Paul ______________.
   __________ à l'heure.
   _____ retournera _____.
   __________ demain.
   Ils ______________.
   Hélène ____________.
   Tu ______________.
   __________ à six heures.
   _____ arriveras _________.
   Je ______________.
   Ils ______________.
   Nous ______________.
6. Nous aimions l'école.
   Tu ______________.
   Vous ______________.
   Je ______________.
   _____ cherchais _____.
   Ils ______________.
   __________ un taxi.
   _____ attendaient _____.
   Il ______________.
   Tu ______________.
7. Je ne finissais pas toujours à l'heure.
   Nous ________________________.
   Vous ________________________.
   ___ n'arriviez pas ____________.
   Ils ________________________.
   Tu ________________________.
   ___ ne partais pas ____________.
   Paul ________________________.
   Nous ________________________.
8. Je dînerais en ville.
   Nous __________.
   Vous __________.
   __________ à la maison.
   ___ déjeuneriez ______.
   Ils ______________.
   Tu ______________.

B. Dans les phrases suivantes, mettez les verbes à la forme négative.

1. Elle arrivera à l'heure.
2. Il part ce soir.
3. J'aimais beaucoup l'école.
4. Elles parlent russe.
5. Vous lui en parlerez.
6. Il répond toujours à mes lettres.
7. Nous finissions à cinq heures. (*jamais*)
8. Nous finissons à cinq heures. (*jamais*)
9. Dans ce cas-là, nous finirions à cinq heures.
10. Ils choisissent de bonnes places.
11. Ils dîneraient en ville.
12. En ce temps-là, j'étudiais beaucoup.

C. Dans les phrases suivantes, mettez les verbes à la forme interrogative, en employant l'inversion.

1. Tu aimais l'école en ce temps-là.
2. Hélène sort avec Jean.
3. Le train arrivera à l'heure.
4. Ils applaudissent.
5. Ils achèteraient une nouvelle voiture.
6. Elle sert le dîner à sept heures.
7. Nous finirons avant huit heures.
8. Vous posiez beaucoup de questions.
9. Paul attend un taxi.
10. Vous jouez du piano.
11. Hélène dînerait dans un grand restaurant.
12. Ils demeuraient en Suisse.

D. Dan les phrases suivantes, mettez les verbes au pluriel.

1. Elle dort bien.
2. Il habitait ici.
3. Attendras-tu longtemps?
4. Il part ce soir.
5. J'étudierai demain.
6. Je travaille à la banque.
7. Dans ce cas-là, elle aimerait venir.
8. Finis-tu à six heures?
9. J'aimais bien l'école de Lausanne.
10. Dans ce cas-là, il répondrait tout de suite.

E. Dans les phrases suivantes, mettez les verbes au futur.

1. Marie et Georges passent leurs vacances au bord de la mer.
2. A quelle heure sers-tu le dîner?
3. Paul choisit de bonnes places.
4. Il perd son argent.
5. Dînez-vous en ville ce soir?
6. Nous finissons de bonne heure.
7. Je lui réponds.
8. Ils partent à sept heures et demie.

F. Dans les phrases suivantes, mettez les verbes à l'imparfait, en employant l'expression *en ce temps-là*.

LE PROFESSEUR: Nous parlons français.
L'ETUDIANT: En ce temps-là, nous parlions français.

1. Maman sert le déjeuner à huit heures précises.
2. Il neige beaucoup ici.
3. Je l'attends toujours une demi-heure.
4. M. Dubois travaille beaucoup.
5. Je dors jusqu'à sept heures et demie.
6. Ses enfants répondent toujours à ses lettres.
7. Nous étudions beaucoup.
8. A quelle heure finissez-vous?

G. Dans les phrases suivantes, mettez les verbes au conditionnel, en employant l'expression *dans ce cas-là*.

LE PROFESSEUR: Nous parlons français.
L'ETUDIANT: Dans ce cas-là, nous parlerions français.

1. J'attends Paul.
2. Elle sort avec Roger.
3. Préférez-vous cette auto?
4. Nous finissons de bonne heure.
5. Ils perdent patience.
6. Paul lui choisit un joli cadeau.
7. Pars-tu demain?
8. J'habite ici.
9. Les garçons applaudissent.
10. Nous jouons du violon.

H. Dans les phrases suivantes, mettez les verbes à l'impératif.

1. Nous attendons Marie.
2. Vous apportez vos livres.
3. Tu regardes le beau paysage.
4. Nous servons le dîner tout de suite.
5. Nous parlons français.
6. Vous partez tout de suite.
7. Nous finissons à l'heure.
8. Tu réponds aux questions.
9. Vous cherchez la cravate.
10. Tu apportes tes disques.
11. Vous dormez bien.
12. Vous choisissez de bonnes places.
13. Nous étudions l'astronomie.

I. Dans les phrases suivantes, mettez les verbes à la forme négative.

1. Donnez le livre à Jean!
2. Parlons du film.
3. Etudie ta leçon.
4. Attendons Jacqueline!
5. Partez!
6. Finis la leçon!
7. Apportez vos disques.
8. Servons le dîner.
9. Réponds à ses questions

J. Répondez aux questions suivantes, en utilisant les expressions données entre parenthèses.

1. Georges et Jean répondent-ils à vos lettres? (Non, . . .)
2. Quand dînes-tu? (6:00)
3. A quelle heure Jean part-il? (2:30)
4. Finissez-vous à l'heure? (Oui, . . .)
5. Sortez-vous souvent le soir? (Oui, . . .)
6. Où habitez-vous? (Nous . . .)
7. A quelle heure étudieras-tu? (9:00)
8. Vendrez-vous votre auto? (Oui, nous. . .)
9. Quand partiront-ils? (ce soir)
10. Arriverez-vous à l'heure? (Non, . . .)
11. Attendra-t-il longtemps? (Non, . . .)
12. Chantera-t-elle ce soir? (Oui, . . .)
13. Aimiez-vous cette école? (Non, nous . . . pas beaucoup)
14. Hélène retournait toujours chez elle en retard, n'est-ce pas? (Oui, . . .)
15. Il perdait toujours son argent, n'est-ce pas? (Oui, . . .)
16. Etudiais-tu beaucoup en ce temps-là? (Oui, . . .)
17. Quel cours préférais-tu? (mon cours de chimie)
18. A quelle heure finissiez-vous? (Nous . . . 5:30)
19. Dans ce cas-là, finiriez-vous à l'heure? (Oui, nous . . .)
20. Hélène attendrait, n'est-ce pas? (Oui, . . .)

DEUXIEME LEÇON PRELIMINAIRE

On travaille

1

—Jacques, qu'est-ce que tu as donc?

—Je ne sais pas, mais je suis très fatigué.

—En effet, tu en as l'air.

—Hier mon professeur de chimie nous a donné un grand devoir. J'ai passé toute la nuit à étudier.

2

—Jacques est parti?
—Oui. Il est allé à la bibliothèque.
—Mais je voudrais le voir. Quand sera-t-il rentré?
—Pouvez-vous revenir dans une heure? Je crois qu'il aura fini d'étudier.

3

—Es-tu allé à la conférence hier soir?
—J'aurais aimé y aller, mais. . . . C'était bien?
—J'aurais préféré quelque chose de moins vague.
—Comment ça?
—Si le conférencier avait choisi un texte mieux connu, nous l'aurions apprécié davantage.

Structure: Révision des verbes *avoir* et *être* et des temps composés réguliers—passé composé, plus-que-parfait, futur antérieur, passé du conditionnel

Notes de grammaire

Voir Appendice 1.

A. Dans les phrases suivantes, substituez les mots suggérés.

1. Hélène est en retard.
Je ______.
Vous ______.
Ils ______.
______ en avance.
Nous ______.
______ serons ______.
Tu ______.
Je ______.
Ils ______.
______ malades.
______ seraient ______.
Ils seraient malades.
Vous ______.
Paul ______.
Tu ______.
Nous ______.
______ fatigués.
______ étions ______.
Je ______.
Jacqueline ______.
Ils ______.
______ à l'heure.
Vous ______.

2. Roger n'a pas le temps nécessaire.
Je ______.
Nous ______.
Vous ______.

Vous n'avez pas le temps nécessaire.
Ils ______________________.
____________ l'argent nécessaire.
_____ n'avaient pas ____________.
Je ______________________.
M. Leblanc ______________.
Nous ____________________.
____________ envie de partir.
_____ n'aurons pas _________.
Vous ____________________.
Hélène et Jean __________.
Je ______________________.
Tu ______________________.
____________ peur.
_____ n'aurais pas _____.
Vous ______________.
Ils ________________.
Je _________________.
Nous _______________.

B. Dans les phrases suivantes, mettez les verbes à l'imparfait.

1. Etes-vous en retard?
2. Nous avons faim.
3. Nous sommes fatigués.
4. Je n'ai pas beaucoup de temps.
5. Ils n'ont pas l'air heureux.
6. Le train est à l'heure.

C. Dans les phrases suivantes, mettez les verbes au futur.

1. Avez-vous assez d'argent?
2. Es-tu à l'heure?
3. Nous avons l'air ridicule.
4. Ils sont à Reims.
5. Je ne suis pas malade.
6. Elle a dix ans.

D. Dans les phrases suivantes, mettez les verbes au conditionnel.

1. Nous sommes très heureux de vous voir.
2. Avez-vous assez d'argent?
3. Ils ont l'argent nécessaire.
4. Elle en est contente.
5. Tu es en retard.
6. Je n'ai pas le temps de le faire.

E. Dans les phrases suivantes, substituez les mots suggérés.

1. Avez-vous fini?
   _____ tu _____?
   _____ il _____?
   _________ déjeuné?
   _____ ils ______?
   _________ dîné?
   _____ elles _____?
   _________ attendu longtemps?
   _____ tu ________________?
   _____ vous ______________?
   _________ terminé?
   _____ elle _______?
   _________ chanté?
   _____ vous ______?
2. Nous sommes partis.
   Paul ____________.
   Ils ______________.
   ____________ retournés au collège.
   Vous ____________________.
   Je ______________________.
   Elle _____________________.
   ____________ arrivée.
   Nous ____________.
   Marie et Anne ______.
   ____________ descendues.
   Je ________________.
   ____________ sorti.
   Ils ______________.

3. J'avais déjà étudié.
Nous ______.
Ils ______.
______ fini.
Henri ______.
Tu ______.
______ travaillé.
Vous ______.
Elles ______.
______ répondu.
Nous ______.
Tu ______.
______ dormi.
Je ______.

4. Il n'y était pas encore retourné.
Je ______.
Nous ______.
______ arrivés.
Tu ______.
______ descendu.
Ils ______.
Robert ______.
______ entré.
Vous ______.
Elles ______.
______ montées.
Hélène ______.

5. Dans deux heures il sera arrivé.
______ nous ______.
______ partis.
Demain ______.
______ Anne et Lucie ______.
______ je ______.
______ rentré.
La semaine prochaine ______.
______ tu ______.
______ Jean ______.
Dans une heure ______.
______ sorti.
______ vous ______.
______ rentré.
______ nous ______.
______ je ______.
______ Luc ______.
______ tu ______.

6. Il aura fini demain.
Tu ______.
Nous ______.
______ la semaine prochaine.
Je ______.
______ terminé ______.
______ l'année prochaine.
Georges ______.
Vous ______.
______ dans un quart d'heure.
______ répondu à sa lettre ______.
Je ______.
Nous ______.
______ dans trois heures.
______ étudié la leçon ______.
Ils ______.

7. J'aurais aimé visiter la cathédrale.
Vous ______.
Ils ______.
______ le musée.
M. Dubois ______.
Tu ______.
______ le parc.
Nous ______.
Je ______.
______ le théâtre.
Nous ______.
Vous ______.

8. Dans ce cas-là, j'y serais allé.
______ vous ______.
______ Jacques ______.
______ retourné.
______ tu ______.
______ nous ______.
______ entrés.
______ elles ______.
______ je ______.
______ monté.
______ vous ______.
______ nous ______.
______ tu ______.
______ descendu.
______ nous ______.
______ Paul ______.
______ Marie ______.

F. Dans les phrases suivantes, mettez les verbes à la forme négative.

1. Elle aura terminé.
2. Ils seraient rentrés à l'heure.
3. Elle a fini.
4. Vous étiez resté longtemps à Paris.
5. Je suis arrivé à l'heure.
6. Nous étions partis à six heures et demie.
7. Je serai rentré dans une heure.
8. Nous aurions attendu plus longtemps.

G. Dans les phrases suivantes, mettez les verbes à la forme interrogative, en employant l'inversion.

1. Vous étiez arrivé de bonne heure.
2. Paul et Suzanne ont dîné.
3. Hélène serait allée au pique-nique.
4. Nous serons partis à sept heures.
5. Hélène et Georgette sont descendues à Reims.
6. Robert avait répondu à sa lettre.
7. Vous auriez aimé visiter la cathédrale.
8. Tu auras terminé demain.

H. Dans les phrases suivantes, mettez les verbes au pluriel.

1. J'étais déjà parti.
2. Dans ce cas-là, il serait resté plus longtemps.
3. Je n'ai pas étudié les verbes.
4. Auras-tu terminé dans une heure?
5. Il avait déjà déjeuné.
6. Elle a déjà parlé à Robert.
7. Etais-tu arrivé à l'heure?
8. Es-tu entré dans le musée?
9. Sera-t-elle partie demain?
10. J'aurais aimé visiter ce musée.
11. A-t-il etudié *le Père Goriot* de Balzac?

I. Dans les phrases suivantes, mettez les verbes au plus-que-parfait.

1. Ils n'ont pas dîné.
2. Etes-vous resté longtemps à Londres?
3. Nous sommes descendus à Strasbourg.
4. Henri a décidé d'aller en ville.
5. Je ne suis pas monté voir la tour.
6. As-tu perdu ton argent?

J. Dans les phrases suivantes, mettez les verbes au futur antérieur.

1. Je suis arrivé à cinq heures et quart.
2. Avez-vous fini de lui en parler?
3. Nous n'avons pas encore étudié.
4. Ils sont rentrés à l'heure.
5. Y êtes-vous retourné de bonne heure?
6. As-tu fini à l'heure?

K. Dans les phrases suivantes, mettez les verbes au passé du conditionnel.

1. Elle est descendue à Lyon.
2. J'ai attendu Georges.
3. Etes-vous arrivé plus tôt?
4. Nous n'avons pas visité cette ville.
5. Ils ont fini avant cinq heures.

L. Répondez aux questions suivantes, en utilisant les expressions données entre parenthèses.

1. Avez-vous déjà déjeuné? (Oui, . . .)
2. Ont-ils entendu la conférence? (Oui, . . .)

3. A quelle heure es-tu arrivé? (à six heures)
4. Quand sont-ils partis? (hier soir)
5. A-t-elle déjà chanté? (Oui, . . .)
6. Etes-vous resté longtemps à Reims? (Non, . . .)
7. Avait-il neigé? (Non, . . .)
8. Etais-tu rentré à l'heure? (Non, . . .)
9. Aviez-vous déjà terminé? (Oui, . . .)
10. A quelle heure étiez-vous retourné à l'école? (à minuit)
11. Paul et Jean étaient-ils restés longtemps en ville? (Oui, . . .)
12. Avait-elle répondu à sa lettre? (Non, . . .)
13. Quand aura-t-il fini? (dans deux heures)
14. Quand aurons-nous terminé? (dans un quart d'heure)
15. Sera-t-elle partie à six heures? (Non, . . .)
16. Serons-nous rentrés avant minuit? (Non, . . .)
17. Serez-vous arrivé dans une heure? (Oui, . . .)
18. Quand auront-ils fini de parler? (dans une demi-heure)
19. Dans ce cas-là, Paul serait-il allé à Reims? (Oui, . . .)
20. Dans ce cas-là, serait-elle descendue à Strasbourg? (Oui, . . .)
21. Dans ce cas-là, aurais-tu fini plus tôt? (Oui, . . .)
22. Dans ce cas-là, auraient-ils étudié davantage? (Oui, . . .)
23. Dans ce cas-là, auriez-vous visité la cathédrale? (Oui, . . .)
24. Dans ce cas-là, serions-nous restés plus longtemps? (Oui, . . .)

TROISIEME LEÇON PRELIMINAIRE

On se plaint ou on s'amuse

1

—Ça alors!
—Qu'est-ce qu'il y a, Roger?
—Je n'ai pas pu choisir le cours de français que je voulais.
—Ne t'en fais pas.
—Comment ça?
—Nous irons voir le professeur. Je le connais. Il fera son possible pour t'aider.

2

—Tu t'es bien amusée samedi soir?
—Oui, mais j'aurais voulu danser davantage.
—Sans blague. On m'a dit que tu avais dansé toute la soirée.
—Oui, mais nous aurions pu arriver plus tôt, si Jean était venu me chercher à l'heure!

Structure: Révision du futur et du conditionnel des verbes à racine irrégulière

Notes de grammaire

Certains verbes ont des racines irrégulières auxquelles on ajoute les terminaisons régulières du futur et du conditionnel. Notez les racines irrégulières des verbes suivants:

Infinitif	Futur	Conditionnel
aller (s'en aller)	j'**ir**ai	j'**ir**ais
s'asseoir	ils s'**assiér**ont	ils s'**assiér**aient
avoir	elle **aur**a	elle **aur**ait
courir (parcourir)	je **courr**ai	je **courr**ais
devoir	nous **devr**ons	nous **devr**ions
envoyer (renvoyer)	ils **enverr**ont	ils **enverr**aient
être	vous **ser**ez	vous **ser**iez
faire (refaire)	tu **fer**as	tu **fer**ais
falloir	il **faudr**a	il **faudr**ait
mourir	elle **mourr**a	elle **mourr**ait
pleuvoir	il **pleuvr**a	il **pleuvr**ait
pouvoir	je **pourr**ai	je **pourr**ais
recevoir (apercevoir)	nous **recevr**ons	nous **recevr**ions
savoir	ils **saur**ont	ils **saur**aient
valoir	il **vaudr**a	il **vaudr**ait
venir (appartenir, contenir, convenir, devenir, obtenir, parvenir, redevenir, retenir, revenir, se souvenir de, tenir)	tu **viendr**as	tu **viendr**ais
voir (prévoir, revoir)	vous **verr**ez	vous **verr**iez
vouloir	nous **voudr**ons	nous **voudr**ions

A. Dans les phrases suivantes, substituez les mots suggérés.

1. Serez-vous en retard?
   _____ tu _________?
   _________ à l'heure?
   _____ nous ________?
   __________ en avance?
2. Il aura le temps nécessaire.
   Vous ____________________.
   Nous ____________________.
   ______ l'argent _________.
   Nous aurons l'argent nécessaire.
   Je ____________________.
   Elle ____________________.
   ______ les livres _________.
   Tu ____________________.
3. Je ne voudrais pas revenir.
   Ils ____________________.
   Nous ____________________.
   ____________________ étudier.
   ___ ne pourrions pas ________.
   Hélène ____________________.
   ____________________ aller au concert.
   Tu ____________________.

4. Il fera son possible.
   Tu ______________.
   Mlle Marquis ___________.
   _______ de son mieux.
   Je ________________.
   Ils ________________.
   _______ une promenade.
   Nous ________________.
   _______ le tour du lac.
   Vous ________________.
5. Dans ce cas-là, il ne viendrait pas.
   ______________ je ______________.
   ______________ elles ____________.
   ______________ Jacques __________.
   ______________ nous _____________.
   ________________ n'irons pas au cinéma.
   ______________ tu ____________________.
   ______________ vous __________________.
   ______________ les Martin ____________.
   ______________ je ____________________.

B. Dans les phrases suivantes, mettez les verbes au futur.

1. Jean-Claude serait ici.
2. Aurais-tu le temps de le faire?
3. Ils ne voudraient pas revenir.
4. Pourriez-vous le faire?
5. J'irais au concert ce soir.
6. Nous ne reviendrions pas.

C. Dans les phrases suivantes, mettez les verbes au conditionnel.

1. Je ferai mon possible.
2. Ils ne voudront pas dîner ici.
3. Nous vous enverrons le chèque demain.
4. Verras-tu la Tour Eiffel?
5. Il ne saura pas faire ce travail.
6. Aurez-vous le temps de lui en parler?

D. Dans les phrases suivantes, mettez les verbes au futur.

1. Faites-vous de votre mieux?
2. Je suis un peu triste.
3. Jacqueline voit bien le problème.
4. Tu n'as pas le temps nécessaire.
5. Nous allons à la conférence.
6. Hélène ne sait pas sa leçon.
7. Viennent-ils ce soir?
8. Georges reçoit des lettres tous les jours.

E. Dans les phrases suivantes, mettez les verbes au conditionnel.

1. Nous venons tous les soirs.
2. Je ne veux pas y aller.
3. Tu n'as pas assez de patience.
4. Il envoie le paquet aujourd'hui.
5. Pouvez-vous venir ce soir?
6. Ils font une promenade.
7. Nous allons à New-York.
8. Je suis malade.

F. Répondez aux questions suivantes, en utilisant les expressions données entre parenthèses.

1. Ferez-vous de votre mieux? (Oui, . . .)
2. Auront-ils le temps de le faire? (Non, . . .)
3. Hélène sera-t-elle à l'heure? (Non, . . .)
4. Pourriez-vous nous aider ce soir? (Oui, . . .)
5. Jacques viendra ce soir, n'est-ce pas? (Non, . . . demain)
6. Iras-tu en France l'été prochain? (Oui, . . .)
7. Tu le feras aujourd'hui, n'est-ce pas? (Non, . . . la semaine prochaine)
8. Voudriez-vous un bon bifteck? (Oui, . . .)
9. Luc ira-t-il au concert lundi? (Non. . . .)

Structure: Révision du participe passé irrégulier

Notes de grammaire

Notez le participe passé irrégulier des verbes suivants:

Infinitif	Passé Composé
apprendre (comprendre, prendre, reprendre, surprendre)	j'ai **appris**
s'asseoir	il s'est **assis**
avoir	nous avons **eu**
boire	j'ai **bu**
conduire (construire, détruire, reconstruire, produire, traduire)	elle a **conduit**
connaître (apparaître, disparaître, paraître, reconnaître)	vous avez **connu**
courir (parcourir)	ils ont **couru**
couvrir (découvrir, offrir, ouvrir, recouvrir)	tu as **couvert**
craindre (atteindre, peindre)	j'ai **craint**
croire	nous avons **cru**
devoir	elle a **dû**
dire (redire, contredire)	tu as **dit**
écrire (décrire)	ils ont **écrit**
être	tu as **été**
faire (refaire)	vous avez **fait**
falloir	il a **fallu**
lire (élire, relire)	nous avons **lu**
mettre (se —, admettre, permettre, promettre, remettre, transmettre)	j'ai **mis**
mourir	il est **mort**
naître (renaître)	il est **né**
plaire (se taire)	il a **plu**
pleuvoir	il a **plu**
pouvoir	ils ont **pu**
recevoir (apercevoir)	j'ai **reçu**
rire (sourire)	vous avez **ri**
savoir	nous avons **su**
suivre (poursuivre)	tu as **suivi**
valoir	il a **valu**
venir (appartenir, contenir, convenir, devenir, obtenir, parvenir, redevenir, retenir, revenir, tenir, se souvenir de)	je suis **venu**

vivre (survivre) — ils ont **vécu**
voir (prévoir, revoir) — vous avez **vu**
vouloir — tu as **voulu**

A. Dans les phrases suivantes, substituez les mots suggérés.

1. Je n'ai pas pu venir.
   Ils ______.
   ______ aller en ville.
   ______ voulu ______.
   Nous ______.
   ______ étudier.
   ______ su ______.
   Tu ______.
   Elle ______.
2. Jean était venu me chercher à l'heure.
   Tu ______.
   ______ à six heures.
   ______ parler ______.
   Vous ______.
   ______ voir ______.
   ______ hier.
   Elles ______.
   Il ______.
3. J'aurais voulu danser davantage.
   Vous ______.
   Elles ______.
   ______ étudier ______.
   ______ pu ______.
   Georges ______.
   Nous ______.
   ______ travailler ______.
   Tu ______.
4. A-t-elle reçu la lettre?
   ___ tu ______?
   ___ vous ______?
   ______ lu ______?
   ______ la leçon?
   ______ le roman?
   ___ ils ______?
   ______ compris ___?
   Ont-ils compris le roman?
   ___ il ______?
   ______ écrit ______?
   ______ la composition?
   ______ les verbes?
   ______ appris ______?
5. Ils auront fait ce travail dans un mois.
   Je ______.
   ______ dans une heure.
   ______ le tour du lac ______.
   Vous ______.
   ______ dans une demi-heure.
   Tu ______.
   Nous ______.
6. Dans ce cas-là, il aurait été fatigué.
   ______ tu ______.
   ______ Jean et Pauline ___.
   ______ en retard.
   ______ Hélène ______.
   ______ nous ______.
   ______ malades.
   ______ je ______.
   ______ vous ______.
7. Dans ce cas-là, vous n'auriez pas eu tort.
   ______ Jacqueline ______.
   ______ elle ______.
   ______ raison.
   ______ nous ______.
   ______ ils ______.
   ______ le temps nécessaire.
   ______ je ______.
   ______ tu ______.
8. Aviez-vous connu Mlle Marquis?
   ______ il ______?
   ______ ils ______?
   ______ vu ______?
   ______ tu ______?
   ______ elle ______?

Avait-elle vu Mlle Marquis?

__________ cru ______________?

______________ son histoire?

_____ tu ________________?

6. Je fais mon travail.
7. Nous sommes malades.
8. Il comprend le problème.
9. Je suis à Nice.
10. Elles reviennent.

B. Dans les phrases suivantes, mettez les verbes au plus-que-parfait, en employant le mot *déjà*.

LE PROFESSEUR: Il est venu.
L'ETUDIANT: Il était déjà venu.

1. Nous avons écrit la composition.
2. Elle a vu le film.
3. J'ai été malade.
4. Il a appris sa leçon.
5. Ils sont venus.
6. Je le lui ai dit.

C. Dans les phrases suivantes, mettez les verbes au plus-que-parfait, en employant le mot *déjà*.

LE PROFESSEUR: Il vient.
L'ETUDIANT: Il était déjà venu.

1. Ils apprennent à parler français.
2. J'ai un rhume.
3. Nous lisons la leçon.
4. Je reçois mon chèque.
5. Elle lui dit de venir.

D. Dans les phrases suivantes, mettez les verbes au passé du conditionnel.

LE PROFESSEUR: J'ai fait mes devoirs.
L'ETUDIANT: J'aurais fait mes devoirs.

1. Ils l'ont cru.
2. Es-tu venu les voir?
3. Elle n'a pas été heureuse.
4. Nous n'avons pas pu venir.
5. J'ai voulu y aller.
6. Avez-vous eu le temps nécessaire?

E. Dans les phrases suivantes, mettez les verbes au passé du conditionnel.

LE PROFESSEUR: Je fais mes devoirs.
L'ETUDIANT: J'aurais fait mes devoirs.

1. Nous apprenons les verbes.
2. Paul peut le faire.
3. Ils comprennent la leçon.
4. Je ne le crois pas.
5. Vous voyez un tableau magnifique.
6. Je veux y aller.

Structure: Révision du passé simple

Notes de grammaire

On obtient la racine du passé simple des verbes réguliers en supprimant le suffixe *er*, *ir*, ou *re* de l'infinitif. Pour les verbes en *er*, on ajoute les terminaisons suivantes: *ai, as, a, âmes, âtes, èrent.* Pour les verbes en *ir* et *re*, on ajoute *is, is, it, îmes, îtes, irent.*

parler		**finir**	
je parlai	I spoke	je finis	I finished
tu parlas	you spoke	tu finis	you finished
il parla	he spoke	il finit	he finished
elle parla	she spoke	elle finit	she finished
nous parlâmes	we spoke	nous finîmes	we finished
vous parlâtes	you spoke	vous finîtes	you finished
ils parlèrent	they spoke	ils finirent	they finished
elles parlèrent	they spoke	elles finirent	they finished

attendre	
j'attendis	I waited
tu attendis	you waited
il attendit	he waited
elle attendit	she waited
nous attendîmes	we waited
vous attendîtes	you waited
ils attendirent	they waited
elles attendirent	they waited

Pour la plupart des verbes irréguliers, on se sert du participe passé comme racine, et on y ajoute les terminaisons *s, s, t, ˆmes, ˆtes, rent.* Etudiez le passé simple des trois verbes irréguliers suivants:

avoir	**croire**	**vouloir**
j'eus	je crus	je voulus
tu eus	tu crus	tu voulus
il eut	il crut	il voulut
elle eut	elle crut	elle voulut
nous eûmes	nous crûmes	nous voulûmes
vous eûtes	vous crûtes	vous voulûtes
ils eurent	ils crurent	ils voulurent
elles eurent	elles crurent	elles voulurent

Les verbes *battre, écrire, être, faire, mourir, naître, venir, voir,* et leur composés ne dérivent pas leurs racines du participe passé.

Infinitif	**Participe passé**	**Passé simple**
battre	battu	je battis
écrire	écrit	j'écrivis
être	été	je fus
faire	fait	je fis
mourir	mort	je mourus
naître	né	je naquis
venir	venu	je vins
voir	vu	je vis

Notez le sens du passé simple. Ce temps et le passé composé sont des temps qui ont pratiquement le même sens: une action simple au passé. On emploie le passé composé dans la conversation; le passé simple s'emploie dans un contexte littéraire.

Conversation:	Il est mort en 1921.
	He died in 1921.
Contexte littéraire:	Il mourut en 1921.
Conversation:	Napoléon a gagné la bataille.
	Napoleon won the battle.
Contexte littéraire:	Napoléon gagna la bataille.

A. Mettez les verbes suivants au passé composé.

1. Je donnai.
2. Nous eûmes.
3. Ils ne prirent pas.
4. Nous choisîmes.
5. Ils allèrent.
6. Paul parla.
7. Partit-elle?
8. Ils crurent.
9. Nous vîmes.
10. Ils perdirent.
11. Je fus.
12. Elle ne comprit pas.
13. Vous finîtes.
14. Vous eûtes.
15. Molière écrivit.
16. Ils applaudirent.
17. Elles furent.
18. Je répondis.
19. Il ne fit pas.
20. Vint-il?
21. Tu attendis.
22. Ils donnèrent.
23. Je voulus.
24. Ils surent.
25. Nous vînmes.
26. Ils ne dirent pas.
27. Elles ne purent pas.
28. Elle le connut.
29. Nous sûmes.
30. Napoléon mourut.
31. Ils naquirent.
32. Ils apportèrent.
33. Il ne finit pas.

B. Dans les phrases suivantes, mettez les verbes au passé simple.

1. On a publié *Les Fables* de La Fontaine en 1668.
2. Debussy est mort en 1918.
3. Voltaire est né à Paris en 1694.
4. Jean-Jacques Rousseau est né à Genève en 1712.
5. Les Romains ont donné leur langue à la Gaule.
6. Les Anglais ont condamné Jeanne d'Arc à être brûlée.
7. Les Américains ont débarqué en Normandie en 1944.
8. Hector Berlioz a composé *La Damnation de Faust.*
9. Molière a présenté *Les Précieuses Ridicules* en 1659.
10. Jeanne d'Arc est née à Domrémy.
11. Elle a entendu des voix célestes.

12. Lafayette est allé à Georgetown en 1777.
13. Il est revenu en France en 1779.
14. On a commencé la construction de Notre-Dame au douzième siècle.
15. François Ier a été roi de France au seizième siècle.
16. Flaubert a fini d'écrire *Madame Bovary* en 1856.
17. Napoléon est mort en 1821 à l'île de Sainte-Hélène.
18. Les impressionnistes ont fait leurs tableaux à la fin du dix-neuvième siècle.
19. La première représentation des *Précieuses Ridicules* a eu lieu en 1659.
20. La première représentation de l'opéra *Pelléas et Mélisande* a eu lieu en 1902.

APPRENDRE A LIRE

On se fait une grande affaire de chercher les meilleures méthodes d'apprendre à lire; on invente des bureaux, des cartes; on fait de la chambre d'un enfant un atelier d'imprimerie. . . . Quelle pitié! Un moyen plus sûr que tous ceux-là, et celui qu'on oublie toujours, est le désir d'apprendre. . . .

L'intérêt présent, voilà le grand mobile, le seul qui mène sûrement et loin. . . .

J-J Rousseau
Emile, ou de l'éducation

Hans P. Feddersen. *Composition 1963*. Bronze. H. 98⅜". Volksschule. Hilden, Germany.

Le silence de la mer

Ecrit dans le secret au commencement de l'occupation allemande de la France, Le Silence de la mer *de Vercors raconte les rapports entre une famille française et un jeune officier ennemi logé chez elle.*

FEMININE

VOCABULAIRE DE BASE

1. *(le) lendemain* (n.m.): (le) jour suivant
   Il est descendu nous voir le ______.
2. *charbon* (n.m.): matière noire combustible pour chauffer une maison
   Le ______ brûlait lentement dans la cheminée.
3. *doré:* couleur de l'or
   Ses cheveux étaient ______ par le soleil.
4. *pièce* (n.f.): une chambre ou une salle d'une maison ou d'un bâtiment
   Il y a une seule ______ dans cet appartement.
5. *pas* (n.m.): (step)
   L'enfant commence à marcher un peu. Il a déjà fait quelques ______.
6. *maire* (n.m.): officier principal d'un village ou d'une ville
   Montaigne était ______ de la ville de Bordeaux.
7. *se soient trompés* (se tromper): aient eu tort; aient fait une erreur
   J'ai peur qu'ils ______.
8. *vitre* (n.f.): la partie d'une fenêtre qui est en verre
   Cette fenêtre a quatre petites ______.
9. *veille* (n.f.): jour précédent
   Le jour avant Noël s'appelle la ______ de Noël.
10. *moindre:* plus petit
    Il n'oublie jamais le ______ détail.
11. *mêlé:* mélangé
    Pendant la nuit il tombait une neige ______ de pluie.
12. *bûche* (n.f.): grand morceau de bois qu'on brûle pour chauffer une maison
    Une grande ______ brûlait lentement dans la cheminée.
13. *trempé:* très mouillé
    Il était sorti sous la pluie et son uniforme était ______.
14. *puissant:* qui a beaucoup de pouvoir; qui est très fort
    Louis XIV fut un souverain ______ qui régna au 17e siècle.

Je vous souhaite une bonne nuit.

Le lendemain matin l'officier descendit quand nous prenions notre petit déjeuner dans la cuisine. Un autre escalier y mène et je ne sais si l'Allemand nous avait entendus ou si ce fut par hasard qu'il prit ce chemin. Il s'arrêta sur le seuil et dit: "J'ai passé une très bonne nuit. Je voudrais que la vôtre fusse aussi bonne." Il regardait la vaste pièce en souriant. Comme nous avions peu de bois et encore moins de charbon, je l'avais repeinte, nous y avions amené quelques meubles, des cuivres et des assiettes anciennes, afin d'y confiner notre vie pendant l'hiver. Il examinait cela et l'on voyait luire le bord de ses dents très blanches. Je vis que ses yeux n'étaient pas bleus comme je l'avais cru, mais dorés. Enfin, il traversa la pièce et ouvrit la porte sur le jardin. Il fit deux pas et se retourna pour regarder notre longue maison basse, couverte de treilles, aux vieilles tuiles brunes. Son sourire s'ouvrit largement.

seuil: (threshold)
fusse: l'imparfait du subjonctif du verbe *être*
repeinte: (repainted)
cuivres: (copper plates); désigne tous les objects en cuivre
luire: briller
treilles (n.f.): (vine trellises; vine-arbors)
tuiles: (tiles)

—Votre vieux maire m'avait dit que je logerais au château, dit-il en désignant d'un revers de main la prétentieuse bâtisse que les arbres dénudés laissaient apercevoir, un peu plus haut sur le coteau. Je féliciterai mes hommes qu'ils se soient trompés. Ici c'est un beaucoup plus beau château.

bâtisse: bâtiment; édifice
dénudés: sans feuilles
coteau: colline; petite montagne

Puis il referma la porte, nous salua à travers les vitres, et partit.

Il revint le soir à la même heure que la veille. Nous prenions notre café. Il frappa, mais n'attendit pas que ma nièce lui ouvrît. Il ouvrit lui-même: "Je crains que je vous dérange, dit-il. Si vous le préférez, je passerai par la cuisine: alors vous fermerez cette porte à clef." Il traversa la pièce, et resta un moment la main sur la poignée, regardant les divers coins du fumoir. Enfin il eut une petite inclinaison du buste: "Je vous souhaite une bonne nuit," et il sortit.

poignée: bouton de la porte (doorknob)
fumoir: pièce ou salle d'une maison où l'ont vient pour fumer

Nous ne fermâmes jamais la porte à clef. Je ne suis pas sûr que les raisons de cette abstention fussent très claires ni très pures. D'un accord tacite nous avions décidé, ma nièce et moi, de ne rien changer à notre vie fût-ce le moindre détail: comme si l'officier n'existait pas; comme s'il eût été un fantôme. Mais il se peut qu'un autre sentiment se mêlât dans mon cœur à cette volonté: je ne puis sans souffrir offenser un homme, fût-il mon ennemi.

fût-ce: même si c'était
eût été: avait été
fût-il: même s'il était

Pendant longtemps,—plus d'un mois,—la même scène se répéta chaque jour. L'officier frappait et entrait. Il prononçait quelques mots sur le temps, la température, ou quelque autre sujet de même importance: leur commune propriété étant qu'ils ne supposaient pas de réponse. Il s'attardait toujours un peu au seuil de la petite porte. Il regardait autour de lui. Un très léger sourire traduisait le plaisir qu'il semblait prendre à cet examen—le même examen chaque jour et le même plaisir. Ses yeux s'attardaient sur le profil incliné de ma nièce, immanquablement sévère et insensible, et quand enfin il détournait son regard j'étais sûr d'y pouvoir lire une sorte d'approbation souriante. Puis il disait en s'inclinant: "Je vous souhaite une bonne nuit," et il sortait.

s'attardait: restait
immanquablement: toujours

Les choses changèrent brusquement un soir. Il tombait au-dehors une neige fine mêlée de pluie, terriblement glaciale et mouillante. Je faisais brûler dans l'âtre des bûches épaisses que je conservais pour ces jours-là. Malgré moi j'imaginais l'officier, dehors, l'aspect saupoudré qu'il aurait en entrant. Mais il ne vint pas. L'heure était largement passée de sa venue et je m'agaçais de reconnaître qu'il occupait ma pensée. Ma nièce tricotait lentement, d'un air très appliqué.

l'âtre: la cheminée
saupoudré: (sprinkled; powdered)
m'agaçais: (was bothered)
tricotait: (was knitting)

Enfin des pas se firent entendre. Mais ils venaient de l'intérieur de la maison. Je reconnus, à leur bruit inégal, la démarche de l'officier. Je compris qu'il était entré par l'autre porte, qu'il venait de sa chambre. Sans doute n'avait-il pas voulu paraître à nos yeux sous un uniforme trempé et sans prestige: il s'était d'abord changé.

Les pas,—un fort, un faible,—descendirent l'escalier. La porte s'ouvrit et l'officier parut. Il était en civil. . . .

—Pardonnez-moi, dit-il. Je n'ai pas chaud. J'étais très mouillé et ma chambre est très froide. Je me chaufferai quelques minutes à votre feu.

Il s'accroupit avec difficulté devant l'âtre, tendit les mains. Il les tournait et les retournait. Il disait: "Bien! . . . Bien! . . ." Il pivota et présenta son dos à la flamme, toujours accroupi et tenant un genou dans ses bras.

s'accroupit: (squatted)
tendit: avança

—Ce n'est rien ici, dit-il. L'hiver en France est une douce saison. Chez moi c'est bien dur. Très. Les arbres sont des sapins, des forêts serrées, la neige est lourde là-dessus. Ici les arbres sont fins. La neige dessus c'est une dentelle. Chez moi on pense à un taureau, trapu et puissant, qui a besoin de sa force pour vivre. Ici c'est l'esprit, la pensée subtile et poétique.

serrées: (thick; dense)
dentelle: (lace)
trapu: (stocky)

COMPREHENSION ET EXERCICES DE VOCABULAIRE

A. Trouvez quatre phrases fausses parmi les suivantes.

1. L'officier allemand n'aime pas la maison française où il demeure.
2. L'officier entre sans qu'on lui ouvre.
3. Un jour il trouve la porte fermée à clef.
4. L'officier allemand et ses hôtes français parlent de toutes sortes de sujets.
5. Un soir, l'officier vient rendre visite en civil.
6. Il est en civil parce qu'il déteste son uniforme de soldat.
7. Selon l'officier allemand, l'esprit allemand est caracterisé par la force, l'esprit français par la finesse et la poésie.

B. Lesquels des mots suivants décrivent l'officier allemand?

poli, stupide, correct, vulgaire, fort, sarcastique, boîteux *(lame)*, comique, ridicule

C. Identifiez le personnage ou les personnages qui:

1. raconte l'histoire.
2. dit toujours: "Je vous souhaite une bonne nuit."
3. passe son temps à tricoter.
4. a les yeux dorés.
5. restent silencieux pendant tout le passage.
6. marche d'un pas inégal.
7. s'attarde toujours un peu au seuil de la petite porte.
8. fait brûler dans l'âtre des bûches épaisses.
9. ne veut pas paraître sous un uniforme trempé.
10. ne ferment jamais la porte à clef.
11. prononce quelques mots sur le temps, la température, ou quelque autre sujet de même importance.
12. décident de ne rien changer à leur vie habituelle.
13. a l'air sévère et insensible.
14. regarde les divers coins du fumoir.

D. Trouvez parmi les phrases suivantes celles qui s'appliquent au narrateur du passage.

1. Il déteste l'officier allemand qui habite chez lui.
2. Il parle longuement à l'Allemand sur la politique.
3. Il n'aime offenser personne, même pas son ennemi.

4. Il fait de son mieux pour plaire à l'Allemand.

5. Il pense à l'Allemand quand il ne vient pas.

E. Dans les phrases suivantes, substituez les mots suggérés.

1. Il est parti le lendemain.
   Nous ______.
   Hélène ______.
   ______ le 5 octobre.
   ___ arrivée ______.
   Vous ______.
   ______ la veille.
   Je ______.
   Les Martin ______.
2. Elle tricote un pull-over.
   Mme Leblanc ______.
   Nous ______.
   ______ des chaussettes.
   Elles ______.
   ___ tricotaient ______.
   Je ______.
   ______ un chandail.
   Vous ______.
   ___ avez tricoté ______.
   ______ une écharpe.
   Louise ______.
   Elles ______.
3. Je me suis attardé sur le problème.
   Nous ______.
   Ils ______.
   ______ la lecture.
   Henri ______.
   ___ s'attardait ______.
   ______ la leçon.
   Nous ______.
   Elles ______.
   Je ______.
4. J'ai passé une très bonne nuit.
   Nous ______.
   Ils ______.
   ______ de bonnes vacances.
   Suzanne ______.
   Vous ______.
   ___ passerez ______.
   Je ______.
   Nous ______.
5. Il a fermé la porte à clef.
   Nous ______.
   Ils ______.
   ___ ferment ______.
   Vous ______.
   Tu ______.
   ___ fermeras ______.
   Je ______.
   Ils ______.

F. Dans les phrases suivantes, remplacez *chambre* par *pièce*.

1. Il y a cinq chambres dans cet appartement.
2. Le bâtiment a plusieurs chambres.
3. Je voudrais louer une maison de six chambres.
4. Notre appartement a trois chambres.

G. Dans les phrases suivantes, remplacez les formes du verbe *irriter* par les formes du verbe *agacer*.

1. La pensée de la conversation avec les officiers l'irritait.
2. Ses manières m'irritent.
3. Son impertinence m'a irrité.
4. Savoir que l'Allemand occupait ma pensée m'irritait.

H. Dans les phrases suivantes, remplacez *très mouillé* par *trempé*.

1. Elle est très mouillée.
2. Ses vêtements étaient très mouillés.
3. Mon manteau est très mouillé.
4. Il faisait froid, et j'étais très mouillé.

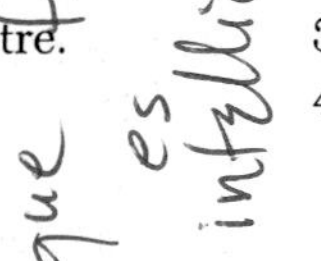

I. Dans les phrases suivantes, remplacez *fenêtre* par *vitre*.

1. Il regardait la neige à travers la fenêtre.
2. Je le voyais à travers la fenêtre.
3. Il nous a salués à travers la fenêtre.
4. Elle nous regardait à travers la fenêtre.

J. Dans les phrases suivantes, remplacez *plus petit* par *moindre*.

1. Le plus petit bruit la dérange.
2. Les plus petits problèmes l'agacent.
3. Il s'applique à trouver les plus petites nuances.
4. Il s'occupe des plus petits détails.

K. Dans les phrases suivantes, remplacez les formes du verbe *avoir tort* par les formes du verbe *se tromper*.

1. Vous avez tort, mon ami.
2. J'ai eu tort.
3. Ils ont tort, tous les deux.
4. Ils avaient tort, tous les deux.

L. Choisissez les mots convenables pour compléter les phrases suivantes.

1. Les Martin sont arrivés *a. demain b. le lendemain c. la semaine prochaine.*
2. *a. L'escalier b. Le seuil c. La pièce* menait à notre appartement.
3. Avant qu'il arrive, *a. ses yeux b. ses dents très blanches c. ses pas* se font entendre.
4. L'officier municipal principal est *a. le maire b. l'avocat c. l'agent de police.*
5. Elle portait une magnifique robe de *a. charbon b. dentelle c. bois.*
6. *a. Une bûche b. De l'acier c. Un taureau* brûlait dans la cheminée.
7. Cette petite fille a les cheveux *a. bleus b. verts c. dorés.*
8. Elle va *a. déranger b. tricoter c. tromper* une écharpe jaune.

DIALOGUE

Plusieurs étudiants se trouvent dans un café près de l'université. Ils parlent du passage du *Silence de la mer* qu'on vient de lire.

Suzanne: Il est bizarre que l'Allemand vienne tout le temps rendre visite à ses hôtes.

Jean-Claude: Comment ça?

Suzanne: Mais ils ne lui parlent pas du tout.

Jacques: Moi, je crois que l'Allemand est francophile.

Georges: Pourquoi dis-tu cela?

Jacques: D'abord, il se plaît à habiter une maison française. Puis, il donne son approbation au silence de ses hôtes.

Jacqueline: Oui. Et il trouve la pensée française "subtile et poétique."

Robert: Je crois qu'il est content que ses hôtes veuillent conserver chez eux tout ce qui est français.

Jacques: Tu as raison, je crois.

REVISION ET EXERCICES

Structure: Les verbes réfléchis

Phrases modèles

1. Il s'arrêta sur le seuil.
2. Je féliciterai mes hommes qu'ils se soient trompés.
3. La même scène se répéta chaque jour.
4. Il s'attardait toujours un peu au seuil de la petite porte.
5. Puis il disait en s'inclinant. . . .
6. Je m'agaçais de reconnaître qu'il occupait ma pensée.
7. Enfin des pas se firent entendre.
8. Il s'était d'abord changé.
9. La porte s'ouvrit.
10. Plusieurs étudiants se trouvent dans un café près de l'université.
11. Il se plaît à habiter une maison française.

Notes de grammaire

Quand on place un pronom réfléchi devant un verbe, on l'appelle *verbe réfléchi* ou *verbe pronominal*, c'est-à-dire le sujet du verbe agit sur lui-même. Notez les formes du verbe *se laver* au présent:

je me lave	I wash (myself)
tu te laves	you wash (yourself)
il se lave	he washes (himself)
elle se lave	she washes (herself)
nous nous lavons	we wash (ourselves)
vous vous lavez	you wash (yourself, yourselves)
il se lavent	they wash (themselves)
elles se lavent	they wash (themselves)

Prononcez *je me* et *tu te* en une syllabe: /ʒəm/, /tyt/

je me lève /ʒəmlɛv/

tu te lèves /tytlɛv/

Pour former le négatif d'un verbe réfléchi, on place *ne* devant le pronom réfléchi. Prononcez *je ne, tu ne, nous ne, vous ne* en une seule syllabe.

Je ne me lève pas. /ʒənməlɛvpɑ/

Nous ne nous couchons pas. /nunnukuʃõpɑ/

Aux temps composés, on emploie *être* comme verbe auxiliaire des verbes réfléchis. Dans ce cas, *pas* se place entre le verbe *être* et le participe passé.

Je me *suis* trompé.

Vous *ne* vous *étiez pas* dépêché.

Elle se *serait* fâchée.

Pauline *ne* s'*était pas* levée.

Le participe passé des verbes réfléchis s'accorde seulement avec un complément d'objet direct précédant; ce complément peut être le pronom réfléchi.

Elle s'est lavée. (complément d'objet direct: *se*)

Elle s'est lavé les mains. (complément d'objet direct: *les mains*)

Etudiez les cas suivants où le pronom réfléchi se place devant l'infinitif.

Elle va se reposer.

Nous voudrions nous arrêter ici.

Avant de se coucher, le soldat est venu leur souhaiter bonne nuit.

A l'impératif affirmatif, les pronoms réfléchis suivent le verbe; *te* devient *toi.*

Tu te dépêches. Dépêche-toi.

Vous vous asseyez. Asseyez-vous.

Nous nous levons de bonne heure. Levons-nous de bonne heure.

Mais: Ne te dépêche pas.

Ne vous asseyez pas.

Ne nous levons pas de bonne heure.

Remarquez qu'on emploie souvent le réfléchi au lieu de la voix passive:[1]

[1] Au lieu de la voix passive, on peut aussi employer *on:*

On parle français ici.
French is spoken here.

On vend des timbres dans ce magasin là-bas.
Stamps are sold in that store over there.

La même scène se répéta chaque jour.
The same scene was repeated each day.

L'emploi du réfléchi peut indiquer que l'action du sujet est réciproque:
Nous nous aimions en ce temps-là.
We loved each other then.

On peut employer un verbe réfléchi dans des expressions où l'idée réfléchie est absente:
Il s'en va demain.
He's leaving tomorrow.

Il s'agit d'un très grave problème.
It's a question of (It concerns) a very serious problem.

Avec les expressions *se laver...*, *se peigner les cheveux,* et *se brosser...*, notez qu'on emploie l'article défini devant le nom, et non l'adjectif possessif.

Elle se lave *les* mains.	She's washing *her* hands.
Paul se peigne *les* cheveux.	Paul's combing *his* hair.
Elle s'est brossé *les* dents.	She brushed *her* teeth.

A. Dans les phrases suivantes, substituez les mots suggérés.

1. Il s'est arrêté devant la porte.
   Je ________.
   Nous ________.
   ________ à l'hôtel.
   Mes amis ________.
   Tu ________.
   ________ au restaurant.
   Je ________.
   Vous ________.
2. Il ne s'était pas retourné.
   Nous ________.
   Je ________.
   ________ dépêché.
   Vous ________.
   Ils ________.
   Tu ________.
   ________ amusé.
   Hélène ________.
   Jacqueline et Jeannette ________.
   Nous ________.
3. Paul s'est-il trompé?
   Suzanne ________?
   ________ fâchée?
   ________ vous ____?
   ________ tu ____?
   ________ elle ____?
   ________ levée?
   Hélène ________?
   Georges et Paul ________?
   ________ reposés?
4. Henriette se lave les mains.
   Je ________.
   Nous ________.
   Paul ________.
   ________ les cheveux.
   ________ se peigne ________.
   Vous ________.
   Les garçons ________.
   Tu ________.
   ________ te brosses ________.
   Jacqueline ________.
   ________ les dents.
   Je ________.
   Nous ________.

5. En ce temps-là ils s'aimaient.
   ______ nous ______.
   ______ vous ______.
   ______ elles ______.
   ______ se détestaient ______.
   ______ vous ______.
   ______ nous ______.
   ______ les deux hommes ______.
   ______ les enfants ______.
6. Le même scène se répétait.
   La même conversation ______.
   Les mêmes idées ______.
   ______ se sont répétées.
   Les mêmes discours ______.
   La même sottise ______.
   ______ se répéteront.
   La même absurdité ______.
   Les mêmes réponses ______.
7. Il ne se dépêche pas.
   Madeleine ______.
   Nous ______.
   Je ______.
   ______ ne me débrouille pas.
   Claudette ______.
   Nous ______.
   Paul ______.
   ______ ne se réveille pas.
   Nous ______.
   Elles ______.
   Luc ______.
   Les garçons ______.
   Sa mère ______.
8. Je vais me coucher.
   Paul ______.
   Tu ______.
   ______ fâcher.
   Le professeur ______.
   Vous ______.
   Nous ______.
   Ils ______.
   ______ tromper.
   Tu ______.
   Vous ______.
   Georgette ______.
   André ______.

B. Dans les phrases suivantes, mettez les verbes à la forme négative.

1. Je me fâcherai.
2. Ils s'aimaient.
3. Le café se trouve à côté du bureau de tabac.
4. Elle se débrouille bien.
5. Nous nous reposerons.
6. Il s'appelle Henri.
7. Nous nous sommes amusés.
8. Je me suis levé de bonne heure.
9. Ils s'étaient bien reposés.
10. Henri se serait fâché.
11. Vous vous êtes lavé les mains.
12. Tu t'es trompé, mon ami.
13. Elle s'est lavé les mains.
14. Hélène s'amuse.
15. Je me dépêche.
16. Nous nous sommes retournés.
17. Ils se fâcheront.
18. Je me suis trompé.
19. Il se levait de bonne heure.
20. Il s'est levé de bonne heure.

C. Dans les phrases suivantes, mettez les verbes à la forme interrogative. Employez *Est-ce que* et ensuite l'inversion.

1. Vous vous reposez bien.
2. Tu t'appelles Georges. (Comment. . .?)
3. Vous vous réveillez de bonne heure.
4. La cathédrale se trouvait ici en ce temps-là.
5. Les Martin s'amusent.
6. Hélène se fâchera.
7. Vous vous êtes amusé.
8. Paul s'est trompé.
9. Ils se sont réveillés de bonne heure.
10. Hélène s'est brossé les cheveux.
11. Tu t'es reposé.
12. Jacqueline et Suzette se sont dépêchées.
13. Le taxi s'arrête ici.

14. L'officier allemand s'est arrêté devant la porte.
15. Georges se débrouillera.
16. Vous vous êtes trompé.
17. Tu te reposeras.
18. Le professeur s'était fâché.

D. Dans les phrases suivantes, mettez les verbes au passé composé et ensuite au plus-que-parfait.

LE PROFESSEUR: Elle se réveille de bonne heure.
L'ETUDIANT: Elle s'est réveillée de bonne heure.
Elle s'était réveillée de bonne heure.

1. Je me couche à sept heures.
2. L'officier allemand s'incline devant ses hôtes.
3. Hélène s'amuse bien.
4. Nous nous dépêchons.
5. Ces garçons se fâchent.
6. Jacqueline s'habille en rouge.
7. Nous ne nous levons pas si tôt.
8. La petite fille ne se couche pas de bonne heure.
9. Ces étudiants ne se trompent pas.
10. Je ne me repose pas bien.
11. Nous ne nous dépêchons pas.
12. Jacqueline ne se trompe pas.
13. Vous levez-vous de bonne heure?
14. Georges s'amuse-t-il?
15. Te réveilles-tu à six heures?
16. Paulette s'habille-t-elle en noir?
17. Vous fâchez-vous?
18. Les Martin se trompent-ils?

E. Transformez en suivant le modèle.

LE PROFESSEUR: Je me fâche.
L'ETUDIANT: Je vais me fâcher.

1. Vous vous amusez.
2. Nous nous réveillons à cinq heures et demie.
3. Hélène s'habille en rouge.
4. Ils se lèvent de bonne heure.
5. La petite fille se brosse les dents.
6. Le professeur se fâche.
7. Nous nous baignons.
8. Je me couche de bonne heure.

F. Transformez en suivant le modèle.

LE PROFESSEUR: Tu te dépêches.
L'ETUDIANT: Dépêche-toi!

1. Vous vous amusez.
2. Nous nous reposons.
3. Tu t'arrêtes.
4. Tu te laves.
5. Nous nous asseyons.
6. Vous vous levez à six heures.

G. Mettez les phrases suivantes à la forme négative.

1. Repose-toi!
2. Couche-toi!
3. Levons-nous de bonne heure.
4. Fâchez-vous.
5. Dépêche-toi!
6. Asseyez-vous.

H. Dites à (employez *vous* et puis *toi*):

1. M. _____ de s'asseoir.
2. M. _____ de se dépêcher.
3. Mlle _____ de ne pas se dépêcher.
4. M. _____ de se coucher.
5. Mlle _____ de se reposer.
6. Mlle _____ de s'amuser.

I. Répondez aux questions suivantes, en utilisant les expressions données entre parenthèses.

1. Où se trouve le restaurant? (à côté de la gare)
2. A quelle heure vous réveillez-vous? (6:30)
3. Vous êtes-vous levé de bonne heure? (Oui, . . .)
4. T'es-tu bien reposé? (Oui, . . .)
5. Vous trompez-vous souvent? (Non, . . .)
6. A quelle heure te couches-tu? (11:00)
7. Paul va se baigner, n'est-ce pas? (Oui, . . .)
8. Jacqueline se fâche facilement, n'est-ce pas? (Oui, . . .)
9. Allez-vous vous réveiller de bonne heure? (Oui, . . .)
10. Comment s'appelle-t-elle? (Suzanne Dubois)
11. Hélène se fâchera, n'est-ce pas? (Non, . . .)
12. Est-ce que la petite fille s'est lavé les mains? (Oui, . . .)
13. Est-ce que Claude va se reposer bientôt? (Oui, . . . à midi)
14. T'es-tu bien amusé? (Oui, . . .)

J. Dites à:

1. M. ______ que vous allez vous baigner.
2. Mlle ______ que vous vous êtes brossé les cheveux.
3. M. ______ que le professeur se fâchera.
4. M. ______ que vous vous reposez bien ici.
5. Mlle ______ que vous vous êtes bien reposé.
6. Mlle ______ que vous allez vous amuser ici.

K. Demandez à:

1. M. ______ s'il se lève de bonne heure.
2. Mlle ______ si elle s'est levée de bonne heure.
3. Mlle ______ à quelle heure elle se réveille.
4. M. ______ à quelle heure il va se réveiller.
5. M. ______ si Paul s'est trompé.
6. Mlle ______ si elle se repose bien ici.
7. Mlle ______ si elle s'est bien reposée.
8. Mlle ______ si Jacqueline s'habillera en rouge ou en bleu.

Structure: Le verbe irrégulier *ouvrir* (*couvrir, découvrir, offrir, recouvrir, souffrir*)

Phrases modèles

1. Il traversa la pièce, et ouvrit la porte sur le jardin.
2. Son sourire s'ouvrit largement.
3. Il n'attendit pas que ma nièce lui ouvrît.
4. Il ouvrit lui-même.
5. Je ne puis sans souffrir offenser un homme.
6. La porte s'ouvrit.

Notes de grammaire

Voir Appendice 1.

A. Dans les phrases suivantes, substituez les mots suggérés.

1. Cette femme a beaucoup souffert.
   Je ________________.
   Nous ________________.
   Vous ________________.
   ________ aviez ________.
   Tu ________________.
   Ils ________________.
   Nous ________________.
   ________ aurions ________.
   Vous ________________.
   Je ________________.
   Madeleine ________________.
2. Il ouvre la porte.
   Je ouvre ________.
   Nous ________.
   ________ la fenêtre.
   Vous ________.
   Ils ________.
   ________ le paquet.
   Pauline ________.
   Tu ________.
   ________ la lettre.
   Nous ________.
3. Il lui offrira beaucoup d'argent.
   Je ________________.
   Nous ________________.
   ____ leur ________________.
   Tu ________________.
   ________ un verre de vin.
   Vous ________________.
   Ils ________________.
   ____ te ________________.
   Je ________________.
4. La terre sera recouverte de neige.
   Les champs ________________.
   Le sentier ________________.
   La route ________________.
   Les routes ________________.
   Le trottoir ________________.
   La maison ________________.
   Les maisons ________________.
5. La neige recouvrait la terre.
   ________________ les champs.
   ________________ le sentier.
   ________________ la route.
   ________________ les routes.
   ________________ le trottoir.
   ________________ les maisons.
6. Paul a découvert l'erreur.
   Je ________________.
   Nous ________________.
   ________________ le problème.
   Tu ________________.
   ____ aurais ________________.
   Vous ________________.
   ________________ la cause.
   Ils ________________.
   Elle ________________.
   Nous ________________.
   André ________________.

B. Dans les phrases suivantes, mettez les verbes au passé composé et ensuite au plus-que-parfait.

1. Nous souffrons beaucoup.
2. La porte s'ouvre lentement.
3. Il n'offre pas assez d'argent.
4. J'ouvre la fenêtre.
5. La neige recouvre la maison.
6. Les enfants ne souffrent pas.
7. Tu lui offres un verre d'eau.

C. Dans les phrases suivantes, mettez les verbes à l'imparfait et ensuite au futur.

1. La neige recouvre les routes.
2. Ils souffrent beaucoup.
3. Je lui offre un verre de cognac.
4. Ils n'ouvrent pas leurs livres.

D. Dans les phrases suivantes, mettez les verbes au conditionnel et ensuite au passé du conditionnel.

1. Dans ce cas-là, il lui offrira moins d'argent.
2. Dans ce cas-là, elle souffrira moins.
3. Dans ce cas-là, je n'ouvrirai pas la porte.
4. Dans ce cas-là, j'ouvrirai la lettre.

E. Dites à (employez la forme de l'impératif *vous*):

1. M. _____ d'ouvrir la fenêtre.
2. Mlle _____ d'ouvrir la porte.
3. Mlle _____ de leur offrir un peu d'eau.
4. Mlle _____ de lui offrir un verre de vin blanc.
5. M. _____ d'ouvrir le paquet tout de suite.

F. Demandez à:

1. Mlle _____ qui a découvert l'Amérique.
2. M. _____ s'il a ouvert son cadeau.
3. M. _____ si Mme Vincent souffre beaucoup.
4. Mlle _____ si Mme Vincent avait beaucoup souffert.
5. M. _____ si la route sera recouverte de neige.
6. M. _____ si la neige recouvrait les routes.

CONVERSATION

Questions

1. De quelle couleur sont les yeux de l'officier allemand?
2. L'officier allemand est-il content d'habiter la maison française où il se trouve?
3. Quand vient-il rendre visite à ses hôtes, le matin, l'après-midi, ou le soir?
4. Qui ouvre la porte à l'Allemand?
5. Les hôtes français ferment-ils la porte à clef? Pourquoi non?
6. Pendant combien de temps s'est répétée la même scène?
7. De quoi parlait l'officier quand il venait rendre visite?
8. Est-ce que le Français et sa nièce lui parlent?
9. L'officier allemand donne-t-il son approbation au silence de ses hôtes?
10. Au début, que dit chaque soir le soldat allemand?
11. Un soir l'officier allemand n'est pas venu à l'heure habituelle. Pourquoi?
12. Quel temps faisait-il ce soir-là?
13. Qu'est-ce qui occupait la pensée du Français?
14. L'officier allemand est-il boîteux.

15. Pourquoi n'est-il pas entré tout de suite dans le salon?
16. Que portait l'Allemand ce soir-là?
17. Est-ce qu'il trouve le feu des Français bon? Pourquoi?
18. Comment sont les arbres en Allemagne?
19. Comment sont les arbres en France?
20. Selon l'officier allemand, comment est l'esprit français?
21. En Allemagne, à quoi pense-t-on?

Causeries

1. En répondant aux questions suivantes, préparez un résumé du passage.

   A quelle époque et où se passe l'action du passage? Où habite l'officier allemand? Pourquoi demeure-t-il chez une famille française? Nommez les membres de la famille française. Quand vient rendre visite l'officier allemand? De quoi parle-t-il? Ses hôtes français lui répondent-ils? Que dit toujours l'Allemand en sortant? Pourquoi n'est-il pas venu un soir? Quand il est arrivé, comment était-il habillé? Où s'est-il chauffé? De quoi a-t-il parlé ce soir-là?

2. En répondant aux questions suivantes, préparez une description de l'officier allemand.

   De quelle couleur sont ses yeux? Est-il grand, musclé? Est-il boîteux? Comment sait-on reconnaître sa venue? Parle-t-il un français correct? Emploie-t-il assez souvent le subjonctif? L'imparfait du subjonctif s'emploie-t-il d'habitude dans la conversation? Décrivez sa conduite vis-à-vis des Français. Est-il poli? Est-il toujours correct? Que dit-il en sortant? Est-ce qu'il s'incline en sortant? Quels sont ses sentiments vis-à-vis de la France et des Français? Est-il content d'habiter une maison française? Comment décrit-il la pensée française? Le trouvez-vous sympathique ou antipathique?

L'obole d'un seul mot...

THE FARTHING

L'officier allemand continue son long monologue. Ses hôtes français écoutent sans parler.

Sa voix était assez sourde, très peu timbrée. L'accent était léger, marqué seulement sur les consonnes dures. L'ensemble ressemblait à un bourdonnement plutôt chantant.

Il se leva. Il appuya l'avant-bras sur le linteau de la haute cheminée, et son front sur le dos de sa main. Il était si grand qu'il devait se courber un peu, moi je ne me cognerais pas même le sommet de la tête.

Il demeura sans bouger assez longtemps, sans bouger et sans parler. Ma nièce tricotait avec une vivacité mécanique. Elle ne jeta pas les yeux sur lui, pas une fois. Moi je fumais, à demi allongé dans mon grand fauteuil douillet. Je pensais que la pesanteur de notre silence ne pourrait pas être secouée. Que l'homme allait nous saluer et partir.

Mais le bourdonnement sourd et chantant s'éleva de nouveau, on ne peut dire qu'il rompit le silence, ce fut plutôt comme s'il en était né.

—J'aimai toujours la France, dit l'officier sans bouger. Toujours. J'étais un enfant à l'autre guerre et ce que je pensais alors ne compte pas. Mais depuis je l'aimai toujours. Seulement c'était de loin. Comme la Princesse Lointaine...

En parlant il regardait ma nièce. Il ne la regardait pas comme un homme regarde une femme, mais comme il regarde une statue. Et en fait, c'était bien une statue. Une statue animée, mais une statue...

Il sourit et dit, comme si cela avait été une explication:

—Je suis musicien.

Une bûche s'effondra, des braises roulèrent hors du foyer. L'Allemand se pencha, ramassa les braises avec des pincettes. Il poursuivit:

—Je ne suis pas exécutant: je compose de la musique. Cela est toute ma vie, et, ainsi, c'est une drôle de figure pour moi de me voir en homme de guerre. Pourtant je ne regrette pas cette guerre. Non. Je crois que de ceci il sortira de grandes choses....

Il se redressa, sortit ses mains des poches et les tint à demi levées:

—Pardonnez-moi: peut-être j'ai pu vous blesser. Mais ce que je disais, je le pense avec un très bon cœur: je le pense par amour pour la France. Il sortira de très grandes choses pour l'Allemagne et pour la France. Je pense, après mon père, que le soleil va luire sur l'Europe.

Il fit deux pas et inclina le buste. Comme chaque soir il dit: "Je vous souhaite une bonne nuit." Puis il sortit.

Je terminai silencieusement ma pipe. Je toussai un peu et je dis: "C'est peut-être inhumain de lui refuser l'obole d'un seul mot." Ma nièce leva son visage. Elle haussait très haut les sourcils, sur des yeux brillants et indignés. Je me sentis presque un peu rougir.

sourde: peu sonore
bourdonnement: bruit sourd et continu (buzzing)
appuya: mit (a mis)
linteau: (lintel)
se courber: se baisser; s'incliner
ne me cognerais pas: (wouldn't bump)
douillet: (soft)
secouée: agitée
lointaine: très éloignée; distante
s'effondra: tomba; s'écroula
braises: (cinders)
se pencha: se baissa
ramassa: (picked up)
poursuivit: continua
blesser: offenser
après mon père: tout comme mon père le pensait
toussai: (coughed)
l'obole: la faveur

COMPREHENSION ET EXERCICES DE VOCABULAIRE

A. Trouvez quatre phrases fausses parmi les suivantes.

1. L'officier allemand et la jeune fille se regardent souvent pendant les monologues de l'Allemand.
2. L'officier allemand est plus grand que le Français qui raconte l'histoire.
3. L'Allemand a toujours détesté la France.
4. En Allemagne il y a une princesse que l'Allemand va épouser un jour.
5. L'officier est compositeur de musique.
6. Il trouve cette guerre ridicule et stupide.
7. Il sortira de la guerre, selon l'officier allemand, de grandes choses pour la France et l'Allemagne.
8. Les hôtes persistent à garder le silence.
9. Comme chaque soir, l'officier allemand dit, "Je vous souhaite une bonne nuit."

B. Identifiez le personnage qui:

1. n'a pas regardé l'Allemand une seule fois.
2. fumait sa pipe.
3. a ramassé les braises d'une bûche.
4. s'est incliné en sortant.
5. s'est demandé s'il ne serait pas préférable de rompre le silence et parler à l'Allemand.
6. s'est indigné à l'idée de parler à l'officier allemand.

C. Lesquelles des idées suivantes font partie de la pensée de l'officier allemand?

1. L'avenir de l'Europe est heureux.
2. Le résultat de la guerre est toujours le mal.
3. La littérature anglaise est meilleure que la littérature française.
4. De la guerre viendront des bienfaits pour la France et pour l'Allemagne.
5. Il est incompréhensible qu'un musicien soit homme de guerre.

DIALOGUE

Le professeur parle avec quelques étudiants sur le passage qu'on vient de lire.

Le professeur: Rappelez-vous que ce livre a été écrit au commencement de l'occupation. Quelques Français étaient prêts de s'entendre avec l'ennemi.

Jacqueline: Alors, pourquoi l'auteur a-t-il présenté un ennemi tellement sympathique?

Le professeur: L'officier allemand est sympathique, mais en même temps naïf.

Robert: Comment cela?

Le professeur: Il prétend qu'il sortira de la guerre de grandes choses pour la France.

Suzanne: Il se trompait beaucoup.

Le professeur: C'est cela. Bien que sincère, l'officier allemand est dupe. Lui aussi est victime de la guerre.

CONVERSATION

Questions

1. Comment est la voix de l'Allemand?
2. L'officier allemand est-il grand?
3. Que faisait la nièce pendant les monologues de l'Allemand?
4. A-t-elle regardé l'Allemand?
5. Que faisait le narrateur?
6. L'officier allemand aime-t-il la France?
7. Comment l'aime-t-il?
8. L'Allemand aime-t-il la musique?
9. Est-il exécutant ou compositeur?
10. L'Allemand regrette-t-il la guerre? Pourquoi?
11. Croyez-vous qu'il ait raison?
12. A votre avis, l'Allemand est-il sincère?
13. Que dit le narrateur après le départ de l'Allemand?
14. La nièce est-elle prête à rompre le silence?

Causeries

1. En répondant aux questions suivantes, préparez un resumé du passage.

   Où a lieu le monologue de l'Allemand? Qui l'écoute? Que fait la nièce? Que fait le narrateur? De quoi parle l'Allemand? Depuis quand aime-t-il la France? Comment l'aime-t-il? Regrette-t-il la guerre? Pourquoi? Que fait l'Allemand en sortant? Que dit-il? Qui suggère qu'on rompe le silence? Décrivez la réaction de la nièce.

2. En répondant aux questions suivantes, préparez une petite causerie: *Il sortira de grandes choses de la guerre.*

   Pourquoi l'Allemand ne regrette-t-il pas la guerre? A-t-il raison? Est-il sorti de la guerre de grandes choses pour la France? Est-il sorti de la guerre de grandes choses pour l'Allemagne? A votre avis, les Français et les Allemands s'aiment-ils mieux à cause de la guerre? L'officier allemand se trompe-t-il? Est-il dupe? Est-il, lui aussi, victime de la guerre? A quelle époque l'auteur a-t-il écrit son histoire? Existait-il une tentation de s'entendre avec l'ennemi? Le meilleur et le plus sincère des Allemands a-t-il pu se tromper? Les Français avaient-ils raison de s'entendre avec l'ennemi?

PAIX

La guerre est un fruit de la dépravation des hommes; c'est une maladie convulsive et violente du corps politique; il n'est en santé, c'est-à-dire dans son état naturel, que lorsqu'il jouit de la paix; c'est elle qui donne de la vigueur aux empires; elle maintient l'ordre parmi les citoyens; elle laisse aux lois la force qui leur est nécessaire....

Si la raison gouvernait les hommes, si elle avait sur les chefs des nations l'empire qui lui est dû, on ne les verrait point se livrer inconsidérément aux fureurs de la guerre.

L'Encyclopédie

Leon Golub. *Colossal Head.* 1958. Oil and lacquer on canvas. 82⅛" x 48⅝". Allan Frumkin Gallery. Chicago.

La belle et la bête
L'officier allemand
continue ses visites.
Habillé en civil, il monologue sur les sujets qui
lui sont chers: son pays,
la musique, la France.

VOCABULAIRE DE BASE

1. *songeait* (songer à): pensait (à)
   Hélène ______ à ses examens.
2. *se pressent* (se presser): se dépêchent; se hâtent
   Ils ______ pour arriver à l'heure.
3. *lâcheté* (n.f.): le contraire de *courage*
   C'est par ______ qu'ils ont accepté l'ennemi.
4. *remuant* (remuer): bougeant
   Il parle en ______ la tête lentement.
5. *j'ai méprisé* (mépriser): je n'ai pas estimé; j'ai détesté
   J'______ ces gens-là.
6. *secoua* (secouer): agita; bougea; remua
   Il ______ la tête lentement.
7. *digne:* qui mérite ce qu'on lui accorde
   Cet homme est ______ de tout le bien qu'on dit de lui.
8. têtu: obstiné
   Paul persiste à rester dans sa chambre. Il est ______.
9. *conte* (n.m.): histoire
   Tout le monde a lu ou entendu le ______ de la Belle et la Bête.
10. *impuissant:* sans force; faible; sans pouvoir
    Il ne peut pas nous aider. Il est ______.
11. *rustre:* paysan; rustique; campagnard
    Il parle un langage ______.
12. *âme* (n.f.): l'esprit de l'homme
    Son ______ a soif de trouver du repos.
13. *patte* (n.f.): pied des animaux
    Le tigre a quatre ______.
14. *aussitôt:* tout de suite; au moment même
    ______, il a compris le problème.
15. *ému:* touché; surexcité
    Quand il en parle, il est tout ______.

Le silence de la France.

Il était devant les rayons de la bibliothèque. Ses doigts suivaient les reliures, d'une caresse légère.

—...Balzac, Barrès, Baudelaire, Beaumarchais, Boileau, Buffon...Chateaubriand, Corneille, Descartes, Fénelon, Flaubert... La Fontaine, France, Gautier, Hugo.... Quel appel!" dit-il avec un rire léger et hochant la tête. "Et je n'en suis qu'à la lettre H!...Ni Molière, ni Rabelais, ni Racine, ni Pascal, ni Stendhal, ni Voltaire, ni Montaigne, ni tous les autres!..." Il continuait de glisser lentement le long des livres, et de temps en temps il laissait échapper un imperceptible "Ha!" quand, je suppose, il lisait un nom auquel il ne songeait pas. "Les Anglais," reprit-il, "on pense aussitôt: Shakespeare. Les Italiens: Dante. L'Espagne: Cervantes. Et nous, tout de suite: Goethe. Après, il faut chercher. Molière? Racine? Hugo? Voltaire? Rabelais? ou quel autre? Ils se pressent, ils sont comme une foule à l'entrée d'un théâtre, on ne sait pas qui faire entrer d'abord." → HAVE ENTER FAIRE → INF. cause or have done -

Il se retourna et dit gravement:

—Mais pour la musique, alors c'est chez nous: Bach, Hændel, Beethoven, Wagner, Mozart...quel nom vient le premier?

"Et nous nous sommes fait la guerre!" dit-il lentement en remuant la tête. Il revint à la cheminée et ses yeux souriants se posèrent sur le profil de ma nièce. "Mais c'est la dernière! Nous ne nous battrons plus: nous nous marierons!" Ses paupières se plissèrent, les dépressions sous les pommettes se marquèrent de deux longues fossettes, les dents blanches apparurent. Il dit gaiement: "Oui, oui!" Un petit hochement de tête répéta l'affirmation. "Quand nous sommes entrés à Saintes," poursuivit-il après un silence, "j'étais heureux que la population nous recevait bien. J'étais très heureux. Je pensais: Ce sera facile. Et puis j'ai vu que ce n'était pas cela du tout, que c'était la lâcheté." Il était devenu grave. "J'ai méprisé ces gens. Et j'ai craint pour la France. Je pensais: Est-elle *vraiment* devenue ainsi?" Il secoua la tête: "Non! Non! Je l'ai vue ensuite; et maintenant, je suis heureux de son visage sévère."

Son regard se porta sur le mien—que je détournai—, il s'attarda un peu en divers points de la pièce, puis retourna sur le visage, impitoyablement insensible, qu'il avait quitté.

—Je suis heureux d'avoir trouvé ici un vieil homme digne. Et une demoiselle silencieuse. Il faudra vaincre ce silence. Il faudra vaincre le silence de la France. Cela me plaît.

rayons: (shelves)
reliures: (bindings)
Balzac, Barrès...: auteurs français célèbres
hochant: (nodding)
je n'en suis qu'à: (I'm only to)
paupières: (eyelids)
se plissèrent: (drew together in folds)
pommettes: (cheekbones)
fossettes: (dimples)
Saintes: une ville dans l'ouest de la France. Saintes se trouve dans le département de Charente-Maritime.
impitoyablement: sans pitié
vaincre: (vanquish)

Il regardait ma nièce, le pur profil têtu et fermé, en silence et avec une insistance grave, où flottaient encore pourtant les restes d'un sourire. Ma nièce le sentait. Je la voyais légèrement rougir, un pli peu à peu s'inscrire entre ses sourcils. Ses doigts tiraient un peu trop vivement, trop sèchement sur l'aiguille, au risque de rompre le fil.

—Oui, reprit la lente voix bourdonnante, c'est mieux ainsi. Beaucoup mieux. Cela fait des unions solides—des unions où chacun gagne de la grandeur.... Il y a un très joli conte pour les enfants, que j'ai lu, que vous avez lu, que tout le monde a lu. Je ne sais si le titre est le même dans les deux pays. Chez moi il s'appelle: *Das Tier une die Schöne*—la Belle et la Bête. Pauvre Belle! La Bête la tient à merci—impuissante et prisonnière—elle lui impose à toute heure du jour son implacable et pesante présence...La Belle est fière, digne—elle s'est faite dure.... Mais la Bête vaut mieux qu'elle ne semble. Oh, elle n'est pas très dégrossie! Elle est maladroite, brutale, elle paraît bien rustre auprès de la Belle si fine!... Mais elle a du cœur, oui, elle a une âme qui aspire à s'élever. Si la Belle voulait!... La Belle met longtemps à vouloir. Pourtant, peu à peu, elle découvre au fond des yeux du geôlier haï une lueur—un reflet où peut se lire la prière et l'amour. Elle sent moins la patte pesante, moins les chaînes de sa prison.... Elle cesse de haïr, cette constance la touche, elle tend la main.... Aussitôt la Bête se transforme, le sortilège qui la maintenait dans ce pelage barbare est dissipé: c'est maintenant un chevalier très beau et très pur, délicat et cultivé, que chaque baiser de la Belle pare de qualités toujours plus rayonnantes.... Leur union détermine un bonheur sublime. Leurs enfants, qui additionnent et mêlent les dons de leurs parents, sont les plus beaux que la terre ait portés....

"N'aimiez-vous pas ce conte? Moi je l'aimais toujours. Je le relisais sans cesse. Il me faisait pleurer. J'aimais surtout la Bête, parce que je comprenais sa peine. Encore aujourd'hui, je suis ému quand j'en parle."

Il se tut, respira avec force, et s'inclina:

"Je vous souhaite une bonne nuit."

pli: (wrinkle)
aiguille: (needle)
fil: (thread)

dégrossie: devenue polie, cultivée

geôlier: gardien de prison
haï: détesté
lueur: (glimmer)
prière: supplication

sortilège: enchantement
pelage: peau d'animal
baiser: (kiss)
pare: embellit; orne
dons: (gifts)

COMPREHENSION ET EXERCICES DE VOCABULAIRE

A. Trouvez quatre phrases fausses parmi les suivantes.

1. Balzac, Barrès, Baudelaire, Corneille, et Flaubert sont des noms d'écrivains français très célèbres.
2. Quand on pense à la littérature anglaise, on pense tout de suite à Shakespeare.
3. Comme Shakespeare en Angleterre et Dante en Italie, Molière semble symboliser la littérature de son pays.
4. Selon l'officier allemand, Bach tient la première place parmi les musiciens allemands.
5. Il n'y aura plus de guerres entre la France et l'Allemagne selon l'officier.
6. L'Allemand admirait les Français à Saintes.
7. Il trouve le silence de ses hôtes français admirable.
8. Enfin le vieux Français parle à l'officier allemand.
9. Dans le conte dont parle l'officier allemand, la Belle représente la France, la Bête l'Allemagne.

B. Identifiez le personnage qui:

1. se transforme en chevalier très beau, très cultivé.
2. croit que la littérature française est très riche.
3. a rougi.
4. a détourné son regard.
5. tient la Belle à sa merci.
6. a lu et relu le conte de la Belle et la Bête.
7. a le visage insensible.

C. Lesquels des mots suivants décrivent la nièce?

comique, fière, brutale, digne, silencieuse, lâche, maladroite, sévère, gaie, implacable

D. Dans les phrases suivantes, substituez les mots suggérés.

1. Il a secoué la tête.
   Je ______.
   Nous ______.
   ___ remué ______.
   Elle ______.
   Tu ______.
   ___ hoché ______.
   L'officier allemand ______.
   Vous ______.
   Je ______.

2. Je songeais au problème.
   Nous ______.
   Il ______.
   ______ à son enfance.
   Ils ______.
   ___ pensaient ______.
   Je ______.
   ______ au conte.
   Il ______.
   Tu ______.

3. Ses yeux se sont posés sur ma nièce.
______ sur les rayons de livres.
______ sur les meubles de la pièce.
______ se sont portés ______.
______ sur mon regard.
______ sur le profil de ma nièce.
______ sur son visage.
______ se sont attardés ______.
______ sur les rayons de la bibliothèque.
______ sur les livres.

4. J'ai méprisé ces gens-là.
Il ______.
Ils ______.
Tu ______.
Vous ______.
Je ______.
Nous ______.

5. Il aspire à s'élever.
Nous ______.
Je ______.
Il ______.
La Bête ______.
Vous ______.

E. Dans les phrases suivantes, remplacez les formes du verbe *penser* par les formes du verbe *songer*.

1. As-tu pensé à la gravité du problème?
2. Elle pensait à son ami.
3. Nous y penserons demain.
4. A quoi pensez-vous?

F. Dans les phrases suivantes, remplacez les formes du verbe *se dépêcher* par les formes du verbe *se presser*.

1. Je me dépêche.
2. Ils se sont dépêchés pour arriver à l'heure.
3. Hélène s'est-elle dépêchée?
4. Dépêchez-vous! Nous sommes en retard.

G. Dans les phrases suivantes, remplacez *histoire* par *conte*.

1. Cette histoire me plaît beaucoup.
2. Il se passionne pour les histoires fantastiques de Nodier.
3. J'ai toujours aimé l'histoire de la Belle et la Bête.
4. C'est une histoire charmante.

H. Dans les phrases suivantes, remplacez les formes du verbe *détester* par les formes du verbe *mépriser*.

1. L'officier allemand a détesté ces gens-là.
2. Je te déteste. Va-t'en!
3. Nous déteste-t-il?
4. Oui, il vous déteste.

I. Dans les phrases suivantes, remplacez *tout de suite* par *aussitôt*.

1. Tout de suite il s'est transformé en chevalier.
2. Il me l'a envoyé tout de suite.
3. Tout de suite la Bête se transforme.
4. Et tout de suite elle s'en est allée.

J. Dans les phrases suivantes, remplacez *paysan* par *rustre*.

1. La Bête paraît brutale et paysanne.
2. Son air paysan m'embête.
3. Cet homme-là me semble bien paysan.
4. Tu as des manières paysannes.

K. Dans les phrases suivantes, remplacez *obstiné* par *têtu*.

1. Ses yeux se sont posés sur son regard obstiné.
2. Vous êtes obstiné!
3. Hélène est obstinée.
4. Il regardait le profil obstiné de ma nièce.

L. Dans les phrases suivantes, remplacez *touché* par *ému*.

1. Aujourd'hui j'en suis encore touché.
2. Aujourd'hui je suis encore touché quand j'en parle.
3. Cette lecture m'a touché.
4. Quand il y pense, l'officier en est toujours touché.

M. Dans les phrases suivantes, remplacez *toujours* par *sans cesse*.

1. Hélène parle toujours.
2. Je relisais ce conte toujours.
3. En ce temps-là, tu jouais toujours.
4. Nous bavardons toujours.

N. Choisissez les mots convenables pour compléter les phrases suivantes.

1. On peut dire "oui" *a. en hochant la tête* *b. en songeant à Paris* *c. en plissant les paupières.*
2. Il regardait les livres *a. entre ses sourcils* *b. comme une foule* *c. sur les rayons de la bibliothèque.*
3. Cet homme est couard. Il est caracterisé par *a. la jalousie* *b. la lâcheté* *c. le courage.*
4. Quand il rit, on voit *a. ses paupières* *b. ses fossettes* *c. ses cheveux.*
5. Cet homme est bon et loyal. Il est *a. digne* *b. triste* *c. maladroit* de notre confiance.

6. Paul refuse de lui parler. Il est *a. têtu* *b. impuissant* *c. rustre.*

7. Jacqueline a les sourcils *a. bleus* *b. verts* *c. noirs.*

DIALOGUE

Suzanne:	J'ai toujours aimé le conte de la Belle et la Bête. L'officier en parle dans *Le Silence de la mer.*
Robert:	Je sais que je l'ai entendu, mais je l'ai oublié.
Suzanne:	Le père de la Belle part en voyage. Mais avant de partir il promet à sa fille de lui apporter une rose. C'est dans le jardin de la Bête qu'il la cueille.
Robert:	Maintenant je m'en souviens. La Bête se fâche; et le père est obligé de lui donner sa fille.
Suzanne:	Oui, mais le monstre aime la Belle. Enfin, elle finit par l'aimer aussi à cause de sa tendresse.
Robert:	Et l'amour de la Belle transforme la Bête en prince très beau et cultivé.
Suzanne:	Oui, et comme dans tous les contes, la Belle et le prince se marient et sont heureux.

REVISION ET EXERCICES

■ Structure: Les verbes irréguliers: *voir (prévoir, revoir), lire (élire, relire), dire (contredire, redire)*

Phrases modèles

1. Quel appel! dit-il avec un rire léger.
2. Il laissait échapper un imperceptible "Ha!" quand, je suppose, il lisait un nom auquel il ne songeait pas.
3. Mais si on dit: et la France?
4. Il dit gaiement: "Oui, oui!"
5. Et puis j'ai vu que ce n'était pas cela du tout, que c'était la lâcheté.
6. Je la voyais légèrement rougir . . .
7. Il y a un très joli conte pour les enfants, que j'ai lu, que vous avez lu, que tout le monde a lu.
8. Elle découvre au fond des yeux du geôlier haï une lueur—un reflet où peuvent se lire la prière et l'amour.
9. Je le relisais sans cesse.

Notes de grammaire

Voir Appendice 1.

A. Dans les phrases suivantes, substituez les mots suggérés.

1. Je la voyais rougir.
Nous ______.
Il ______.
______ venir.
Tu ______.
Vous ______.
Ils ______.
______ travailler.
Je ______.
2. Je relisais le conte sans cesse.
Nous ______.
Robert ______.
______ la lettre ______.
Tu ______.
______ la poésie ______.
Vous ______.
Ils ______.
______ le roman ______.
Nous ______.
3. As-tu vu son auto?
___ vous ______?
___ il ______?
______ le livre?
______ lu ______?
___ ils ______?
4. Je n'avais pas dit la vérité.
Jacques ______.
Vous ______.
Nous ______.
Il ______.
Elles ______.
Tu ______.
5. Je le reverrai demain.
Nous ______.
Tu ______.
Tu le reverras demain.
Il ______.
___ lira ______.
______ la semaine prochaine.
Nous ______.
Je ______.
Marguerite ______.
______ toute de suite.
6. Que dis-tu?
______ il?
______ vous?
___ lisez ______?
______ tu?
______ elle?
______ nous?
______ ils?
___ voient ______?
______ vous?
______ tu?
______ elles?
7. Quand auras-tu lu le roman?
______ vous ______?
______ la pièce?
______ ils ______?
______ elle ______?
______ relu ______?
______ la leçon?
______ elles ______?
______ le journal?
______ le conte?
8. Dans ce cas-là, je le reverrais demain.
______ nous ______.
______ tu ______.
______ la semaine prochaine.
______ vous ______.
______ ils ______.
______ aujourd'hui.
______ il ______.

B. Dans les phrases suivantes, mettez les verbes au passé composé et ensuite au plus-que-parfait.

1. Qu'est-ce que vous lisez?
2. Vois-tu Hélène?
3. Elle me contredit.
4. Ils ne relisent pas la leçon.
5. Qu'est-ce que vous dites?
6. Il prévoit des difficultés.

C. Dans les phrases suivantes, mettez les verbes au futur et ensuite au conditionnel.

1. Dit-elle la vérité?
2. Tu ne vois pas le problème.
3. Nous lisons un roman d'Albert Camus.
4. Ils reverront leurs parents demain.
5. Je relis ce roman.
6. Que dites-vous?

D. Dans les phrases suivantes, mettez les verbes à l'imparfait.

1. Nous relisons ce conte souvent.
2. Elle redit la même phrase sans cesse.
3. Je ne la vois pas souvent.
4. Que dites-vous?
5. Il ne prévoit aucune difficulté.
6. Je lis beaucoup de romans.

E. Répondez aux questions suivantes, en utilisant les expressions données entre parenthèses.

1. Vois-tu souvent Marie? (Oui, . . . de temps en temps)
2. Ont-ils lu *L'Etranger* d'Albert Camus? (Non, . . .)
3. Avez-vous vu ce film? (Non, . . .)
4. Tu reverras tes parents demain, n'est-ce pas? (Non, . . . dans une semaine)
5. Ils ont élu leur président, n'est-ce pas? (Oui, . . .)
6. Avez-vous lu *Le Rouge et le noir* de Stendhal? (Non, . . .)
7. A-t-elle dit la vérité? (Oui, . . .)
8. Ils reliront la leçon, n'est-ce pas? (Oui, . . .)

F. Demandez à:

1. Mlle ______ si elle reverra ses amis demain.
2. Mlle ______ si elle a lu le journal.
3. M. ______ si Pauline a vu le film.
4. Mlle ______ si les étudiants de la classe ont élu leur président.
5. M. ______ ce qu'il lit.
6. M. ______ si les étudiants ont lu la pièce.

Structure: Les pronoms compléments d'objet direct et indirect

Phrases modèles

1. Je l'ai vu ensuite.
2. Cela me plaît.

3. Je la voyais rougir légèrement.
4. Elle lui impose à toute heure du jour son implacable et pesante présence.
5. Je le relisais sans cesse.
6. Il me faisait pleurer.
7. Mais je l'ai oublié.
8. Il promet à sa fille de lui apporter une rose.
9. Le père est obligé de lui donner sa fille.
10. Enfin elle finit par l'aimer aussi à cause de sa tendresse.

Notes de grammaire

Les noms compléments d'objet direct et indirect suivent le verbe. La préposition *à* précède un nom complément indirect.

George a donné *le livre à Jacqueline.*
Il voulait montrer *la maison à vos parents.*

Certains verbes prennent un complément d'objet indirect en français, tandis que leurs équivalents en anglais prennent un objet direct.

Il répond au professeur.
He answers the professor.

Cet enfant obéit à ses parents.
That child obeys his parents.

Cet appartement ne convient pas à mes amis.
This apartment doesn't suit my friends.

Georges ressemble à son père.
George resembles his father.

Henri plaît à Jeannette.
Henry pleases Jeannette.
(Jeannette likes Henry.)

Il a demandé à Georges de venir.
He asked George to come.

Par contre, d'autres verbes prennent un complément d'objet direct en français bien que leurs équivalents en anglais soient suivis d'une préposition.

La famille attend l'officier.
The family is waiting *for* the officer.

Ont-ils écouté ses pas?
Did they listen *to* his footsteps?

A-t-il demandé la permission d'entrer?
Did he ask for permission to enter?

Nous cherchons l'hôtel.
We're looking *for* the hotel.

Il a regardé les tableaux.
He looked *at* the paintings.

Les pronoms compléments d'objet direct et indirect précèdent le verbe (sauf pour l'impératif affirmatif.

Pronoms compléments d'objet direct

Vous a-t-il vu?	Oui, il *m*'a vu.
Me voit-il?	Oui, il *te* voit.
Voyez-vous *Paul*?	Oui, je *le* vois.
Regardez-vous *Marie*?	Oui, je *la* regarde.
Nous regardent-ils?	Oui, ils *nous* regardent.
Regardent-ils *Georges et Hélène*?	Oui, il *les* regardent.

Mais: Regardez-*le!*

Pronoms compléments d'objet indirect

Vous a-t-il parlé?	Non, il ne *m*'a pas parlé.
Me parlera-t-il?	Non, il ne *te* parlera pas.
Parlera-t-il *à la dame*?	Non, il ne *lui* parlera pas.
Nous parleront-ils?	Non, ils ne *nous* parleront pas.
Il a parlé aux jeunes filles, n'est-ce pas?	Oui, il *leur* a parlé.

Mais: Parlez-*leur*.

Un pronom complément d'objet direct et un pronom complément d'objet indirect peuvent tous les deux précéder le même verbe selon l'ordre suivant:

me (m') te (t') nous vous	précèdent	le (l') la (l') les	précèdent	lui leur

Vous a-t-il donné *la réponse*?	Oui, il *me l'a* donnée.
Ont-ils envoyé *la lettre à l'officier*?	Non, ils ne *la lui* ont pas envoyée.

Etudiez les cas suivants où les pronoms compléments d'objet direct et indirect se placent devant un infinitif:

Veut-il voir *Paul*?	Oui, il veut *le* voir.
Allez-vous donner *le manteau à l'officier*?	Non, nous n'allons pas *le lui* donner.
Pourquoi n'envoyez-vous pas *le cadeau à Pauline*?	Avant de *le lui* envoyer, je voudrais *l'*emballer.

Les pronoms compléments d'objet direct précèdent *voici* et *voilà*.

Voilà *Paul*.	Tiens, *le* voilà.
Voici *les cahiers*.	Tiens, *les* voici.

Aux temps composés, le participe passé s'accorde avec le complément d'objet direct (nom ou pronom) qui le précède.

Qu'est-ce donc?	C'est *une lettre* que Paul a écrit**e**.
Qui a écrit *la lettre*?	Paul *l'*a écrit**e**.

Notez que d'habitude on ne prononce pas la consonne finale d'un participe passé; mais en ajoutant *e* à cette consonne, elle se prononce.

le livre qu'il a écrit /ekri/
la lettre qu'elle a écrite /ekrit/
les livres qu'il a pris /pri/
les photos qu'il a prises /priz/

A. Dans les phrases suivantes, remplacez le nom complément d'objet direct par le pronom correspondant.

LE PROFESSEUR: Il voit Paul.
L'ETUDIANT: Il le voit.

1. Elle lit la lettre.
2. Paul lira les lettres.
3. Nous cherchons l'hôtel.
4. Ils ont vu le garçon.
5. J'attends les autres étudiants.
6. Nous aimons cette maison.
7. Je n'aime pas la salade.
8. Ils n'ont pas attendu Paul.
9. Il ne finira pas la leçon.
10. Vous ne lirez pas les journaux.
11. Je ne cherche pas les livres.
12. Jean n'a pas vu le film.
13. Voyez-vous mes amis?
14. Cherches-tu la réponse?
15. Aimera-t-elle les fleurs?
16. As-tu attendu Georges?
17. Lisez-vous les leçons?
18. Racontera-t-elle le conte?
19. Je vais voir la pièce.
20. Nous ne voulons pas étudier les verbes.
21. Je ne peux pas comprendre ce livre.
22. Voulez-vous avoir les livres?
23. Allez-vous finir le travail?
24. Il va lire le poème.
25. Je n'ai pas vu mon oncle.
26. Il finira la leçon, je crois.
27. Nous voulons voir les musées de Paris.
28. As-tu vu le livre?

B. Dans les phrases suivantes, remplacez le nom complément d'objet indirect par le pronom correspondant.

LE PROFESSEUR: Il parlera à Jean.
L'ETUDIANT: Il lui parlera.

1. Tu ne peux pas parler à Suzanne maintenant.
2. Cette maison ne convient pas à mes parents.
3. Elle obéit à ses parents.
4. Avez-vous répondu au professeur?
5. Nous allons demander à Georges de venir.
6. Elle ne ressemble pas à son père.
7. Il ne parlera pas à Jacqueline.
8. Nous allons demander aux autres de venir plus tôt.
9. Paul ressemble à sa mère.
10. A-t-il parlé à l'autre jeune fille?

C. Dans les phrases suivantes, remplacez les noms compléments d'objet par les pronoms compléments d'objet direct ou indirect correspondants.

1. Il n'a pas répondu au professeur.
2. Cet hôtel ne convient pas à Mme Poirier.
3. Il cherche son crayon.
4. A-t-elle écrit à ses parents?
5. Nous avons attendu Paul longtemps à la gare.
6. Cette jeune fille plaît à Robert.
7. Nous ne voulons pas déranger ces gens-là.
8. Verrez-vous la maison demain?

D. Répondez affirmativement aux questions suivantes, en employant le pronom complément d'objet direct ou indirect.

1. Georges t'a invité, n'est-ce pas?
2. Cet hôtel vous convient-il?
3. Est-ce que Paul t'a attendu?
4. Est-ce que Paul vous a attendu?
5. Ton père te ressemble-t-il?
6. Est-ce que ce concert te plaît?

(Répondez avec *te*.)

7. Est-ce que Robert me voit?
8. Hélène va m'attendre, n'est-ce pas?
9. Est-ce qu'elle me ressemble?
10. Paul m'a-t-il cherché?
11. Me comprends-tu?
12. Le film me plaira, n'est-ce pas?

(Répondez avec *nous*.)

13. Vous voient-ils?
14. Vous a-t-elle demandé de venir?
15. Est-ce que Georges vous plaît?
16. Vous regarde-t-il?
17. Vous a-t-il répondu?
18. Est-ce qu'elle vous attend?

(Répondez avec *vous*.)

19. M'a-t-il vu?
20. Va-t-il me parler?
21. Me comprenez-vous?
22. Cet homme me ressemble, n'est-ce pas?
23. La chambre me conviendra, n'est-ce pas?
24. M'attendent-ils?
25. La ville te plaît-elle?
26. Est-ce qu'ils me comprennent?
27. Est-ce que Paul t'a vu?
28. As-tu compris le livre?
29. Vous a-t-elle parlé?
30. L'hôtel leur convient, n'est-ce pas?
31. Ils t'ont attendu, n'est-ce pas?
32. Est-ce qu'il va acheter ces livres?
33. Ils nous voient, n'est-ce pas?
34. Ce garçon ressemble à son père, n'est-ce pas?
35. Est-ce que le voyage en Australie plaît à Véronique et à Lucinde?
36. Hier avez-vous attendu Alexandre et André à la cathédrale?

E. Dans les phrases suivantes, remplacez le nom complément d'objet direct par le pronom correspondant.

LE PROFESSEUR: Il me donne le café.
L'ETUDIANT: Il me le donne.

1. Georges m'a apporté le livre.
2. Je t'ai donné le billet.
3. Jacqueline me montre le tableau.
4. Ils vous ont apporté le cahier.
5. Ils vont me donner le stylo.
6. Il nous a rendu l'argent.
7. Je vous donne ma cravate.
8. Ils me montreront la maison demain.
9. Elle vous donnera la lettre.
10. Je te vendrai mon auto.
11. Il nous apporte la salade.
12. Elle me rendra la valise demain.
13. Jacques vous vendra les livres.
14. Ils me donnent ses vieux livres.
15. Nous te donnerons les journaux.
16. Il m'apporte les disques.
17. Il va vous donner ses cravates.
18. Ils nous montrent les tableaux.
19. Ils nous ont donné le joli tableau.
20. Il te vendra la voiture.
21. Je vous montrerai les musées de Paris.
22. Elle m'a apporté le potage.
23. Il ne veut pas me donner ses livres.
24. Elle nous montrera la maison demain.
25. Elle t'apportera ses disques.
26. Demain elle vous rendra votre lettre.

F. Dans les phrases suivantes, remplacez le nom complément d'objet indirect par le pronom correspondant.

LE PROFESSEUR: Il l'a donné à Jean.
L'ETUDIANT: Il le lui a donné.

1. Je le vendrai au professeur.
2. Je la rendrai à Suzanne.
3. Paul les montrera à Jacqueline.

4. Nous les vendons à Georges.
5. Il l'a donné à mon ami.
6. Ils la montrent à ma tante.
7. Paul l'a donné à mes amis.
8. Je la donnerai aux petites filles.
9. Il les apporte aux autres garçons.
10. Je l'ai dit à Georges et à Hélène.
11. Il la vendra à vos parents.
12. Je le dirai à Suzanne et à Paulette.

G. Dans les phrases suivantes, mettez les verbes à la forme interrogative. Employez *Est-ce que* et ensuite l'inversion.

1. Vous le lui direz.
2. Tu le lui liras.
3. Jacques nous le dira.
4. Jacques et Marie vous le diront.
5. Paul le lui donnera.
6. Paul les leur donnera.
7. Vous le lui avez donné.
8. Tu me l'as donné.
9. Paul nous l'a apporté.
10. Pauline le leur a dit.
11. Marc vous l'a montré.
12. Marc et Jean le lui ont dit.
13. Ils les lui vendront.
14. Jacques te l'a dit.
15. Antoinette nous la montre.
16. Vous me le donnerez.

H. Dans les phrases suivantes, mettez les verbes à la forme négative.

1. Vous la lui donnez.
2. Tu me la donnes.
3. Il nous les montre.
4. Jacques te le dit.
5. Je le lui dirai.
6. Il vous la donnera.
7. Il le leur montrera.
8. Il m'en apportera.
9. Paul me l'a donné.
10. Je le leur ai dit.
11. Je vous l'ai dit.
12. Nous le leur avons apporté.
13. Il te l'a montré.
14. Jacques le lui a donné.
15. Pauline nous l'a dit.
16. Il m'en a donné.
17. Marie me l'a donné.
18. Je te les montrerai.
19. Henri la lui donnera.
20. Je le leur ai apporté.
21. Ils nous le diront.
22. Jacques vous les vend.

I. Dans les phrases suivantes, remplacez tous les noms compléments d'objet direct par *le*, *la*, ou *les*. Remplacez tous les noms compléments d'objet indirect par *lui* ou *leur*.

LE PROFESSEUR: Il a donné le livre à Georges.
L'ETUDIANT: Il le lui a donné.

1. Ils donneront les livres à ses amis.
2. Il me montrera les maisons demain.
3. Elle te lira cette jolie histoire.
4. Paul cherche Hélène, n'est-ce pas?
5. Le garçon va vous apporter la salade.
6. Georges ne vous dira pas le secret.
7. A-t-il montré le livre à Jacques?
8. Ils ont attendu le taxi ici.
9. Je ne peux pas vous donner ces journaux.
10. Ils ont récité le dialogue au professeur.
11. Je ne te donnerai pas ce stylo.
12. Il nous a raconté le conte de la Belle et la Bête.
13. Avez-vous vu Marc?
14. Le garçon a apporté le potage aux invités.
15. La chambre ne convient pas à mes parents.
16. A-t-elle parlé à Jean?

J. Répondez aux questions suivantes, en utilisant les expressions données entre parenthèses. Employez les pronoms compléments d'objet direct et indirect.

1. Vous a-t-elle apporté le livre? (Oui, . . .)
2. Vous a-t-elle montré le tableau? (Oui, . . .)
3. Elle vous donnera ces livres, n'est-ce pas? (Non, . . .)
4. Ils te vendront leur auto, n'est-ce pas? (Oui, . . .)
5. Est-ce que Georges va te donner cette cravate? (Oui, . . .)
6. Avez-vous donné le livre à Georges? (Oui, . . .)
7. As-tu donné le livre à Jacqueline? (Oui, . . .)
8. As-tu donné les livres à Georges? (Oui, . . .)
9. As-tu donné le tableau à tes parents? (Oui, . . .)
10. Elle va donner les journaux à Suzanne, n'est-ce pas? (Oui, . . .)
11. Est-ce qu'il va vendre son auto à Robert? (Oui, . . .)
12. Elle me lira le conte, n'est-ce pas? (Non, . . .)
13. Georges me lira les journaux, n'est-ce pas? (Oui, . . .)
14. Est-ce que Paul lira la leçon à Suzanne? (Oui, . . .)

K. Transformez en suivant le modèle.

LE PROFESSEUR: J'ai écrit la lettre.
L'ETUDIANT: Quelle lettre avez-vous écrite?

1. J'ai pris le livre. Quel livre avez-vous pris?
2. J'ai pris la lettre.
3. J'ai étudié le texte.
4. Ils ont ouvert la fenêtre.
5. Il a regardé les journaux.
6. Elle a mis la robe bleue.
7. Ils ont acheté le camion.
8. Ils ont compris la leçon.

L. Répondez affirmativement aux questions suivantes, en employant les pronoms compléments d'object direct.

1. Avez-vous pris les photos?
2. Avez-vous écrit la lettre?
3. Avez-vous écrit vos leçons?
4. A-t-elle fini le livre?
5. A-t-elle fini la leçon?
6. Il a ouvert la porte, n'est-ce pas?
7. Elle a mis la robe rouge, n'est-ce pas?

CONVERSATION

Questions

1. L'officier allemand connaît-il les noms des auteurs français célèbres?
2. A quel auteur pense-t-on tout de suite quand on pense à la littérature anglaise? à la littérature espagnole? à la littérature italienne? à la littérature allemande?
3. Selon l'officier allemand, la littérature française est-elle riche?
4. Après cette guerre les Français et les Allemands vont-ils se battre de nouveau?

5. Pourquoi l'Allemand a-t-il méprisé les Français à Saintes?
6. Est-il content du silence de ses hôtes?
7. Faudra-t-il vaincre le silence?
8. Pourquoi la nièce a-t-elle rougi?
9. Connaissez-vous le conte de la Belle et la Bête?
10. L'aimez-vous?
11. L'officier allemand l'aime-t-il?
12. Dans la pensée de l'Allemand, quel pays est représenté par la Bête? Quel pays par la Belle?
13. Comment est la Belle?
14. Comment est la Bête avant sa transformation?
15. Comment est-elle après?
16. Qu'est-ce qui produit la transformation de la Bête?
17. Pourquoi l'Allemand aimait-il la Bête dans le conte de la Belle et la Bête?
18. Que dit l'officier allemand en sortant?

Causeries

1. En répondant aux questions suivantes, préparez un résumé du conte de la Belle et la Bête.

   Où va le père de la Belle? Qu'est-ce qu'il promet à sa fille avant de partir? Où cueille-t-il la rose pour sa fille? A qui est le jardin? Pourquoi la Bête se fâche-t-elle? Qu'est-ce que le père est obligé de faire? La Bête aime-t-elle la Belle? Au commencement la Belle aime-t-elle la Bête? Est-ce que la Belle finit par l'aimer? Pourquoi? Que devient la Bête alors? Qu'est-ce qui produit sa transformation? La Belle et le prince se marient-ils? Comment sont leurs enfants?

2. En répondant aux questions suivantes, préparez une petite causerie: *Le mariage de la France et de l'Allemagne.*

   Selon l'officier allemand, quel pays est représenté par la Belle dans le conte de la Belle et la Bête? Quel pays est représenté par la Bête? Alors, selon l'officier allemand, comment est la France? Comment est l'Allemagne? L'Allemagne a-t-elle besoin de la France pour s'élever? Comment l'Allemagne peut-elle s'élever? Selon l'officier allemand, les Allemands, pourraient-ils se transformer si les Français les aimaient? Quels seraient les fruits de l'union de la France et de l'Allemagne? Les Français et les Allemands se sont-ils mariés? L'officier allemand avait-il tort? Se trompait-il sur les desseins de Hitler?

Nous ne sommes pas des musiciens.

Les visites de l'Allemand continuent. Alors, il annonce qu'il part pour Paris. Il va passer deux semaines dans la Ville-Lumière. Il en est tout content. A son retour de Paris, il vient rendre visite à ses hôtes pour la dernière fois.

—Tout ce que j'ai dit ces six mois, tout ce que les murs de cette pièce ont entendu . . ." —il respira, avec un effort d'asthmatique, garda un instant la poitrine gonflée . . ."il faut . . ." Il respira: "il faut l'oublier."

La jeune fille lentement laissa tomber ses mains au creux de sa jupe, où elles demeurèrent penchées et inertes comme des barques échouées sur le sable, et lentement elle leva la tête, et alors, pour la première fois,—pour la première fois—elle offrit à l'officier le regard de ses yeux pâles . . .

—J'ai vu ces hommes victorieux.

Puis, après quelques secondes, d'une voix plus basse encore:

—Je leur ai parlé." Et enfin dans un murmure, avec une lenteur amère:

—Ils ont ri de moi.

Il leva les yeux sur ma personne et avec gravité hocha trois fois imperceptiblement la tête. Les yeux se fermèrent, puis:

—Ils ont dit: "Vous n'avez pas compris que nous les bernons?" Ils ont dit cela. Exactement. *Wir prellen sie.* Ils ont dit: "Vous ne supposez pas que nous allons sottement laisser la France se relever à notre frontière? Non?" Ils rirent très fort. Ils me frappaient joyeusement le dos en regardant ma figure: "Nous ne sommes pas des musiciens!" . . .

—Ils m'ont blâmé, avec un peu de colère: "Vous voyez bien! Vous voyez combien vous l'aimez! Voilà le grand Péril! Mais nous guérirons l'Europe de cette peste! Nous la purgerons de ce poison!" Ils m'ont tout expliqué, oh! ils ne m'ont rien laissé ignorer. Ils flattent vos écrivains, mais en même temps, en Belgique, en Hollande, dans tous les pays qu'occupent nos troupes, ils font déjà le barrage. Aucun livre français ne peut plus passer,—sauf les publications techniques, manuels de dioptrique ou formulaires de cémentation . . . Mais les ouvrages de culture générale, aucun. Rien!

Son regard passa par-dessus ma tête, volant et se cognant aux coins de la pièce comme un oiseau de nuit égaré. Enfin il sembla trouver refuge sur les rayons les plus sombres,—ceux où s'alignent Racine, Ronsard, Rousseau. Ses yeux restèrent accrochés là et sa voix reprit, avec une violence gémissante:

—Rien, rien, personne!" Et comme si nous n'avions pas compris encore, pas mesuré l'énormité de la menace: "Pas seulement vos modernes! Pas seulement vos Péguy, vos Proust, vos Bergson . . . Mais tous les autres! Tous ceux-là! Tous! Tous! Tous!"

Son regard encore une fois balaya les reliures doucement luisant dans la pénombre, comme pour une caresse désespérée.

poitrine gonflée: (his chest full of air)

creux de sa jupe: (lap)

amère: (bitter)

bernons: tournons en ridicule

sottement: stupidement

colère: irritation

guérirons: *ici,* délivrerons (will heal; will cure)

qu'occupent nos troupes: que nos troupes occupent

se cognant: (bumping)

égaré: perdu

accrochés: attachés

gémissante: lamentable, plaintive

balaya: *ici,* toucha (swept)

pénombre (n.f.): ombre; demi-obscurité

—Ils éteindront la flamme tout à fait! cria-t-il. L'Europe ne sera plus éclairée par cette lumière!...

éteindront: (will extinguish)

Soudain son expression sembla se détendre. Le corps perdit de sa raideur. Son visage s'inclina un peu vers le sol. Il le releva:

se détendre: se calmer
raideur: rigidité
le sol: la terre

—J'ai fait valoir mes droits, dit-il avec naturel. J'ai demandé à rejoindre une division en campagne. Cette faveur m'a été enfin accordée: demain, je suis autorisé à me mettre en route.

droits: (rights)

Je crus voir flotter sur les lèvres un fantôme de sourire quand il précisa:

—Pour l'enfer.

enfer: (hell)

Son bras se leva vers l'Orient,—vers ces plaines immenses où le blé futur sera nourri de cadavres.

Je pensai: "Ainsi il se soumet. Voilà donc tout ce qu'ils savent faire. Ils se soumettent tous. Même cet homme-là."

Le visage de ma nièce me fit peine. Il était d'une pâleur lunaire. Les lèvres, pareilles aux bords d'un vase d'opaline, étaient disjointes, elles esquissaient la moue tragique des masques grecs. Et je vis, à la limite du front et de la chevelure, non pas naître, mais jaillir,—oui, jaillir,—des perles de sueur....

d'opaline: couleur de l'opale
esquissaient: formaient
moue: expression de la bouche
chevelure (n.f.): les cheveux
jaillir: sortir impétueusement
sueur: (perspiration)

Ebrennac d'une main avait saisi le bouton de la porte. De l'autre, il tenait le chambranle...Il tira lentement la porte à lui. Il dit,—sa voix était étrangement dénuée d'expression:

Ebrennac: l'officier
chambranle: (door casing)
dénuée de: sans

—Je vous souhaite une bonne nuit.

Je crus qu'il allait fermer la porte et partir. Mais non. Il regardait ma nièce. Il la regardait. Il dit,—il murmura:

—Adieu.

Il ne bougea pas. Il restait tout à fait immobile, et dans son visage immobile et tendu, les yeux étaient plus encore immobiles et tendus, attachés aux yeux,—trop ouverts, trop pâles,—de ma nièce. Cela dura, dura,—combien de temps?—dura jusqu'à ce qu'enfin, la jeune fille remuât les lèvres. Les yeux de Werner brillèrent.

tendu: rigide (*ici,* tense)

J'entendis:

—Adieu.

Il fallait avoir guetté ce mot pour l'entendre, mais enfin je l'entendis. Von Ebrennac aussi l'entendit, et il se redressa, et son visage et tout son corps semblèrent s'assoupir comme après un bain reposant.

guetté: attendu
s'assoupir: se calmer; s'endormir

Et il sourit, de sorte que la dernière image que j'eus de lui fut une image souriante. Et la porte se ferma et ses pas s'évanouirent au fond de la maison.

s'évanouirent: se perdirent

Il était parti quand, le lendemain, je descendis prendre ma tasse de lait matinale. Ma nièce avait préparé le déjeuner, comme chaque jour. Elle me servit en silence. Nous bûmes en silence. Dehors luisait au travers de la brume un pâle soleil. Il me sembla qu'il faisait très froid.

matinale: du matin
brume: brouillard

COMPREHENSION ET EXERCICES DE VOCABULAIRE

A. Trouvez cinq phrases fausses parmi les suivantes.

1. L'officier allemand s'appelle Werner von Ebrennac.
2. Dans ce passage la nièce regarde l'Allemand pour la première fois.
3. Ebrennac retourne de Paris content des déclarations des autres soldats allemands.
4. Il croit toujours que la France et l'Allemagne vont se marier.
5. Les livres de littérature française ne peuvent plus passer dans les pays qu'occupent les troupes allemandes.
6. Les Allemands acceptent qu'on lise les écrivains français modernes en Hollande et en Belgique.
7. Werner va partir.
8. Il va quitter l'armée allemande pour rejoindre la résistance française.
9. Il est évident que la nièce est très contente qu'enfin l'Allemand parte.
10. C'est la nièce qui rompt le silence en disant "Adieu" à Ebrennac.
11. En partant, l'officier sourit.

B. Identifiez le personnage ou les personnages qui:

1. tourne pour la première fois son regard sur celui de l'officier.
2. a vu les soldats victorieux à Paris.
3. va rejoindre une division en campagne.
4. ont ri d'Ebrennac.
5. se soumet à la destruction de la France.
6. flattent les écrivains français.
7. avait des perles de sueur au front.
8. a rompu le silence en disant "Adieu" à l'Allemand.
9. a pris une tasse de lait matinale.
10. a préparé le déjeuner.

C. Lesquelles des phrases suivantes s'appliquent à la nièce?

1. Ses yeux sont grands ouverts et pâles.
2. C'est une jeune fille insensible à l'amour.
3. Son visage a une pâleur lunaire.
4. Ses lèvres forment l'expression tragique des masques grecs.
5. C'est par lâcheté qu'elle parle enfin à l'Allemand.
6. Elle est triste à cause du départ de l'Allemand.
7. Elle porte son chagrin dignement et en silence.
8. Elle est en train de tricoter un pull-over pour Werner.
9. Elle sert le petit déjeuner en silence.

DIALOGUE

Le professeur est en train de parler du passage qu'on vient de lire.

Le professeur: Tous les trésors de la civilisation française sont en péril. Et notez que même un Werner qui aime la France se soumet à sa chute.

Jean-Pierre: Je trouve la situation de Werner tragique.

Le professeur: Oui, mais pourquoi?

Jean-Pierre: Ses espoirs et ses croyances les plus chers sont maintenant morts. Et puis, il aime une Française qui l'aime aussi. Et pourtant, c'est un amour impossible.

Le professeur: Vous avez trouvé là un des thèmes les plus importants du livre—l'amour entre ennemis. C'est un thème presque éternel. C'est Romeo qui aime Juliette. C'est le Cid qui aime Chimène. Eh oui, c'est Tony qui aime Maria dans *West Side Story*.

CONVERSATION

Questions

1. Où était allé Werner von Ebrennac?
2. Avec qui a-t-il parlé à Paris?
3. Que dit Werner à propos de ses monologues des six mois précédents?
4. Qui a regardé l'Allemand pour la première fois?
5. Les soldats allemands à Paris se sont-ils moqués de Werner?
6. Que feront-ils de la France?
7. De quoi veulent-ils guérir l'Europe?
8. Que veut dire le mot "peste" dans la phrase "Nous guérirons l'Europe de cette peste!"
9. Les Allemands flattent-ils les écrivains français? Pourquoi?
10. Les livres de littérature française peuvent-ils passer en Belgique et en Hollande?
11. Pourquoi Werner part-il?
12. Selon le narrateur, de quoi le blé futur sera-t-il nourri?
13. Est-ce que Werner se soumet à la chute de la France?
14. Décrivez le visage de la nièce.
15. Que dit l'Allemand en partant?
16. Quel mot ajoute-t-il à la phrase "Je vous souhaite une bonne nuit"?

17. Qui l'Allemand regarde-t-il?
18. Est-ce que la nièce regarde l'Allemand dans les yeux?
19. Enfin qu'est-ce qu'elle dit?
20. Comment est le visage de l'Allemand en sortant?
21. Le lendemain, qui prépare le déjeuner?
22. Comment les deux Français boivent-ils leur lait?
23. Quel temps faisait-il?

Causeries

1. En répondant aux questions suivantes, préparez un résumé du passage.

   Où l'Allemand était-il allé? Avec qui a-t-il parlé? Qu'est-ce qu'il a appris à Paris? Les livres de littérature et de civilisation françaises peuvent-ils passer en Hollande et en Belgique? Werner a-t-il reçu l'autorisation de partir? Où va-t-il? Se soumet-il ainsi, à la destruction de la France? Que dit Werner en sortant? Et à la fin que dit-il? Qui regarde-t-il? Que dit la nièce? Est-elle triste à cause du départ de l'Allemand? Pourquoi? Comment supporte-t-elle son chagrin? Qui sert le déjeuner le lendemain? Comment les deux Français boivent-ils leur lait? Quel temps fait-il?

2. En répondant aux questions suivantes, préparez une petite causerie: *Un personnage tragique—la nièce.*

   Comment la nièce passe-t-elle son temps quand l'Allemand est là? Veut-elle regarder l'Allemand? Pourquoi pas? Croyez-vous qu'elle veuille aimer un soldat allemand? Comment savons-nous qu'elle s'intéresse au soldat allemand avant la dernière scène? (A-t-elle rougi quand il parlait? Est-ce qu'elle tricotait plus vite quand il parlait?) Quand savons-nous qu'elle aime Werner? A-t-elle besoin de dire "Werner, je t'aime"? Décrivez l'expression de son visage au départ de l'Allemand. Décrivez ses yeux. Est-elle triste, heureuse, comique, tragique, triomphante, brisée? Quel mot prononce-t-elle au départ de Werner? Ce mot rompt-il le silence? Dans un sens continue-t-il le silence? Comment? Comment la nièce supporte-t-elle son chagrin? Une tragédie peut-elle se trouver dans le silence? Est-elle plus poignante dans le silence ou dans le bruit? Trouvez-vous que la réserve reflétée par le dernier paragraphe s'accorde avec le ton continu du livre?

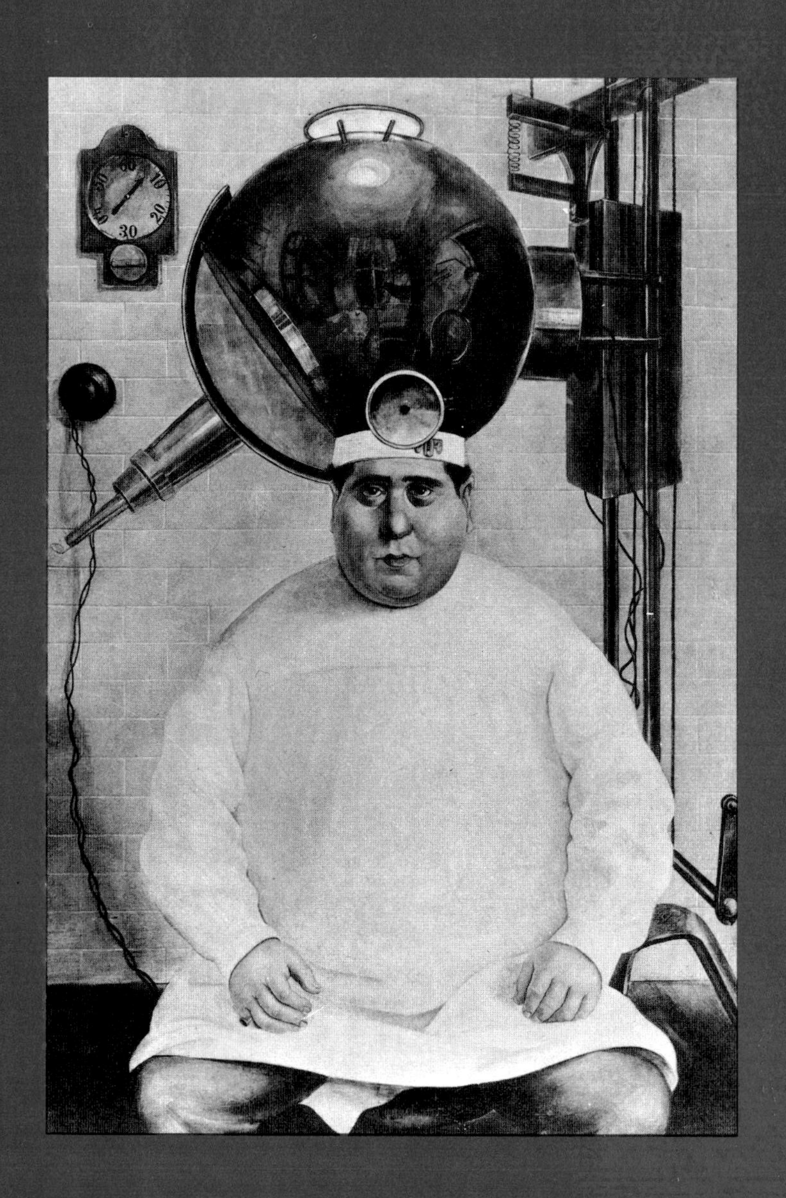

Otto Dix. *Dr. Mayer–Hermann.* 1926. Oil, 58¾″ x 39″. Museum of Modern Art. Gift Philip C. Johnson.

Depuis les farces du Moyen Age, et surtout dans les pièces du grand Molière (XVIIe siècle), la profession médicale en France est l'objet de satire et de ridicule. Dans sa comédie, Knock, ou Le Triomphe de la médecine, *Jules Romains continue cette vieille tradition en nous présentant un médecin (Knock) qui, pour s'enrichir, persuade tous les habitants d'une petite ville qu'ils sont malades. Au commencement du passage suivant, Knock vient de remplacer à Saint-Maurice le Docteur Parpalaid.*

VOCABULAIRE DE BASE

1. *vous exprimer* (s'exprimer): vous faire comprendre par la parole
   Soyez sûr de _______ clairement et avec précision.
2. *vous serviez-vous* (se servir de): employiez-vous
   De quels termes _______?
3. *brave:* bon; honnête
   C'est un _______ homme.
4. *bien:* très
   Il n'est pas _______ fort.
5. *il paraît que* (paraître): il semble que; on dit que
   Pour lui, _______ non.
6. *renvoyait* (renvoyer): faisait repartir
   Le médecin vous _______ sans parler de votre maladie.
7. *vous serez sur pied* (être sur pied): vous irez mieux; vous retrouverez la santé
   Demain _______.
8. *sou* (n.m.): pièce d'argent de peu de valeur
   Ce crayon coûte quatre _______.
9. *bête:* stupide
   Comme vous êtes _______!
10. *amertume* (n.f.): tristesse; rancune; ressentiment
    Il a répondu avec _______.
11. *jure* (jurer): assure; affirme (swear)
    Il n'a rien fait, je vous le _______.
12. *tarif* (n.m.): prix
    Quels sont vos _______?
13. *d'ailleurs:* et puis
    _______ je lui dirai de ne pas venir.
14. *conseille* (conseiller): donne un avis, une recommandation à quelqu'un
    Je vous _______ de venir de bonne heure.
15. *Mairie* (n.f.): maison ou bâtiment où se trouvent les bureaux du maire et des autres officiers municipaux
    Je ferai une annonce devant la _______.
16. *c'est à savoir:* c'est-à-dire
    Je viendrai demain, _______ à onze heures du matin.
17. *disponible:* libre de faire quelque chose
    Vous êtes _______ ce matin?
18. *remet* (remettre): donne
    Il lui _______ le papier.
19. *inquiet* (-ète): troublé par l'incertitude; tourmenté
    Etes-vous _______?
20. *inquiéter:* tourmenter
    Cette nouvelle va l'_______.
21. *inquiétant:* troublant; ce qui tourmente
    C'est un problème _______.
22. *gratuit:* ce qui ne coûte rien; ce qu'on ne paie pas
    Il donne des soins _______ à ses malades.
23. *moitié* (n.f.): une de deux parties égales
    Deux est la _______ de quatre.
24. *vous ne saurez plus où donner de la tête* (savoir): vous ne saurez comment faire; vous ne saurez que faire
    Avec tout ce monde vous _______.
25. *je tâcherai* (tâcher de): j'essaierai
    Je _______ de finir à l'heure.

Appelez-moi: docteur!

KNOCK, *assis, regarde la pièce et écrit.*

C'est vous, le tambour de ville?

tambour de ville: (town crier)

LE TAMBOUR, *debout.*

Oui, monsieur.

KNOCK

Appelez-moi docteur. Répondez-moi: "oui, docteur," ou "non, docteur."

LE TAMBOUR DE VILLE

Oui, docteur.

KNOCK

Et quand vous avez l'occasion de parler de moi au-dehors, ne manquez jamais de vous exprimer ainsi: "Le docteur a dit," "le docteur a fait"... J'y attache de l'importance. Quand vous parliez entre vous du docteur Parpalaid, de quels termes vous serviez-vous?

ne manquez jamais: soyez sûr

LE TAMBOUR DE VILLE

Nous disions: "C'est un brave homme, mais il n'est pas bien fort."

KNOCK

Ce n'est pas ce que je vous demande. Disiez-vous "le docteur"?

LE TAMBOUR DE VILLE

Non. "M. Parpalaid," ou "le médecin," ou encore "Ravachol."

KNOCK

Pourquoi "Ravachol"?

LE TAMBOUR DE VILLE

C'est un surnom qu'il avait. Mais je n'ai jamais su pourquoi.

KNOCK

Et vous ne le jugiez pas très fort?

LE TAMBOUR DE VILLE

Oh! pour moi, il était bien assez fort. Pour d'autres, il paraît que non.

KNOCK

Tiens!

LE TAMBOUR DE VILLE

Quand on allait le voir, il ne trouvait pas.

KNOCK

Qu'est-ce qu'il ne trouvait pas?

LE TAMBOUR DE VILLE

Ce que vous aviez. Neuf fois sur dix, il vous renvoyait en vous disant: "Ce n'est rien du tout. Vous serez sur pied demain, mon ami."

ce que vous aviez: ce qui vous rendait malade

KNOCK

Vraiment!

LE TAMBOUR DE VILLE

Ou bien, il vous écoutait à peine, en faisant "oui, oui," "oui, oui," et il se dépêchait de parler d'autre chose, pendant une heure, par exemple de son automobile.

à peine: (scarcely)

KNOCK

Comme si l'on venait pour ça!

LE TAMBOUR DE VILLE

Et puis il vous indiquait des remèdes de quatre sous; quelquefois une simple tisane. Vous pensez bien que les gens qui payent huit francs pour une consultation n'aiment pas trop qu'on leur indique un remède de quatre sous. Et le plus bête n'a pas besoin du médecin pour boire une camomille.

tisane: une sorte de thé qu'on donne aux malades

camomille: une sorte de tisane

KNOCK

Ce que vous m'apprenez me fait réellement de la peine. Mais je vous ai appelé pour un renseignement. Quel prix demandiez-vous au docteur Parpalaid quand il vous chargeait d'une annonce?

un renseignement: (some information)

LE TAMBOUR, *avec amertume.*

Il ne me chargeait jamais d'une annonce.

KNOCK

Oh! Qu'est-ce que vous me dites? Depuis trente ans qu'il était là?

LE TAMBOUR DE VILLE

Pas une seule annonce en trente ans, je vous jure.

KNOCK, *se relevant, un papier à la main.*

Vous devez avoir oublié. Je ne puis pas vous croire. Bref, quels sont vos tarifs?

LE TAMBOUR DE VILLE

Trois francs le petit tour et cinq francs le grand tour. Ça vous paraît peut-être cher. Mais il y a du travail. D'ailleurs, je conseille à monsieur...

KNOCK

"Au docteur."

LE TAMBOUR DE VILLE

Je conseille au docteur, s'il n'en est pas à deux francs près, de prendre le grand tour, qui est beaucoup plus avantageux.

s'il n'en est pas à deux francs près: s'il en a les moyens; s'il a l'argent nécessaire

KNOCK

Quelle différence y a-t-il?

LE TAMBOUR DE VILLE

Avec le petit tour, je m'arrête cinq fois: devant la Mairie, devant la Poste, devant l'Hôtel de la Clef, au Carrefour des Voleurs, et au coin de la Halle. Avec le grand tour, je m'arrête onze fois, c'est à savoir...

KNOCK

Bien, je prends le grand tour. Vous êtes disponible, ce matin?

LE TAMBOUR DE VILLE

Tout de suite si vous voulez...

KNOCK

Voici donc le texte de l'annonce.

Il lui remet le papier.

LE TAMBOUR *regarde le texte.*

Je suis habitué aux écritures. Mais je préfère que vous me le lisiez une première fois.

écritures: (writing)

KNOCK, *lentement. Le Tambour écoute d'une oreille professionnelle.*

"Le docteur Knock, successeur du docteur Parpalaid, présente ses compliments à la population de la ville et du canton de Saint-Maurice, et a l'honneur de lui faire connaître que, dans un esprit philanthropique, et pour enrayer le progrès inquiétant des maladies de toutes sortes qui envahissent depuis quelques années nos régions si salubres autrefois..."

enrayer: arrêter
envahissent: attaquent
salubres: sains; qui contribue à la santé

LE TAMBOUR DE VILLE

Ça, c'est rudement vrai!

rudement: très

KNOCK

"...il donnera tous les lundis matin, de neuf heures trente à onze heures trente, une consultation entièrement gratuite, réservée aux habitants du canton. Pour les personnes étrangères au canton, la consultation restera au prix ordinaire de huit francs."

LE TAMBOUR, *recevant le papier avec respect.*

Eh bien! C'est une belle idée! Une idée qui sera appréciée! Une idée de bienfaiteur! (*Changeant de ton.*) Mais vous savez que nous sommes lundi. Si je fais l'annonce ce matin, il va vous en arriver dans cinq minutes.

KNOCK

Si vite que cela, vous croyez?

LE TAMBOUR DE VILLE

Et puis, vous n'aviez peut-être pas pensé que le lundi est jour du marché? La moitié du canton est là. Mon annonce va tomber dans tout ce monde. Vous ne saurez plus où donner de la tête.

KNOCK

Je tâcherai de me débrouiller.

me débrouiller: en sortir (get by)

LE TAMBOUR DE VILLE

Il y a encore ceci: que c'est le jour du marché que vous aviez le plus de chances d'avoir des clients. M. Parpalaid n'en voyait guère que ce jour-là. *(Familièrement.)* Si vous les recevez gratis...

KNOCK

Vous comprenez, mon ami, ce que je veux, avant tout, c'est que les gens se soignent. Si je voulais gagner de l'argent, c'est à Paris que je m'installerais, ou à New-York.

COMPREHENSION ET EXERCICES DE VOCABULAIRE

A. Trouvez quatre phrases fausses parmi les suivantes.

1. Un tambour de ville est quelqu'un qui joue du tambour dans la symphonie municipale.
2. Knock veut qu'on respecte son titre de docteur.
3. Le Docteur Parpalaid s'appelle Ravachol.
4. Le Docteur Parpalaid voulait que tout le monde se croie malade.
5. Il aimait parler de son automobile.
6. Le plus souvent le Docteur Parpalaid prescrivait de l'aspirine comme remède.
7. Parpalaid ne chargeait jamais le tambour d'une annonce.
8. Knock prend le petit tour du tambour de ville.
9. Knock donnera une consultation gratuite aux habitants du canton.

B. Identifiez le personnage qui:

1. était "un brave homme" selon les habitants de Saint-Maurice.
2. ne trouvait pas ce qu'on avait.
3. est successeur du Docteur Parpalaid.
4. écoutait à peine ce qu'on lui disait.
5. indiquait des remèdes de quatre sous.
6. a de la peine en apprenant qu'on ne payait pas cher les remèdes.
7. conseille à Knock de prendre le grand tour.
8. ne saura plus où donner de la tête selon le tambour.
9. charge le tambour d'une annonce.

C. Dans les phrases suivantes, substituez les mots suggérés.

1. Il s'exprime avec précision.
   Vous ____________.
   Tu ____________.
   ____________ clairement.
   Ces étudiants ________.
   ____________ avec difficulté.
   Je ____________.
   Nous ____________.
   Cet homme ____________.
2. Il se sert du livre.
   Je ____________.
   Nous ________.
   ________ des journaux.
   Tu ____________.
   Tu te sers des journaux.
   Vous ____________.
   ________ de termes compliqués.
   Ils ____________.
   Je ____________.
3. Il ne saura plus où donner de la tête.
   Vous ____________.
   Tu ____________.
   Ils ____________.
   ___ ne savent ____________.
   Je ____________.
   Nous ____________.
   ___ ne savions ____________.
   Georges ____________.
   Elles ____________.

4. Qu'est-ce que tu as?
   ______ vous ______?
   ______ Suzanne ______?
   ______ ils ______?
   ______ avaient?
   ______ vous ______?
   ______ Jean ______?
5. Cette nouvelle nous fait de la peine.
   Cette affaire ______.
   ______ me ______.
   Ces problèmes ______.
   Ce problème ______.
   Ce problème me fait de la peine.
   ______ lui ______.
   Cette situation ______.
   Ces remarques ______.
   ______ leur ______.
6. Nous vous conseillons de partir.
   Je ______.
   ______ de venir de bonne heure.
   Il ______.
   Tu ______.
   Elles ______.

D. Dans les phrases suivantes, remplacez les formes du verbe *parler* par les formes du verbe *s'exprimer*.

1. Vous parlez d'une façon admirable.
2. Il parlait très vite.
3. Cet homme parle avec élégance.
4. Tu parlais avec précision.

E. Dans les phrases suivantes, remplacez *bon* par *brave*.

1. C'est un bon garçon.
2. Vous êtes bon.
3. C'est une bonne jeune fille.
4. C'est un bon type.

F. Dans les phrases suivantes, remplacez *très* par *bien*.

1. Aujourd'hui Hélène est très malade.
2. Vous n'êtes pas très intelligent aujourd'hui.
3. Le Docteur Parpalaid n'est pas très fort.
4. Elle est très bête!

G. Dans les phrases suivantes, remplacez les formes du verbe *aller mieux* par les formes de l'expression *être sur pied*.

1. Demain vous irez mieux.
2. Paul va déjà mieux.
3. Vont-ils mieux?
4. Elle allait mieux, n'est-ce pas?

H. Dans les phrases suivantes, remplacez *libre* par *disponible*.

1. Quand serez-vous libre?
2. Il est libre maintenant, n'est-ce pas?
3. Vous êtes libre ce matin?
4. Elles seront libres demain.

I. Dans les phrases suivantes, remplacez *stupide* par *bête*.

1. Comme tu es stupide!
2. Paul n'est pas stupide.
3. Ils sont stupides.
4. Que vous êtes stupide!

J. Remplacez les formes du verbe *essayer* par les formes du verbe *tâcher*.

1. J'essaierai de me débrouiller.
2. Il essayait d'apprendre les verbes.
3. Essayez de le faire!
4. Il essaiera de venir.

K. Remplacez les formes du verbe *troubler* par les formes du verbe *inquiéter*.

1. Cette nouvelle me trouble.
2. La situation vous trouble?
3. Cette affaire va le troubler.
4. Vos remarques m'ont troublé.

L. Choisissez les mots convenables pour compléter les phrases suivantes.

1. On dit que c'est un service qui vaut *a. de Paris* *b. quatre sous* *c. de l'eau.*
2. Huit est *a. la moitié* *b. le quart* *c. le tiers* de seize.
3. Paul a dit que l'entrée est *a. disponible* *b. bête* *c. gratuite.*
4. Ce sont des nouvelles *a. inquiétantes* *b. inquiètes* *c. amertumes.*
5. Le maire de la ville a ses bureaux *a. à la poste* *b. dans le parc* *c. à la Mairie.*
6. On lui *a. a écrit* *b. a juré* *c. a remis* l'argent.
7. Le docteur *a. partait* *b. renvoyait* *c. chargeait* ses clients sans trouver ce qu'ils avaient.
8. Mais Pauline, tu as l'air malade. Qu'est-ce que tu *a. donnes* *b. as* *c. es?*
9. Pour gagner beaucoup d'argent, c'est à New-York que *a. tu tâches* *b. je m'installerais* *c. il s'exprime.*

M. Trouvez le mot ou l'expression qui correspond au mot ou à l'expression en italique.

1. Paul *emploie* des termes ridicules.
2. *Il paraît* que non.
3. Elle me répondait *bien* vite.
4. Il ne sait plus *où donner de la tête.*
5. Vous *vous exprimez* avec élégance.
6. Quels sont vos *tarifs?*
7. Quand sera-t-elle *disponible?*
8. *D'ailleurs,* je vous conseille de ne pas venir.

a. très
b. prix
c. libre
d. se sert de
e. il semble
f. écrit
g. puis
h. lisez
i. que faire
j. parlez

DIALOGUE

Suzanne: Ravachol Marmalade n'est pas un nom très distingué.
Roger: Le docteur s'appelle Parpalaid.
Suzanne: Son nom est quand même ridicule—aussi ridicule que le docteur lui-même.
Jacques: Voici un médecin qui écoute à peine ses clients.
Suzanne: Et qui passe son temps à parler de sa voiture.
Jean: Il n'est peut-être pas mauvais médecin. Rappelez-vous que c'est le tambour qui le décrit. Lui aussi me paraît un peu bête.
Suzanne: Je te dis, Jean, que Marmalade est ridicule!
Roger: Mais, Suzanne, le docteur s'appelle Parpalaid!

REVISION ET EXERCICES

Structure: Le partitif

Phrases modèles

1. J'y attache *de l'*importance.
2. Je n'y attache pas *d'*importance.
3. J'y attache beaucoup *d'*importance.
4. Et puis il indiquait *des* remèdes.
5. Il n'indiquait pas *de* remèdes.
6. Il indiquait *peu de* remèdes.

7. Il indiquait *de* bons remèdes.
8. Mais il y a *du* travail.
9. Il n'y a pas *de* travail.
10. Si je voulais gagner *de l'*argent, c'est à Paris que je m'installerais, ou à New-York.

Notes de grammaire

On forme le partitif (some, any) en ajoutant la préposition *de* à l'article défini (*le, la, l', les*). Rappelez-vous que *de* + *le* devient *du* et *de* + *les* se change en *des*.

1. *Du* s'emploie devant un nom masculin singulier qui commence par une consonne:
    du pain — some bread
    du lait — some milk

2. *De la* s'emploie devant un nom féminin singulier qui commence par une consonne:
    de la soupe — some soup
    de la bière — some beer

3. *De l'* s'emploie devant un nom singulier, masculin ou féminin, qui commence par une voyelle ou par *h* muet:
    de l'argent — some money
    de l'eau — some water

4. *Des* s'emploie devant tout nom pluriel. Notez que *des* se prononce /dez/ devant un mot qui commence par une voyelle:
    des /de/ clients — some clients
    des /dez/ enfants — some children

Notez l'expression *encore du* (*de la, de l', des*) qui veut dire "some more":

Donnez-moi encore du potage, s'il vous plaît.
Give me some more soup, please.

Le partitif (*du, de la, de l', des*) se change normalement en "*de*" (*d'*) dans les cas suivants.

1. Après un verbe au négatif:
    J'ai de l'argent.
    Je n'ai pas d'argent.
    Je n'ai plus d'argent.
    Je n'ai jamais d'argent.

De même, l'article indéfini (*un, une*) devient *de* (*d'*) après un verbe au négatif:

Georges a *un* joli chapeau.
Paul n'a pas *de* chapeau.

2. Après des expressions de quantité telles que *beaucoup, trop, tant, peu, un peu, assez, autant, combien:*
    Donnez-moi *de l'*eau, s'il vous plaît.
    Donnez-moi un peu *d'*eau, s'il vous plaît.
    Il a *du* potage.
    Il a *trop de* potage.
    Avez-vous *de la* salade?
    Avez-vous *assez de* salade?

A-t-elle *des* livres?
Combien *de* livres a-t-elle?

3. Quand un adjectif *pluriel précède* le nom:
Il a *des* clients.
Il a *des* clients intéressants.
Il a *de* bons clients.

Notez que l'on n'emploie pas la préposition *de* (*d'*) avec les mots *quelques* (a few) et *plusieurs* (several):
Hélène a *des* livres.
Hélène a *beaucoup de* livres.
Elle a *quelques* livres.
Elle a *plusieurs* livres.

Quelques et *plusieurs* ont la même forme au masculin et au féminin. On les emploie avec des noms pluriels, c'est-à-dire avec des choses que l'on peut compter:
plusieurs amis
quelques journaux

Un peu de s'emploie seulement avec des noms que l'on ne peut pas compter, tels que *beurre, lait, potage, bière:*
Donnez-moi *un peu de* lait, s'il vous plaît.
Il m'apporte *un peu d'*eau.

Comparez l'emploi de *quelques* et d'*un peu de:*
Georges a *quelques* livres. (pluriel)
Elle a *un peu de* beurre. (singulier)

Etudiez les phrases suivantes. Notez que l'expression *bien des* a à peu près le même sens que *beaucoup de. Bien des* s'emploie seulement au pluriel; on emploie *beaucoup de* au singulier et au pluriel.
Beaucoup d'étudiants ne viendront pas.
Bien des étudiants ne viendront pas.

On ne doit pas confondre les noms employés au sens général (qui ont besoin de l'article défini en français) avec les noms employés au sens partitif:
He likes coffee.
Il aime *le* café. (C'est à dire, il aime tout le café. *Café* s'emploie avec un sens général.)

Pass me the coffee.
Passez-moi *le* café. (Il s'agit du café qui est sur la table.)

She wants coffee.
Elle veut *du* café. (Ici *café* s'emploie avec un sens partitif—"some.")

I prefer white wine.
Je préfère *le* vin blanc. (*Vin blanc* a un sens général.)

Bring us white wine.
Apportez-nous *du* vin blanc. (Dans cette phrase *vin blanc* a un sens partitif—"some.")

A. Dans les phrases suivantes, substituez les mots suggérés.

1. Mais il y a du travail.
   ____________ beurre.
   ____________ potage.
   ____________ lait.
   ____________ sucre.
   ____________ rosbif.
   ____________ chocolat.

2. A-t-il de l'argent?
   ________ eau?
   ________ importance?
   ________ initiative?
   ________ ambition?
   ________ argent?

3. Apportez-nous de la soupe.
   ________________ bière.
   ________________ viande.
   ________________ salade.
   ________________ soupe à l'oignon.
   ________________ citronnade.

4. Il a des livres, n'est-ce pas?
   ________ haricots verts ____?
   ________ crayons ________?
   ________ timbres ________?
   ________ lettres ________?
   ________ cahiers ________?

5. Donnez-moi du pain, s'il vous plaît.
   ____________ tomates, ________.
   ____________ soupe, ________.
   ____________ lait, ________.
   ____________ argent, ________.
   ____________ beurre, ________.
   ____________ sucre, ________.
   ____________ haricots verts, ____.
   ____________ jambon, ________.
   ____________ bière, ________.
   ____________ eau minérale, ____.
   ____________ rosbif, ________.
   ____________ salade, ________.
   ____________ livres, ________.
   ____________ eau, ________.
   ____________ viande, ________.

6. Vous n'avez pas de patience.
   ________________ potage.
   ________________ eau minérale.
   __________ plus __________.
   ________________ rosbif.
   ________________ amis.
   ________________ ambition.
   __________ jamais ________.
   ________________ argent.
   ________________ travail.
   ________________ clients.

7. Il y a trop de travail.
   ____________ clients.
   ____________ potage.
   ______ assez ______.
   ____________ viande.
   ____________ beurre.
   ______ beaucoup ____.
   ____________ argent.
   ____________ livres.
   ______ peu ________.
   ____________ intérêt.
   ____________ remèdes.
   ______ tant ________.
   ____________ choses.
   ____________ soupe.
   ______ un peu ______.
   ____________ chocolat.
   ____________ café.

8. J'ai de bons amis.
   ____________ livres.
   ______ jolis ______.
   ____________ crayons.
   ____________ tableaux.
   ______ beaux ______.
   ____________ lettres.
   ____________ cravates.
   ____________ photos.
   ______ petites ______.
   ____________ cahiers.
   ____________ chats.

9. Voilà quelques livres.
   ____________ crayons.
   ____________ photos.
   ______ plusieurs ______.

Voilà plusieurs photos.
_____________ cahiers.
_____________ chaises.
_____________ autos.
_____ quelques _____.
_____________ bâtiments.
_____________ maisons.

10. Hélène aime le thé.
_____________ le café.
_____________ la soupe à l'oignon.
_____________ les choux-fleurs.
_______ préfère _________.
_____________ l'eau minérale.
_____________ la salade de tomates.
_____________ les haricots verts.
_____________ le fromage.

B. Dans les phrases suivantes, mettez l'article défini à la forme convenable du partitif.

LE PROFESSEUR: Donnez-moi le café.
L'ETUDIANT: Donnez-moi du café.

1. Donnez-moi l'eau, s'il vous plaît.
2. Voici les serviettes.
3. Avez-vous la salade?
4. Paul voudrait le fromage.
5. Voulez-vous la soupe?
6. Apportez-moi les carottes.
7. Je vais acheter le sel.
8. Georges prend les livres.
9. Il a le beurre.
10. Paul cherche l'encre.

C. Dans les phrases suivantes, mettez les verbes au négatif.

1. Le garçon apporte du vin rouge.
2. Il achète des journaux.
3. Tu as de l'encre.
4. Nous voulons de la salade.
5. Ils ont de l'argent.
6. Je veux des pommes frites.
7. Vous avez de la soupe.
8. Je prends du thé.

D. Répondez négativement aux questions suivantes. Employez *ne . . . pas* et ensuite *ne . . . plus*.

1. Avez-vous de l'argent?
2. Veux-tu du café?
3. Y a-t-il un hôtel près d'ici?
4. Voulez-vous de la soupe?
5. As-tu du beurre?
6. Ils ont une maison ici, n'est-ce pas?
7. Paul achète des livres, n'est-ce pas?
8. As-tu un crayon?

E. Répondez affirmativement, en utilisant les expressions données entre parenthèses.

1. Avez-vous des amis? (quelques)
2. Il a des livres, n'est-ce pas? (beaucoup)
3. Veux-tu du thé? (un peu)
4. Y a-t-il des touristes dans la ville? (trop)
5. Y a-t-il des restaurants près d'ici? (plusieurs)
6. Il a des clients, n'est-ce pas? (beaucoup)
7. Il va apporter du pain, n'est-ce pas? (un peu)
8. M. Leblanc a de l'argent, n'est-ce pas? (assez)
9. Voulez-vous de l'eau minérale? (un peu)
10. Y a-t-il des restaurants près d'ici? (quelques)
11. Il a des problèmes, n'est-ce pas? (trop)
12. Est-ce que Paul va acheter du vin aujourd'hui? (assez)

F. Dans les phrases suivantes, remplacez l'article partitif par *un peu de* ou *quelques*, selon le cas.

1. Il a du vin rouge.
2. Y a-t-il des restaurants près d'ici?
3. Georges a apporté des journaux.
4. Hélène boit de l'eau.
5. As-tu de l'argent?
6. Il achète des disques.
7. J'ai des amis.
8. Veux-tu de la soupe?

G. Dans les phrases suivantes, ajoutez les adjectifs suggérés. Faites d'autres changements s'il y a lieu.

1. Voici des livres. (nouveaux)
2. Hélène a vu des tableaux. (jolis)
3. J'ai des pommes. (bonnes)
4. Voulez-vous des disques? (autres)
5. M. Poirier vend des livres. (vieux)
6. Il y a des hôtels près d'ici. (bons)
7. Il a acheté des fruits. (beaux)
8. J'ai des chiens. (petits)

H. Dites à:

1. M. _____ de vous apporter des tomates.
2. Mlle _____ de vous apporter beaucoup de pommes frites.
3. Mlle _____ de vous apporter de bonnes pommes frites.
4. M. _____ de vous donner encore du potage.
5. M. _____ de vous donner de l'eau.
6. Mlle _____ de vous donner un peu d'eau.
7. Mlle _____ de vous donner encore de la salade.
8. M. _____ de vous apporter plusieurs livres.
9. M. _____ de vous apporter du pain.
10. Mlle _____ de vous donner de jolies fraises.
11. Mlle _____ de vous donner de la soupe.
12. M. _____ de vous apporter quelques journaux.

I. Dans les phrases suivantes, remplacez *beaucoup de* par *bien des.*

1. Beaucoup de savants ne le croient pas.
2. Il a visité beaucoup de musées.
3. Il va arriver beaucoup de clients.
4. Il est arrivé beaucoup de voitures.
5. Je lui ai montré beaucoup de tableaux.
6. Beaucoup d'étudiants sont arrivés en retard.

J. Répondez affirmativement aux questions suivantes, en employant l'expression *encore du* (*de la*, *de l'*, *des*).

1. Voulez-vous de la soupe?
2. Veux-tu des haricots verts?
3. Voudriez-vous du vin rouge?
4. Veut-elle des journaux?
5. Paul veut-il des livres?
6. Voulez-vous de l'eau minérale?

K. Répondez aux questions suivantes, en utilisant les expressions données entre parenthèses.

1. Veux-tu du potage? (Oui, . . .)
2. Georges veut-il du potage? (Non, . . .)
3. Voulez-vous des timbres? (Oui, . . .)
4. A-t-elle des amis? (Oui, . . . quelques . . .)
5. Il y a des livres intéressants, n'est-ce pas? Oui, . . . plusieurs . . .)

6. Cet homme a de l'argent, n'est-ce pas? (Oui, . . . beaucoup . . .)
7. Il préfère le vin rouge, n'est-ce pas? (Non, . . . vin blanc)
8. Il a de l'eau minérale, n'est-ce pas? (Oui, . . .)
9. Est-il arrivé des clients? (Oui, . . . trop . . .)
10. Cet homme a de beaux tableaux, n'est-ce pas? (Oui, . . .)
11. Elle a mangé de la soupe, n'est-ce pas? (Oui, . . . un peu . . .)
12. As-tu de la viande? (Non, . . .)
13. As-tu de la salade? (Oui, . . . assez . . .)
14. Hélène aime les asperges, n'est-ce pas? (Non, . . . choux-fleurs)
15. A-t-elle apporté de l'eau? (Oui, . . . un peu . . .)
16. Il a acheté des timbres, n'est-ce pas? (Oui, . . . beaux timbres)
17. As-tu de l'argent? (Non, . . .)
18. Georges a acheté de la bière, n'est-ce pas? (Oui, . . . beaucoup . . .)

Structure: Y et en

Phrases modèles

1. J'attache de l'importance *à cela.*
   J'*y* attache de l'importance.
2. Je m'arrête *devant la Mairie.*
   Je m'*y* arrête.
3. Je suis habitué *aux écritures.*
   J'*y* suis habitué.
4. Si je voulais gagner de l'argent, je m'installerais *à New-York.*
   Si je voulais gagner de l'argent, je m'*y* installerais.
5. Il se dépêchait de parler *de son automobile.*
   Il se dépêchait d'*en* parler.
6. Et puis il vous indiquait *des remèdes* de quatres sous.
   Et puis il vous *en* indiquait de quatre sous.
7. Bien sûr, il y a *du travail!*
   Bien sûr, il y *en* a!
8. Voici donc le texte *de l'annonce.*
   En voici donc le texte.
9. Il va vous arriver *des clients.*
   Il va vous *en* arriver.
10. M. Parpalaid ne voyait guère *de clients* que ce jour-là.
    M. Parpalaid n'*en* voyait guère que ce jour-là.

Notes de grammaire

Le pronom adverbial *y* peut remplacer une préposition qui indique un endroit (*à, sur, dans, derrière, devant*) et le complément de cette préposition, lorsqu'il est question d'une idée ou d'une chose et non d'une personne. *Y* précède le verbe sauf pour l'impératif affirmatif.

Parpalaid va *à Lyon.*	Parpalaid *y va.*
Il se promenait *dans les rues.*	Il s'*y* promenait.

THING AS OBJECT

Nous pensions *à la médecine.* — Nous *y* pensions.

Mais: Tout le canton pense *à Knock.* — Tout le canton pense *à lui.*

Knock remet le papier *au Tambour de ville.* — Knock lui remet le papier. (Voir les pp. 262-264)

En general *en* s'emploie pour remplacer la préposition *de* + complément (s'il s'agit d'une idée ou d'une chose) ou l'article partitif + complément (même s'il s'agit d'une personne).

Knock va voir beaucoup *de clients.* — Knock va *en* voir beaucoup.

Il aura *du travail.* — Il *en* aura.

Notez l'emploi d'*en* avec des numéros et l'article indéfini (un, une):

Il a *quinze clients* aujourd'hui.
Il *en* a *quinze* aujourd'hui.
As-tu *une automobile?*
Oui, j'*en* ai *une.*

OF THEM

On emploie *en* avec les expressions *plusieurs* (several), *quelques-uns* (some, a few—*m.*) et *quelques-unes* (some, a few—*f.*). Par exemple:

J'ai *plusieurs amis.*
J'*en* ai *plusieurs.*
Parpalaid avait *quelques clients.*
Parpalaid *en* avait *quelques-uns.*
Elle a *quelques fleurs,* n'est-ce pas?
Oui, elle *en* a *quelques-unes.*

En peut remplacer d'autres expressions introduites par *de* quand l'objet est une chose.

Voici donc le texte *de l'annonce.*
En voici donc le texte.
Il se dépêchait de parler *de son automobile.*
Il se dépêchait d'*en* parler.

Y et *en* suivent les autres pronoms objets directs et indirects:

Le tambour s'arrête *devant la Mairie.*
Le tambour s'*y* arrête.
Il m'a donné *du fromage.*
Il m'*en* a donné.
Ils vont apporter *des journaux à Roger.*
Ils vont *lui en* apporter.

A. Dans les phrases suivantes, substituez les mots suggérés.

1. Il va nous en parler demain.
   ____ me ____________.
   ____ te ____________.

Il va t'en parler demain.
____ lui ____________.
Je ____________.
____ leur ____________.
Ils ____________.
____ me ____________.
Tu ____________.

2. Je m'y arrête.
Nous ______________.
Le tambour ______________.
Ils ______________.
Hélène ______________.
Vous ______________.
Tu ______________.
Je ______________.

3. Il ne m'en a pas parlé.
_____ lui ______________.
_____ te ______________.
_____ leur ______________.
Je ______________.
_____ lui ______________.
Elle ______________.
_____ leur ______________.
_____ me ______________.

4. Vous en a-t-il parlé?
Lui ______________?
__________ elle ___?
Leur ______________?
Te ______________?
Me ______________?
__________ ils ___?
Lui ______________?
Leur ______________?

B. Employez *y* dans les phrases suivantes.

LE PROFESSEUR: Je vais chez le docteur.
L'ETUDIANT: J'y vais.

1. Paul va à Chicago.
2. Paul ne va pas à Chicago.
3. Va-t-il à Chicago?
4. Le livre était sur la table?
5. Il n'était pas sur la table.
6. Etait-il sur la table?
7. Il a répondu à sa lettre.
8. Hélène est allée au bal.
9. Ils n'ont pas répondu à ma lettre.
10. Le tambour s'arrête devant l'hôtel.
11. Es-tu entré dans le musée?
12. Nous pensions à notre enfance.
13. Elle n'est pas dans la maison.
14. Je vais entrer dans le café.
15. Sont-elles montées dans le train?
16. Ils demeurent en Suisse.

C. Dans les phrases suivantes, employez *y*, *lui*, ou *leur*, selon le cas.

LE PROFESSEUR: Il répond à la lettre.
L'ETUDIANT: Il y répond.

LE PROFESSEUR: Il répond au garçon.
L'ETUDIANT: Il lui répond.

1. Jacques ne veut pas parler aux autres.
2. Jacqueline est chez le dentiste.
3. Paul n'a pas parlé à ses parents.
4. As-tu répondu au professeur?
5. Ils sont allés en Suisse.
6. J'attache de l'importance à cela.
7. La chambre ne convient pas à mes amis.
8. Ils vont aller au concert.
9. Le chauffeur ne s'arrête pas devant l'hôtel.
10. Je vais dire à Jacqueline de venir.
11. As-tu écrit à tes parents?
12. Elle n'est pas habituée aux coûtumes d'ici.

D. Employez *en* dans les phrases suivantes.

LE PROFESSEUR: Il n'a pas de pain.
L'ETUDIANT: Il n'en a pas.

1. Elle a de la soupe.
2. Georges a acheté des livres.
3. Elle veut du fromage.
4. Hélène prend des pommes frites.
5. Je ne prends pas de potage.
6. Jacques ne voulait pas de vin.
7. Nous n'avons pas d'argent.
8. Il n'y a pas de gâteaux.
9. Hélène a beaucoup d'amis.
10. Il veut un peu de sucre.
11. Elle avait assez d'argent.

12. Knock a trop de clients.
● 13. J'ai plusieurs livres.
14. Nous avions plusieurs amis en ce temps-là.
15. Jacques veut plusieurs tableaux.
● 16. Georges a quelques beaux tableaux.
17. Nous avons quelques livres.
18. J'ai vu quelques beaux lacs.
19. Elle a acheté quelques belles fleurs.
20. Ils ont quelques maisons en Suisse.
21. J'ai vu quelques jolies maisons.
● 22. Il y a vingt étudiants dans la classe.
23. Il a acheté deux cahiers.
24. J'ai vu cent soldats.
25. Il y a cinq livres sur la table.
●● 26. Nous voulons des haricots verts.
27. Elle ne veut pas de bière.
28. Knock va avoir beaucoup de clients.
29. Jacques prend du consommé.
30. J'ai vu quelques grands poissons.
31. Ils ont assez d'argent.
32. Georges va acheter plusieurs livres.

E. Dans les phrases suivantes, employez *le*, *la*, *les*, *lui*, *leur*, *y*, *en*, selon le cas.

LE PROFESSEUR: Jean verra les tableaux, n'est-ce pas?
L'ETUDIANT: Jean les verra, n'est-ce pas?

● 1. Je n'ai pas vu le film.
2. Ils cherchent leurs livres.
3. Nous attendons Jacqueline.
4. Nous vendrons notre auto.
● 5. Il n'obéit pas à ses parents.
6. As-tu parlé à Georges?
7. J'écris à Jeannette.
8. L'appartement ne convient pas à mes amis.
● 9. Il va monter dans le taxi.
10. Nous allons nous arrêter à Genève.
11. As-tu répondu à sa lettre?
12. Elle ne pense pas aux problèmes.
● 13. J'ai donné le livre à Jean.
14. Je donnerai les livres à Jean.
15. Il donnera le livre à ses parents.
16. Elle montre la maison à ses amis.
● 17. Elle nous donne de l'argent.
18. Elle donnera de l'argent à son fils.
19. Le garçon apporte des gâteaux aux invités.
20. Il ne me donne jamais d'argent.
●● 21. Ont-ils répondu à ma lettre?
22. Hélène n'a pas répondu au professeur.
23. Je donnerai l'argent à Georges.
24. Je donnerai de l'argent à Georges.
25. Il nous montrera les maisons.
26. Il nous montrera des maisons.
27. Le garçon apporte la salade aux invités.
28. Le garçon apporte de la salade aux invités.

F. Dans les phrases suivantes, mettez les verbes à la forme négative.

1. Jacques m'en a apporté.
2. Il m'en a apporté assez.
3. Il nous en a vendu assez.
4. Il nous en a parlé.
5. Il lui en a donné.
6. Il lui en a donné beaucoup.
7. Je leur en ai parlé.
8. Il vous en a vendu.
9. Il m'en apporte beaucoup.
10. Il leur en donne assez.
11. Ils m'en ont parlé.
12. Je lui en ai donné.

G. Dans les phrases suivantes, mettez les verbes à la forme interrogative. Employez *Est-ce que* et ensuite l'inversion.

1. Jean t'en apportera.
2. Il va nous en parler.
3. Il m'en parlera.
4. Jacques m'en a donné.

5. Il vous en a apporté.
6. M. Dubois lui en a vendu.
7. Hélène vous en parlera.
8. Il lui en a parlé.

H. Répondez aux questions suivantes, en utilisant les expressions données entre parenthèses. Employez *en*, *y*, et les pronoms compléments d'objet direct et indirect.

1. Est-il entré dans le bureau de poste? (Oui, . . .)
2. Il va vous donner son auto, n'est-ce pas? (Oui, . . .)
3. Veux-tu encore de la soupe? (Non, . . .)
4. Est-ce qu'elle vous a donné les livres? (Oui, . . .)
5. Est-ce qu'elle vous a donné des livres? (Oui, . . .)
6. Vas-tu au concert ce soir? (Non, . . .)
7. Vous a-t-il apporté assez de soupe? (Oui, . . .)
8. Il montrera la maison à Suzanne, n'est-ce pas? (Oui, . . .)
9. As-tu assez de pain? (Non, . . .)
10. A-t-il beaucoup de clients (Oui, . . . assez)
11. A-t-il apporté le potage aux invités? (Oui, . . .)
12. A-t-il apporté du potage aux invités? (Oui, . . .)
13. Veux-tu aller en ville cet après-midi? (Non, . . .)
14. Il a quelques beaux timbres, n'est-ce pas? (Oui, . . .)
15. Vous a-t-il parlé du film? (Oui, . . .)
16. A-t-elle répondu à sa lettre? (Oui, . . .)
17. Combien d'enfants a-t-elle? (. . . quatre)
18. A-t-il donné du pain à Luc? (Oui, . . .)
19. Il va s'arrêter devant le monument, n'est-ce pas? (Oui, . . .)
20. Il va donner de l'argent à son fils, n'est-ce pas? (Oui, . . .)
21. Avez-vous lu d'autres œuvres de Romains? (Oui, . . . quelques-unes)

Structure: Verbe irrégulier *aller* (*s'en aller*—to leave, to go away)

Phrases modèles

1. Quand on allait le voir . . .
2. Il va vous en arriver dans cinq minutes.
3. Mon annonce va tomber dans tout ce monde.
4. Ils s'en vont demain.

Notes de grammaire

Voir Appendice 2.

On peut employer le présent du verbe *aller* avec l'infinitif pour indiquer une action au futur proche:

Il *va parler* ce soir.
He's *going to speak* tonight.

Nous *allons voir* le film demain.
We're *going to see* the movie tomorrow.

Notez l'emploi du verbe *aller* à l'imparfait avec un infinitif:

Ils *allaient venir* la semaine dernière.
They *were going to come* last week.

Nous *allions visiter* Notre-Dame de Paris.
We *were going to visit* Notre-Dame de Paris.

A. Dans les phrases suivantes, substituez les mots suggérés.

1. Nous allons au bal ce soir.
   Je ______________.
   Jacqueline __________.
   __________ au cinéma ___.
   ____________ demain.
   Ils ______________.
   Vous ______________.
2. On va partir ce soir.
   ______ arriver ______.
   Nous __________.
   __________ cet après-midi.
   Elles ______________.
   ______ parler __________.
   Le professeur __________.
   __________ à sept heures.
3. Nous allions souvent à Genève.
   Ils ______________.
   Suzanne ______________.
   ______________ à la mer.
   Je ______________.
   Vous ______________.
   ______________ en Italie.
4. J'allais venir hier.
   Marguerite ____.
   __________ à dix heures.
   ______ rentrer ________.
   Tu ______________.
   Vous ______________.
   ______ partir __________.
   __________ demain.
   Nous __________.
5. J'irai le voir.
   Nous ______.
   Tu ______.
   ______ les ___.
   Il ________.
   Elles ______.
   Je ________.
6. Es-tu allé au bal?
   ___ vous ______?
   __________ au concert?
   ___ ils __________?
   __________ en ville?
   ___ elles ______?
   ___ tu __________?
7. Je m'en vais.
   Nous ______.
   Vous ______.
   Ils ______.
   Jean ______.
   Hélène ______.
   Tu ______.
   Luc ______.
   Elle ______.

B. Transformez les phrases suivantes, selon le modèle.

LE PROFESSEUR: Il parlera demain.
L'ETUDIANT: Il va parler demain.

1. Nous finirons ce soir.
2. Elle partira à sept heures.
3. J'attendrai à la gare.

4. Tu viendras ce soir, n'est-ce pas?
5. Arriverez-vous demain?
6. L'enfant tombera!

C. Dans les phrases suivantes, mettez les verbes au passé composé.

1. Allez-vous à l'opéra?
2. Georgette va à Paris.
3. Vas-tu au cinéma?
4. Nous allons à Genève.
5. Je ne vais pas à la mer.
6. Ils vont voir le musée.

D. Dans les phrases suivantes, mettez les verbes à l'imparfait.

1. Je n'y vais pas.
2. Vas-tu arriver à cinq heures?
3. Ils vont partir.
4. Il va tous les jours à l'école.
5. Nous y allons de temps en temps.
6. Y allez-vous?

E. Dites à:

1. M. _____ que vous allez bien.
2. M. _____ que Paul ne va pas bien.
3. Mlle _____ de s'en aller.
4. M. _____ d'aller au tableau noir.
5. Mlle _____ que les Martin vont à Genève.
6. Mlle _____ que vous allez au cinéma.

F. Répondez aux questions suivantes, en utilisant les expressions données entre parenthèses.

1. Es-tu allé au bal? (Oui, . . .)
2. Iras-tu à la conférence? (Non, . . .)
3. Comment allez-vous? (bien, merci)
4. Sont-ils allés à Paris? (Non, . . .)
5. Vont-ils arriver à l'heure? (Oui, . . .)
6. Comment va votre père? (mal)
7. Où sont-ils allés? (au musée)
8. Allez-vous partir ce soir ou demain? (demain)
9. Où vas-tu? (au cinéma)
10. Vont-ils à Lausanne ou à Genève? (à Lausanne)

CONVERSATION

Questions

1. Quel est le titre de la pièce dont on a lu un extrait?
2. Où se passe l'action?
3. Qui a remplacé le docteur Parpalaid?
4. Comment trouvez-vous le nom Ravachol Parpalaid?
5. Avec qui Knock parle-t-il?

6. Quelle est votre impression du tambour de ville?
7. A quoi Knock attache-t-il de l'importance?
8. Que disait-on du docteur Parpalaid?
9. Le docteur Parpalaid trouvait-il ce qui troublait ses clients?
10. Que disait-il neuf fois sur dix à ses clients?
11. De quoi aimait-il parler?
12. Ecoutait-il attentivement ses clients?
13. Quelles sortes de remèdes indiquait-il?
14. Les gens aiment-ils les remèdes de quatre sous?
15. Aimez-vous les remèdes de quatre sous?
16. Quelle différence y a-t-il entre le petit tour et le grand tour?
17. A qui le docteur Knock présente-t-il ses compliments?
18. Qu'est-ce qu'il donnera tous les lundis matin aux habitants du canton?
19. Qu'est-ce qui se passe le lundi à Saint-Maurice?
20. Knock va-t-il avoir beaucoup de clients?

Causeries

1. En répondant aux questions suivantes, préparez un bref résumé du passage.

   Où se passe l'action? Qui Knock a-t-il remplacé? Avec qui Knock parle-t-il au commencement du passage? A quoi Knock attache-t-il de l'importance? De qui parlent Knock et le tambour? Est-ce que les habitants du canton trouvaient le docteur Parpalaid bon médecin? Pourquoi? Qu'est-ce que Knock annonce? Qui va faire l'annonce? Est-ce que Knock aura beaucoup de clients?

2. En répondant aux questions suivantes, préparez une petite causerie: *Le Docteur Parpalaid.*

   Qui était médecin à Saint-Maurice avant le docteur Knock? Selon le tambour de ville, quelle sorte de médecin était-il? Ecoutait-il attentivement ses clients? De quoi aimait-il parler? Trouvait-il les maladies de ses clients? Quelles sortes de remèdes indiquait-il? Que pensez-vous de son nom? A quel mot ce nom ressemble-t-il? Son nom est-il ridicule? Est-il aussi ridicule que le docteur lui-même?

Ça vous fait mal...?

Knock continue à parler avec le tambour. Il décide de lui donner sa consultation gratuite tout de suite.

LE TAMBOUR, *après plusieurs hésitations.*

Je ne pourrai pas venir tout à l'heure, ou j'arriverai trop tard. Est-ce que ça serait un effet de votre bonté de me donner ma consultation maintenant?

KNOCK

Heu... Oui. Mais dépêchons-nous. J'ai rendez-vous avec M. Bernard, l'instituteur, et avec M. le pharmacien Mousquet. Il faut que je les reçoive avant que les gens n'arrivent. De quoi souffrez-vous?

instituteur: le professeur; le maître d'école
n'arrivent: arrivent

LE TAMBOUR DE VILLE

Attendez que je réfléchisse! (*Il rit.*) Voilà, quand j'ai dîné, il y a des fois que je sens une espèce de démangeaison ici. (*Il montre le haut de son épigastre.*) Ça me chatouille, ou plutôt, ça me grattouille.

réfléchisse: pense
démangeaison: (itching)
épigastre: partie supérieure de l'abdomen

KNOCK, *d'un air de profonde concentration.*

Attention. Ne confondons pas. Est-ce que ça vous chatouille, ou est-ce que ça vous grattouille?

chatouille: (tickles)
grattouille: (itches)

LE TAMBOUR DE VILLE

Ça me grattouille. (*Il médite.*) Mais ça me chatouille bien un peu aussi.

KNOCK

Désignez-moi exactement l'endroit.

LE TAMBOUR DE VILLE

Par ici.

KNOCK

Par ici...où cela, par ici?

LE TAMBOUR DE VILLE

Là. Ou peut-être là... Entre les deux.

KNOCK

Juste entre les deux?... Est-ce que ça ne serait pas plutôt un rien à gauche, là, où je mets mon doigt?

un rien à gauche: un petit peu à gauche

LE TAMBOUR DE VILLE

Il me semble bien.

KNOCK

Ça vous fait mal quand j'enfonce mon doigt?

enfonce: pousse avec; fais pénétrer dans

LE TAMBOUR DE VILLE

Oui, on dirait que ça me fait mal.

KNOCK

Ah! ah! (*Il médite d'un air sombre.*) Est-ce que ça ne vous grattouille pas davantage quand vous avez mangé de la tête de veau à la vinaigrette?

tête de veau: (calf's head)
vinaigrette: sauce faite avec du vinaigre, de l'huile, du sel

LE TAMBOUR DE VILLE

Je n'en mange jamais. Mais il me semble que si j'en mangeais, effectivement, ça me grattouillerait plus.

effectivement: sûrement; certainement

KNOCK

Ah! ah! très important. Ah! ah! quel âge avez-vous?

LE TAMBOUR DE VILLE

Cinquante et un, dans mes cinquante-deux.

KNOCK

Plus près de cinquante-deux ou de cinquante et un?

LE TAMBOUR, *il se trouble peu à peu.*

Plus près de cinquante-deux. Je les aurai fin novembre.

fin: à la fin de

KNOCK, *lui mettant la main sur l'épaule.*

Mon ami, faites votre travail aujourd'hui comme d'habitude. Ce soir, couchez-vous de bonne heure. Demain matin, gardez le lit. Je passerai vous voir. Pour vous, mes visites seront gratuites. Mais ne le dites pas. C'est une faveur.

LE TAMBOUR, *avec anxiété.*

Vous êtes trop bon, docteur. Mais c'est donc grave, ce que j'ai?

KNOCK

Ce n'est peut-être pas encore très grave. Il était temps de vous soigner. Vous fumez?

vous soigner: faire attention à la santé

LE TAMBOUR, *tirant son mouchoir.*

Non, je chique.

chique: mâche du tabac

KNOCK

Défense absolue de chiquer. Vous aimez le vin?

LE TAMBOUR DE VILLE

J'en bois raisonnablement.

KNOCK

Plus une goutte de vin....

LE TAMBOUR DE VILLE

Je puis manger?

KNOCK

Aujourd'hui, comme vous travaillez, prenez un peu de potage. Demain, nous en viendrons à des restrictions plus sérieuses. Pour l'instant, tenez-vous-en à ce que je vous ai dit.

tenez-vous-en à: faites seulement

LE TAMBOUR *s'essuie à nouveau.*

Vous ne croyez pas qu'il vaudrait mieux que je me couche tout de suite? Je ne me sens réellement pas à mon aise.

KNOCK, *ouvrant la porte.*

Gardez-vous-en bien! Dans votre cas, il est mauvais d'aller se mettre au lit entre le lever et le coucher du soleil. Faites vos annonces comme si de rien n'était, et attendez tranquillement jusqu'à ce soir.

de rien n'était: vous n'aviez rien

(*Le Tambour sort. Knock le reconduit.*)

COMPREHENSION ET EXERCICES DE VOCABULAIRE

A. Trouvez quatre phrases fausses parmi les suivantes.

1. Le tambour a mal à la tête.
2. Après avoir dîné, le tambour a quelquefois une démangeaison.
3. Knock enfonce son doigt dans l'œil du tambour.
4. Le tambour aime bien la tête de veau à la vinaigrette.
5. Il a cinquante et un ans.
6. Knock conseille au tambour de ne plus boire de vin.
7. Knock dit que le tambour ne peut plus manger jusqu'au lendemain.
8. En sortant, le tambour commence à se sentir malade.

B. Identifiez le personnage qui:

1. va parler avec l'instituteur et le pharmacien.
2. ne mange jamais de tête de veau.
3. aura cinquante deux ans à la fin de novembre.
4. va donner des visites gratuites au tambour.
5. chique.
6. croit qu'il vaudrait mieux qu'il se couche tout de suite.
7. va faire les annonces comme d'habitude.

C. Lesquelles des phrases suivantes s'appliquent au docteur Knock?

1. Il est très ambitieux.
2. Ses intentions sont suspectes ou douteuses.
3. Il est bête.
4. Il veut gagner beaucoup d'argent.
5. Ses diagnostics sont basés sur la médecine moderne.
6. Ses remèdes sont raisonnables.
7. Il est très sincère.

DIALOGUE

Jean: Pauline, je te dis que tu es comme le tambour dans la scène de *Knock*.

Pauline: Mais non. Lui, il se croit malade. Moi, j'ai vraiment mal à la gorge.

Jean: Oh, oui, et hier tu avais mal à l'estomac. Voyons!

Pauline: Knock a raison quand il dit que les gens devraient se soigner.

Jean: Oh, il est comme la plupart des médecins. Il ne pense qu'à l'argent. Pour en gagner il faut que les gens se croient malades... comme toi.

Pauline: Tu es méchant et bête! Quelquefois on est vraiment malade... comme moi. Alors, on est content de voir un bon médecin!

CONVERSATION

Questions

1. Qui aura la première consultation gratuite du docteur Knock?
2. Pourquoi Knock veut-il se dépêcher?
3. De quoi souffre le tambour?
4. Est-ce que ça le chatouille ou est-ce que ça le grattouille?
5. Le tambour a-t-il mal quand Knock enfonce le doigt dans son estomac?
6. Croyez-vous que Knock enfonce son doigt avec force?
7. Le tambour mange-t-il de la tête de veau à la vinaigrette?
8. Quel âge a le tambour?
9. Parlez des recommandations du docteur Knock.
10. Quelle faveur Knock accorde-t-il au tambour?
11. Le tambour fume-t-il? Chique-t-il? Boit-il du vin?
12. Le tambour peut-il continuer à chiquer et à boire du vin?
13. Qu'est-ce qu'il peut manger?
14. Le tambour se croit-il malade?
15. Que veut-il faire?
16. Quelle est la dernière recommandation du docteur Knock?

Causeries

1. En répondant aux questions suivantes, préparez un bref résumé du passage.

   Qui parle avec Knock? Quelle faveur le tambour demande-t-il au docteur Knock? Est-ce que Knock lui donnera sa consultation gratuite? Est-ce que Knock arrive à persuader le tambour qu'il est malade? Parlez des recommandations du docteur Knock. Le tambour est-il vraiment malade?

2. En répondant aux questions suivantes, préparez une petite causerie: *Comment se faire malade.*

   Peut-on se faire malade? Donnez des exemples: (Est-ce qu'on se sent un peu malade si quelqu'un dit: "Tu as l'air fatigué," "Comme tu es pâle!" "Tu travailles trop," "Tu as besoin du repos," "Tu as l'air préoccupé," "Tu as de la fièvre," "As-tu mal à la tête?") Citez une expérience personnelle (un jour vous vous sentiez très bien, quelqu'un vous a répété des phrases comme les précédentes, vous vous sentiez malade). Exagérez un peu (vous étiez vraiment malade, on a envoyé chercher un médecin, vous étiez presque mort, vous avez dû rester longtemps à l'hôpital, enfin vous avez guéri).

LE MALADE IMAGINAIRE

(Dans l'extrait suivant, Argan, le malade imaginaire, et son frère, Béralde, parlent des médecins et de la médecine.)

Argan: *Comment l'entendez-vous, mon frère?*

Béralde: *J'entends, mon frère, que je ne vois point d'homme qui soit moins malade que vous, et que je ne demanderais point une meilleure constitution que la vôtre. Une grande marque que vous vous portez bien, et que vous avez un corpos parfaitement bien composé, c'est qu'avec tous les soins que vous avez pris, vous n'avez pu parvenir encore à gâter la bonté de votre tempérament, et que vous n'êtes point crevé de toutes les médecines qu'on vous a fait prendre.*

Argan: *Mais savez-vous, mon frère, que c'est cela qui me conserve, et que Monsieur Purgon dit que je succomberais s'il était seulement trois jours sans prendre soin de moi?*

Béralde: *Si vous n'y prenez garde, il prendra tant de soin de vous, qu'il vous enverra en l'autre monde.*

Argan: *Mais raisonnons un peu, mon frère. Vous ne croyez donc à la médecine?*

Béralde: *Non, mon frère, et je ne vois pas que, pour son salut, il soit nécessaire d'y croire....*

Molière
Le Malade Imaginaire, Acte III, Scene 3

Harold Tovish. *Vortex.* 1966. Bronze. 18 inches square. Collection Whitney Museum of Modern Art, New York, Anonymous Gift and Purchase.

Le triomphe de la médecine

Trois mois ont passé depuis l'arrivée du docteur Knock. Son prédécesseur, le docteur Parpalaid, revient et trouve, à sa grande surprise, que bien des changements se sont produits à Saint-Maurice. La scène suivante se déroule dans la grande salle de l'Hôtel de la Clef, qui n'a plus l'air d'un hôtel mais qui ressemble plutôt à un hôpital.

VOCABULAIRE DE BASE

1. *ne . . . que:* seulement
   Il ______ y a ______ le 9 et le 14 de disponibles.
2. *il ne restait rien:* il n'y avait plus rien
   Pourquoi ne lui avez-vous pas dit qu'______?
3. *ennuyé:* désolé; navré
   Je suis ______, madame, mais il n'y a plus de place.
4. *de même:* la même chose
   Ils ont fait ______.
5. *patron* (n.m.) (–nne—n.f.): chef; maître; propriétaire
   Je voudrais voir la ______.
6. *sûrement:* certainement
   Il va ______ venir.
7. *se doutaient* (se douter de): devinaient; pressentaient; soupçonnaient
   Ils ne ______ de rien.
8. *se mettre au lit:* se coucher
   Il a besoin de ______.
9. *manquons* (manquer de): n'avons pas assez
   La difficulté c'est que nous ______ de place.
10. *pareil* (–eille): égal; équivalent
    C'est un cas ______.
11. *de nouveau:* encore; encore une fois
    Elle viendra ______ demain.
12. *se portaient mieux* (se porter bien): allaient bien; se sentaient bien
    Il faut croire que les gens ______ en ce temps-là.
13. *au bout de:* à l'extrémité de
    Ses visites le mènent ______ du canton.
14. *appareil* (n.m.): machine
    Le médecin a beaucoup d'______ dans sa clinique.
15. *gaspiller:* dépenser follement; le contraire d'*économiser*
    Ces hommes ne voudraient pas ______ leur argent.

Erreur, monsieur Parpalaid!

MADAME REMY

Scipion, la voiture est arrivée?

SCIPION

Oui, madame.

MADAME REMY

On disait que la route était coupée par la neige.

coupée: bloquée

SCIPION

Peuh! Quinze minutes de retard.

MADAME REMY

A qui sont ces bagages?

SCIPION

A une dame de Livron, qui vient consulter.

MADAME REMY

Mais nous ne l'attendions que pour ce soir.

SCIPION

Erreur. La dame de ce soir vient de Saint-Marcellin.

MADAME REMY

Et cette valise?

SCIPION

A Ravachol.

MADAME REMY

Comment! M. Parpalaid est ici?

SCIPION

A cinquante mètres derrière moi.

MADAME REMY

Qu'est-ce qu'il vient faire? Pas reprendre sa place, bien sûr?

SCIPION

Consulter, probable.

MADAME REMY

Mais il n'y a que le 9 et le 14 de disponibles. Je garde le 9 pour la dame de Saint-Marcellin. Je mets la dame de Livron au 14. Pourquoi n'avez-vous pas dit à Ravachol qu'il ne restait rien?

SCIPION

Il restait le 14. Je n'avais pas d'instructions pour choisir entre la dame de Livron et Ravachol.

MADAME REMY

Je suis très ennuyée.

SCIPION

Vous tâcherez de vous débrouiller. Moi, il faut que je m'occupe de mes malades.

MADAME REMY

Pas du tout, Scipion. Attendez M. Parpalaid et expliquez-lui qu'il n'y a plus de chambres. Je ne puis pas lui dire ça moi-même.

SCIPION

Désolé, patronne. J'ai juste le temps de passer ma blouse. Le docteur Knock sera là dans quelques instants. J'ai à recueillir les urines du 5 et du 8, les crachats du 2, la température du 1, du 3, du 4, du 12, du 17, du 18, et le reste. Je n'ai pas envie de me faire engueuler!

passer: mettre

crachats: (spit)

me faire engueuler: (get myself bawled out)

MADAME REMY

Vous ne montez même pas les bagages de cette dame?

SCIPION

Et la bonne? Elle enfile des perles?

(Scipion quitte la scène. Madame Rémy, en voyant apparaître Parpalaid, fait de même.)

Elle enfile des perles: Elle n'a rien à faire?

LE DOCTEUR PARPALAID

Hum!... Il n'y a personne?... Madame Rémy!... Scipion!... C'est curieux... Voilà toujours ma valise. Scipion!...

LA BONNE, *en tenue d'infirmière.*

Monsieur? Vous demandez?

infirmière: (nurse)

LE DOCTEUR

Je voudrais bien voir la patronne.

LA BONNE

Pourquoi, monsieur?

LE DOCTEUR

Pour qu'elle m'indique ma chambre.

LA BONNE

Je ne sais pas, moi. Vous êtes un des malades annoncés?

LE DOCTEUR

Je ne suis pas un malade, mademoiselle, je suis un médecin.

LA BONNE

Ah! vous venez assister le docteur? Le fait est qu'il en aurait besoin.

fait: (fact)

LE DOCTEUR

Mais, mademoiselle, vous ne me connaissez pas?

LA BONNE

Non, pas du tout.

LE DOCTEUR

Le docteur Parpalaid... Il y a trois mois encore, j'étais médecin de Saint-Maurice... Sans doute n'êtes-vous pas du pays?

LA BONNE

Si, si. Mais je ne savais pas qu'il y avait eu un médecin ici avant le docteur Knock. (*Silence.*) Vous m'excuserez, monsieur. La patronne va sûrement venir. Il faut que je termine la stérilisation de mes taies d'oreiller.

taies d'oreiller: (pillow slips)

LE DOCTEUR

Cet hôtel a pris une physionomie singulière.

MADAME RÉMY, *glissant un œil.*

Il est encore là! (*Elle se décide.*) Bonjour, monsieur Parpalaid. Vous ne venez pas pour loger, au moins?

glissant un œil: regardant; jetant un coup d'œil

LE DOCTEUR

Mais si . . . Comment allez-vous, madame Rémy?

MADAME REMY

Nous voilà bien! Je n'ai plus de chambres.

LE DOCTEUR

C'est donc jour de foire, aujourd'hui?

MADAME REMY

Non, jour ordinaire.

LE DOCTEUR

Et toutes vos chambres sont occupées, un jour ordinaire? Qu'est-ce que c'est que tout ce monde-là?

MADAME REMY

Des malades.

LE DOCTEUR

Des malades?

MADAME REMY

Oui, des gens qui suivent un traitement.

LE DOCTEUR

Et pourquoi logent-ils chez vous?

MADAME REMY

Parce qu'il n'y a pas d'autre hôtel à Saint-Maurice. D'ailleurs, ils ne sont pas si à plaindre que cela, chez nous, en attendant notre nouvelle installation. Ils reçoivent tous les soins sur place. Et toutes les règles de l'hygiène moderne sont observées.

ils ne sont pas si à plaindre que cela: (they're not so badly off as all that)

règles: (rules)

LE DOCTEUR

Mais d'où sortent-ils?

sortent: viennent

MADAME REMY

Les malades? Depuis quelque temps, il en vient d'un peu partout. Au début, c'étaient des gens de passage.

gens de passage: voyageurs

LE DOCTEUR

Je ne comprends pas.

MADAME REMY

Oui, des voyageurs qui se trouvaient à Saint-Maurice pour leurs affaires. Ils entendaient parler du docteur Knock, dans le pays, et à tout hasard ils allaient le consulter. Evidemment, sans bien se rendre compte de leur état, ils avaient le pressentiment de quelque chose. Mais si leur bonne chance ne les avait pas conduits à Saint-Maurice, plus d'un serait mort à l'heure qu'il est.

à tout hasard: par chance

se rendre compte de: (realizing; being aware of)

à l'heure qu'il est: à l'heure actuelle; au présent

LE DOCTEUR

Et pourquoi seraient-ils morts?

MADAME REMY

Comme ils ne se doutaient de rien, ils auraient continué à boire, à manger, à faire cent autres imprudences.

LE DOCTEUR

Et tous ces gens-là sont restés ici?

MADAME REMY

Oui, en revenant de chez le docteur Knock, ils se dépêchaient de se mettre au lit, et ils commençaient à suivre le traitement. Aujourd'hui, ce n'est déjà plus pareil. Les personnes que nous recevons ont entrepris le voyage exprès. L'ennui, c'est que nous manquons de place. Nous allons faire construire.

exprès: (on purpose)
l'ennui: la difficulté

LE DOCTEUR

C'est extraordinaire.

MADAME REMY, *après réflexion.*

En effet, cela doit vous sembler extraordinaire à vous. S'il fallait que vous meniez la vie du docteur Knock, je crois que vous crieriez grâce.

LE DOCTEUR

Hé! quelle vie mène-t-il donc?

MADAME REMY

Une vie de forçat. Dès qu'il est levé, c'est pour courir à ses visites. A dix heures, il passe à l'hôtel. Vous le verrez dans cinq minutes. Puis les consultations chez lui. Et les visites, de nouveau, jusqu'au bout du canton. Je sais bien qu'il a son automobile, une belle voiture neuve qu'il conduit à fond de train. Mais je suis sûre qu'il lui arrive plus d'une fois de déjeuner d'un sandwich.

forçat: criminel condamné aux travaux forcés
à fond de train: très vite; à toute vitesse

LE DOCTEUR

C'est exactement mon cas à Lyon.

MADAME REMY

Ah?... Ici pourtant, vous aviez su vous faire une petite vie tranquille. Vous vous rappelez vos parties de billard dans l'estaminet?

l'estaminet: petit café

LE DOCTEUR

Il faut croire que de mon temps les gens se portaient mieux.

MADAME REMY

Ne dites pas cela, monsieur Parpalaid. Les gens n'avaient pas l'idée de se soigner, c'est tout différent. Il y en a qui s'imaginent que dans nos campagnes nous sommes encore des sauvages, que nous n'avons aucun souci de notre personne, que nous attendons que notre heure soit venue de crever comme les animaux, et que les remèdes, les régimes, les appareils et tous les progrès, c'est pour les grandes villes. Erreur, monsieur Parpalaid. Nous nous apprécions autant que quiconque; et bien qu'on n'aime pas à gaspiller son argent, on n'hésite pas à se payer le nécessaire.

souci: (worry; care)
crever: mourir
régimes: (diets)
quiconque: (anyone)

COMPREHENSION ET EXERCICES DE VOCABULAIRE

1. Parpalaid est à Saint-Maurice pour avoir une consultation gratuite.
2. Madame Rémy est ennuyée parce qu'il n'y a pas de chambre pour le docteur Parpalaid.
3. Mme Rémy est très contente de voir l'ancien médecin.
4. La bonne croit que Parpalaid est un des malades.
5. La bonne reconnaît tout de suite le docteur Parpalaid.
6. Les chambres de l'hôtel sont occupées par des gens venus à la foire du canton.
7. Les gens viennent de partout consulter le docteur Knock.
8. Après une visite chez Knock, les gens se dépêchent de suivre un traitement.
9. Knock n'a pas beaucoup de travail.
10. C'est seulement dans les grandes villes qu'il y a des appareils, des remèdes, et des régimes modernes.

B. Identifiez le personnage qui:

1. vient d'arriver à Saint-Maurice.
2. va avoir la chambre numéro 9.
3. doit recueillir les urines et les crachats des chambres.
4. ne trouve personne pour prendre ses valises.
5. croit que Parpalaid vient aider le docteur Knock.
6. ne savait pas qu'il y avait un médecin à Saint-Maurice avant Knock.
7. croit que c'est jour de foire à Saint-Maurice.
8. est patronne de l'hôtel.
9. travaille comme un forçat.
10. a une belle automobile neuve.
11. avait une vie bien tranquille à Saint-Maurice.
12. indique à Parpalaid que l'état de la médecine à Saint-Maurice est tout à fait moderne et efficace.

C. Dans les phrases suivantes, substituez les mots suggérés.

1. Je m'en doutais.
   Tu ____________.
   Paul ____________.
   Vous ____________.
   Nous ____________.
2. Paul gaspille son argent.
   Vous ____________________.
   ______________ votre temps.
   Vous gaspillez votre temps.
   Tu ______________________.
   Ils ______________________.
   Je ______________________.
   Hélène ___________________.
3. Il ne reste plus de place.
   ____________________ argent.
   ____________________ soupe.

Il ne reste plus de soupe.
_______________ chambres.
_____ restait _______________.
_______________ potage.
_______________ salade.
_______________ billets.

4. Vous rendez-vous compte du problème?
_________ il _______________?
_________ elle _______________?
_________ ils _______________?
_______________ de la situation?
_________ tu _______________?
Paul _______________?
Marie _______________?
Marie et Paul _______________?

5. Il s'en rend compte.
Nous _______________.
Vous _______________.
Ils _______________.
Jacques _______________.
Je _______________.
Tu _______________.

6. Comment vous portez-vous?
_______________ tu?
_______________ il?
_______________ elle?
_______________ ils?
_______________ vous?

7. Je me porte bien.
Paul _______________.
Vous _______________.
Nous _______________.
_______________ mieux.
Hélène _______________.
___ se portait _____.
Ils _______________.
Georges _______________.
Je _______________.

8. Nous manquons de place.
Je _______________.
Ils _______________.
Tu _______________.
_______________ d'argent.
Vous _______________.

D. Dans les phrases suivantes, remplacez *seulement* par *ne . . . que*.

1. Madame Rémy a seulement deux chambres libres.
2. Nous avons seulement un enfant.
3. Il reste seulement trois places.
4. Il vient seulement le mardi.
5. Vous avez seulement à regarder.

E. Dans les phrases suivantes, remplacez *il y a* par *il reste*.

1. Il n'y a rien.
2. Il n'y a plus de chambres libres.
3. Il n'y avait plus de pain.
4. Il y a quelques clients qui attendent.

F. Dans les phrases suivantes, remplacez *désolé* par *ennuyé*.

1. J'en suis très désolé, madame.
2. Il en est désolé, n'est-ce pas?

3. M. Dubois est désolé de la conduite de son fils.
4. Madame Rémy est désolée parce qu'il ne reste plus de chambres dans son hôtel.

G. Dans les phrases suivantes, remplacez *la même chose* par *de même*.

1. Ils ont fait exactement la même chose.
2. A-t-il fait la même chose?
3. Vous auriez fait la même chose, je crois.
4. Il fera la même chose, n'est-ce pas?

H. Dans les phrases suivantes, remplacez *certainement* par *sûrement*.

1. Il arrivera certainement ce soir.
2. Vous n'êtes certainement pas du pays.
3. Il n'est certainement pas malade.
4. Il a tort, n'est-ce pas? Certainement.

I. Dans les phrases suivantes, remplacez les formes du verbe *se coucher* par les formes du verbe *se mettre au lit*.

1. Les clients du docteur Knock se dépêchent de se coucher.
2. A quelle heure vous couchez-vous?
3. Je vais me coucher de bonne heure ce soir.

J. Dans les phrases suivantes, remplacez *encore* par *de nouveau*.

1. Le médecin viendra encore demain.
2. Il en parlera encore la semaine prochaine.
3. Il l'a lu encore hier soir.
4. Nous visiterons le musée encore l'été prochain.

K. Choisissez les mots convenables pour compléter les phrases suivantes.

1. Paul dépense son argent follement, c'est-à-dire il *a. gagne* *b. perd* *c. gaspille* son argent.
2. Mon bureau se trouve *a. au bout du* *b. après le* *c. sur le* corridor.
3. Cet homme est toujours heureux; il n'a aucun *a. canton* *b. souci* *c. client.*
4. Toutes les *a. règles* *b. soucis* *c. consultations gratuites* de l'hygiène moderne sont observées.

L. Trouvez le mot ou l'expression qui correspond au mot ou à l'expression en italique.

1. Je voudrais voir le *patron.* (a. officier; b. chef; c. professeur)
2. J'en suis très *ennuyé,* monsieur. (a. navré; b. triste; c. désagréable)
3. Il *ne se doute de rien.* (a. en est sûr; b. ne soupçonnait rien; c. en est capable)
4. Il a beaucoup d'*appareils* modernes dans son bureau. (a. soucis; b. régimes; c. machines)
5. Il l'a fait *exprès.* (a. dans une intention déterminée; b. rapidement; c. avec précision)
6. Il va *certainement* vous en parler. (a. lentemente; b. sûrement; c. probablement)
7. Il *ne* nous restera *que* deux francs. (a. quelques; b. ne. . . jamais; c. seulement)
8. Je vais *me mettre au lit* de bonne heure. (a. me lever; b. me coucher; c. arranger le lit)
9. Il *se portait* très bien, n'est-ce pas? (a. apportait; b. se mettait; c. allait)
10. *Vous vous trompez,* docteur! (a. erreur; b. bien sûr; c. tisane)

DIALOGUE

Marguerite: La situation de Parpalaid est quand-même un peu triste.

Jacqueline: D'accord. On demande à un médecin s'il n'est pas un malade!

Marguerite: Et puis, il a passé toute sa vie à Saint-Maurice, et on ne le connaît pas.

Jacqueline: On ne veut même pas trouver une chambre pour lui.

Michel: Vous exagérez toutes les deux. Si son cas est triste, c'est de sa propre faute. Comme dit le tambour, cet homme "n'est pas bien fort."

Marguerite: C'est vrai, et pourtant. . .

Paul: Il faut avouer qu'il a plus de scrupules que son successeur.

Michel: Ça, c'est autre chose! Mais la situation de Parpalaid me paraît plus drôle que triste.

REVISION ET EXERCICES

Structure: Les verbes irréguliers *falloir, recevoir (apercevoir),* et *croire*

Phrases modèles

1. Moi, *il faut* que je m'occupe de mes malades.
2. *Il faut* que je termine la stérilisation de mes taies d'oreiller.
3. S'*il fallait* que vous meniez la vie du docteur Knock, je crois que vous crieriez grâce.
4. *Il faut* croire que de mon temps les gens se portaient mieux.

5. Ils *reçoivent* tous les soins sur place.
6. Les personnes que nous *recevons* ont entrepris le voyage exprès.
7. Je crois que la situation de Parpalaid est comique.

Notes de grammaire

Voir les formes de ces verbes dans l'Appendice 2.
Le verbe *falloir* se conjugue seulement à la troisième personne du singulier:

Il faut venir de bonne heure.
You must (it is necessary to) come early.

Il ne faut pas lui en parler.
You mustn't speak to him about it.

A. Dans les phrases suivantes, substituez les mots suggérés.

1. Il faut venir de bonne heure.
   ________ à sept heures.
   ___ a fallu ________.
   ________ partir ________.
   ___ faudrait ________.
   ________ demain.
   ________ arriver ________.
   ___ aurait fallu ________.
   ________ de bonne heure.
   ________ visiter la cathédrale ___.
   ___ fallait ________.
   ___ faut ________.
2. Il reçoit de l'argent toutes les semaines.
   Je ________.
   Nous ________.
   ________ des lettres ________.
   Ils ________.
   Tu ________.
   ________ tous les jours.
   ___ recevais ________.
   Vous ________.
   Je ________
   Nous ________.
   Elle ________.
3. As-tu reçu les nouvelles?
   ___ vous ________?
   ___ ils ________?
   ________ leur paquet?
   ___ nous ________?
   ___ elle ________?
   ________ sa lettre?
   ________ son télégramme?
   ___ tu ________?
4. Elle le recevra demain.
   Nous ________.
   Vous ________.
   ________ la semaine prochaine.
   Tu ________.
   Il ________.
   ________ jeudi.
   Elle ________.
   Je ________.
5. Je ne le crois pas.
   Nous ________.
   Tu ________.
   Vous ________.
   Ils ________.
   Elle ________.
   ________ croyait ___.
   Je ________.
   Nous ________.
   Il ________.

Il ne le croyait pas.
Elles ________.
Tu ________.
Vous ________.
6. Ont-ils cru l'histoire?
___ tu ________?
___ vous ________?
________ la nouvelle?
___ ils ________?
Avaient- ________?
___ tu ________?
________ l'annonce?
___ vous ________?
___ elle ________?
7. Dans ce cas-là, il le croira.
________ tu ________.
________ vous ________.
________ ils ________.
________ croiraient.
________ je ________.
________ nous ________.

B. Répondez aux questions suivantes, en utilisant les expressions données entre parenthèses.

1. Quand as-tu reçu sa lettre? (hier)
2. Tu en reçois souvent? (Oui, ...tous les jours)
3. Faut-il le lui dire? (Oui, . . .)
4. Me croyez-vous? (Non, . . .)
5. Il a fallu venir de bonne heure, n'est-ce pas? (Oui, . . .)
6. Il aurait fallu venir plus tôt, n'est-ce pas? (Oui, . . .)
7. Vous receviez de ses nouvelles en ce temps-là, n'est-ce pas? (Nous. . .souvent)
8. Il me croit, n'est-ce pas? (Oui, . . .)
9. Fallait-il l'arranger tous les jours? (Non, . . . seulement les vendredis)
10. Elle recevra son paquet demain, n'est-ce pas? (Non, ...samedi)
11. As-tu cru son histoire? (Non, . . .)
12. Ils me croiront, n'est-ce pas? (Oui, . . .)

C. Dans les phrases suivantes, mettez les verbes au passé composé et ensuite au plus-que-parfait.

1. Reçoit-il un paquet?
2. Vous me croyez, n'est-ce pas?
3. Il faut le leur dire.
4. Elle reçoit ses invités cet après-midi-là, n'est-ce pas?
5. Vous croient-ils?
6. Nous recevons de l'argent ce jour-là.
7. Faut-il le lui expliquer?

D. Dans les phrases suivantes, mettez les verbes à l'imparfait.

1. Nous recevons ce journal tous les jours.
2. Il ne reçoit jamais de lettres.
3. Elle ne vous croit pas.
4. Il faut se mettre au lit de bonne heure.
5. Faut-il le faire tous les jours?
6. Je ne crois pas cette nouvelle.

E. Dans les phrases suivantes, mettez les verbes au futur et ensuite au conditionnel.

1. Hélène me croit, n'est-ce pas?
2. Vous le croyez, n'est-ce pas?
3. Il faut le faire.
4. Ils ne reçoivent jamais de ses nouvelles.
5. Faut-il lui en parler?
6. Je reçois une lettre tous les jours.

Structure: Le pronom impersonnel *il*

Phrases modèles

1. Il n'y a que le 9 et le 14 de disponibles.
2. Pourquoi n'avez-vous pas dit à Ravachol qu'il ne restait rien?
3. Il restait le 14.
4. Moi, il faut que je m'occupe de mes malades.
5. Expliquez-lui qu'il n'y a plus de chambres.
6. Je ne savais pas qu'il y avait eu un médecin ici avant le docteur Knock.
7. Depuis quelque temps, il en vient d'un peu partout.
8. Mais je suis sûre qu'il lui arrive plus d'une fois de déjeuner d'un sandwich.

Notes de grammaire

On emploie souvent le pronom *il* au sens impersonnel; le verbe se conjugue toujours à la troisième personne du singulier. Voici quelques expressions avec le pronom impersonnel *il:*

il y a	there is, there are
il existe	there exist(s)
il est possible (de)	it's possible (to)
il se peut	it's possible
il s'agit de	it's a question of
il faut	it's necessary (one must)
il reste	there remain(s)
il est certain	it's certain
il semble	it seems
il paraît	it appears
il pleut	it's raining
il neige	it's snowing
il vaut mieux	it's better
il arrive	it happens
il manque de	there is lacking

A. Dans les phrases suivantes, substituez les mots suggérés.

1. Il y a beaucoup de clients ici.
_____ trop _______________.
_______________ garçons ___.
_______________ monde ___.

Il y a trop de monde ici.
_______________ à la gare.
___ avait _______________.
_______________ au café.
___ aura _______________.
_____ assez _______________.
_______________ gens _______.
_______________ dans la rue.

2. Il lui reste vingt francs.
______ cinq dollars.
____ restait ______.
__ me ______.
______ un peu d'argent.
__ leur ______.
__ vous ______.
____ restera ______.
__ nous ______.
______ assez de soupe.
__ me ______.

3. Il importe de bien parler.
______ de le lui dire.
______ de venir à l'heure.
Il s'agit ______.
______ d'un grave problème.
______ d'une question capitale.
______ d'une affaire compliquée.

4. Il vient des voitures.
______ des camions.
______ du monde.
______ des clients.
______ des étudiants.
Il arrive ______.
______ des gens de partout.
______ des trains de partout.

5. Il lui arrive de manger tard.
______ de partir de bonne heure.
______ de travailler jusqu'à minuit.
__ leur ______.
______ de manger un sandwich.
______ de ne pas dîner.
__ m' ______.
______ de finir très tard.
______ d'être en retard.
__ lui ______.
__ nous ______.

6. Il vaux mieux le lui dire.
______ lui en parler.
______ finir plus tôt.
__ vaudrait ______.
______ le voir tout de suite.
______ étudier davantage.
__ vaut ______.
______ partir de bonne heure.

7. Il n'y a plus de chambres.
______ pain.
______ soupe.
______ pas ______.
Il n'avait pas ______.
______ clients.
______ problèmes.
Il ne restait pas ______.
______ plus ______.
______ chambres.
______ malades.
Il ne reste pas ______.
______ argent.

B. Répondez aux questions suivantes, en utilisant les expressions données entre parenthèses.

1. Y avait-il beaucoup de monde? (Oui, . . .)
2. Y a-t-il assez de beurre? (Non, . . .)
3. Y aura-t-il du soleil demain? (Oui, je crois. . .)
4. Combien d'argent vous reste-t-il? (dix dollars)
5. Combien de chambres restait-il dans l'hôtel de Mme Rémy? (ne. . . rien. . .)
6. A-t-il neigé? (Non, . . .)
7. Il neigera demain, n'est-ce pas? (Oui, je crois. . .)
8. Quel temps fait-il chez toi? (Il neige . . .)
9. Que prend-il au déjeuner? (Il lui arrive de. . .
10. De quoi s'agit-il? (d'un grave problème)
11. Existe-t-il d'autres exemplaires de ce livre? (Non, . . .)
12. Est-il important de bien parler français en France? (Oui, . . .)
13. Parpalaid est-il bien fort? (Il paraît que non.)
14. Quand faut-il arriver? (Il vaut mieux. . . de bonne heure)
15. Il manque de place dans l'hôtel, n'est-ce pas? (Oui, . . .)

Structure: Le présent et le passé du subjonctif

Phrases modèles

1. Moi, il faut que je m'occupe de mes malades.
2. Pourquoi, monsieur? Pour qu'elle m'indique ma chambre.
3. Il faut que je termine la stérilisation de mes taies d'oreiller.
4. S'il fallait que vous meniez la vie du docteur Knock, je crois que vous crieriez grâce.
5. Il y en a qui s'imaginent que nous attendons que notre heure soit venue de crever comme les animaux.
6. Et bien qu'on n'aime pas à gaspiller son argent, on n'hésite pas à se payer le nécessaire.

Notes de grammaire

Comparez les formes orales et les formes écrites du présent du subjonctif du verbe *finir:*

Formes orales		Formes écrites
/ʒə/	/finis/	(que) je fini**sse**
/ty/	/finis/	tu fini**sses**
/il/	/finis/	il (elle) fini**sse**
/ɛl/	/finis/	ils (elles) fini**ssent**
/nu/	/finisjõ/	nous fini**ssions**
/vu/	/finisje/	vous fini**ssiez**

Notez qu'il y a trois formes orales et cinq formes écrites. On forme le présent du subjonctif en ajoutant les terminaisons *e, es, e, ions, iez, ent* à la racine. On trouve la racine en supprimant *-ons* de la première personne du pluriel du présent de l'indicatif (nous finissons = *finiss*).

(que) je fini**sse**	(that) I may finish
tu fini**sses**	you may finish
il (elle) fini**sse**	he (she) may finish
nous fini**ssions**	we may finish
vous fini**ssiez**	you may finish
ils (elles) fini**ssent**	they may finish

A l'exception des verbes *avoir, être, faire, pouvoir, savoir,* les formes de *nous* et de *vous* du présent du subjonctif sont pareilles à celles de l'imparfait de l'indicatif.

En ce temps-là, nous finissions à six heures.
Il faut que nous finissions à six heures.
Vous finissiez à l'heure en ce temps-là.
Je ne crois pas que vous finissiez à l'heure.

Remarquez que les verbes comme *parler* ont les mêmes formes au présent de l'indicatif et au présent du subjonctif pour *je, tu, il (elle), ils (elles).*

Je parle français. Il faut que je parle français.

Tu parles français.	Il faut que tu parles français.
Paul parle français.	Il faut que Paul parle français.
Ils parlent français.	Il faut qu'ils parlent français.

Il y a plusieurs verbes qui ont aux formes singulières du présent de l'indicatif une consonne finale qui ne se prononce pas. Au présent du subjonctif cette consonne finale se prononce. Comparez:

Présent de l'indicatif	**Présent du subjonctif**
je sors	je sorte
tu sors /sɔr/	tu sortes /sɔr/
il sort	il sorte
je finis	je finisse
tu finis /fini/	tu finisses /finis/
il finit	il finisse

Voir Appendice 2; étudiez le présent du subjonctif des verbes irreguliers *avoir, être, aller, croire, faire, prendre, pouvoir, savoir, venir, voir,* et *vouloir.*

Remarquez que tous les verbes irréguliers (sauf *avoir* et *être*) ont les mêmes terminaisons que les verbes réguliers: *e, es, e, ions, iez, ent.* Remarquez aussi que les verbes *aller, prendre, venir* et *vouloir* ont à la première et à la deuxième personnes du pluriel une racine écrite et une prononciation différente des autres formes.

On forme le passé du subjonctif en employant le présent du subjonctif du verbe *avoir* ou *être,* selon le cas, et le participe passé. Etudiez les verbes suivants.

Avoir

(que)	j'aie eu	(that)	I may have had
	tu aies eu		you may have had
	il ait eu		he may have had
	elle ait eu		she may have had
	nous ayons eu		we may have had
	vous ayez eu		you may have had
	ils aient eu		they may have had
	elles aient eu		they may have had

Aller

(que)	je sois allé(e)	(that)	I may have gone
	tu sois allé(e)		you may have gone
	il soit allé		he may have gone
	elle soit allée		she may have gone
	nous soyons allé(e)s		we may have gone
	vous soyez allé(e)(s)(es)		you may have gone
	ils soient allés		they may have gone
	elles soient allées		they may have gone

On emploie le subjonctif dans une proposition subordonnée quand la proposition principale indique:

1. Un souhait ou un désir
   Je veux que Paul vienne.
   Il souhaite que vous restiez.

Notez que le verbe *espérer* (to hope) est à l'indicatif et non pas au subjonctif:
J'espère que vous viendrez demain.

2. Un doute
   Il doute que vous soyez arrivé.
   Je ne crois pas que Paulette parte ce soir.

Les verbes *croire* et *penser* posent des problèmes spéciaux. Comme d'habitude on emploie l'indicatif après *croire* ou *penser* à l'affirmatif.
Je crois qu'il viendra.
Je pense qu'il est sympathique.

Par contre, au négatif ou à l'interrogatif, le doute apparaît, et on emploie généralement le subjonctif dans la proposition qui suit.
Je ne crois pas qu'il vienne.
Pensez-vous qu'il soit sympathique?

3. Bonheur, joie
   Nous sommes heureux que vous veniez.
   Elle est contente que tu aies fini ton projet.

4. Regret, chagrin
   Nous regrettons que tu partes si tôt.
   Hélène est triste que Paul soit parti.

5. La nécessité
   Il faut que tu sois ici à cinq heures.
   Il est nécessaire que Paul arrive à l'heure.

6. La peur
   Je crains qu'il ne finisse pas son projet.
   Nous avons peur qu'elle n'ait pas fini.

7. Une demande
   On demande qu'il vienne demain.
   Il exige que nous soyons attentifs.

8. Une possibilité
   Il est possible que vous arriviez ce soir.
   Il se peut que nous vendions notre auto.

De même on emploie aussi le subjonctif dans une proposition qui suit un superlatif ou le mot *seul,* ou lorsque l'existence d'une personne ou d'une chose déjà nommée est incertaine ou douteuse. Etudiez les exemples suivants:
C'est *le plus joli* film que j'*aie* jamais *vu.*

Jacques est le *seul* garçon qui *soit* capable de le faire.
Nous cherchons *un homme* qui *sache* réparer notre voiture.

Le subjonctif s'emploie après les expressions suivantes:

à moins que /amwɛ̃kə/ unless
de peur que /dəpœrkə/ for fear that
avant que /avɑ̃kə/ before
afin que /afɛ̃kə/ so that
pour que /purkə/ so that
bien que /bjɛ̃kə/ although
quoique /kwakə/ although
jusqu'à ce que /ʒyskaskə/ until

Le présent du subjonctif peut indiquer une action présente ou future:

Je suis heureux qu'il finisse maintenant.
I'm happy that he's finishing now.

Je ne crois pas que nous arrivions demain.
I don't think we'll arrive tomorrow.

Le passé du subjonctif exprime une action terminée.

Je doute qu'il ait attendu Paul.
I doubt that he waited for Paul.

Avec les expressions *à moins que, avant que, de peur que,* et les verbes *avoir peur* et *craindre,* le mot *ne* s'emploie devant un subjonctif affirmatif:

Je l'ai vu avant qu'il *ne* soit parti.
I saw him before he left.

J'ai peur qu'il *n'*arrive en retard.
I'm afraid he may arrive late.

Si le sujet de la proposition subordonnée est le même que celui de la proposition principale, employez l'infinitif:

Paul préfère aller à l'université demain. (Paul préfère. Paul va.)
Nous voulons lui en parler tout de suite. (Nous voulons. Nous lui en parlerons.)

A. Répétez les phrases suivantes.

1. Je sors souvent.
   Il vaut mieux que je sorte souvent.
2. Je finis à six heures.
   Crois-tu que je finisse à six heures?
3. Tu suis un cours de philosophie.
   Il faut que tu suives un cours de philosophie.
4. Tu pars à neuf heures.
   Il vaut mieux que tu partes à neuf heures.
5. Hélène attend Paul.
   Je ne crois pas qu'Hélène attende Paul.
6. L'enfant dort.
   Elle est heureuse que l'enfant dorme.
7. Nous parlons français.
   Le professeur veut que nous parlions français.
8. Vous répondez à sa lettre tout de suite.
   Il vaut mieux que vous répondiez à sa lettre tout de suite.
9. Ils rentrent ce soir.
   Croyez-vous qu'ils rentrent ce soir?

B. Dans les phrases suivantes, substituez les mots suggérés (the substitution items in this exercise are to be used in the clauses introduced by *que*).

1. Il faut que nous partions tout de suite.
   ______ vous ______.
   ______ je ______.
   ______ demain.
   ______ tu ______.
   ______ Georgette ______.
   ______ ce soir.
   ______ les Poirier ______.
2. Croyez-vous que Paul arrive ce soir?
   ______ nous ______?
   ______ elles ______?
   ______ demain?
   ______ je ______?
   ______ Jacques ______?
   ______ à l'heure?
   ______ nous ______?
3. Je crois que vous arriverez à l'heure.
   ______ nous ______.
   ______ tu ______.
   ______ ce soir.
   ______ Jean ______.
   ______ Robert et Louise ______.
   ______ cet après-midi.
   ______ vous ______.
   ______ elles ______.
4. Il vaut mieux que tu attendes ici.
   ______ vous ______.
   ______ il ______.
   ______ à la gare.
   ______ nous ______.
   ______ Suzette ______.
   ______ devant l'hôtel.
   ______ vous ______.
   ______ je ______.
5. Il veut que nous finissions tout de suite.
   ______ je ______.
   ______ aujourd'hui.
   ______ les étudiants ______.
   ______ tu ______.
   Il veut que tu finisses aujourd'hui.
   ______ vous ______.
   ______ demain.
   ______ Robert ______.
   ______ nous ______.
6. J'espère que nous finirons le projet.
   ______ vous ______.
   ______ ils ______.
   ______ le travail.
   ______ tu ______.
   ______ Hélène ______.
   ______ la leçon.
   ______ nous ______.
   ______ elles ______.
7. Je doute qu'il ait l'argent nécessaire.
   ______ nous ______.
   ______ vous ______.
   ______ le temps nécessaire.
   ______ elles ______.
   ______ tu ______.
   ______ Suzanne ______.
   ______ vous ______.
8. Je regrette qu'il n'ait pas fini.
   ______ vous ______.
   ______ nous ______.
   ______ attendu.
   ______ ils ______.
   ______ il ______.
   ______ parlé.
   ______ tu ______.
9. On demande que nous soyons ici à neuf heures.
   ______ vous ______.
   ______ ils ______.
   ______ à six heures.
   ______ cet après-midi.
   ______ Robert ______.
   ______ je ______.
   ______ demain.
   ______ tu ______.
   ______ nous ______.
10. Il est possible que Paul vienne.
   ______ nous ______.
   ______ je ______.

Il est possible que je vienne.

__________ vous _____.

__________ le professeur _____.

__________ aille en France.

__________ je __________.

__________ nous __________.

__________ elles __________.

__________ vous __________.

11. Il est content que vous sachiez la leçon.

__________ nous __________.

__________ je __________.

__________ les verbes.

__________ Robert __________.

__________ l'histoire.

__________ fasse _____.

__________ vous __________.

__________ les étudiants _____.

__________ nous __________.

__________ je __________.

12. C'est le plus beau film que j'aie jamais vu.

__________ nous _____.

__________ ils _____.

__________ Hélène _____.

__________ nous _____.

__________ je _____.

13. C'est le seul ami que j'aie.

__________ vous _____.

__________ tu _____.

__________ ils _____.

__________ nous _____.

__________ Paul _____.

__________ je _____.

C. Répétez les phrases suivantes, en ajoutant *ne* devant le verbe au subjonctif.

LE PROFESSEUR: Je l'ai vu avant qu'il soit parti.

L'ETUDIANT: Je l'ai vu avant qu'il ne soit parti.

1. Elle ne viendra pas à moins que Paul vienne aussi.
2. Je crains que nous arrivions en retard.
3. L'avez-vous vu avant qu'il soit parti?
4. Il a peur que vous soyez malade.
5. Nous ne ferons pas le voyage à moins qu'il fasse beau.
6. Je lui en parlerai avant qu'il s'en aille.
7. Je crains que tu aies perdu ton argent.
8. Je ne vais pas travailler à moins que vous nous aidiez.
9. Dites-le-lui avant qu'il arrive.
10. J'ai peur que nous soyons en retard.

D. Dans les phrases suivantes, mettez au singulier les verbes au subjonctif.

1. Je doute que vous ayez le temps de finir.
2. Il faut que nous apprenions les verbes.
3. Crois-tu qu'ils soient allés au concert?
4. A moins que vous veniez, Georges n'ira pas avec nous.
5. Le professeur veut qu'ils parlent souvent le français.
6. Croyez-vous que nous arrivions à l'heure?
7. Partons tout de suite pour qu'ils puissent arriver à l'heure.
8. Il regrette que nous n'ayons pas vu le film.
9. Je suis heureux que vous alliez en Europe cet été.
10. Je ne crois pas qu'ils aient étudié la leçon.

E. Dans les phrases suivantes, mettez au pluriel les verbes au subjonctif.

1. Paul veut qu'elle finisse tout de suite.
2. Je doute qu'il soit arrivé.
3. Croyez-vous que je puisse arriver à l'heure?
4. Il faut que je fasse le travail.
5. Penses-tu qu'il soit déjà parti?
6. Le professeur doute que je sache les verbes.

7. Je ne pense pas que tu aies appris ta leçon.
8. Il vaut mieux que tu sois à l'heure.
9. Il a peur qu'il n'ait pas étudié la leçon.
10. Je ne crois pas qu'il puisse venir.

F. Transformez les phrases suivantes selon l'indication donnée pour chaque groupe.

LE PROFESSEUR: Nous finirons demain. Employez *Il faut que.*
L'ETUDIANT: Il faut que nous finissions demain.

(Employez *Il faut que.*)
1. Tu attends Paul.
2. Nous rentrons ce soir.
3. Je viendrai cet après-midi.

(Employez *Il est possible que.*)
4. Marc part tout de suite.
5. Vous arriverez ce soir.
6. Hélène vous le dira.

(Employez *Il doute que.*)
7. Je finirai à l'heure.
8. Ils savent leur leçon.
9. Il fera beau demain.

(Employez *Je sais que.*)
10. Hélène et Pauline vous le diront.
11. Tu auras l'argent nécessaire.
12. Il fera beau demain.

(Employez *Je ne crois pas que.*)
13. Ils ont le temps de le faire.
14. Vous comprenez votre leçon.
15. Nous sortirons ce soir.

(Employez *Nous croyons que.*)
16. Tu rentreras de bonne heure.
17. Vous comprenez votre leçon.
18. Jacques fera son possible.

(Employez *Croyez-vous que?*)
19. Jacques fera son possible.
20. Je pourrai le faire.
21. Nous sommes en retard.

(Employez *Il vaut mieux que.*)
22. Tu réponds à ses questions.
23. Vous apprenez les verbes.
24. J'apprendrai les verbes.

(Employez *Elle est heureuse que.*)
25. Vous aimez vos cours.
26. Ils descendent à Paris.
27. Nous resterons quelques jours ici.

(Employez *Nous souhaitons que.*)
28. Il ne neigera pas.
29. Tu es à l'heure.
30. Vous finirez bientôt.

(Employez *J'espère que.*)
31. Tu aimeras le concert.
32. Il fera beau.
33. Nous serons à l'heure.

(Employez *Je crois que.*)
34. Paul partira ce soir.
35. Nous viendrons ce soir.
36. Le train arrivera à l'heure.

(Employez *Il espère que.*)
37. Nous rentrerons avant minuit.
38. Vous finirez le travail.
39. Le concert commencera à l'heure.

G. Dans les phrases suivantes, remplacez le présent du subjonctif par le passé du subjonctif.

LE PROFESSEUR: Crois-tu qu'il vienne?
L'ETUDIANT: Crois-tu qu'il soit venu?

1. Je ne pense pas que Marie vienne ce soir.
2. Je doute que vous veniez.
3. Il est content que nous rentrions de bonne heure.
4. Marie est contente que nous retournions à Paris.
5. Crois-tu que le train parte à l'heure?
6. Crois-tu qu'ils aillent au bal?
7. Il doute que Paul arrive à l'heure.
8. Jacques ne pense pas que j'aille au concert.
9. Crois-tu qu'il pleuve?
10. Penses-tu qu'ils finissent le travail?

CONVERSATION

Questions

1. M. Parpalaid est-il revenu à Saint-Maurice?
2. Y a-t-il une chambre libre pour lui?
3. Scipion veut-il dire à Ravachol qu'il ne reste rien?
4. Mme Rémy veut-elle le lui dire?
5. Pourquoi Scipion ne peut-il pas parler au docteur Parpalaid?
6. Avec qui Parpalaid veut-il parler? Pourquoi?
7. Pour qui la bonne prend-elle le docteur Parpalaid?
8. Est-ce qu'elle connaît Parpalaid?
9. Est-ce jour de foire à Saint-Maurice?
10. Quel jour est-ce?
11. Pourquoi y a-t-il tant de monde à Saint-Maurice?
12. D'où viennent les malades?
13. Pourquoi logent-ils chez Mme Rémy?
14. Les règles de l'hygiène moderne sont-elles respectées?
15. Que font les gens après avoir parlé au docteur Knock?
16. Quelle sorte de vie Knock mène-t-il?
17. Quelle sorte de voiture a-t-il?
18. De quoi déjeune-t-il quelquefois?
19. Parpalaid menait-il une vie tranquille à Saint-Maurice?
20. Les gens de Saint-Maurice se donnent-ils des remèdes nécessaires?

Causeries

1. En répondant aux questions suivantes, préparez un résumé du passage.

   Où se passe l'action? Qui parle au commencement du passage? Parpalaid est-il arrivé à Saint-Maurice? Pourquoi Mme Rémy est-elle ennuyée? Scipion veut-il dire à Parpalaid qu'il ne reste rien? Mme Rémy veut-elle le lui dire? Pourquoi Scipion et Mme Rémy s'en vont-ils? La bonne reconnaît-elle Parpalaid? Pour qui le prend-elle? Qui se décide enfin à parler à Parpalaid? Y a-t-il une chambre pour lui? D'où viennent tous les malades selon Mme Rémy? Que dit-elle sur la vie du docteur Knock? Qu'est-ce qu'elle indique sur l'état de la médecine à Saint-Maurice?

2. En répondant aux questions suivantes, préparez une petite causerie: *Une description de l'Hôtel de la Clef.*

   Qui est patronne de l'hôtel? Y a-t-il beaucoup de monde dans l'hôtel? Quelle sorte de clients habitent l'hôtel? D'où viennent-ils? Est-ce que l'hôtel manque de place? A quoi ressemble l'hôtel? Quelles sortes d'activités se font dans l'hôtel? (Parlez des travaux de Scipion et de la bonne.) Les règles de l'hygiène moderne sont-elles observées dans cet hôtel? L'hôtel offre-t-il les remèdes et les régimes modernes? Existe-t-il des appareils modernes dans l'hôtel? Etes-vous d'accord avec le docteur Parpalaid que l'hôtel "a pris une physionomie singulière?"

Tout un canton au lit

Le docteur Parpalaid est toujours dans la grande salle de l'Hôtel de la Clef. Knock arrive enfin.

KNOCK

M. Mousquet vous a parlé de nos premiers résultats?

LE DOCTEUR

On m'en a parlé.

KNOCK, *fouillant dans son portefeuille.*

A titre tout à fait confidentiel, je puis vous communiquer quelques-uns de mes graphiques. Vous les rattacherez sans peine à notre conversation d'il y a trois mois. Les consultations d'abord. Cette courbe exprime les chiffres hebdomadaires. Nous partons de votre chiffre à vous, que j'ignorais, mais que j'ai fixé approximativement à 5.

M. Mousquet: pharmacien de Saint-Maurice

fouillant: cherchant
portefeuille: (wallet)

rattacherez: comparerez; établirez un lien
courbe: (curve)
hebdomadaires: de chaque semaine

LE DOCTEUR

Cinq consultations par semaine? Dites le double hardiment, mon cher confrère.

KNOCK

Soit. Voici mes chiffres à moi. Bien entendu, je ne compte pas les consultations gratuites du lundi. Mi-octobre, 37. Fin octobre: 90. Fin novembre: 128. Fin décembre: je n'ai pas encore fait le relevé, mais nous dépassions 150...

soit: d'accord

relevé: total, resumé écrit

LE DOCTEUR

Pardonnez-moi, mon cher confrère: vos chiffres sont rigoureusement exacts?

KNOCK

Rigoureusement.

LE DOCTEUR

En une semaine, il a pu se trouver, dans le canton de Saint-Maurice, cent cinquante personnes qui se soient dérangées de chez elles pour venir faire queue, en payant, à la porte du médecin? On ne les y a pas amenées de force, ni par une contrainte quelconque?

se soient dérangées: se soient déplacées (went out of their way)

KNOCK

Il n'y a fallu ni les gendarmes, ni la troupe.

LE DOCTEUR

C'est inexplicable.

KNOCK

Passons à la courbe des traitements. Début d'octobre, c'est la situation que vous me laissiez; malades en traitement régulier à domicile: O, n'est-ce pas? *(Parpalaid esquisse une protestation molle.)* Fin octobre: 32. Fin novembre: 121. Fin décembre... notre chiffre se tiendra entre 245 et 250.

esquisse: montre brièvement, commence
molle: faible

LE DOCTEUR

J'ai l'impression que vous abusez de ma crédulité.

KNOCK

Moi, je ne trouve pas cela énorme . . . Vous me donnez un canton peuplé de quelques milliers d'individus neutres, indéterminés. Mon rôle, c'est de les déterminer, de les amener à l'existence médicale. Je les mets au lit, et je regarde ce qui va pouvoir en sortir: un tuberculeux, un névropathe, un artério-scléreux, ce qu'on voudra, mais quelqu'un, bon Dieu! quelqu'un! Rien ne m'agace comme cet être ni chair ni poisson que vous appelez un homme bien portant.

> **quelques milliers:** (a few thousand)
> **être:** personne
> **ni chair ni poisson:** indécis; incertain; non-décidé
> **bien portant:** en bonne santé

LE DOCTEUR

Vous ne pouvez cependant pas mettre tout un canton au lit!

KNOCK, *tandis qu'il s'essuie les mains.*

Cela se discuterait . . .

LE DOCTEUR

Il subsiste pourtant une sérieuse difficulté.

KNOCK

Laquelle?

LE DOCTEUR

Vous ne pensez qu'à la médecine . . . Mais le reste? Ne craignez-vous pas qu'en généralisant l'application de vos méthodes, on n'amène un certain ralentissement des autres activités sociales dont plusieurs sont, malgré tout, intéressantes?

> **ralentissement:** diminution

KNOCK

Ça ne me regarde pas. Moi, je fais de la médecine.

LE DOCTEUR

Il est vrai que lorsqu'il construit sa ligne de chemin de fer, l'ingénieur ne se demande pas ce qu'en pense le médecin de campagne.

KNOCK

Parbleu! *(Il remonte vers le fond de la scène et s'approche d'une fenêtre.)* Regardez un peu ici, docteur Parpalaid. Vous connaissez la vue qu'on a de cette fenêtre. Entre deux parties de billard, jadis, vous n'avez pu manquer d'y prendre garde. Tout là-bas, le mont Aligre marque les bornes du canton. Les villages de Mesclat et de Trébures s'aperçoivent à gauche; et si, de ce côté, les maisons de Saint-Maurice ne faisaient pas une espèce de renflement, c'est tous les hameaux de la vallée que nous aurions en enfilade. Mais vous n'avez dû saisir là que ces beautés naturelles, dont vous êtes friand. C'est un paysage rude, à peine humain, que vous contempliez. Aujourd'hui, je vous le donne tout imprégné de médecine, animé et parcouru par le feu souterrain de notre art. La première fois que je me suis planté ici, au lendemain de mon arrivée, je n'étais pas trop fier; je sentais que ma présence ne pesait pas lourd. Ce vaste terroir se passait insolemment de moi et de mes pareils. Mais maintenant, j'ai

> **Parbleu!:** Mon Dieu!
> **vers le fond:** au bout
> **bornes:** limites
> **une espèce de renflement:** (a kind of swelling)
> **hameaux:** villages
> **en enfilade:** devant nous
> **friand:** gourmand; celui qui est friand ou gourmand aime les specialités.
> **ne pesait pas lourd:** n'était pas important

autant d'aise à me trouver ici qu'à son clavier l'organiste des grandes orgues. Dans deux cent cinquante de ces maisons... il y a deux cent cinquante chambres où quelqu'un confesse la médecine, deux cent cinquante lits où un corps étendu témoigne que la vie a un sens, et grâce à moi un sens médical. La nuit, c'est encore plus beau, car il y a les lumières. Et presque toutes les lumières sont à moi. Les non-malades dorment dans les ténèbres. Ils sont supprimés. Mais les malades ont gardé leur veilleuse ou leur lampe... Le canton fait place à une sorte de firmament dont je suis le créateur continuel. Et je ne vous parle pas des cloches. Songez que, pour tout ce monde, leur premier office est de rappeler mes prescriptions; qu'elles sont la voix de mes ordonnances. Songez que, dans quelques instants, il va sonner dix heures, que pour tous mes malades, dix heures, c'est la deuxième prise de température rectale, et que, dans quelques instants, deux cent cinquante thermomètres vont pénétrer à la fois...

clavier: (keyboard)
étendu: allongé; couché
grâce à: à cause de
ténèbres: obscurité
supprimés: cachés; qu'on a fait disparaître
veilleuse: ici: petite lampe qu'on allume le soir; la personne qui reste avec un malade
cloches: bells
office: tâche; fonction

COMPREHENSION ET EXERCICES DE VOCABULAIRE

A. Trouvez cinq phrases fausses parmi les suivantes.

1. Parpalaid dit qu'il recevait dix consultations par semaine.

2. Maintenant Knock en reçoit moins.
3. Les chiffres des consultations du docteur Knock ne sont qu'approximatifs.
4. Parpalaid est étonné d'apprendre les chiffres des consultations du docteur Knock.

5. Le docteur Parpalaid avait beaucoup de malades en traitement régulier à domicile.
6. Le rôle du médecin, selon le docteur Knock, c'est d'amener les gens à l'existence médicale.

7. Knock est content de connaître les gens en bonne santé.
8. Knock croit qu'il serait peut-être possible de mettre tout un canton au lit.

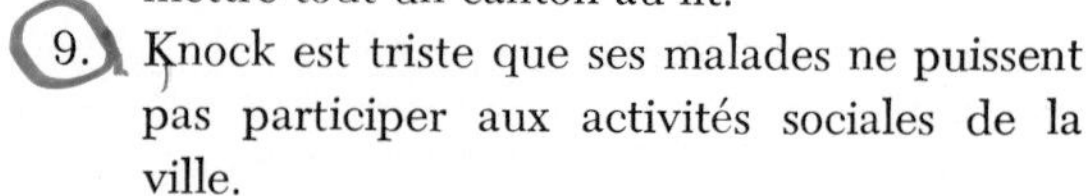

9. Knock est triste que ses malades ne puissent pas participer aux activités sociales de la ville.
10. Parpalaid aime les beaux paysages.
11. Knock est fier d'avoir fait pénétrer la médecine dans plusieurs maisons du canton.
12. Knock dit que le canton fait place à une sorte de firmament dont il est le créateur continuel.

B. Lesquelles des idées suivantes font partie de la pensée du docteur Knock?

1. C'est le devoir du médecin de mettre au lit autant de personnes que possible.
2. Le client du médecin devrait sortir de chez le médecin avec l'idée qu'il est en bonne santé.
3. Le médecin a le devoir d'arranger des activités sportives et sociales.
4. La vie peut avoir un sens médical pour quelques personnes.
5. Un médecin n'a pas besoin de donner beaucoup de traitements à un malade.
6. Si nécessaire, il faut amener de force les gens qui ne veulent pas consulter un médecin.
7. La population d'une ville ou d'un village devrait sentir la présence du médecin.
8. Le médecin du village peut être fier de la pénétration médicale de son district.

C. Identifiez le personnage:

1. qui est surpris d'apprendre que 150 personnes sont venues consulter un médecin à Saint-Maurice dans une semaine.
2. qui déteste un homme qu'on appelle bien portant.
3. qui ne se soucie point des activités sociales qu'un village ou une ville peut avoir.
4. qui est friand des beautés naturelles du canton.
5. qui n'était pas fier d'être à Saint-Maurice à son arrivée parce qu'il sentait que sa présence ne pesait pas lourd.
6. qui règle la vie de 250 personnes qui ont confessé la médecine.

DIALOGUE

Le professeur a indiqué que c'est Jules Romains, l'auteur de la pièce *Knock,* qui a inventé le terme *unanimisme.*

Jacqueline: Qu'est-ce que c'est que l'unanimisme?

Le professeur: L'unanimisme est une sorte de sentiment collectif . . .

Paul: Pourriez-vous nous en donner un exemple?

Le professeur: A un match de football, par exemple, tous les spectateurs pensent et agissent quelquefois comme une seule personne. Vous avez là une situation unanimiste. Avez-vous pu remarquer des exemples d'unanimisme dans ce passage?

Marie: Tout un canton est imprégné du même esprit, celui de la médecine.

Georges: Les lumières brûlent dans les maisons pour la même raison.

Marie: Et les cloches rappellent les mêmes prescriptions.

Robert: A dix heures précises, deux cent cinquante thermomètres prennent la température rectale en même temps.

Le professeur: Heu, oui. . . C'est en effet toute une population qui agit et pense comme une seule personne. On pourrait dire que le triomphe de la médecine du docteur Knock c'est une sorte d'esprit de corps médical.

CONVERSATION

Questions

1. Combien de consultations par semaine recevait le docteur Parpalaid?
2. Knock en reçoit-il plus?
3. Quel sera le total des consultations du docteur Knock à la fin de décembre?
4. Les chiffres de Knock sont-ils exacts?
5. A-t-on amené les clients de force chez le docteur Knock?
6. Combien de traitements réguliers à domicile Parpalaid donnait-il par semaine?
7. Quel sera le total des traitements du docteur Knock à la fin de décembre?
8. Selon Knock, quel est le rôle du médecin?
9. Knock aime-t-il les gens en bonne santé?

10. Knock s'intéresse-t-il aux activités sportives et sociales du village?
11. De quoi s'occupe-t-il?
12. Décrivez la vue de la fenêtre de la grande salle de l'hôtel de la Clef.
13. Qu'est-ce que Parpalaid a su apprécier du paysage que l'on voit de la fenêtre?
14. De quoi Knock a-t-il imprégné le canton?
15. Knock était-il fier d'être à Saint-Maurice à son arrivée?
16. Est-il à son aise à Saint-Maurice maintenant?
17. Est-ce qu'on sent sa présence dans le canton?
18. Combien de personnes du canton ont confessé la médecine?
19. A qui sont la plupart des lumières des maisons du canton?
20. Qu'est-ce que les cloches rappellent aux clients du docteur Knock?
21. Le triomphe de la médecine du canton est-il complet?
22. Est-il possible, selon Knock, de mettre tout un canton au lit?

Causeries

1. En répondant aux questions suivantes, préparez un bref résumé du passage.

   Où l'action se passe-t-elle? De quoi parlent les docteurs Parpalaid et Knock? Comparez les chiffres des consultations et des traitements des deux médecins. Selon Knock, quel est le rôle du médecin? De quoi Knock a-t-il imprégné le canton de Saint-Maurice? Parpalaid est-il surpris des résultats de son successeur? Le triomphe de la médecine semble-t-il être complet?

2. En répondant aux questions suivantes, préparez une petite causerie: *L'unanimisme.*

   Qui a inventé le terme *unanimisme?* Qu'est-ce que c'est que l'unanimisme? Donnez des exemples d'unanimisme du passage qu'on vient de lire. Donnez-en un exemple personnel (Avez-vous jamais éprouvé un sentiment collectif à un match de football, à un concert, dans une grande foule dans la rue à Noël? Avez-vous jamais chanté dans un chœur ou joué dans un orchestre où tous les membres du groupe ont pensé et agi comme une seule personne?).

LE MALADE IMAGINAIRE

(Dans la scène, Béralde a renvoyé l'assistant de Purgon, le médecin. Dans l'extrait suivant, Purgon menace Argan d'une mort effroyable pour s'être moqué de lui et de la médecine.)

Monsieur Purgon: *Mais puisque vous n'avez pas voulu guérir par mes mains...*

Argan: *Ce n'est pas ma faute.*

Monsieur Purgon: *Puisque vous vous êtes soustrait de l'obéïssance que l'on doit à son médecin...*

Toinette: *Cela crie vengeance.*

Monsieur Purgon: *Puisque vous vous êtes déclaré rebelle aux remèdes que je vous ordonnais...*

Argan: *Hé! point du tout.*

Monsieur Purgon: *J'ai à vous dire que je vous abandonne à votre mauvaise constitution, à l'intempérie de vos entrailles, à la corruption de votre sang, à l'âcreté de votre bile et à la féculence de vos humeurs...*

Toinette: *C'est fort bien fait.*

Argan: *Mon Dieu!*

Monsieur Purgon: *Et je veux qu'avant qu'il soit quatre jours vous deveniez dans un état incurable.*

Argan: *Ah! miséricorde!*

Monsieur Purgon: *Que vous tombiez dans la bradypepsie.*

Argan: *Monsieur Purgon!*

Monsieur Purgon: *De la bradypepsie dans la dyspepsie.*

Argan: *Monsieur Purgon!*

Monsieur Purgon: *De la dyspepsie dans l'apepsie.*

Argan: *Monsieur Purgon!*

Monsieur Purgon: *De l'apepsie dans la lienterie.*

Argan: *Monsieur Purgon!*

Monsieur Purgon: *De la lienterie dans la dysenterie.*

Argan: *Monsieur Purgon!*

Monsieur Purgon: *De la dysenterie dans l'hydropisie.*

Argan: *Monsieur Purgon!*

Monsieur Purgon: *Et de l'hydropisie dans la privation de la vie, où vous aura conduit votre folie.*

Molière
Le Malade Imaginaire, Acte III, Scène 5

Le petit prince

Héros authentique des premiers jours de l'aviation, pilote de guerre et auteur célèbre dans le monde entier pour ses romans d'action et ses réflexions sur l'Homme, Antoine de Saint-Exupéry (1900-1944) s'était toujours intéressé aux enfants. C'est dans Le Petit prince *que cet intérêt trouve sa plus haute expression.*

VOCABULAIRE DE BASE

1. *avalait* (avaler): absorbait par la bouche
   Il ______ son déjeuner rapidement parce qu'il était pressé.
2. *fauve* (n.m.): bête féroce; animal sauvage de grande taille
   Le lion est le roi des ______.
3. *proie* (n.f.): victime; animal mangé par un fauve
   Le fauve a avalé sa ______.
4. *mâcher:* mastiquer
   Les fauves mangeaient leur proie sans ______; ils l'avalaient tout entière.
5. *j'ai réfléchi* (réfléchir): j'ai pensé
   ______ sur mes problèmes.
6. *m'ont conseillé de* (conseiller): m'ont donné un avis, une opinion, une suggestion; m'ont recommandé
   Ils ______ de ne pas s'approcher des fauves.
7. *laisser de côté:* ne pas faire attention à; ne pas considérer comme important
   Tu dois étudier davantage et ______ toutes les autres activités.
8. *j'ai volé* (voler): j'ai fait un voyage en avion; j'ai piloté un avion
   Lindbergh a établi un record quand il ______ de New York à Paris en 1927.
9. *coup d'œil* (n.m.): un regard rapide; *jeter un coup d'œil sur:* regarder rapidement
   Voulez-vous jeter un ______ sur mon devoir pour voir que tout y est correct?
10. *s'est égaré* (s'égarer): s'est perdu; est sorti du bon chemin
    Le pilote ______ en volant à Casablanca.
11. *des tas de:* beaucoup de
    Je ne peux pas sortir ce soir; j'ai ______ devoirs à faire.
12. *je me mettais à sa portée* (se mettre à la portée de quelqu'un): je m'expliquais dans des termes qu'il comprenait
    Pour faire comprendre l'enfant, j'ai parlé d'une façon simple; ______.
13. *une panne:* arrêt accidentel; *tomber en panne:* arrêter de fonctionner; fonctionner mal
    Sur la route le moteur a fait un bruit étrange. C'était ______ de carburateur.
14. *s'était cassé* (se casser): s'était rompu; n'avait plus fonctionné; était tombé en panne
    Quelque chose ______ dans mon moteur.
15. *à peine:* presque pas; très peu
    Le pilote avait peu d'eau; il a ______ bu.
16. *huit jours:* une semaine
    Je vous verrai d'ici ______; c'est-à-dire dans une semaine.
17. *naufragé* (n.m.): quelqu'un perdu en mer; quelqu'un qui survit à un accident; *faire naufrage:* se perdre en mer
    Seul sur l'île, le ______ attendait un bateau pour lui sauver la vie.
18. *drôle de . . . :* étrange; bizarre
    C'était un ______ garçon que j'ai vu devant moi.
19. *bonhomme* (n.m.): être simple, sans prétentions; petit garçon
    Il y avait devant moi un petit garçon extraordinaire. Je me suis dit: "Quel drôle de ______."
20. *sauf:* excepté; à l'exception de
    Il savait par cœur tout le livre ______ la dernière leçon.
21. *ronds d'étonnement:* grands-ouverts de surprise ou de peur; étonnés; surpris; choqués
    En regardant le fauve s'avancer vers lui, il avait les yeux ______.
22. *n'ose pas* (oser): n'a pas l'audace de
    Il ______ toucher le fauve mort.
23. *endroits* (n.m.): régions; lieux
    Les jungles sont des ______ où vivent les fauves.
24. *encombrant:* difficile à manipuler; grand; qui prend beaucoup de place
    Mais un piano est trop ______ pour cette petite salle!

25. *faute de:* manque de; sans
_______ temps je n'ai pas pu terminer de lire le passage.

26. *j'avais hâte de* (avoir hâte de): je désirais faire quelquechose; j'étais impatient
J'ai oublié mon chapeau, tellement _______ de partir.

27. *je griffonai* (griffoner): j'écrivis; je dessinai rapidement, sans soins
J'avais hâte d'en finir; donc _______ les réponses au tableau à la dernière minute.

28. *par hasard:* par chance
Tiens, j'ai rencontré ce petit bonhomme tout à fait _______. Quel étonnement!

29. *aperçut* (apercevoir): vit; nota; prit conscience de; se rendit compte de
Je _______ quand il sortait.

30. *éclat de rire (n.m.):* un rire fort, inattendu; explosion de rire; *éclater de rire:* rire fort
Lorsqu'il a aperçu le dessin qui je griffonais, il a _______ sans le vouloir.

31. *entrevoir:* apercevoir rapidement; voir de loin ou vaguement
J'ai jeté un coup d'œil dans la salle, et j'ai _______ le petit bonhomme qui partait.

32. *lueur* (n.f.): une lumière faible ou vague
En expliquant d'où je venais, j'entrevis dans ces yeux une _______ de compréhension.

33. *il s'enfonça* (s'enfoncer): se plongea
Il s'est _______ dans ses souvenirs et n'a pas écouté les explications du professeur.

34. *Je m'efforçai de* (s'efforcer de): je fis tous mes efforts pour
Je ne comprenais pas très bien. Or _______ de savoir les détails de son histoire.

La solitude vaincue par l'amitie

A Leon Werth

Je demande pardon aux enfants d'avoir dédié ce livre à une grande personne. J'ai une excuse sérieuse: cette grande personne est le meilleur ami que j'ai au monde. J'ai une autre excuse: cette grande personne peut tout comprendre, même les livres pour enfants. J'ai une troisième excuse: cette grande personne habite la France où elle a faim et froid. Elle a bien besoin d'être consolée. Si toutes ces excuses ne suffisent pas, je veux bien dédier ce livre à l'enfant qu'a été autrefois cette grande personne. Toutes les grandes personnes ont d'abord été des enfants. (Mais peu d'entre elles s'en souviennent.) Je corrige donc ma dédicace:

A Leon Werth
Quand il était petit garçon

grande personne: adulte

Lorsque j'avais six ans j'ai vu, une fois, une magnifique image, dans un livre sur la Forêt Vierge qui s'appelait *Histoires Vécues*. Ça représentait un serpent boa qui avalait un fauve. Voilà la copie du dessin.

vécues: vraies

On disait dans le livre: "Les serpents boas avalent leur proie tout entière, sans la mâcher. Ensuite ils ne peuvent plus bouger et ils dorment pendant les six mois de leur digestion."

J'ai alors beaucoup réfléchi sur les aventures de la jungle et, à mon tour, j'ai réussi, avec un crayon de couleur, à tracer mon premier dessin. Mon dessin numéro 1. Il était comme ça:

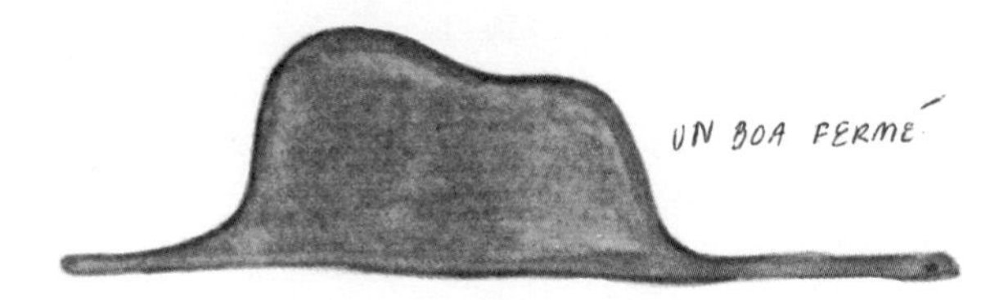

J'ai montré mon chef-d'œuvre aux grandes personnes et je leur ai demandé si mon dessin leur faisait peur.

Elles m'ont répondu: "Pourquoi un chapeau ferait-il peur?"

Mon dessin ne représentait pas un chapeau. Il représentait un serpent boa qui digérait un éléphant. J'ai alors dessiné l'intérieur du serpent boa, afin que les grandes personnes puissent comprendre. Elles ont toujours besoin d'explications. Mon dessin numéro 2 était comme ça:

Les grandes personnes m'ont conseillé de laisser de côté les dessins de serpents boas ouverts ou fermés, et de m'intéresser plutôt à la géographie, à l'histoire, au calcul et à la grammaire. C'est ainsi que j'ai abandonné, à l'âge de six ans, une magnifique carrière de peintre. J'avais été découragé par l'insuccès de mon dessin numéro 1 et de mon dessin numéro 2. Les grandes personnes ne comprennent jamais rien toutes seules, et c'est fatigant, pour les enfants, de toujours et toujours leur donner des explications.

J'ai donc dû choisir un autre métier et j'ai appris à piloter des avions. J'ai volé un peu partout dans le monde. Et la géographie, c'est exact, m'a beaucoup servi. Je savais reconnaître, du premier coup d'œil, la Chine de l'Arizona. C'est très utile, si l'on s'est égaré pendant la nuit.

J'ai ainsi eu, au cours de ma vie, des tas de contacts avec des tas de gens sérieux. J'ai beaucoup vécu chez les grandes personnes. Je les ai vues de très près. Ça n'a pas trop amélioré mon opinion.

Quand j'en rencontrais une qui me paraissait un peu lucide, je faisais l'expérience sur elle de mon dessin numéro 1 que j'ai toujours conservé. Je voulais savoir si elle était vraiment compréhensive. Mais toujours elle me répondait: "C'est un chapeau." Alors je ne lui parlais ni de serpents boas, ni de forêts vierges, ni d'étoiles. Je me mettais à sa portée. Je lui parlais de bridge, de golf, de politique et de cravates. Et la grande personne était bien contente de connaître un homme aussi raisonnable.

une: une personne
elle: la grande personne

J'ai ainsi vécu seul, sans personne avec qui parler véritablement, jusqu'à une panne dans le désert du Sahara, il y a six ans. Quelque chose s'était cassé dans mon moteur. Et comme je n'avais avec moi ni mécanicien, ni passagers, je me préparais à essayer de réussir, tout seul, une réparation difficile. C'était pour moi une question de vie ou de mort. J'avais à peine de l'eau à boire pour huit jours.

Le premier soir je me suis donc endormi sur le sable à mille milles de toute terre habitée. J'étais bien plus isolé qu'un naufragé sur un radeau au milieu de l'océan. Alors vous imaginez ma surprise, au lever du jour, quand une drôle de petite voix m'a réveillé. Elle disait:

sable: (sand)
radeau: (raft)

—S'il vous plaît. . . dessine-moi un mouton!

—Hein!

—Dessine-moi un mouton. . .

J'ai sauté sur mes pieds comme si j'avais été frappé par la foudre. J'ai bien frotté mes yeux. J'ai bien regardé. Et j'ai vu un petit bonhomme tout à fait extraordinaire qui me considérait gravement. Voilà le meilleur portrait que, plus tard, j'ai réussi à faire de lui. Mais mon dessin, bien sûr, est beaucoup moins ravissant que le modèle. Ce n'est pas ma faute. J'avais été découragé dans ma carrière de peintre par les grandes personnes, à l'âge de six ans, et je n'avais rien appris à dessiner, sauf les boas fermés et les boas ouverts.

foudre: (lightning)
frotté: (rubbed)
portrait: (voir la page 126)

Je regardais donc cette apparition avec des yeux tout ronds d'étonnement. N'oubliez pas que je me trouvais à mille milles de toute région habitée. Or mon petit bonhomme ne me semblait ni égaré, ni mort de fatigue, ni mort de faim, ni mort de soif, ni mort de peur. Il n'avait en rien l'apparence d'un enfant perdu au milieu du désert, à mille milles de toute région habitée. Quand je réussis enfin à parler, je lui dis:

or: (and yet)

—Mais. . . qu'est-ce que tu fais là?

Et il me répéta alors, tout doucement, comme une chose très sérieuse:

—S'il vous plaît. . . dessine-moi un mouton. . .

Quand le mystère est trop impressionnant, on n'ose pas désobéir. Aussi absurde que cela me semblât à mille milles de tous les endroits habités et en danger de mort, je sortis de ma poche une feuille de papier et un stylographe. Mais je me rappelai alors que j'avais surtout étudié la géographie, l'histoire, le calcul et la grammaire et je dis au petit bonhomme (avec un peu de mauvaise humeur) que je ne savais pas dessiner. Il me répondit:

—Ça ne fait rien. Dessine-moi un mouton.

Comme je n'avais jamais dessiné un mouton je refis, pour lui, l'un des seuls dessins dont j'étais capable. Celui du boa fermé. Et je fus stupéfait d'entendre le petit bonhomme me répondre:

—Non! Non! Je ne veux pas d'un éléphant dans un boa. Un boa c'est très dangereux, et un éléphant c'est très encombrant. Chez moi c'est tout petit. J'ai besoin d'un mouton. Dessine-moi un mouton.

Alors j'ai dessiné:

Il regarda attentivement, puis:

—Non! Celui-là est déjà très malade. Fais-en un autre.

Je dessinai:

Mon ami sourit gentiment, avec indulgence:

—Tu vois bien... ce n'est pas un mouton, c'est un bélier. Il a des cornes...

bélier: (ram)
cornes: (horns)

Je refis donc encore mon dessin:

Mais il fut refusé, comme les précédents:

—Celui-là est trop vieux. Je veux un mouton qui vive longtemps.

Alors, faute de patience, comme j'avais hâte de commençer le démontage de mon moteur, je griffonnai ce dessin-ci:

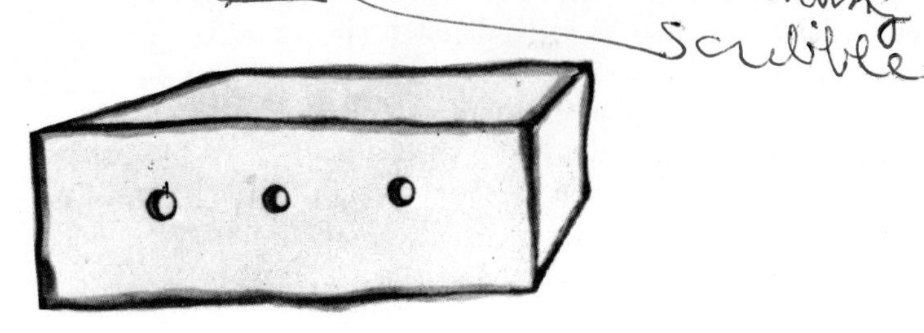

Et je lançai:

—Ça c'est la caisse. Le mouton que tu veux est dedans.

Mais je fus bien surpris de voir s'illuminer le visage de mon jeune juge:

—C'est tout à fait comme ça que je le voulais! Crois-tu qu'il faille beaucoup d'herbe à ce mouton?

—Pourquoi?

—Parce que chez moi c'est tout petit...

—Ça suffira sûrement. Je t'ai donné un tout petit mouton.

Il pencha la tête vers le dessin:

—Pas si petit que ça... Tiens! Il s'est endormi...

Et c'est ainsi que je fis la connaissance du petit prince.

Il me fallut longtemps pour comprendre d'où il venait. Le petit prince, qui me posait beaucoup de questions, ne semblait jamais entendre les miennes. Ce sont des mots prononcés par hasard qui, peu à peu, m'ont tout révélé. Ainsi, quand il aperçut pour la première fois mon avion (je ne dessinerai pas mon avion, c'est un dessin beaucoup trop compliqué pour moi) il me demanda:

—Qu'est-ce que c'est que cette chose-là?

—Ce n'est pas une chose. Ça vole. C'est un avion. C'est mon avion.

Et j'étais fier de lui apprendre que je volais. Alors il s'écria:

—Comment! tu es tombé du ciel!

—Oui, fis-je modestement.

—Ah! ça c'est drôle!...

Et le petit prince eut un très joli éclat de rire qui m'irrita beaucoup. Je désire que l'on prenne mes malheurs au sérieux. Puis il ajouta:

—Alors, toi aussi tu viens du ciel! De quelle planète es-tu?

J'entrevis aussitôt une lueur, dans le mystère de sa présence, et j'interrogeai brusquement:

—Tu viens donc d'une autre planète?

Mais il ne me répondit pas. Il hochait la tête doucement tout en regardant mon avion:

hochait: (nodded)

—C'est vrai que, là-dessus, tu ne peux pas venir de bien loin...

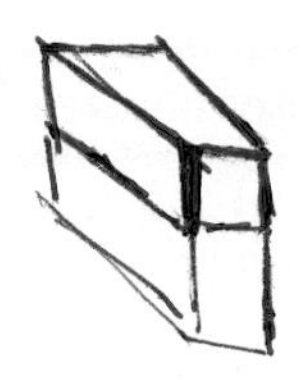

Et il s'enfonça dans une rêverie qui dura longtemps. Puis, sortant mon mouton de sa poche, il se plongea dans la contemplation de son trésor.

Vous imaginez combien j'avais pu être intrigué par cette demi-confidence sur "les autres planètes." Je m'efforçai donc d'en savoir plus long:

—D'où viens-tu, mon petit bonhomme? Où est-ce "chez toi"? Où veux-tu emporter mon mouton?

Il me répondit après un silence méditatif:

—Ce qui est bien, avec la caisse que tu m'as donnée, c'est que, la nuit, ça lui servira de maison.

—Bien sûr. Et si tu es gentil, je te donnerai aussi une corde pour l'attacher pendant le jour. Et un piquet.

piquet: (stake)

La proposition parut choquer le petit prince:

—L'attacher? Quelle drôle d'idée!

—Mais si tu ne l'attaches pas il ira n'importe où, et il se perdra.

Et mon ami eut un nouvel éclat de rire:

—Mais où veux-tu qu'il aille!

—N'importe où. Droit devant lui...

Alors le petit prince remarqua gravement:

—Ça ne fait rien, c'est tellement petit, chez moi!

Et, avec un peu de mélancolie, peut-être, il ajouta:

—Droit devant soi on ne peut pas aller bien loin... ones self

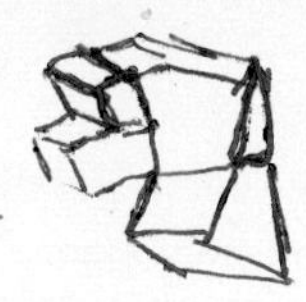

COMPREHENSION ET EXERCICES DE VOCABULAIRE

A. Trouvez quatre phrases fausses parmi les suivantes.

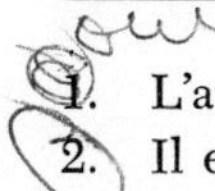

1. L'auteur du passage est pilote.
2. Il est minuit quand il fait la connaissance du petit prince.
3. Les grandes personnes ne comprennent pas le dessin numéro 1.
4. L'auteur du passage est un très bon artiste.
5. Il aime la compagnie des adultes.
6. L'auteur est en panne dans le désert.
7. Le dessin qui plaît au petit prince est celui d'un mouton dans une caisse.
8. Le dessin numéro 1 représente un chapeau.
9. Le petit prince vient d'une autre planète.

B. Lesquels des mots suivants décrivent le petit prince?

stupide, extraordinaire, grossier, ravissant, intelligent, vulgaire, moqueur

C. Lesquelles des phrases suivantes décrivent les grandes personnes?

1. Ce sont des gens sérieux.
2. Elles aiment parler de bridge et de golf.
3. Elles s'intéressent aux fleurs.
4. Elles ont besoin d'explications.
5. Elles comprennent facilement les fantaisies des enfants.

D. Lesquelles des phrases suivantes s'appliquent à l'auteur du passage?

1. Il a dessiné un bélier qui plaisait au petit prince.
2. Il a fait naufrage au milieu de l'océan.
3. Il a lu une histoire sur les serpents boas.
4. Il a trouvé le petit prince ridicule.
5. A l'âge de six ans il a abandonné la carrière de peintre.
6. Il est tombé du ciel.

E. Dans les phrases suivantes, substituez les mots suggérés.

1. Quand il a hâte de sortir, il avale son dîner.
   ______ je ______.
   ______ nous ______.

   Quand nous avons hâte de sortir, nous avalons notre dîner.
   ______ ils ______.

2. *Madame Bovary* est un chef-d'œuvre.
   L'Etranger ______.
   "La Joconde"______.
   "Claire de Lune"______.
   *La Chanson de Roland*______.
   L'Odyssée ______.
   Le Petit prince ______.
   Le Silence de la mer ______.
   Knock ______.
   Faust ______.
3. Vous m'avez conseillé de ne pas venir.
   Tu ______.
   Ils ______.
   ______ avaler mon dîner.
   ______ lui ______.
   Elle ______.
   ______ laisser de côté les dessins.
   ______ leur ______.
   Il ______.
   Elle ______.
4. Les grandes personnes ne comprennent pas les enfants.
   Je ______.
   Nous ______.
   Tu ______.
   Ils ______.
   Elle ______.
   Il ______.
5. Je me suis égaré dans le désert.
   Le petit prince ______.
   Elle ______.
   ______ perdue ______.
   Nous ______.
   Vous ______.
6. Je me mettais à sa portée.
   Nous ______.
   Ils ______.
   ______ à son niveau.
   ______ mettront ______.
   Elle ______.
   Tu ______.
7. Je me suis frotté les yeux.
   Elle ______.
   Hélène ______.
   ______ les mains.
   Nous ______.
   Ils ______.
   Tu ______.
   Vous ______.
8. C'était une drôle de petite voix.
   ______ bonhomme.
   ______ enfant.
   ______ fille.
   ______ dessin.
   ______ mouton.
   ______ animal.
   ______ chat.

F. Répétez les phrases suivantes. Remplacez *beaucoup de* par *des tas de*.

1. Il y avait beaucoup de complications.
2. J'ai eu beaucoup de contacts avec eux.
3. L'auteur connaît beaucoup de gens sérieux.
4. Pendant ma vie, j'ai parlé à beaucoup de gens comme vous.
5. Il y a beaucoup de fleurs sur la table.

G. Répétez les phrases suivantes. Remplacez *une semaine* par *huit jours*.

1. Il partira dans une semaine.
2. Nous avons attendu pendant une semaine.
3. Il est arrivé il y a une semaine.
4. Je ne mange pas depuis une semaine.

H. Répétez les phrases suivantes. Remplacez *à l'exception de* par *sauf*.

1. Il vient tous les jours à l'exception du lundi.
2. Elle a invité tout le monde à l'exception de Pauline.
3. Nous avons vu tous les tableaux à l'exception de ceux de Manet.
4. Il a vu tous ses amis à l'exception de Robert.

I. Choisissez les mots convenables pour compléter les phrases suivantes.

1. *a. Les moutons* *b. Les tigres* *c. Les béliers* sont des fauves.
2. En mangeant, M. Lenoir *a. avale sa proie* *b. mâche sa nourriture* *c. chante.*
3. On peut voler partout *a. dans un avion* *b. sur un radeau* *c. dans l'océan.*
4. *a. Un chien* *b. La foudre* *c. Un bélier* a des cornes.

J. Choisissez les mots convenables pour compléter les phrases suivantes.

1. C'est un enfant terrible; il ______ tout le temps.
2. Piloter des avions est ______ intéressant.
3. Le mécanicien a commencé ______ de l'auto.
4. Il ne peut pas venir ______ argent.
5. M. Dubois est pressé; il donne ______ sur son journal et part.

a. un coup d'œil
b. la panne
c. faute de
d. sauf
e. un métier
f. désobéit
g. le démontage

DIALOGUE

Robert et Claudette sont en train de parler du passage du *Petit Prince,* qu'on vient de lire.

Claudette: Comment trouves-tu le petit prince?

Robert: Il est tout à fait charmant. Comme les enfants, il aime les jeux de fantaisie et d'imagination.

Claudette: Mais pourquoi, à ton avis, veut-il un mouton?

Robert: Je ne sais pas encore. Peut-être a-t-il besoin d'un ami?

Claudette: Ça se peut. Le professeur a dit que la recherche d'un ami est un des thèmes principaux du livre.

When peut-être begins sentence - invert

Robert: Souviens-toi que le livre est dédié à un homme qui a "besoin d'être consolé." Peut-être, lui aussi, a-t-il besoin d'un ami.

REVISION ET EXERCICES

Structure: Expressions avec le verbe *avoir*

Phrases modèles

1. Cette grande personne habite en France où elle a faim et froid.
2. Elle a bien besoin d'être consolée.
3. Lorsque j'avais six ans, j'ai vu un boa.
4. J'ai besoin d'un mouton.
5. J'avais hâte de commencer le démontage de mon moteur.
6. Est-il possible qu'il ait besoin d'un ami?
7. Peut-être, lui aussi, a-t-il besoin d'un ami.

Notes de grammaire

Notez les expressions suivantes avec le verbe *avoir:*

avoir l'air: to seem
avoir . . . ans: to be . . . years old
avoir besoin de: to need
avoir chaud: to be warm
avoir de la chance: to be lucky
avoir envie de: to feel like
avoir faim: to be hungry
avoir froid: to be cold
avoir l'habitude de: to be accustomed to
avoir hâte de: to be in a hurry to
avoir honte: to be ashamed
avoir l'intention de: to intend to
avoir lieu: to take place
avoir peur de: to be afraid of
avoir raison: to be right
avoir sommeil: to be sleepy
avoir soif: to be thirsty
avoir tort: to be wrong
avoir quelque chose: to have something wrong

Employez les expressions *avoir chaud* et *avoir froid* pour décrire des personnes, et *être froid* et *être chaud* pour décrire des choses.

Pauline a chaud.
L'assiette est chaude.

Les expressions *il fait chaud* et *il fait froid* décrivent le temps.

A. Dans les phrases suivantes, substituez les mots suggérés.

1. En ce temps-là, j'avais six ans.
   ________ tu ________.
   ____________ treize ____.
   ________ nous ________.
   ________ vous ________.
   ____________ dix-huit ____.
   ________ elle ________.
   ________ ils ________.
2. Tu as l'air malade.
   Suzanne ________.
   ________ contente.
   Paul ________.
   Vous ________.
   ________ triste.
   Elles ________.
3. Cette grande personne a faim.
   Je ________________.
   Nous ________________.
   ________________ froid.
   Vous ________________.
   ________________ chaud.
   Georgette ________________.
   ________________ soif.
   ________________ sommeil.
   Nous ________________.
   ________________ peur.
   Tu ________________.
   ________________ raison.
   Ils ________________.
   ________________ tort.
4. Je n'avais pas envie de partir si tôt.
   Nous ________________.
   Ils ________________.
   ________ besoin ________.
   Tu ________________.
   ________ hâte ________.
   Elle ________________.
   Vous ________________.
   ________ l'habitude ________.
   ________________ chanter.
   Vous n'aviez pas l'habitude de chanter.
   ________________ travailler.

B. Répétez les phrases suivantes. Mettez les verbes au futur et ensuite à l'imparfait.

1. Elle n'a pas froid.
2. J'ai hâte de commencer le démontage de mon moteur.
3. As-tu peur?
4. Elles n'ont pas raison.
5. Le match a lieu à six heures. (took place)
6. Nous avons besoin de toi.
7. Il a bien besoin d'être consolé.
8. Ils ont envie de partir.

C. Répondez affirmativement aux questions suivantes.

1. Avez-vous faim?
2. Est-ce que j'ai tort?
3. Aurez-vous besoin de moi?
4. Paul a raison, n'est-ce pas?
5. Le match a eu lieu, n'est-ce pas?
6. Avais-tu l'intention de le faire?

D. Répondez négativement aux questions suivantes.

1. Ils avaient peur, n'est-ce pas?
2. As-tu froid?
3. Il aura six ans demain, n'est-ce pas? (Non, . . . sept)
4. Ont-ils sommeil?

LA LOCUTION - idiom

Structure: Concordance des temps—le passé composé, le passé simple, l'imparfait, le plus-que-parfait

Phrases modèles

1. Lorsque j'avais six ans, j'ai vu, une fois, une magnifique image.
2. J'ai montré mon chef-d'œuvre aux grandes personnes.
3. Ça représentait un serpent boa qui avalait un éléphant.
4. J'ai alors dessiné l'intérieur du serpent boa.
5. Les grandes personnes m'ont conseillé de laisser de côté les dessins.
6. J'ai abandonné, à l'âge de six ans, une magnifique carrière de peintre.
7. J'ai appris à piloter.
8. J'ai volé un peu partout dans le monde.
9. Je n'avais rien appris à dessiner, sauf les boas fermés et les boas ouverts.
10. Je n'avais jamais dessiné un mouton.

Notes de grammaire

Le passé composé et le passé simple sont des temps qui ont essentiellement le même sens, c'est-à-dire qu'ils expriment une action simple au passé. On emploie le passé composé dans la conversation, et le passé simple dans un contexte littéraire. L'imparfait, par contre, indique une action habituelle au passé (I used to) ou une action continuelle au passé (I was writing, coming, speaking). On se sert du plus-que-parfait pour indiquer une action qui avait eu lieu avant une autre action au passé (It had rained when . . .).

Relisez le passage du *Petit Prince*. Notez l'emploi du passé composé et de l'imparfait.

DESCRIPTIVE BACKGROUND: IMPERFECT
CRUCIAL POINTS - PASSÉ COMPOSÉ

A. Dans les phrases suivantes, substituez les mots suggérés.

1. J'ai montré mon chef-d'œuvre aux grandes personnes.
   Nous ______.
   ______ à Mme Martin.
   Ils ______.
   ___ donné ______.
   Tu ______.
   ______ à Luc.
   Tu as donné ton chef-d'œuvre à Luc.
   Il ______.
   ______ à ses enfants.
2. J'ai donc abandonné cette carrière.
   Elle ______.
   Tu ______.
   ______ ce métier.
   ______ laissé de côté ______.
   Ils ______.
   Nous ______.
3. J'ai appris à piloter.
   Nous ______.

Nous avons appris à piloter.
Vous ________.
________ chanter.
Ils ________.
Hélène ________.
________ parler français.
Tu ________.

4. Elle répondait toujours non.
Vous ________.
Ils ________.
________ oui.
Je ________.
Nous ________.
____ disions ________.
Paul ________.
Tu ________.

5. Je ne parlais ni de fleurs ni d'étoiles.
Ils ________.
Les grandes personnes ________.
Vous ________.
________ ni de bridge ni de golf.
Le petit prince ________.
Nous ________.
Elle ________.

6. Je me mettais à sa portée.
Nous ________.
Ils ________.
Tu ________.
Vous ________.
Il ________.

7. A l'âge de dix ans, je n'avais rien appris.
________ vous ________.
________ Suzanne ________.
________ vingt ________.
________ M. Lenoir ________.
________ nous ________.
________ tu ________.

8. Je n'avais jamais dessiné un mouton.
Il ________.
________ une image.
________ fait ________.
Nous ________.
Robert ________.
________ vu ________.
Robert n'avait jamais vu une image.
________ une cathédrale.
Ils ________.
Vous ________.

9. A six heures elles n'étaient pas encore arrivées.
________ vous ________.
________ parti.
____ dix heures et demie ________.
________ nous ________.
________ venus.
________ Claudine ________.
________ revenue.
________ je ________.
________ retourné.
________ tu ________.

10. Il est sorti à huit heures.
Elle ________.
Je ________.
________ cinq heures et demie.
____ arrivé ________.
Vous ________.
Elles ________.
____ revenues ________.
Tu ________.
Ils ________.

11. Quand nous sommes arrivés, ils mangeaient déjà.
________ il pleuvait.
________ il neigeait.
________ il partait.
________ elle sortait.
________ Georges finissait le travail.

12. Quand nous sommes arrivés, ils avaient déjà mangé.
________ il avait plu.
________ il avait neigé.
________ il était déjà parti.
________ elle était sortie.
________ Georges avait fini le travail.

B. Dans les phrases suivantes, mettez les verbes au passé composé.

1. Je suis malade.
2. Nous attendons le taxi.
3. Il ne pleut pas.
4. Finissent-ils?
5. Il apprend sa leçon.
6. Allez-vous au cinéma?
7. Je ne vois pas la cathédrale.
8. Comprenez-vous cette leçon?
9. Quand part-elle?
10. Demeures-tu ici?
11. J'écris une lettre à ma mère.
12. Ils ne viennent pas.

C. Dans les phrases suivantes, mettez les verbes à l'imparfait.

1. Nous allons toujours aux concerts.
2. Paul vient tous les jours nous voir.
3. Je ne sais pas parler russe.
4. Nous n'apprenons rien.
5. Elle est toujours malade.
6. A quelle heure arrivent-ils?
7. Nous ne finissons jamais à l'heure.
8. Je sors tous les samedis soir avec elle.
9. A quelle heure dînez-vous?
10. A quelle heure pars-tu?

D. Dans les phrases suivantes, mettez les verbes à l'imparfait. Remplacez *hier* par *tous les jours*, et *une fois* par *quelquefois*.

1. Hier ils sont retournés chez eux à minuit.
2. Une fois elle est rentrée à minuit.
3. Hier j'ai étudié jusqu'à l'aube.
4. Une fois ils ont étudié jusqu'à l'aube.
5. Hier nous sommes allés en ville.
6. Une fois je suis allé en ville.

E. Dans les phrases suivantes, mettez les verbes au plus-que-parfait, en employant le mot *déjà*.

LE PROFESSEUR: Ils ont fini.
L'ETUDIANT: Ils avaient déjà fini.

1. Elle a vu le film.
2. Es-tu sorti?
3. Nous avons décidé de rester.
4. Je suis parti à sept heures.
5. Ils ont mangé.
6. Il a attendu longtemps.
7. Nous sommes revenus.
8. Elles ont fait le tour du lac.
9. Avez-vous fini?
10. J'ai été malade.
11. Mireille est sortie.

F. Répondez en suivant le modèle.

LE PROFESSEUR: Vas-tu au cinéma souvent?
L'ETUDIANT: Maintenant, non, mais quand j'étais jeune, j'y allais souvent.

1. Sors-tu souvent le soir?
2. Etudiez-vous beaucoup?
3. Joues-tu au golf?
4. Lisez-vous beaucoup?
5. Aimes-tu danser?
6. Suivez-vous un cours d'allemand?
7. Restez-vous ici?
8. Ecris-tu des poèmes?
9. As-tu des chiens?

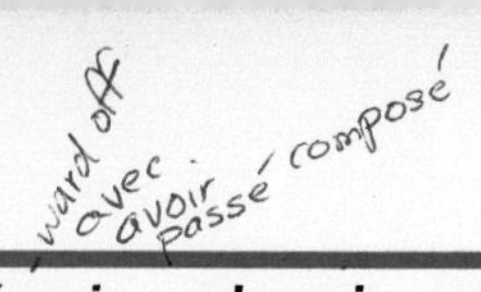

Structure: *Venir (convenir, devenir, intervenir, parvenir, prévenir, redevenir, revenir, se souvenir), tenir (appartenir, contenir, entretenir, maintenir, obtenir, retenir), venir de, se souvenir de, se rappeler*

Phrases modèles

1. Toutes les grandes personnes ont d'abord été des enfants. Mais peu d'entre elles s'en souviennent.
2. Mais je me rappelai que j'avais surtout étudié la géographie.
3. Il me fallut longtemps pour comprendre d'où il venait.
4. D'où viens-tu, mon petit bonhomme?
5. Robert et Claudette sont en train de parler du passage du *Petit Prince*, qu'on vient de lire.

Notes de grammaire

Venir au présent + *de* + l'infinitif implique une action récente au passé.

Il venait de manger.
He has just eaten.

On emploie aussi cette structure à l'imparfait:

Il venait de manger.
He had just eaten.

Etudiez les phrases suivantes. Notez que *de* s'emploie avec *se souvenir* (to remember).

Je me souviens de Pauline.
I remember Pauline.

Je me rappelle Pauline.
I remember Pauline.

Voir Appendice 2.

A. Dans les phrases suivantes, substituez les mots suggérés.

1. D'où viens-tu?
   ______ vous?
   ______ elle?
   ______ elles?
   ______ le petit prince?
   ______ nous?
   ______ ils?
   ______ les soldats?
2. Nous venons de finir.
   Ils ______.
   Hélène ______.
   ______ manger.
   Je ______.
   ______ partir.
   Elles ______.
   Le pilote ______.
   Tu ______.
3. Nous venions d'arriver.
   Ils ______.
   Je ______.

Je venais d'arriver.
Vous ______.
______ prendre un taxi.
Tu ______.
Il ______.

4. Il est devenu avocat.
Nous ______.
______ millionnaires.
Je ______.
Ils ______.
______ médecins.
Tu ______.
M. Dubois ______.
______ professeur.
Elle ______.

5. Ce crayon m'appartient.
Ces crayons ______.
______ lui ______.
Ces gants ______.
______ conviennent.
______ leur ______.
Cette auto ______.
Ces cravates ______.

6. Il avait déjà retenu la chambre.
Nous ______.
______ la salle.
Ils ______.
Je ______.
______ les places pour l'opéra.
Elle ______.
Tu ______.

7. Dans ce cas-là, elle reviendrait.
______ nous ______.
______ vous ______.
______ je ______.
______ tu ______.
______ ils ______.
______ Paul ______.

8. Dans ce cas-là, il aurait obtenu le poste.
______ je ______.
______ nous ______.
______ la place.
______ ils ______.
______ la situation.
______ tu ______.

9. Elle se souviendra de vous.
Il ______.
______ moi.
______ toi.
Je ______.
______ cette occasion.
______ rappellerai ______.

B. Dans les phrases suivantes, mettez les verbes au futur. Mettez-les ensuite au passé composé et puis à l'imparfait.

1. Elle devient laide.
2. Nous venons vous voir.
3. Je redeviens triste.
4. La chambre ne me convient pas.
5. Ils ne tiennent pas à y aller.

C. Dans les phrases suivantes, mettez les verbes à l'imparfait.

1. Ils viennent de partir.
2. Nous venons de lui en parler.
3. Vous venez de vous réveiller.
4. Pauline vient de terminer son devoir.
5. Je viens de le voir.

D. Dans les phrases suivantes, remplacez les formes du verbe se *souvenir* par les formes du verbe se *rappeler*.

1. Elle s'est souvenu de sa visite à Lausanne.
2. Je me souviens de cette dame.
3. Nous nous souviendrons de cette soirée.
4. Il se souvenait de la guerre.
5. Vous souvenez-vous de cette occasion?

CONVERSATION

Questions

1. Que représente le dessin numéro 1 de l'auteur?
2. Les grandes personnes comprennent-elles le dessin numéro 1?
3. En avez-vous peur?
4. Qui a toujours besoin d'explications?
5. Pourquoi l'auteur a-t-il abandonné la carrière de peintre?
6. Quel autre métier a-t-il choisi?
7. De quoi aiment parler les grandes personnes?
8. Où l'auteur est-il en panne?
9. Qu'est-ce qui a réveillé l'auteur?
10. Que demande le petit prince?
11. Comprend-il le dessin du boa fermé?
12. Comment est le mouton que le petit prince accepte enfin?
13. Que pense le petit prince de l'avion de l'auteur?
14. D'où vient le petit prince?
15. Le petit prince veut-il attacher son mouton?
16. La planète du petit prince est-elle grande?
17. Comment trouvez-vous le petit prince?
18. Pourquoi à votre avis veut-il un mouton?
19. Trouvez dans le passage des phrases qui indiquent que le petit prince est triste.
20. A qui le livre est-il dédié?
21. Quel est l'un des thèmes principaux du livre?

Causeries

1. Regardez le portrait du petit prince à la page 126. En répondant aux questions suivantes, préparez une petite causerie: *Le petit prince.*

   Est-il charmant? extraordinaire? Qu'est-ce qu'il tient à la main? Qu'est-ce qu'il a sur les épaules? Comment est sa bouche? Est-ce qu'il sourit? A-t-il l'air un peu triste?

2. En répondant aux questions suivantes, préparez une petite causerie: *Les grandes personnes.*

   Qui sont les grandes personnes? Aiment-elles les jeux d'imagination et de fantaisie? Ont-elles besoin d'explications? A quoi s'intéressent-elles? Sont-elles des gens sérieux? De quoi parlent-elles? De quoi ne parlent-elles pas? Les grandes personnes ont-elles été des enfants? S'en souviennent-elles?

C'est à cause des grandes personnes...

Si les adultes s'attachent trop aux aspects matériels de la vie, pour Saint-Exupéry ce sont les enfants qui savent observer et distinguer la vraie valeur des choses.

J'avais ainsi appris une seconde chose très importante: C'est que sa planète d'origine était à peine plus grande qu'une maison!

Ça ne pouvait pas m'étonner beaucoup. Je savais bien qu'en dehors des grosses planètes comme la Terre, Jupiter, Mars, Vénus, auxquelles on a donné des noms, il y en a des centaines d'autres qui sont quelquefois si petites qu'on a beaucoup de mal à les apercevoir au télescope. Quand un astronome découvre l'une d'elles, il lui donne pour nom un numéro. Il l'appelle par exemple: "l'astéroïde 325."

en dehors: sans compter; sans parler de; à l'extérieur

découvre: trouve

J'ai de sérieuses raisons de croire que la planète d'où venait le petit prince est l'astéroïde B 612. Cet astéroïde n'a été aperçu qu'une fois au télescope, en 1909, par un astronome turc.

Il avait fait alors une grande démonstration de sa découverte à un Congrès International d'Astronomie. Mais personne ne l'avait cru à cause de son costume. Les grandes personnes sont comme ça.

Heureusement pour la réputation de l'astéroïde B 612 un dictateur turc imposa à son peuple, sous peine de mort, de s'habiller à l'européenne. L'astronome refit sa démonstration en 1920, dans un habit très élégant. Et cette fois-ci tout le monde fut de son avis.

sous peine de mort: (under pain of death)

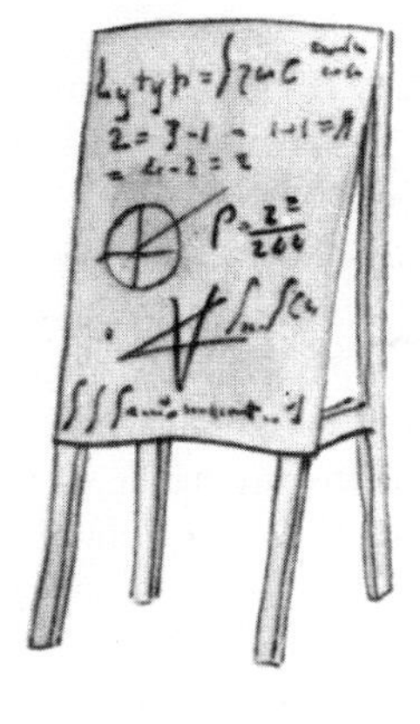

Si je vous ai raconté ces détails sur l'astéroïde B 612 et si je vous ai confié son numéro, c'est à cause des grandes personnes. Les grandes personnes aiment les chiffres. Quand vous leur parlez d'un nouvel ami, elles ne vous questionnent jamais sur l'essentiel. Elles ne vous disent jamais: "Quel est le son de sa voix? Quels sont les jeux qu'il préfère? Est-ce qu'il collectionne les papillons?" Elles vous demandent: "Quel âge a-t-il? Combien a-t-il de frères? Combien pèse-t-il? Combien gagne son père?" Alors seulement elles croient le connaître. Si vous dites aux grandes personnes: "J'ai vu une belle maison en briques roses, avec des géraniums aux fenêtres et des colombes sur le toit..." elles ne parviennent pas à s'imaginer cette maison. Il faut leur dire: "J'ai vu une maison de cent mille francs." Alors elles s'écrient: "Comme c'est joli!"

papillon: (butterfly)
colombe: (dove)
parviennent à: arrivent à

Ainsi, si vous leur dites, "La preuve que le petit prince a existé c'est qu'il était ravissant, qu'il riait, et qu'il voulait un mouton. Quand on veut un mouton, c'est la preuve qu'on existe," elles hausseront les épaules et vous traiteront d'enfant! Mais si vous leur dites, "La planète d'où il venait est l'astéroïde B 612," alors elles seront convaincues, et elles vous laisseront tranquille avec leurs questions. Elles sont comme ça. Il ne faut pas leur en vouloir. Les enfants doivent être très indulgents envers les grandes personnes.

hausseront: (will shrug)
convaincues: persuadées
leur en vouloir: les blâmer

Mais, bien sûr, nous qui comprenons la vie, nous nous moquons bien des numéros! J'aurais aimé commencer cette histoire à la façon des contes de fées. J'aurais aimé dire:

"Il était une fois un petit prince qui habitait une planète à peine plus grande que lui, et qui avait besoin d'un ami..." Pour

nous nous moquons: nous tournons en dérision
contes de fées: (fairy tales)

ceux qui comprennent la vie, ça aurait eu l'air beaucoup plus vrai.

Car je n'aime pas qu'on lise mon livre à la légère. J'éprouve tant de chagrin à raconter ces souvenirs. Il y a six ans déjà que mon ami s'en est allé avec son mouton. Si j'essaie ici de le décrire, c'est afin de ne pas l'oublier. C'est triste d'oublier un ami. Tout le monde n'a pas eu un ami. Et je puis devenir comme les grandes personnes qui ne s'intéressent plus qu'aux chiffres. C'est donc pour ça encore que j'ai acheté une boîte de couleurs et de crayons. C'est dur de se remettre au dessin, à mon âge, quand on n'a jamais fait d'autres tentatives que celle d'un boa fermé et celle d'un boa ouvert, à l'âge de six ans! J'essaierai, bien sûr, de faire des portraits les plus ressemblants possible. Mais je ne suis pas tout à fait certain de réussir. Un dessin va, et l'autre ne ressemble plus. Je me trompe un peu aussi sur la taille. Ici le petit prince est trop grand. Là il est trop petit. J'hésite aussi sur la couleur de son costume. Alors je tâtonne comme ci et comma ça, tant bien que mal. Je me tromperai enfin sur certains détails plus importants. Mais ça, il faudra me le pardonner. Mon ami ne donnait jamais d'explications. Il me croyait peut-être semblable à lui. Mais moi, malheureusement, je ne sais pas voir les moutons à travers les caisses. Je suis peut-être un peu comme les grandes personnes. J'ai dû vieillir.

à la légère: san prendre au sérieux; sans réfléchir
J'éprouve: je sens
chagrin: peine
se remettre à: recommencer à (de); se replacer; se calmer
tout à fait: complètement
je me trompe: je fais une erreur
taille: grandeur (size)
tâtonne: cherche en touchant; procède avec hésitation
semblable à: comme
vieillir: devenir vieux

Ah! petit prince, j'ai compris, peu à peu, ainsi, ta petite vie mélancolique. Tu n'avais eu longtemps pour distraction que la douceur des couchers de soleil. J'ai appris ce détail nouveau, le quatrième jour au matin, quand tu m'as dit:

—J'aime bien les couchers de soleil. Allons voir un coucher de soleil...

—Mais il faut attendre...

—Attendre quoi?

—Attendre que le soleil se couche.

Tu as eu l'air très surpris d'abord, et puis tu as ri de toi-même. Et tu m'as dit:

—Je me crois toujours chez moi!

En effet. Quand il est midi aux Etats-Unis, le soleil, tout le monde le sait, se couche sur la France. Il suffirait de pouvoir aller en France en une minute pour assister au coucher du soleil. Malheureusement la France est bien trop éloignée. Mais, sur ta si petite planète, il te suffisait de tirer ta chaise de quelques pas. Et tu regardais le crépuscule chaque fois que tu le désirais...

—Un jour, j'ai vu le soleil se coucher quarante-quatre fois!

Et un peu plus tard tu ajoutais:

douceur: plaisir (tenderness; softness)
il suffirait: il serait assez
assister à: être présent à
éloignée: distante
tirer: (pull)
au crépuscle: à l'heure du coucher du soleil

—Tu sais... quand on est tellement triste on aime les couchers de soleil...

—Le jour des quarante-quatre fois tu étais donc tellement triste?

Mais le petit prince ne répondit pas.

Le cinquième jour, toujours grâce au mouton, ce secret de la vie du petit prince me fut révélé. Il me demanda avec brusquerie, sans préambule, comme le fruit d'un problème longtemps médité en silence:

grâce à: à cause de

—Un mouton, s'il mange les arbustes, il mange aussi les fleurs?

arbustes: petits arbres (bushes)

—Un mouton mange tout ce qu'il rencontre.

—Même les fleurs qui ont des épines?

épines: (thorns)

—Oui. Même les fleurs qui ont des épines.

—Alors les épines, à quoi servent-elles?

Je ne le savais pas. J'étais alors très occupé à essayer de dévisser un boulon trop serré de mon moteur. J'étais très soucieux car ma panne commençait de m'apparaître comme très grave, et l'eau à boire qui s'épuisant me faisait craindre le pire.

dévisser un boulon: (unscrew a bolt)
serré: (tight)
soucieux: inquiet
s'épuisait: se consumait; se fatigait à

—Les épines, à quoi servent-elles?

Le petit prince ne renonçait jamais à une question, une fois qu'il l'avait posée. J'étais irrité par mon boulon et je répondis n'importe quoi:

—Les épines, ça ne sert à rien, c'est de la pure méchanceté de la part des fleurs!

méchanceté: (meanness)

—Oh!

Mais après un silence il me lança, avec une sorte de rancune:

rancune: (bitterness of tone)

—Je ne te crois pas! Les fleurs sont faibles. Elles sont naïves. Elles se rassurent comme elles peuvent. Elles se croient terribles avec leurs épines...

Je ne répondis rien. A cet instant-là je me disais: "Si ce boulon résiste encore, je le ferai sauter d'un coup de marteau." Le petit prince dérangea de nouveau mes réflexions:

ferai sauter: romprai; casserai; enlèverai
marteau: (hammer)

—Et tu crois, toi, que les fleurs...

—Mais non! Mais non! Je ne crois rien! J'ai répondu n'importe quoi. Je m'occupe, moi, de choses sérieuses!

Il me regarda stupéfait.

—De choses sérieuses!

Il me voyait, mon marteau à la main, et les doigts noirs de cambouis, penché sur un objet qui lui semblait très laid.

cambouis: (engine grease)
penché sur: incliné sur

—Tu parles comme les grandes personnes!

Ça me fit un peu honte. Mais, impitoyable, il ajouta:

—Tu confonds tout... tu mélanges tout!

Il était vraiment très irrité. Il secouait au vent des cheveux tout dorés:

secouait: agitait avec force

—Je connais une planète où il y a un Monsieur cramoisi. Il n'a jamais respiré une fleur. Il n'a jamais regardé une étoile. Il n'a jamais aimé personne. Il n'a jamais rien fait d'autre que des additions. Et toute la journée il répète comme toi: "Je suis un homme sérieux! Je suis un homme sérieux!" et ça le fait gonfler d'orgueil. Mais ce n'est pas un homme, c'est un champignon!

—Un quoi?

—Un champignon!

Le petit prince était maintenant tout pâle de colère.

—Il y a des millions d'années que les fleurs fabriquent des épines. Il y a des millions d'années que les moutons mangent quand même les fleurs. Et ce n'est pas sérieux de chercher à comprendre pourquoi elles se donnent tant de mal pour se fabriquer des épines qui ne servent jamais à rien? Ce n'est pas important la guerre des moutons et des fleurs? Ce n'est pas plus sérieux et plus important que les additions d'un gros Monsieur rouge? Et si je connais, moi, une fleur unique au monde, qui n'existe nulle part, sauf dans ma planète, et qu'un petit mouton peut anéantir d'un seul coup, comme ça, un matin, sans se rendre compte de ce qu'il fait, ce n'est pas important ça!

Il rougit, puis reprit:

—Si quelqu'un aime une fleur qui n'existe qu'à un exemplaire dans les millions et les millions d'étoiles, ça suffit pour qu'il soit heureux quand il les regarde. Il se dit: "Ma fleur est là quelque part..." Mais si le mouton mange la fleur, c'est pour lui comme si, brusquement, toutes les étoiles s'éteignaient! Et ce n'est pas important ça!

Il ne put rien dire de plus. Il éclata brusquement en sanglots. La nuit était tombée. J'avais lâché mes outils. Je me moquais bien de mon marteau, de mon boulon, de la soif et de la mort. Il y avait, sur une étoile, une planète, la mienne, la Terre, un petit prince à consoler! Je le pris dans les bras. Je le berçais. Je lui disais: "La fleur que tu aimes n'est pas en danger... Je lui dessinerai une muselière, à ton mouton... Je dessinerai une armure pour ta fleur... Je..." Je ne savais pas trop quoi dire. Je me sentais très maladroit. Je ne savais comment l'atteindre, où le rejoindre... C'est tellement mystérieux, le pays des larmes.

cramoisi: très rouge

gonfler d'orgueil: se croire très important, supérieur

champignon: (mushroom)

anéantir: détruire complètement

se rendre compte: comprendre; savoir; être conscient de (realize)

s'éteignaient: ne brillaient plus

sanglots: (sobs)

lâché: laissé tomber, cessé de retenir

outils: instruments de travail

berçais: tenais dans les bras pour le consoler

muselière: (muzzle)

l'atteindre: toucher (sens figuratif)

larmes: (tears)

COMPREHENSION ET EXERCICES DE VOCABULAIRE

A. Trouvez trois phrases fausses parmi les suivantes.

1. Un Turc a découvert la planète Jupiter.
2. Les grandes personnes croient pouvoir trouver la vraie valeur des choses avec les chiffres.
3. Le petit prince manque à l'auteur.
4. La guerre des moutons et des fleurs a eu lieu sur la planète du petite prince.
5. Le petit prince dit que l'auteur est un champignon.

B. Lesquelles des phrases suivantes disent ce qu'a fait le petit prince?

1. Il est allé en France pour voir un coucher de soleil.
2. Il s'en est allé avec son mouton, il y a six ans.
3. Il a aidé l'auteur à réparer son avion.
4. Il a vu un jour le soleil se coucher quarante-quatre fois.
5. Il est allé chercher de l'eau à boire et de quoi manger.
6. Il a pleuré à cause de la guerre des moutons et des fleurs.
7. Il s'est fâché contre l'auteur parce que celui-ci parlait comme une grande personne.

C. Lesquelles des phrases suivantes disent ce qu'a fait l'auteur?

1. Il a commencé son histoire à la façon des contes de fées.
2. Il a donné le numéro de l'astéroïde B 612 pour l'identifier au Congrès International de l'Astronomie.
3. Il a décrit le petit prince pour ne pas l'oublier.
4. Il a vu des couchers de soleil aux Etats-Unis.
5. Il a fini de réparer le moteur de son avion.
6. Il s'est moqué de son avion et de ses outils.
7. Il a consolé le petit prince quand celui-ci a éclaté en sanglots.
8. Il se sentait maladroit parce que le pays des larmes lui semblait mystérieux.

D. Choisissez les mots convenables pour compléter les phrases suivantes.

1. *a. L'Astéroïde B 612* *b. Jupiter* *c. L'Astéroïde 325* est à peine plus grande qu'une maison.
2. *a. Les grandes personnes* *b. Les astronomes* *c. Les enfants* se moquent des numéros.
3. Les fleurs se croient *a. ridicules* *b. terribles* *c. naïves* avec leurs épines.
4. En réparant son avion, l'auteur a parlé au petit prince comme *a. une grande personne* *b. un enfant* *c. un champignon.*

E. Parmi les questions suivantes, trouvez celles qu'une grande personne poserait sur un nouvel ami.

1. Quels sont les jeux qu'il préfère?
2. Combien pèse-t-il?
3. Quel est le son de sa voix?
4. Aime-t-il les fleurs et les étoiles?
5. Quel âge a-t-il?
6. Combien gagne son père?

DIALOGUE

Le professeur pose des questions sur le passage qu'on vient de lire.

Le professeur: Est-il possible que les grandes personnes soient comme les enfants?
Jean: Je crois que oui.
Le professeur: Comment?
Jean: Si elles s'occupaient moins des choses matérielles.
Le professeur: Est-ce tout?
Hélène: Non. Elles devraient aussi retourner de temps en temps au pays magique des enfants.
Le professeur: Décrivez-nous ce pays magique des enfants.
Paul: Là, il y a de véritables amis; on aime les fleurs, les étoiles, les papillons, enfin les belles choses du monde.
Le professeur: Les enfants sont-ils toujours comme ceux que l'auteur décrit?
Jeannette: Bien sûr que non! J'ai un petit frère qui demande tout le temps de l'argent à mon père.

CONVERSATION

Questions

1. Quelle est la grandeur de la planète du petit prince?
2. Qui a découvert l'astéroïde B 612?
3. Pourquoi n'a-t-on pas accepté sa première démonstration?
4. Pourquoi a-t-on accepté sa seconde démonstration?
5. Les grandes personnes aiment-elles les chiffres?

6. Quelles sortes de questions posent-elles sur un nouvel ami?
7. Quelles sortes de questions ne posent-elles pas?
8. Quelle preuve l'auteur donne-t-il que le petit prince existe?
9. Qui se moque des numéros?
10. Quand le petit prince s'en est-il allé?
11. Pourquoi l'auteur décrit-il le petit prince?
12. Le petit prince aime-t-il les couchers de soleil?
13. Est-il heureux quand il regarde un coucher de soleil?
14. Pourquoi le petit prince pouvait-il à toute heure voir chez lui un coucher de soleil?
15. Que veut savoir le petit prince sur les fleurs et leurs épines et les moutons?
16. Qu'est-ce que c'est que la guerre des moutons et des fleurs?
17. Qu'a dit l'auteur pour fâcher le petit prince?
18. Que fait l'auteur pour calmer le petit prince?

Causeries

1. En répondant aux questions suivantes, préparez une petite causerie: *Comment redevenir enfant.*

   Est-il possible que les grandes personnes soient comme des enfants? Que doivent-elles ne plus faire? Décrivez le pays des adultes. Pour redevenir enfant, que faut-il faire? Décrivez le pays magique des enfants. Quel âge faut-il avoir pour être enfant? Tous les enfants sont-ils comme ceux que l'auteur décrit dans ce livre? Y a-t-il des enfants qui ne s'intéressent pas aux fleurs? aux étoiles? aux papillons? Y a-t-il des enfants qui aiment l'argent et les chiffres? Est-il possible qu' "être enfant" soit une certaine attitude envers la vie et ses problèmes?

2. En répondant aux questions suivantes, préparez une petite causerie: *La guerre des fleurs et des moutons.*

   En quoi consiste cette guerre? Les épines des fleurs servent-elles à quelque chose? Les moutons mangent-ils les fleurs par méchanceté? Savent-ils ce qu'ils font? Peut-on faire du mal à quelqu'un sans savoir qu'on lui fait du mal? Est-il important d'essayer de comprendre pourquoi les moutons mangent des fleurs, même avec les épines? Est-il important d'essayer de comprendre pourquoi on se fait du mal l'un à l'autre?

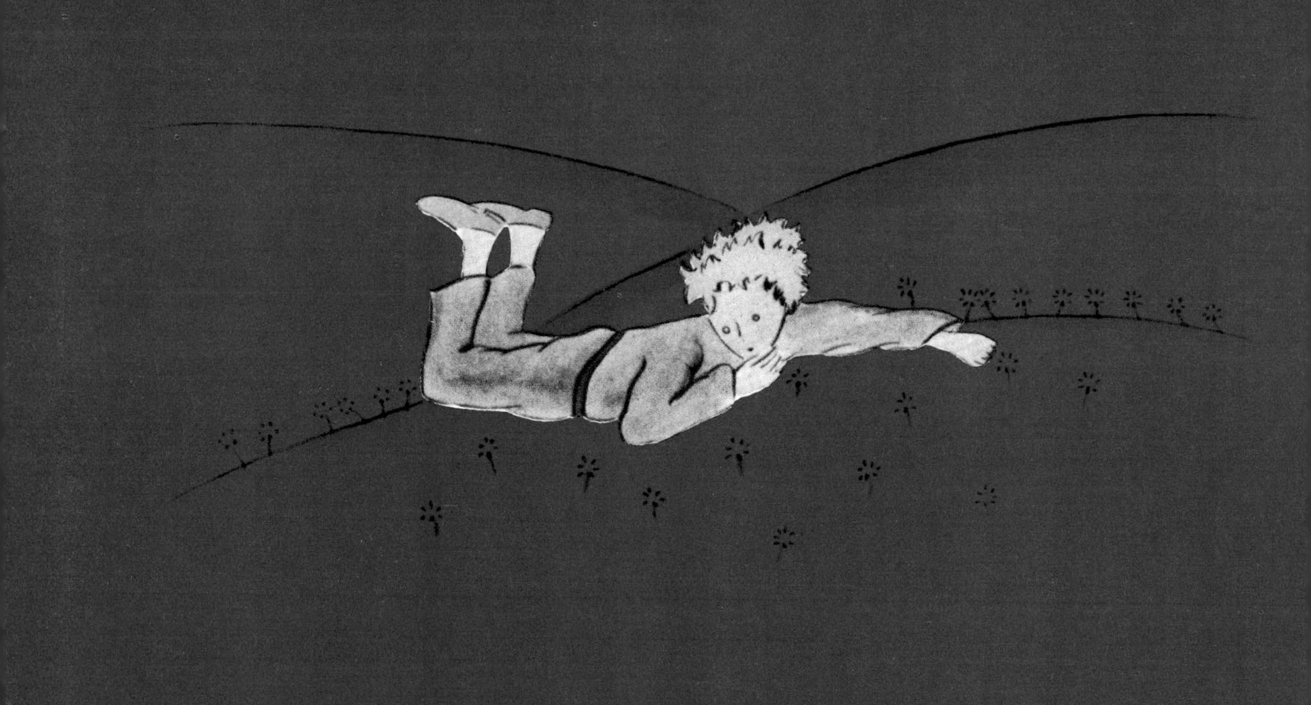

Les adieux non voulus

Dans le passage suivant, Saint-Exupéry nous parle du remords que nous sentons tous après avoir quitté quelqu'un que nous aimons sans le lui avoir jamais dit.

VOCABULAIRE DE BASE

1. *rang* (n.m.): une ligne; disposition en ligne
   Les fleurs étaient simples; elles n'avaient qu'un seul _______ de pétales.
2. *dérangeaient* (déranger): troublaient; ennuyaient
   Ces drôles de bruits dans le moteur me _______; j'avais peur d'une panne.
3. *avait germé* (germer): avait commencé de pousser, de vivre
   La fleur qu'il avait planté au mois de mai _______ quand l'été est arrivé.
4. *brindille* (n.f.): petite branche; petite plante
   Lorsqu'il a vu la première _______ de la fleur, il a commencé de la surveiller.
5. *croître:* germer; pousser
   Cette brindille va vite _______.
6. *à l'abri de:* sous la protection de
   Lorsqu'il pleuvait nous nous sommes assis _______ l'arbre.
7. *rayonnement* (n.m.): lumière; splendeur
   Elle voulait apparaître dans le _______ de sa beauté.
8. *en bâillant* (bâiller): en ouvrant la bouche involontairement à cause du sommeil ou de l'ennui
   "Je n'ai pas dormi depus trois jours," dit-il tout _______.
9. *décoiffé:* mal peigné; les cheveux en désordre
   Le vent est si fort qu'elle est rentrée tout à fait _______.
10. *devina* (deviner): jugea par intuition
    Il ne savait pas ce qu'elle ferait, mais il _______ correctement ses actions.
11. *émouvante:* qui provoque une forte émotion
    La dernière scène de cette pièce est très _______.
12. *arrosoir* (n.m.): ustensile servant à humidifier les fleurs ou les plantes (watering pot)
    Ils cherchent un _______ d'eau fraîche pour la fleur.
13. *paravent* (n.m.): meuble qui protège contre le vent
    Tout comme le parapluie vous met à l'abri de la pluie, le _______ garantit contre le vent et les courants d'air.
14. *mensonge* (n.m.): ce qui est faux, contre la verité
    Il m'a dit qu'il te connaissait, mais c'était un _______.
15. *embaumait* (embaumer): parfumait; donnait une odeur agréable
    Le fleur _______ l'air avec son parfum délicieux.
16. *m'en réjouir* (se réjouir de): être content de; trouver très agréable; éprouver de la joie
    Nous allons faire un beau voyage et je vais _______.
17. *avait . . . agacé* (agacer): avait troublé, irrité
    Cette réponse _______ le bonhomme au point où il ne pouvait plus parler.
18. *éclairait* (éclairer): donnait de la lumière
    La lueur de la lampe ne suffisait pas pour lire; elle _______ mal.
19. *m'enfuir:* disparaître; partir à la hâte
    J'avais tellement peur de ces fauves que je pensais _______.
20. *ennuis* (n.m.): problèmes; troubles
    Cette panne m'a causé un tas d'_______.
21. *sotte* (m. sot): stupide; bête; peu intelligent
    Elle n'est pas du tout _______; elle a eu la meilleure note.
22. *traîne* (traîner): prolonge une action; prend trop de temps à faire quelque chose; va lentement
    A-t-il fini le livre ou est-ce que ça _______ encore?
23. *orgueilleuse* (m. orgueilleux): fière; se croyant importante
    Elle ne le laissait pas voir ses pleurs; elle était trop _______.

C'est une fleur tellement orgueilleuse

J'appris bien vite à mieux connaître cette fleur. Il y avait toujours eu, sur la planète du petit prince, des fleurs très simples, ornées d'un seul rang de pétales, et qui ne tenaient point de place, et qui ne dérangeaient personne. Elles apparaissaient un matin dans l'herbe, et puis elles s'éteignaient le soir. Mais celle-là avait germé un jour, d'une graine apportée d'on ne sait où, et le petit prince avait surveillé de très près cette brindille qui ne ressemblait pas aux autres brindilles. Mais l'arbuste cessa vite de croître, et commença de préparer une fleur. Le petit prince, qui assistait à l'installation d'un bouton énorme, sentait bien qu'il en sortirait une apparition miraculeuse, mais la fleur n'en finissait pas de se préparer à être belle, à l'abri de sa chambre verte. Elle choisissait avec soin ses couleurs. Elle s'habillait lentement, elle ajustait un à un ses pétales. Elle ne voulait pas sortir toute fripée comme les coquelicots. Elle ne voulait apparaître que dans le plein rayonnement de sa beauté Eh! oui. Elle était très coquette! Sa toilette mystérieuse avait donc duré des jours et des jours. Et puis voici qu'un matin, justement à l'heure du lever du soleil, elle s'était montrée.

fripée: (rumpled)
coquelicots: (red poppies)

Et elle, qui avait travaillé avec tant de précision, dit en bâillant:

—Ah! je me réveille à peine... Je vous demande pardon... Je suis encore toute décoiffée...

Le petit prince, alors, ne put contenir son admiration:

—Que vous êtes belle!

—N'est-ce pas, répondit doucement la fleur. Et je suis née en même temps que le soleil...

Le petit prince devina bien qu'elle n'était pas trop modeste, mais elle était si émouvante!

—C'est l'heure, je crois, du petit déjeuner, avait-elle bientôt ajouté, auriez-vous la bonté de penser à moi...

Et le petit prince, tout confus, ayant été chercher un arrosoir d'eau fraîche, avait servi la fleur.

Ainsi l'avait-elle bien vite tourmenté par sa vanité un peu ombrageuse. Un jour, par exemple, parlant de ses quatre épines, elle avait dit au petit prince:

—Ils peuvent venir, les tigres, avec leurs griffes!

ombrageuse: (suspicious, distrustful)
épines: (thorns)
griffes: (claws)

—Il n'y a pas de tigres sur ma planète, avait objecté le petit prince, et puis les tigres ne mangent pas l'herbe.

—Je ne suis pas une herbe, avait doucement répondu la fleur.

—Pardonnez-moi...

—Je ne crains rien des tigres, mais j'ai horreur des courants d'air. Vous n'auriez pas un paravent?

courants d'air: (drafts)

"Horreur des courants d'air... ce n'est pas de chance, pour une plante, avait remarqué le petit prince. Cette fleur est bien compliquée..."

—Le soir vous me mettrez sous globe. Il fait très froid chez vous. C'est mal installé. Là d'où je viens...

Mais elle s'était interrompue. Elle était venue sous forme de graine. Elle n'avait rien pu connaître des autres mondes. Humiliée de s'être laissée surprendre à préparer un mensonge aussi naïf, elle avait toussé deux ou trois fois, pour mettre le petit prince dans son tort:

avait toussé: (had coughed)

—Ce paravent?. . .

—J'allais le chercher mais vous me parliez!

Alors elle avait forcé sa toux pour lui infliger quand même des remords.

sa toux: (her cough)

Ainsi le petit prince, malgré la bonne volonté de son amour, avait vite douté d'elle. Il avait pris au sérieux des mots sans importance, et était devenu très malheureux.

"J'aurais dû ne pas l'écouter, me confia-t-il un jour, il ne faut jamais écouter les fleurs. Il faut les regarder et les respirer. La mienne embaumait ma planète, mais je ne savais pas m'en réjouir. Cette histoire de griffes, qui m'avait tellement agacé, eût dû m'attendrir. . ."

eût: aurait

Il me confia encore:

"Je n'ai alors rien su comprendre! J'aurais dû la juger sur les actes et non sur les mots. Elle m'embaumait et m'éclairait. Je n'aurais jamais dû m'enfuir! J'aurais dû deviner sa tendresse derrière ses pauvres ruses. Les fleurs sont si contradictoires! Mais j'étais trop jeune pour savoir l'aimer."

Je crois qu'il profita, pour son évasion, d'une migration d'oiseaux sauvages. Au matin du départ il mit sa planète bien

en ordre. Il ramona soigneusement ses volcans en activité. Il possédait deux volcans en activité.

Et c'était bien commode pour faire chauffer le petit déjeuner du matin. Il possédait aussi un volcan éteint. Mais, comme il disait: "On ne sait jamais!" Il ramona donc également le volcan éteint. S'ils sont bien ramonés, les volcans brûlent doucement et régulièrement, sans éruptions. Les éruptions volcaniques sont comme des feux de cheminée. Evidemment sur notre terre nous sommes beaucoup trop petits pour ramoner nos volcans. C'est pourquoi ils nous causent des tas d'ennuis.

Le petit prince arracha aussi, avec un peu de mélancolie, les dernières pousses de baobabs. Il croyait ne jamais devoir revenir. Mais tous ces travaux familiers lui parurent, ce matin-là, extrêmement doux. Et, quand il arrosa une dernière fois la fleur, et se prépara à la mettre à l'abri sous son globe, il se découvrit l'envie de pleurer.

—Adieu, dit-il à la fleur.

Mais elle ne lui répondit pas.

—Adieu, répéta-t-il.

La fleur toussa. Mais ce n'était pas à cause de son rhume.

—J'ai été sotte, lui dit-elle enfin. Je te demande pardon. Tâche d'être heureux.

Il fut surpris par l'absence de reproches. Il restait là tout déconcerté, le globe en l'air. Il ne comprenait pas cette douceur calme.

—Mais oui, je t'aime, lui dit la fleur. Tu n'en as rien su, par ma faute. Cela n'a aucune importance. Mais tu as été aussi sot que moi. Tâche d'être heureux... Laisse ce globe tranquille. Je n'en veux plus.

—Mais le vent...

—Je ne suis pas si enrhumée que ça... L'air frais de la nuit me fera du bien. Je suis une fleur.

—Mais les bêtes...

—Il faut bien que je supporte deux ou trois chenilles si je veux connaître les papillons. Il parait que c'est tellement beau. Sinon qui me rendra visite? Tu seras loin, toi. Quant aux grosses bêtes, je ne crains rien. J'ai mes griffes.

Et elle montrait naïvement ses quatre épines. Puis elle ajouta:

—Ne traîne pas comme ça, c'est agaçant. Tu as décidé de partir. Va-t'en.

Car elle ne voulait pas qu'il la vît pleurer. C'est une fleur tellement orgueilleuse...

ramona: (cleaned; swept out)

baobabs: mauvaises herbes (weeds) qui poussent sur la planète du petit prince

chenilles: (caterpillars)
papillons: (butterflies)

COMPREHENSION ET EXERCICES DE VOCABULAIRE

A. Trouvez huit phrases fausses parmi les suivantes.

1. La fleur du petit prince avait germé d'une graine apportée de l'astéroïde 325.

2. Cette fleur était un nouveau genre de coquelicot.
3. Elle était coquette.
4. Elle s'est montrée à l'heure du lever du soleil.

5. Elle était timide et modeste.
6. Elle avait peur des bêtes féroces.
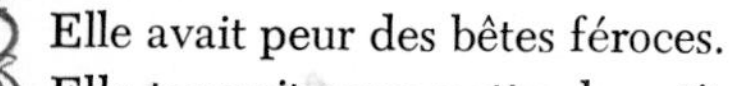
7. Elle toussait pour mettre le petit prince dans son tort.
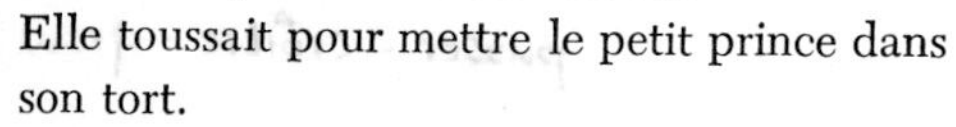
8. L'histoire des griffes de la fleur a enchanté le petit prince.

9. Le petit prince s'en est allé au moyen de ballons rouges.
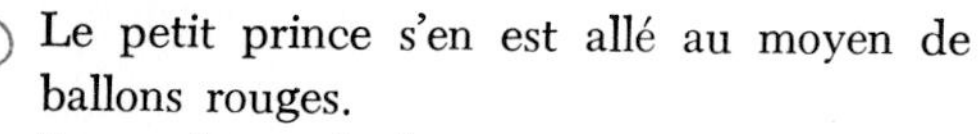
10. Les volcans de la terre nous causent des grandes difficultés parce que nous sommes si petits.
11. Au départ, le petit prince était heureux de s'en aller.
12. La fleur aime le petit prince, et de son côté il aime la fleur.
13. La fleur et le petit prince ont été sots tous les deux.
14. Avec ses épines (ses ruses féminines), la fleur se croit très forte, mais en réalité elle est faible.
15. Le petit prince aurait dû savoir que la fleur l'aimait et que sa vanité n'était qu'une pauvre ruse pour cacher sa tendresse.
16. La fleur a commencé à pleurer pour que le petit prince reste.

B. Lesquels des mots suivants décrivent la fleur?

féroce, simple, vaniteuse, tendre, modeste, fatiguée, coquette, malade, belle, émouvante, faible, vulgaire, orgueilleuse, naïve, laide, contradictoire, pratique, compliquée, détestable

C. Lesquelles des phrases suivantes décrivent le petit prince à son départ?

1. Il a envie de pleurer.
2. Il ressent un peu de mélancolie en mettant sa planète en ordre.
3. Il a hâte de s'en aller.
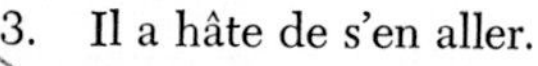
4. Il veut infliger des remords à sa fleur.
5. Il est surpris par la tendresse de sa fleur.
6. Il déteste la coquetterie et la vanité de sa fleur.

7. Il éprouve un plaisir doux à donner ses soins à sa fleur pour la dernière fois.
8. Il oublie d'apporter le globe pour couvrir la fleur.
9. Il est gai.
10. Il traîne en disant au revoir.
11. Il est certain qu'il reviendra un jour et qu'il retrouvera sa fleur.

D. Identifiez le personnage qui:

1. est parti avec une migration d'oiseaux sauvages.
2. choisissait avec soin ses couleurs.
3. a ramoné ses volcans.
4. a demandé qu'on lui serve le petit déjeuner.
5. a toussé pour avoir l'air malade.
6. ne savait pas aimer sa fleur.
7. embaumait la planète.

E. Dans les phrases suivantes, substituez les mots suggérés.

1. Il ne dérangeait personne.
   Nous _____.
   Vous _____.
   _____ dérangez _____.
   Je _____.
   Elles _____.
   _____ dérangeront _____.
   Tu _____.
   Hélène _____.
   Nous _____.
2. Le petit prince n'a pas deviné sa tendresse.
   Nous _____.
   Le garçon _____.
   _____ sa bonté.
   Vous _____.
   Ils _____.
   _____ sa gentillesse.
   Je _____.
   Tu _____.
   Ils _____.
3. La fleur tousse beaucoup.
   Je _____.
   Vous _____.
   _____ toussiez _____.
   Nous _____.
   Ils _____.
   Tu _____.
4. Le bébé a une toux très forte.
   Vous _____.
   Georges _____.
   Je _____.
   Nous _____.
   Ils _____.
   Tu _____.
5. J'allais le chercher.
   Nous _____.
   Tu _____.
   _____ voir.
   Vous _____.
   Il _____.
   Ils _____.
   _____ acheter.
   Je _____.
6. Il a profité de son indulgence.
   Je _____.
   Nous _____.
   _____ bonté.
   Tu _____.
   Vous _____.
   _____ gentillesse.
   Ils _____.
   Il _____.
   _____ tendresse.
7. La fleur a été sotte.
   Le petit prince _____.
   Nous _____.
   Vous _____.
   Hélène _____.
   Hélène et Anne _____.
   Je _____.
   Ils _____.
   Tu _____.

F. Répétez les phrases suivantes, en remplaçant les formes du verbe *arranger* par les formes du verbe *ajuster*.

1. J'ai arrangé mes vêtements.
2. Elle arrangeait ses pétales, un à un, avant de regarder le petit prince.
3. Nous avons l'habitude d'arranger nos papiers avant de partir.
4. Il arrangera ses papiers demain.

G. Répétez les phrases suivantes, en remplaçant *un chagrin* par *des remords*.

1. La nouvelle lui a causé un profond chagrin.
2. A son départ le petit prince ressent du chagrin.
3. Elle voulait m'infliger du chagrin.
4. Son chagrin était évident.
5. La fleur voulait cacher son chagrin.

H. Répétez les phrases suivantes, en remplaçant *difficulté* par *ennui*.

1. Les volcans nous causent des difficultés.
2. Sa vie n'était qu'une série de difficultés.
3. Cette affaire lui a causé des difficultés.
4. Pour lui c'est une difficulté insupportable.
5. Pendant notre séjour au Maroc, nous n'avons rencontré aucune difficulté.
6. Il est certain que vous arriverez en Australie sans grande difficulté.

I. Répétez les phrases suivantes, en remplaçant les formes du verbe *irriter* par les formes du verbe *agacer*.

1. Cette affaire m'irrite.
2. L'histoire des griffes l'a irrité.
3. Ses reproches nous ont irrités.
4. Son manque de politesse vous irritera, mais il est vraiment bienveillant.
5. Les questions de l'officier m'ont irrité.

J. Répétez les phrases suivantes, en remplaçant *prétentieux* par *orgueilleux*.

1. Son air prétentieux m'irrite beaucoup.
2. C'était une fleur tellement prétentieuse.
3. Sa façon de parler était très prétentieuse.
4. Sa conduite prétentieuse m'agace.

K. Choisissez les mots convenables pour compléter les phrases suivantes.

1. Les coquelicots sont des fleurs de couleur *a. bleue* *b. rouge* *c. jaune.*
2. Les étoiles *a. s'éteignent* *b. embaument la planète* *c. respirent* une à une à l'aube.
3. Nous nous sommes placés *a. après* *b. à l'abri d'* *c. jusqu'à* un arbre.
4. Il écoutait mon histoire *a. en même temps que le soleil* *b. en m'éclairant* *c. en bâillant.*
5. Le petit enfant *a. a arraché* *b. a agacé* *c. a toussé* la plupart des fleurs de mon jardin.

L. Choisissez les mots convenables pour compléter les phrases suivantes.

1. Je me suis enrhumé; j'ai dû me placer dans ______.
2. Le président voulait arriver dans ______ de sa gloire.
3. Derrière les autres plantes il a noté ______ de coquelicots.
4. Ces fleurs ______ des graines que vous m'avez apportées.
5. En se réveillant, les femmes sont d'ordinaire ______.
6. Elle préparait ______ pour cacher son erreur.
7. Ses professeurs ______ de très près son travail.

a. un rang
b. ombrageuses
c. ont surveillé
d. une brindille
e. ont germé
f. un mensonge
g. ont planté
h. décoiffées
i. le rayonnement
j. un courant d'air

Roger: Quelle est votre impression de la fleur du petit prince?
Hélène: Elle est vaniteuse, coquette, et...
Georges: Sans un peu de coquetterie les femmes sont peu intéressantes.
Jeanne: Suis-je coquette, moi?
Georges: Ça c'est un autre sujet!
Roger: Je crois que la vanité et la coquetterie de la fleur ne sont que des ruses pour cacher ses faiblesses.
Hélène: Oui. Comme tout le monde, elle voudrait se croire importante. Pour cela elle se donne cet air prétentieux.
Roger: Ce qui est triste, c'est qu'on perd des amis parce qu'on n'est pas capable de deviner la tendresse cachée derrière les ruses.
Georges: Et souvent ces gens-là ont le plus grand besoin de notre amitié.

REVISION ET EXERCICES

Structure: Le verbe irrégulier *devoir*

Phrases modèles

1. Je n'aurais pas dû l'écouter.
2. Cette histoire de griffes eût dû (aurait dû) m'attendrir.
3. J'aurais dû la juger sur les actes et non sur les mots.
4. Je n'aurais jamais dû m'enfuir!
5. J'aurais dû deviner sa tendresse derrière ses pauvres ruses.
6. Il croyait ne jamais devoir revenir.

Notes de grammaire

Etudier les formes du verbe *devoir* dans l'Appendice 2.

Quand *devoir* est suivi de l'infinitif, il indique la nécessité, l'intention, ou la probabilité.

Je dois partir ce soir. I must leave tonight.
Elle doit jouer au tennis cet après-midi. She is supposed to play tennis this afternoon.
Nous devions arriver plus tôt. We were supposed to arrive earlier.
Ils ont dû la voir. They must have seen her. (or) They had to see her.
Ils ont dû partir de bonne heure. They had to leave early. (or) They must have left early.
Nous avions dû lui en parler. We had had to speak to him about it.
Nous devrons le faire. We'll have to do it.
Vous devriez étudier davantage. You should study more.
Vous auriez dû étudier davantage. You should have studied more.

Suivi d'un complément d'objet direct ou indirect, *devoir* signifie "to owe."

Je lui dois beaucoup d'argent. I owe him (her) a lot of money.
Vous me devez 150 francs. You owe me 150 francs.

A. Dans les phrases suivantes, substituez les mots suggérés.

1. Nous devons étudier davantage.
Vous ______.
Je ______.
Je dois étudier davantage.
______ lire ______.
Ils ______.
Hélène ______.
______ travailler ______.
Tu ______.
Henri ______.

2. Vous lui devez dix francs.
Je ______.
Nous ______.
______ beaucoup d'argent.
______ leur ______.
Tu ______.
______ vingt dollars.
Vous ______.
Ils ______.

3. Je devais chanter.
Vous ______.
______ travailler.
Paul ______.
Elles ______.
______ être ici.
Nous ______.
Tu ______.

4. Ils ont dû partir de bonne heure.
Vous ______.
Je ______.
______ à six heures.
______ sortir ______.
Roger ______.
Ils ______.
______ ce matin.
Tu ______.
Nous ______.
______ hier soir.

5. J'avais dû aller à New-York.
Ils ______.
Vous ______.
______ Londres.
______ descendre ______.
Mme Poirier ______.
______ Paris.
______ retourner ______.
Nous ______.
______ Rome.
Tu ______.

6. Nous devrons le faire.
Tu ______.
Vous ______.
______ étudier.
Il ______.
Je ______.
Je devrai l'étudier.
______ apprendre.
Ils ______.
______ voir.

7. Tu devrais étudier davantage.
Je ______.
______ travailler ______.
Paul ______.
Elles ______.
______ dormir ______.
Vous ______.
______ manger ______.
Nous ______.

8. J'aurais dû deviner sa tendresse.
Nous ______.
Ils ______.
______ son amitié.
______ comprendre ______.
Tu ______.
Vous ______.
______ sa bonté.
Elle ______.
______ ses problèmes.

9. Il croyait ne jamais devoir revenir.
Nous ______.
______ partir.
Je ______.
______ habiter ici.
Vous ______.
Hélène ______.
______ revenir.

B. Répondez aux questions suivantes, en utilisant les expressions données entre parenthèses.

1. Combien d'argent leur devez-vous? (Nous... 1.000 francs)
2. Combien est-ce que je dois? (Vous...65 francs)
3. Vous me devez vingt francs, n'est-ce pas? (Oui, ...)

4. Ils vous doivent 100 dollars, n'est-ce pas? (Oui, . . .)
5. Tu me dois quinze francs. (Non, je. . . dix francs)
6. Combien d'argent lui devez-vous? (cinquante dollars)

C. Répondez en suivant le modèle.

LE PROFESSEUR: Allons faire du ski. (lire cette pièce)

L'ETUDIANT: Non, merci. Je dois lire cette pièce.

1. Allons au cinéma ce soir. (étudier)
2. Jouons aux cartes. (aller à la bibliothèque)
3. Faisons une promenade cet après-midi. (travailler)
4. Allons nous baigner. (finir ma leçon)
5. Allons voir Michel. (écrire une composition)
6. Allons au concert. (apprendre ces verbes)
7. Allons chez Toinette cet après-midi. (me laver les cheveux)

D. Répondez en suivant le modèle.

LE PROFESSEUR: Jean est fatigué aujourd'hui. (dormir davantage)

L'ETUDIANT: Il devrait dormir davantage.

1. Paul va échouer à l'examen. (étudier davantage)
2. Ils vont être en retard. (partir plus tôt)
3. Elle n'a pas assez d'argent. (travailler davantage cette semaine)
4. Hélène est malade. (aller voir le médecin immédiatement)
5. Elles aiment beaucoup la musique classique. (aller au concert ce soir)
6. Jacques a mal aux dents. (aller voir le dentiste)

E. Répondez en suivant le modèle.

LE PROFESSEUR: Elle est arrivée trop tard. (prendre un autre train)

L'ETUDIANT: Elle aurait dû prendre un autre train.

1. Paul a échoué. (étudier davantage)
2. Ils ont vu un film bête! (aller au concert)
3. Maintenant ils sont en retard. (partir plus tôt)
4. Ils ont été ridicules. (apprendre la leçon)
5. Maintenant elle a faim. (manger davantage)
6. Elles ne peuvent pas aller au cinéma. (finir leur travail plus tôt)

F. Répondez en suivant le modèle.

LE PROFESSEUR: Quand est-il arrivé?

L'ETUDIANT: Il devait arriver à six heures, mais il est arrivé en retard.

1. Quand êtes-vous arrivé?
2. Quand sont-ils arrivés?
3. Quand es-tu arrivé?
4. Quand est-elle arrivée?
5. Quand êtes-vous arrivés? (Nous. . .)
6. Quand suis-je arrivé?
7. Quand sont-elles arrivées?

G. Donnez l'équivalent français des phrases suivantes.

1. I must leave.
2. They should leave.
3. We were supposed to leave last night.
4. They had to leave at 6:30.
5. She must have left early.
6. You should have left yesterday.
7. Michèle should leave at noon.
8. You should not have left so soon.

Structure: Les verbes *pouvoir, vouloir, savoir*

Phrases modèles

1. Elle ne voulait pas sortir toute fripée comme les coquelicots.
2. Elle ne voulait apparaître que dans le plein rayonnement de sa beauté.
3. Le petit prince, alors, ne put contenir son admiration.
4. Ils peuvent venir, les tigres, avec leurs griffes!
5. Elle n'avait rien pu connaître des autres mondes.
6. Je ne savais pas m'en réjouir.
7. Je n'ai alors rien su comprendre.
8. Mais j'étais trop jeune pour savoir l'aimer.
9. On ne sait jamais!
10. Tu n'en a rien su, par ma faute.
11. Je n'en veux plus.

Notes de grammaire

Etudier les formes des verbes *pouvoir, vouloir, savoir* dans l'Appendice 2.

Ces verbes ont quelquefois, en plus de leur sens principal, des significations spéciales. Notez les exemples suivants:

1. *je peux:* I can, I am able
   Pouvez-vous jouer du piano? — Can you play the piano?
2. *j'ai pu:* I was able, I could (I succeeded)
   J'ai pu la voir. — I was able to see (succeeded in seeing) her.
   Il n'a pas pu venir. — He couldn't come.
3. *je pourrais:* I could (would be able)
   Il pourrait vous aider. — He could help you.
4. *j'aurais pu:* I could have
   Il aurait pu vous aider. — He could have helped you.
5. *je veux:* I want
   Nous voulons ce livre. — We want this book.
6. *je veux bien:* I am willing
   Il veut bien le faire. — He is willing to do it.
7. *j'ai voulu:* I tried
   Nous avons voulu le voir. — We tried to see him.
8. *je n'ai pas voulu:* I refused
   Ils n'ont pas voulu l'aider. — They refused to help him.
9. *je sais:* I know, I know how, I can
   Elle sait jouer du piano. — She can play the piano.

10. *j'ai su:* I knew, I found out

Paul a su la vérité. — Paul found out the truth.

11. *je saurais:* I would know (how), I can

Je ne saurais pas venir. — I can't come.

A. Dans les phrases suivantes, substituez les mots suggérés.

1. Je n'en veux plus.
   Henri ____.
   Nous ____.
   Ils ____.
   ____ n'en voulaient plus.
   Je ____.
   Hélène ____.
   Vous ____.
2. Ils peuvent venir.
   Nous ____.
   Georges ____.
   ____ travailler.
   Ils ____.
   ____ aller au bal.
   Je ____.
   ____ faire ce travail.
   Vous ____.
3. Il a su la vérité.
   Nous ____.
   Les Dubois ____.
   ____ toute l'histoire.
   Je ____.
   Vous ____.
   ____ toute l'affaire.
   Jacqueline ____.
   Je ____.
4. Il ne pourrait pas le faire.
   Nous ____.
   Je ____.
   ____ ne voudrais pas ____.
   ____ venir.
   Vous ____.
   Vous ne voudriez pas venir.
   Ils ____.
   ____ ne sauraient pas ____.
   ____ aller en ville.
   Jacqueline ____.
5. On ne sait jamais.
   Je ____.
   Vous ____.
   Nous ____.
   Ils ____.
   Georges ____.
   Tu ____.
6. J'aurais voulu y aller.
   Nous ____.
   Ils ____.
   ____ voir Hélène.
   ____ pu ____.
   Tu ____.
   Vous ____.
   Il ____.

B. Répondez en suivant le modèle.

LE PROFESSEUR: Voulez-vous aller au cinéma?
L'ETUDIANT: Oui! Je veux bien.

1. Veux-tu l'aider?
2. Veulent-ils manger en ville ce soir?
3. Voulez-vous voir les tableaux? (Mais oui! Nous. . .)
4. Marie veut-elle faire une promenade?
5. Jacques veut-il aller à la conférence?
6. Veux-tu venir ce soir?

C. Répondez en suivant le modèle.

LE PROFESSEUR: Pourquoi n'es-tu pas allé au cinéma avec eux? (trouver d'argent)

L'ETUDIANT: Je n'ai pas pu trouver d'argent.

1. Pourquoi n'avez-vous pas fini la leçon (trouver mon livre)
2. Pourquoi ne sont-elles pas rentrées à l'heure? (trouver un taxi)
3. Pourquoi n'est-il pas venu? (finir à l'heure)
4. Pourquoi n'as-tu pas visité la cathédrale? (rester plus longtemps)
5. Pourquoi a-t-il été en retard? (réparer sa voiture)

D. Répondez aux questions suivantes, en utilisant les expressions données entre parenthèses.

1. Pourriez-vous venir ce soir? (Oui, . . .)
2. Pourraient-ils y aller? (Non, . . .)
3. Pourrais-tu finir ce travail? (Oui, . . .)
4. Qui pourrait arranger le programme? (Georges. . .)
5. Il aurait pu le faire, n'est-ce pas? (Oui, . . .)
6. Tu aurais pu venir, n'est-ce pas? (Oui, . . .)
7. Ils auraient pu finir plus tôt, n'est-ce pas? (Non, . . .)
8. M. Robert aurait pu réparer la voiture, n'est-ce pas? (Oui, . . .)

E. Répondez en suivant le modèle.

LE PROFESSEUR: Pourquoi n'a-t-elle pas fini ce travail?

L'ETUDIANT: Elle n'a pas voulu le faire.

1. Pourquoi n'as-tu pas fini ton travail?
2. Pourquoi n'a-t-elle pas étudié ce livre?
3. Pourquoi n'avez-vous pas chanté? (Nous. . .)
4. Pourquoi n'ont-ils pas préparé la leçon?

F. Demandez à:

1. M. ______ si Georges pourrait venir ce soir.
2. Mlle ______ si elle sait jouer du piano.
3. M. ______ si Jacques aurait pu finir plus tôt.
4. M. ______ s'il veut encore de la salade.
5. Mlle ______ si Paul a su la vérité.
6. M. ______ s'il veut bien les aider.

Structure: Le verbe irrégulier connaître (*apparaître, disparaître, paraître, reconnaître*)

Phrases modèles

1. J'appris bien vite à mieux connaître cette fleur.
2. Elles apparaissaient un matin dans l'herbe.
3. Elle n'avait rien pu connaître des autres mondes.

Notes de grammaire

Etudier les formes du verbe *connaître* dans l'Appendice 2.

A. Dans les phrases suivantes, substituez les mots suggérés.

1. Connaissez-vous Marie Dupont?
   _____ elle _____?
   _____ ils _____?
   _____ il _____?
   _____ tu _____?
   _____ elles _____?
2. Ils ont reconnu mon oncle.
   Je _____.
   Nous _____.
   Il _____.
   Elles _____.
   Tu _____.
3. Le livre paraîtra dans un mois.
   Les livres _____.
   La revue _____.
   _____ l'été prochain.
   La critique _____.
   Ses recherches _____.
   _____ l'année prochaine.
   Ses mémoires _____.
   Le journal _____.
4. Les fleurs apparaissaient un matin dans le champs.
   Les coquelicots _____.
   _____ dans le jardin.
   La rose _____.
   Les plantes _____.
   _____ dans l'herbe.
   Les plantes apparaissaient un matin dans l'herbe.
   La fleur du petit prince _____.

B. Répondez aux questions suivantes, en utilisant les expressions données entre parenthèses.

1. Il connaît cette ville, n'est-ce pas? (Oui, . . .)
2. Tu le connais, n'est-ce pas? (Oui, . . .)
3. Connaissez-vous Madeleine Leblanc? (Non, . . .)
4. Connaissent-ils cette partie de la ville? (Non, . . .)
5. Connais-tu les Martin? (Oui, . . .)
6. Connaissez-vous Londres? (Non, nous. . .)

C. Demandez à:

1. M. _____ s'il connaît M. Dubois.
2. M. _____ si Georges connaît cette ville.
3. Mlle _____ si elle connaît les pièces de Molière.
4. M. _____ s'il a reconnu le village.
5. Mlle _____ si ses parents ont reconnu leur nièce.
6. Mlle _____ si elle a reconnu Paul.
7. M. _____ quand le livre paraîtra.
8. Mlle _____ quand les mémoires paraîtront

Structure: Le sens des verbes *savoir* et *connaître*

Phrases modèles

1. J'appris bien vite à mieux connaître cette fleur.
2. Mais celle-là avait germé un jour, d'une graine apportée d'on ne sait où. . .
3. Elle n'avait rien pu connaître des autres mondes.

4. Mais j'étais trop jeune pour savoir l'aimer.
5. On ne sait jamais.
6. Tu n'en as rien su, par ma faute.

Notes de grammaire

Savoir et *connaître* ont tous les deux le sens "to know"; toutefois, ce ne sont pas des synonymes. *Savoir* explique des faits (facts); employé avec un infinitif, il a le sens "to know how." (Je sais jouer du piano.) *Connaître* porte sur des gens, des endroits, des œuvres d'art, ou des livres, et il a le sens "to be acquainted with."

A. Répondez aux questions suivantes, en utilisant les expressions données entre parenthèses.

1. Savez-vous jouer du piano? (Oui, . . .)
2. Sait-elle parler espagnol? (Non, . . .)
3. Savent-ils leur adresse? (Oui, . . .)
4. Sais-tu quand le train arrive? (Non, . . .)
5. Savent-elles que Paul est parti? (Non, . . .)
6. Connais-tu Jacqueline Vincent? (Non, . . .)
7. Paul connaît cette partie de la ville, n'est-ce pas (Oui, . . .)
8. Connaissez-vous les romans de Flaubert? (Oui, . . .)
9. Connaissent-ils les Dubois? (Non, . . .)
10. Jeanne connaît-elle Nice? (Oui, . . .)

B. Demandez à:

1. M. ______ si Jacques connaît Pauline.
2. Mlle ______ si elle connaît ce village.
3. Mlle ______ si les Martin connaissent les Vincent.
4. M. ______ si Jeannette sait bien danser.
5. M. ______ si Paul et Jacques savent l'adresse.
6. Mlle ______ si elle sait jouer du piano.

Structure: Le verbe *faire*

Phrases modèles

1. Il fait très froid chez vous.
2. Et c'était bien commode pour faire chauffer le petit déjeuner du matin.
3. L'air frais de la nuit me fera du bien.

Notes de grammaire

Etudier les formes du verbe *faire* dans l'Appendice 2.

Le verbe *faire* a quelquefois, en plus de son sens principal, des significations spéciales. Notez les exemples suivants:

Expressions du temps

Il fait beau.	It's nice.
Il fait bon.	It's fine.
Il a fait mauvais.	It was bad weather.
Il fera froid.	It will be cold.
Il faisait chaud.	It was warm.
Il fait frais.	It's cool.
Il commence à faire jour.	It's beginning to get light.
Il commence à faire nuit.	It's beginning to get dark.
Il fait du vent.	It's windy.
Il a fait du soleil.	It was sunny.

Autres expressions

faire son possible	to do one's best
faire de son mieux	to do one's best
faire du bien à	to do (someone or something) good
faire semblant de	to pretend (to)
se faire	to become

A. Dans les phrases suivantes, substituez les mots suggérés.

1. Il fait beau.
   _______ mauvais.
   _______ frais.
   ___ fera ___.
   _______ du vent.
   _______ chaud.
   ___ a fait ___.
   _______ froid.
   _______ bon.
   ___ faisait ___.
   _______ jour.
   _______ nuit.
   _______ du soleil.
2. Il se fait avocat.
   _________ pilote.
   Il se fait pilote.
   Ils __________.
   Je __________.
   _________ médecin.
   _________ professeur.
3. Il fera son possible.
   Nous __________.
   Vous __________.
   ___ avez fait _______.
   _______ de votre mieux.
   Je __________.
   Nous __________.
   ___ faisons __________.
   Ils __________.
4. Ce médicament m'a fait du bien.
   Ces médicaments __________.
   Cette aspirine __________.
   __________ lui __________.
   Ce voyage __________.

Cette aspirine lui a fait du bien.
_______________ leur _______________.
_______________ nous _______________.
Ces pilules _______________.
_______________ feront _______________.
_______________ me _______________.
L'air frais de la nuit _______________.

5. Il fait semblant de dormir.
Elle _______________.
___ faisait _______________.
_______________ étudier.
Nous _______________.
_______________ lire.
Jacqueline _______________.

B. Répondez aux questions suivantes, en utilisant les expressions données entre parenthèses.

1. Quel temps fait-il? (du soleil)
2. Ce médicament vous a-t-il fait du bien? (Oui, . . .)
3. A quelle heure fait-il nuit? (vers sept heures)
4. Il faisait chaud, n'est-ce pas? (Non, . . .frais)
5. Hélène a fait son possible, n'est-ce pas? (Oui, . . .)
6. Il fait du vent, n'est-ce pas? (Oui, . . .)
7. Elle se fait professeur, n'est-ce pas? (Oui, . . .)
8. Elle fera de son mieux, n'est-ce pas? (Oui, . . .)
9. A quelle heure fait-il jour? (six heures)
10. Il s'est fait pilote, n'est-ce pas? (Non, . . .ingénieur)

C. Demandez à:

1. Mlle ______ quel temps il fait.
2. M. ______ quel temps il a fait hier.
3. M. ______ si Paul a fait de son mieux.
4. Mlle ______ si Hélène fera son possible.
5. M. ______ si Georges fait semblant de dormir.
6. Mlle ______ si M. Leblanc s'est fait millionnaire.

Structure: *Faire* suivi de l'infinitif

Phrases modèles

1. Et c'était bien commode pour faire chauffer le petit déjeuner du matin.
2. Elle a fait voir ses épines.
3. Elle l'a fait mettre sous globe.

Notes de grammaire

Quand le verbe *faire* est suivi de l'infinitif, il est causatif, c'est-à-dire que le sujet provoque une action qui sera accompli par quelqu'un ou quelque chose d'autre, qui n'est pas nécessairement mentionné.

Il fait chanter ses élèves.	He has (makes) his students sing.
Il les fait chanter.	He has (makes) them sing.

Avec cette structure, s'il y a un seul complément d'objet, c'est un complément d'objet direct.

Il fait chanter *ses élèves.*
Il *les* fait chanter.

Quand il y a deux compléments d'objet, c'est le complément d'objet indirect qui s'emploie avec *faire;* le complement d'objet direct s'emploie avec l'infinitif. Les pronoms compléments d'objet direct et indirect précèdent *faire.*

Le professeur nous fait comprendre la leçon.
The professor makes us understand the lesson.

Il lui fait comprendre la leçon.
He makes him (her) understand the lesson.

Il la lui fait comprendre.
He makes him (her) understand it.

Notez les expressions suivantes avec un sens particulier:

faire voir	to show (to cause to see)
faire venir	to send for (to have come)
envoyer chercher	to send for
Il m'a fait voir les tableaux.	He showed me the paintings.
J'ai fait venir le médecin.	I sent for the doctor (had the doctor come).
J'ai envoyé chercher le médecin.	I sent for the doctor.

Il y a trois autres verbes qu'on emploie avec un infinitif dans une construction semblable à celle de *faire.* Ce sont les verbes *laisser* (to allow, to let), *voir* (to see), et *entendre* (to hear).

Elle a laissé sortir Paul.	She allowed Paul to go out.
Elle l'a laissé sortir.	She let him go out.
J'ai vu venir mon père.	I saw my father coming.
Je l'ai vu venir.	I saw him coming.
Elle a entendu venir son père.	She heard her father coming.
Elle l'a entendu venir.	She heard him coming.

A. Dans les phrases suivantes, substituez les mots suggérés.

1. Il a fait venir un médecin.
   Je ________________.
   Nous ________________.
   ___ ferons ________________.
   Tu ________________.
   Tu feras venir un médecin.
   Vous ________________.
   ___ faites ________________.
   Ils ________________.
   Je ________________.
2. Il m'a fait voir les tableaux.
   Tu ________________.
   Vous ________________.
   ________________ la voiture.

Vous m'avez fait voir la voiture.
____ ferez ____________.
Ils ____________.
____________ la maison.
Elle ____________.
Il ____________.

3. Elle a fait faire une robe.
Mme Leblanc ____________.
Je ____________.
____________ un complet.
Nous ____________.
Vous ____________.
____________ une blouse.
Tu ____________.

4. Je vois venir mon père.
Il ____________.
Elle ____________.
____ a vu ____________.
Tu ____________.
Vous ____________.
Je ____________.

5. J'ai entendu parler le professeur.
Nous ____________.
Tu ____________.
____________ chanter ____________.
Vous ____________.
Elle ____________.
____ entend ____________.
Ils ____________.

6. Ma mère me laissera partir.
Il ____________.
Elle ____________.
____________ sortir.
Ils ____________.
Tu ____________.
____________ aller au cinéma.
Vous ____________.

7. Il a envoyé chercher les livres.
Je ____________.
Vous ____________.
____________ de l'aspirine.
Tu ____________.
Nous ____________.
Elles ____________.
____________ un médicament.

B. Répondez aux questions suivantes, en utilisant les expressions données entre parenthèses.

1. Vois-tu venir l'agent? (Non, . . .)
2. As-tu fait venir un médecin? (Oui, . . .)
3. Vous a-t-elle fait voir les tableaux? (Oui, . . .)
4. Elle fait faire une robe, n'est-ce pas? (Non, . . . une blouse)
5. Elle fera venir son père, n'est-ce pas? (Oui, . . .)
6. Avez-vous vu venir le train? (Oui, . . .)
7. Il a envoyé chercher les livres, n'est-ce pas? (Oui, . . .) NO AGREEMENT - BETWIXT INF. + D.O.
8. As-tu envoyé chercher de l'aspirine? (Oui, . . .)
9. Paul a fait faire un pantalon, n'est-ce pas? (Non, . . . un veston)
10. Tu as entendu chanter Pauline, n'est-ce pas? (Oui, . . .)
11. Avez-vous vu danser les Marocaines à Tanger? (Oui, . . .)

C. Répondez en suivant le modèle.

LE PROFESSEUR: Tu ne pourras pas venir! (mon père . . . sortir)
L'ETUDIANT: Mais si! Mon père me laissera sortir.

1. Tu ne pourras pas venir! (mes parents . . . venir)
2. Il ne pourra pas le faire! (sa mère . . . y aller)
3. Marie ne pourra pas dîner avec nous! (ses parents . . . venir)
4. Elles ne pourront pas venir! (leur oncle . . . venir)
5. Vous ne pourrez pas sortir! (mon père . . . faire)
6. Je ne pourrai pas vous voir! (votre tante . . . venir)

D. Demandez à:

1. M. ______ s'il a fait venir un agent.
2. Mlle ______ si le professeur fait réciter ses élèves.
3. Mlle ______ si Hélène a fait faire une robe.
4. M. ______ si Paul entend venir Jacqueline et Mireille.
5. M. ______ si son père le laisse conduire son auto.
6. Mlle ______ si elle a vu arriver l'avion.

CONVERSATION

Questions

1. Y avait-il beaucoup de fleurs sur la planète du petit prince?
2. Parlez de la coquetterie de la fleur du petit prince.
3. Quand s'était-elle montrée?
4. Que dit le petit prince quand il voit sa fleur pour la première fois?
5. La fleur était-elle modeste?
6. La fleur a-t-elle peur des tigres? Pourquoi non?
7. De quoi a-t-elle horreur?
8. Que pense la fleur du climat de la planète du petit prince?
9. Pourquoi le petit prince avait-il douté de sa fleur?
10. Quelle influence la fleur avait-elle sur la planète du petit prince?
11. Pourquoi le petit prince ne savait-il pas aimer sa fleur?
12. Qu'est-ce que le petit prince a fait au matin du départ?
13. De quoi avait-il envie?
14. Que répond la fleur au petit prince quand il dit "adieu"?
15. Que dit-elle enfin?
16. La fleur aime-t-elle le petit prince?
17. Croyez-vous qu'il aime la fleur aussi?
18. Le petit prince a-t-il vu pleurer sa fleur?
19. La fleur était-elle orgueilleuse?

Causeries

1. En répondant aux questions suivantes, préparez une causerie orale: *La fleur du petit prince.*

Comment choisissait-elle ses couleurs? Comment s'habillait-elle? Quand s'est-elle montrée? Etait-elle coquette? (Donnez des exemples.) Etait-elle modeste? (Donnez des exemples.) Etait-elle belle? Quelle était son influence sur la planète du petit prince? Pourquoi a-t-elle été sotte? Décrivez sa tendresse au départ du petit prince. (Donnez des exemples.) Est-elle forte ou faible? naïve? orgueilleuse? A-t-elle besoin des soins du petit prince? A-t-elle besoin de son amitié?

2. En répondant aux questions suivantes, préparez une causerie orale: *De l'amitié.*

   Voulons-nous tous être importants? Pour cela, nous donnons-nous des airs prétentieux? Comment et pourquoi perdons-nous nos amis? Nommez et décrivez des ruses qui cachent nos vrais sentiments et notre tendresse. Ne juge-t-on pas trop souvent les mots ou les apparences et non les actes de nos amis? N'est-il pas triste de perdre des amis sans savoir pourquoi? Avez-vous conservé l'amitié de votre meilleur ami du lycée? Si oui, comment? Si non, pourquoi pas?

Qu'est-ce que signifie "apprivoiser"?

TO TAME

Le petit prince s'en est allé. Il a visité plusieurs planètes. Enfin il arrive sur la terre.

Mais il arriva que le petit prince, ayant longtemps marché à travers les sables, les rocs et les neiges, découvrit enfin une route. Et les routes vont toutes chez les hommes.

—Bonjour, dit-il.

C'était un jardin fleuri de roses.

—Bonjour, dirent les roses.

Le petit prince les regarda. Elles ressemblaient toutes à sa fleur.

—Qui êtes-vous? leur demanda-t-il, stupéfait.

—Nous sommes des roses, dirent les roses.

—Ah! fit le petit prince...

Et il se sentait très malheureux. Sa fleur lui avait raconté qu'elle était seule de son espèce dans l'univers. Et voici qu'il en était cinq mille, toutes semblables, dans un seul jardin!

"Elle serait bien vexée, se dit-il, si elle voyait ça... elle tousserait énormément et ferait semblant de mourir pour échapper au ridicule. Et je serais bien obligé de faire semblant de la soigner, car, sinon, pour m'humilier moi aussi, elle se laisserait vraiment mourir..."

Puis il se dit encore "Je me croyais riche d'une fleur unique, et je ne possède qu'une rose ordinaire. Ça et mes trois volcans qui m'arrivent au genou, et dont l'un, peut-être, est éteint pour toujours, ça ne fait pas de moi un bien grand prince..." Et, couché dans l'herbe, il pleura.

C'est alors qu'apparut le renard:

renard: (fox)

—Bonjour, dit le renard.

—Bonjour, répondit poliment le petit prince, qui se retourna mais ne vit rien.

poliment: gentiment

—Je suis là, dit la voix, sous le pommier...

pommier: arbre fruitier qui porte des pommes

—Qui es-tu? dit le petit prince. Tu es bien joli...

—Je suis un renard, dit le renard.

—Viens jouer avec moi, lui proposa le petit prince. Je suis tellement triste...

—Je ne puis pas jouer avec toi, dit le renard. Je ne suis pas apprivoisé.

apprivoisé: rendu moins farouche, domestiqué

—Ah! pardon, fit le petit prince.

Mais après réflexion, il ajouta:

—Qu'est-ce que signifie "apprivoiser"?

—Tu n'est pas d'ici, dit le renard, que cherches-tu?

—Je cherche les hommes, dit le petit prince. Qu'est-ce que signifie "apprivoiser"?

—Les hommes, dit le renard, ils ont des fusils et ils chassent. C'est bien gênant! Ils élèvent aussi des poules. C'est leur seul intérêt. Tu cherches des poules?

fusils: armes à feu portatives de chasse ou de guerre (rifles)
gênant: qui trouble, ennuie
élèvent: (raise)

—Non, dit le petit prince. Je cherche des amis. Qu'est-ce que signifie "apprivoiser"?

—C'est une chose trop oubliée, dit le renard. Ça signifie "créer des liens..."

liens: ce qui attache

—Créer des liens?

—Bien sûr, dit le renard. Tu n'es encore pour moi qu'un petit garçon tout semblable à cent mille petits garçons. Et je n'ai pas besoin de toi. Et tu n'as pas besoin de moi non plus. Je ne suis pour toi qu'un renard semblable à cent mille renards. Mais, si tu m'apprivoises, nous aurons besoin l'un de l'autre. Tu seras pour moi unique au monde. Je serai pour toi unique au monde...

—Je commence à comprendre, dit le petit prince. Il y a une fleur... je crois qu'elle m'a apprivoisé...

—C'est possible, dit le renard. On voit sur la terre toutes sortes de choses...

—Oh! ce n'est pas sur la Terre, dit le petit prince.

Le renard parut très intrigué:

—Sur une autre planète?

—Oui.

—Il y a des chasseurs, sur cette planète-là?

—Non.

—Ça, c'est intéressant! Et des poules?

—Non.

—Rien n'est parfait, soupira le renard.

soupira: (sighed)

Mais le renard revint à son idée:

—Ma vie est monotone. Je chasse les poules, les hommes me chassent. Toutes les poules se ressemblent, et tous les hommes se ressemblent. Je m'ennuie donc un peu. Mais, si tu m'apprivoises, ma vie sera comme ensoleillée. Je connaîtrai un bruit de pas qui sera différent de tous les autres. Les autres pas me font rentrer sous terre. Le tien m'appellera hors du terrier, comme une musique. Et puis regarde! Tu vois là-bas, les champs de blé? Je ne mange pas de pain. Le blé pour moi est inutile. Les champs de blé ne me rappellent rien. Et ça, c'est triste! Mais tu m'auras apprivoisé! Le blé, qui est doré, me fera souvenir de toi. Et j'aimerai le bruit du vent dans le blé...

terrier: trou; cavité dans la terre
blé: (wheat)

Le renard se tut et regarda longtemps le petit prince:

—S'il te plaît... apprivoise-moi, dit-il!

—Je veux bien, répondit le petit prince, mais je n'ai pas beaucoup de temps. J'ai des amis à découvrir et beaucoup de choses à connaître.

—On ne connaît que les choses que l'on apprivoise, dit le renard. Les hommes n'ont plus le temps de rien connaître. Ils achètent des choses toutes faites chez les marchands. Mais comme il n'existe point de marchands d'amis, les hommes n'ont plus d'amis. Si tu veux un ami, apprivoise-moi!

—Que faut-il faire? dit le petit prince.

—Il faut être très patient, répondit le renard. Tu t'assoiras d'abord un peu loin de moi, comme ça, dans l'herbe. Je te regarderai du coin de l'œil et tu ne diras rien. Le langage est source de malentendus. Mais chaque jour, tu pourras t'asseoir un peu plus près...

malentendus: paroles ou actions mal comprises

Le lendemain revint le petit prince.

—Il eût mieux valu revenir à la même heure, dit le renard. Si tu viens, par exemple, à quatre heures de l'après-midi, dès trois heures je commencerai d'être heureux. Plus l'heure avancera, plus je me sentirai heureux. A quatre heures, déjà, je m'agiterai et m'inquiéterai: je découvrirai le prix du bonheur! Mais si tu viens n'importe quand, je ne saurai jamais à quelle heure m'habiller le cœur... Il faut des rites.

eût: aurait

—Qu'est-ce qu'un rite? dit le petit prince.

—C'est aussi quelque chose de trop oublié, dit le renard. C'est ce qui fait qu'un jour est différent des autres jours, une heure, des autres heures. Il y a un rite, par exemple, chez mes chasseurs. Ils dansent le jeudi avec les filles du village. Alors le jeudi est jour merveilleux! Je vais me promener jusqu'à la vigne. Si les chasseurs dansaient n'importe quand, les jours se ressembleraient tous, et je n'aurais point de vacances.

Ainsi le petit prince apprivoisa le renard. Et quand l'heure du départ fut proche:

proche: près

—Ah! dit le renard... Je pleurerai.

—C'est ta faute, dit le petit prince, je ne te souhaitais point de mal, mais tu as voulu que je t'apprivoise...

—Bien sûr, dit le renard.

—Mais tu vas pleurer! dit le petit prince.

—Bien sûr, dit le renard.

—Alors tu n'y gagnes rien!

—J'y gagne, dit le renard, à cause de la couleur du blé.

Puis il ajouta:

—Va revoir les roses. Tu comprendras que la tienne est unique au monde. Tu reviendras me dire adieu, et je te ferai cadeau d'un secret.

ferai cadeau de: donnerai; révélerai

Le petit prince s'en fut revoir les roses:

–Vous n'êtes pas du tout semblables à ma rose, vous n'êtes rien encore, leur dit-il. Personne ne vous a apprivoisées et vous n'avez apprivoisé personne. Vous êtes comme était mon renard. Ce n'était qu'un renard semblable à cent mille autres. Mais j'en ai fait mon ami, et il est maintenant unique au monde.

Et les roses étaient bien gênées.

–Vous êtes belles, mais vous êtes vides, leur dit-il encore. On ne peut pas mourir pour vous. Bien sûr, ma rose à moi, un passant ordinaire croirait qu'elle vous ressemble. Mais à elle seule elle est plus importante que vous toutes, puisque c'est elle que j'ai arrosée. Puisque c'est elle que j'ai mise sous globe. Puisque c'est elle que j'ai abritée par le paravent. Puisque c'est elle dont j'ai tué les chenilles (sauf les deux ou trois pour les papillons). Puisque c'est elle que j'ai écoutée se plaindre, ou se vanter, ou même quelquefois se taire. Puisque c'est ma rose.

vides: qui ne contiennent rien

abritée: protégée

se plaindre: dire qu'on n'est pas content

se vanter: exalter ses qualités réelles ou imaginaires

Et il revint vers le renard:

–Adieu, dit-il...

–Adieu, dit le renard. Voici mon secret. Il est très simple: on ne voit bien qu'avec le cœur. L'essentiel est invisible pour les yeux.

–L'essentiel est invisible pour les yeux, répéta le petit prince, afin de se souvenir.

–C'est le temps que tu as perdu pour ta rose qui fait ta rose si importante.

–C'est le temps que j'ai perdu pour ma rose...fit le petit prince, afin de se souvenir.

–Les hommes ont oublié cette vérité, dit le renard. Mais tu ne dois pas l'oublier. Tu deviens responsable pour toujours de ce que tu as apprivoisé. Tu es responsable de ta rose...

–Je suis responsable de ma rose...répéta le petit prince, afin de se souvenir.

COMPREHENSION ET EXERCICES DE VOCABULAIRE

A. Trouvez six phrases fausses parmi les suivantes.

1. Le petit prince a trouvé un jardin avec des fleurs qui ressemblaient à la sienne.
2. Il est très heureux de voir des fleurs semblables à la sienne.
3. Sa fleur serait vexée de savoir qu'il y a d'autres fleurs semblables à elle.
4. Le petit prince a rencontré un renard qui parle de bridge et de golf.
5. *Apprivoiser* quelqu'un veut dire jouer avec cette personne.
6. Le renard n'aime pas les poules.
7. Le blé rappellera au renard le souvenir du petit prince.
8. Le renard préfère que le petit prince vienne le voir n'importe quand.
9. Le renard pleurera quand le petit prince partira.
10. Le petit prince ne comprendra jamais que sa rose est unique au monde pour lui.
11. Selon le renard l'essentiel est invisible pour les yeux.
12. On est responsable de ses amis.

B. Identifiez le personnage qui:

1. a dit qu'elle était seule de son espèce.
2. se laisserait mourir pour échapper au ridicule.
3. a pleuré dans l'herbe.
4. a défini le terme *apprivoiser.*
5. a donné le secret de l'amitié.
6. a répété ce secret.

C. Lesquelles des phrases suivantes décrivent le renard?

1. Il comprend la valeur des rites.
2. Il sait voir avec le cœur.
3. Il est très méchant et passe tout son temps à tuer les poules.
4. Il comprend le secret de l'amitié.
5. Il aime manger du blé.
6. Il veut que le petit prince l'apprivoise.
7. Il croit que le langage cause des malentendus.

D. Choisissez les mots convenables pour compléter les phrases suivantes.

1. Le petit prince se croit riche *a. d'une migration d'oiseaux sauvages. b. d'une fleur unique. c. d'un jardin de roses.*
2. Le pas du petit prince *a. fait rentrer sous terre le renard* b. *pleure dans l'herbe c. appelle hors du terrier le renard.*

3. Ce renard ne peut pas jouer avec le petit prince *a. dans le jardin* *b. parce que les chasseurs viennent* *c. parce qu'il n'a pas été apprivoisé.*

4. Selon le renard, c'est *a. par le langage* *b. avec le cœur* *c. en mer* qu'on voit bien.

5. *Apprivoiser* veut dire *a. créer des liens* *b. être responsable de ses amis* *c. être gêné.*

DIALOGUE

Paulette: M. le professeur, je ne comprends pas tout à fait ce que c'est qu'un rite.

Le professeur: Il y a de petites choses qui rendent nos amis heureux. Si ces actes arrivent à une heure fixée ce sont des rites. Ainsi un ami a le plaisir d'anticiper le moment spécial. Il "s'habille le cœur." Mais, j'ai une question à vous poser. Pourquoi le blé sera-t-il toujours cher au renard?

Madeleine: Il a la même couleur dorée que les cheveux du petit prince. C'est le souvenir qui lui sera cher.

Le professeur: Pourriez-vous m'indiquer des correspondances semblables entre vous et un ami?

Jacques: Une fois j'étais au concert avec un ami. Le morceau que jouait l'orchestre nous enchantait. Nous étions dans un autre monde pendant quelques heures. Chaque fois que j'entends jouer cette musique, le plaisir de ce moment et le souvenir de mon ami reviennent.

CONVERSATION

Questions

1. Comment étaient les roses que petit prince a trouvées?
2. Comment se sentait le petit prince?
3. Que ferait la fleur si elle savait qu'il y avait d'autres fleurs semblables à elle?
4. Pourquoi le petit prince a-t-il pleuré?
5. Pourquoi le renard ne peut-il pas jouer avec le petit prince quand ils se rencontrent?
6. Que veut dire le terme *apprivoiser*?
7. Les hommes savent-ils *apprivoiser* quelqu'un?

8. Quand le petit prince et le renard auront-ils besoin l'un de l'autre?
9. Qui le petit prince a-t-il apprivoisé?
10. Le renard aime-t-il les chasseurs?
11. Le renard mange-t-il le blé?
12. Dans quel cas le renard pourrait-il aimer le blé?
13. Pourquoi pourrait-il aimer le blé?
14. Quand est-ce qu'on connaît quelqu'un?
15. Qu'est-ce qui est la source de malentendus?
16. Au départ du petit prince le renard pleurera-t-il?
17. Pourquoi pleurera-t-il?
18. Pourquoi y gagne-t-il quelque chose?
19. Pourquoi le renard est-il unique au monde pour le petit prince?
20. Pourquoi sa rose à lui est-elle plus importante que toutes les autres roses?
21. Quel est le secret du renard?
22. Les hommes ont-ils oublié cette vérité?
23. De quoi est-on responsable?
24. Comment peut-on garder des amis?

Causeries

1. En répondant aux questions suivantes, préparez une causerie orale: *Le renard.*

   Quand le renard vient-il parler au petit prince? Le petit prince avait-il besoin de lui? Pourquoi? Le renard aime-t-il les hommes? Aime-t-il les poules? Aimerait-il une planète avec des poules et sans chasseurs? Sa vie est-elle monotone? Pourquoi? A-t-il besoin d'un ami? de créer des liens? Qu'a-t-il à dire sur la correspondance de l'amitié et des choses de la nature? Sera-t-il triste quand le petite prince partira? Est-il sage? Trouvez-vous son secret valable?

2. En répondant aux questions suivantes, préparez une causerie orale: *Le Secret de l'amitié.*

   Que veut dire le terme *apprivoiser*? Donnez des exemples. Parlez des correspondances de l'amitié et des choses de la nature. Les rites sont-ils importants dans l'amitié? Donnez des exemples. Quand une personne est-elle unique au monde pour quelqu'un d'autre? Quel est le secret du renard? De quoi est-on responsable? Comment garde-t-on des amis?

DE L'AMITIE

...ce que nons appelons ordinairement amis et amitiés, ce ne sont qu'accointances et familiarités nouées par quelque occasion ou commodité par le moyen de laquelle nos âmes s'entretiennent. En l'amitié de quoi je parle, elles se mêlent et confondent l'une en l'autre, d'un mélange si universel, qu'elles effacent et ne retrouvent plus la couture qui les a jointes. Si on me presse de dire pourquoi je l'amais, je sens que cela ne se peut exprimer qu'en répondant: Parce que c'était lui, parce que c'était moi.

Montaigne
Les Essais I, 28

...En la vraie amitié de laquelle je suis expert, je me donne à mon ami plus que je ne le tire à moi....La séparation du lieu rendait la conjonction de nos volontés plus riche....

Montaigne
Les Essais III, 9

blend

16ème siècle

j'ai perdu le Nord - I lost the North - I'm in left field.

les poules - whores

Brett Weston. *Oceano Dunes*, 1933. Photo.

Dans L'Etranger,
Albert Camus nous peint l'histoire d'un petit employé de bureau, Meursault, qui—sans raison et sans y attacher trop d'importance—assassine un Arabe. Ce crime, il le paiera avec sa vie. C'est un récit simple qui met en relief les idées de Camus portant sur l'absurdité de l'existence. Remarquez le caractère mécanique et monotone du style qui s'accorde avec le thème de l'indifférence et de l'isolement spirituel.

VOCABULAIRE DE BASE

1. *décédée:* morte
   J'ai reçu un télégramme hier: "Mère ______."
2. *ne veut rien dire* (vouloir dire): ne signifie rien
   Cela ______.
3. *vieillard* (n.m.): une personne âgée
   Les deux ______ passaient leur temps à faire de la pêche.
4. *congé* (n.m.): période de vacances
   Mon patron m'a accordé deux jours de ______.
5. *en somme:* enfin; bref; en résumé
   ______, je n'avais pas à m'excuser.
6. *me suis assoupi* (s'assoupir): me suis endormi à demi
   Pendant le voyage je ______ un peu.
7. *trajet* (n.m.): voyage; itinéraire; route
   J'ai dormi pendant tout le ______.
8. *concierge* (n.m. ou f.): personne qui a la garde d'un hôtel ou d'une maison.
   Cet homme est le ______ de l'hôtel.
9. *a serré la main* (serrer la main à quelqu'un): a donné la main (à quelqu'un)
   En faisant sa connaissance, il m'______.
10. *retirer:* tirer de nouveau; porter en arrière; reprendre (to draw back; to take away)
    Je ne savais comment ______ la main.
11. *soutien* (n.m.): aide; support
    Je sais que vous étiez son seul ______.
12. *tout compte fait:* en définitive
    Et ______, elle était plus heureuse ici.
13. *partager:* diviser en plusieurs parties
    Elle pouvait ______ avec eux des intérêts d'un autre temps.
14. *s'ennuyer:* le contraire de *s'amuser*
    Il n'y a rien à faire ici. Elle va ______.

La mort d'une mère

Aujourd'hui, maman est morte. Ou peut-être hier, je ne sais pas. J'ai reçu un télégramme de l'asile: "Mère décédée. Enterrement demain. Sentiments distingués." Cela ne veut rien dire. C'était peut-être hier.

asile: (rest home)

L'asile de vieillards est à Marengo, à quatre-vingts kilomètres d'Alger. Je prendrai l'autobus à deux heures et j'arriverai dans l'après-midi. Ainsi, je pourrai veiller et je rentrerai demain soir. J'ai demandé deux jours de congé à mon patron et il ne pouvait pas me les refuser avec une excuse pareille. Mais il n'avait pas l'air content. Je lui ai même dit: "Ce n'est pas de ma faute." Il n'a pas répondu. J'ai pensé alors que je n'aurais pas dû lui dire cela. En somme, je n'avais pas à m'excuser. C'était plutôt à lui de me présenter ses condoléances. Mais il le fera sans doute après-demain, quand il me verra en deuil. Pour le moment, c'est un peu comme si maman n'était pas morte. Après l'enterrement, au contraire, ce sera une affaire classée et tout aura revêtu une allure plus officielle.

veiller: passer la nuit près d'une personne morte; appliquer son attention à

en deuil: portant des vêtements noirs

revêtu: habillé, pris

J'ai pris l'autobus à deux heures. Il faisait très chaud. J'ai mangé au restaurant, chez Céleste, comme d'habitude. Ils avaient tous beaucoup de peine pour moi et Céleste m'a dit: "On n'a qu'une mère." Quand je suis parti, ils m'ont accompagné à la porte. J'étais un peu étourdi parce qu'il a fallu que je monte chez Emmanuel pour lui emprunter une cravate noire et un brassard. Il a perdu son oncle, il y a quelques mois.

étourdi: (confused)
emprunter: (borrow)
brassard: (arm band)

J'ai couru pour ne pas manquer le départ. Cette hâte, cette course, c'est à cause de tout cela sans doute, ajouté aux cahots, à l'odeur d'essence, à la réverbération de la route et du ciel, que je me suis assoupi. J'ai dormi pendant presque tout le trajet. Et quand je me suis réveillé, j'étais tassé contre un militaire qui m'a souri et qui m'a demandé si je venais de loin. J'ai dit "oui" pour n'avoir plus à parler.

cahots: (jolts, bumps)

L'asile est à deux kilomètres du village. J'ai fait le chemin à pied. J'ai voulu voir maman toute de suite. Mais le concierge m'a dit qu'il fallait que je rencontre le directeur. Comme il était occupé, j'ai attendu un peu. Pendant tout ce temps, le concierge a parlé et ensuite, j'ai vu le directeur: il m'a reçu dans son bureau. C'est un petit vieux, avec la Légion d'honneur. Il m'a regardé de ses yeux clairs. Puis il m'a serré la main qu'il a gardée si longtemps que je ne savais trop comment la retirer. Il a consulté un dossier et m'a dit: "Mme Meursault est entrée ici il y a trois ans. Vous étiez son seul soutien." J'ai cru qu'il me

Légion d'honneur: un ruban rouge que l'on porte à son manteau. L'ordre de la Légion d'honneur fut institué par Napoléon pour récompenser les services militaires et civils.

reprochait quelque chose et j'ai commencé à lui expliquer. Mais il m'a interrompu: "Vous n'avez pas à vous justifier, mon cher enfant. J'ai lu le dossier de votre mère. Vous ne pouviez subvenir à ses besoins. Il lui fallait une garde. Vos salaires sont modestes. Et tout compte fait, elle était plus heureuse ici." J'ai dit: "Oui, monsieur le Directeur." Il a ajouté: "Vous savez, elle avait des amis, des gens de son âge. Elle pouvait partager avec eux des intérêts qui sont d'un autre temps. Vous êtes jeune et elle devait s'ennuyer avec vous."

subvenir: (to provide)

C'était vrai. Quand elle était à la maison, maman passait son temps à me suivre des yeux en silence. Dans les premiers jours où elle était à l'asile, elle pleurait souvent. Mais c'était à cause de l'habitude. Au bout de quelques mois, elle aurait pleuré si on l'avait retirée de l'asile. Toujours à cause de l'habitude. C'est un peu pour cela que dans la dernière année je n'y suis presque plus allé. Et aussi parce que cela me prenait mon dimanche—sans compter l'effort pour aller à l'autobus, prendre des tickets et faire deux heures de route.

COMPREHENSION ET EXERCICES DE VOCABULAIRE

A. Trouvez cinq phrases fausses parmi les suivantes.

1. Le cadre (setting) du passage est Paris et ses environs.
2. Meursault ne sait pas exactement quand sa mère est morte.
3. Il faudra à Meursault toute une journée pour faire le voyage d'Alger à Marengo.
4. Le patron de Meursault lui a accordé deux jours de congé.
5. Meursault a l'habitude de manger chez Céleste.
6. Pendant le voyage Meursault passe son temps à regarder les beaux paysages.
7. A Marengo, Meursault prend un taxi pour aller à l'asile.
8. Meursault n'avait pas assez d'argent pour garder sa mère chez lui.
9. La mère de Meursault s'ennuyait avec lui.
10. Il est évident que Meursault aimait beaucoup sa mère.

B. Identifiez le personnage qui:

1. n'avait pas l'air content en donnant deux jours de congé à Meursault.
2. a dit: "Ce n'est pas de ma faute."
3. a prêté une cravate noire et un brassard à Meursault.
4. a demandé à Meursault s'il venait de loin.
5. a la Légion d'honneur.
6. a un salaire modeste.
7. pleurait les premiers jours à l'asile.
8. n'est pas souvent allé à l'asile la dernière année.

C. Dans les phrases suivantes, substituez les mots suggérés.

1. Je me suis assoupi.
   Vous ________.
   Hélène ________.
   Meursault ______.
   ___ s'était assoupi.
   Nous ________.
   Tu ________.
   Je ________.
2. En partant il m'a serré la main.
   ________ lui ________.
   ________ je ________.
   ________ elle ________.
   En partant elle lui a serré la main.
   ________ leur ________.
   ________ ils ________.
   ________ je ________.
3. Je m'ennuyais à l'école.
   Ils ________.
   Nous ________.
   ________ à l'université.
   Hélène ________.
   ________ pendant les vacances.
   Les Martin ________.
   Je ________.

4. Ce n'est pas de ma faute.
   ________ votre __.
   ________ ta ___.
   ________ leur ___.
   ________ notre __.
   ________ sa ___.
   ________ ma ___.
5. Je n'aurais pas dû dire cela.
   Vous ________.
   Tu ________.
   Robert ________.
   ________ faire cela.
   Nous ________.
   Je ________.
   Ils ________.
6. J'ai fait le chemin à pied.
   Nous ________.
   Ils ________.
   ________ en taxi.
   Ils ont fait le chemin en taxi.
   Vous ________.
   ________ en voiture.
   Suzanne ________.
7. Je partageais avec eux les intérêts d'un autre temps.
   Nous ________.
   ________ les joies ________.
   Tu ________.
   Ils ________.
   ________ les plaisirs ________.
   Je ________.
8. Je n'avais pas à m'excuser.
   Vous ________.
   Nous ________.
   Tu ________.
   Hélène ________.
   Ils ________.
   Les Vincent ________.

D. Répétez les phrases suivantes, en remplaçant les formes du verbe *signifier* par les formes du verbe *vouloir dire*.

1. Cela ne signifie rien.
2. Qu'est-ce que cela signifie?
3. Je ne savais pas ce que cela signifiait.
4. Savez-vous ce que cela signifie?

E. Répétez les phrases suivantes, en remplaçant *en somme* par *tout compte fait*.

1. En somme, elle était plus heureuse ici.
2. En somme, il n'était pas si bête.
3. En somme, je crois qu'on a fait la meilleure décision.
4. En somme, on était mieux dans l'autre appartement.
5. En somme, le cours de psychologie n'est pas difficile.

F. Répétez les phrases suivantes, en remplaçant *voyage* par *trajet*.

1. J'ai fait tout le voyage à pied.
2. Nous ferons le voyage en auto.
3. C'est un voyage de quinze kilomètres, au moins.

G. Choisissez les mots convenables pour compléter les phrases suivantes.

1. A Noël, nous aurons quinze jours de *a. grâce* *b. congé* *c. gloire.*
2. Elle a la garde de cette maison, c'est-à-dire elle est *a. concierge* *b. patronne* *c. institutrice.*
3. Sans doute, à cause de ma fatigue, je me suis *a. amusé* *b. assoupi* *c. réveillé* un peu.
4. Je sais qu'il est *a. en chemin* *b. en colère* *c. en deuil* parce qu'il porte une cravate noire et un brassard.
5. Ce sont surtout *a. les vieillards* *b. les étudiants en philosophie* *c. les professeurs de mathématiques* qui résident dans les asiles.

H. Trouvez le mot ou l'expression qui correspond au mot ou à l'expression en italique.

1. Il ne sait pas ce que cela *veut dire.*
2. *Tout compte fait,* elle était plus heureuse à l'asile.
3. Je crois qu'ils vont *s'ennuyer* ici.
4. Elle *partage* la joie que je ressens en apprenant que vous allez mieux.
5. Il ne faut pas contrarier ce *vieillard.*
6. Il est *décédé* en 1912.

a. prend part à
b. par contre
c. se divertir
d. vieil homme
e. signifie
f. mort
g. en définitive
h. contraire de *s'amuser*
i. disparu

DIALOGUE

Hélène: Je trouve Meursault très bizarre.
Paul: Oui, il n'est pas comme tout le monde.
Suzanne: La mort de sa mère ne le touche guère.
Georges: Il est évident qu'elle ne va pas lui manquer.
Hélène: Meursault ne semble connaître ni le remords, ni la joie, ni l'amour. Il est tout à fait passif, ennuyé, fatigué de tout.
Suzanne: Oui, tout lui est indifférent.
Jacques: C'est que sa vie n'a pas de sens. Il mange; il boit du café; il fume; il dort. Voilà tout.
Hélène: Le professeur a dit que Meursault mène une existence absurde.
Georges: Oui, c'est ça, et Meursault personnifie cette absurdité.

REVISION ET EXERCICES

Structure: Le futur avec *quand, lorsque, dès que, aussitôt que;* les propositions conditionnelles

Phrases modèles

1. Mais il le fera sans doute après-demain, quand il me verra en deuil.
2. Au bout de quelques mois, elle aurait pleuré, si on l'avait retirée de l'asile.
3. Elle pleurerait, si on la retirait de l'asile.
4. Elle pleurera, si on la retire de l'asile.

Notes de grammaire

Notez l'emploi du futur après les expressions *quand* (when), *lorsque* (when), *dès que* (as soon as), *aussitôt que* (as soon as). Cet emploi du futur est contraire à l'anglais où le présent s'emploie.

Nous lui en parlerons dès qu'il arrivera.
We'll speak to him about it as soon as he arrives.

Il le fera quand il me verra en deuil.
He'll do it when he sees me in mourning.

Aussitôt que tu arriveras, nous partirons.
As soon as you arrive, we'll leave.

Une proposition introduite par *si* dont le verbe est au présent, est suivie d'une proposition au futur. Une proposition introduite par *si* dont le verbe est à l'imparfait, est suivie d'une proposition au conditionnel. Une proposition introduite par *si* dont le verbe est au plus-que-parfait, est généralement suivie d'une proposition au passé du conditionnel.

Si j'ai le temps, je le ferai.
If I have the time, I'll do it.

Si j'avais le temps, je le ferais.
If I had the time, I'd do it.

Si j'avais eu le temps, je l'aurais fait.
If I had had the time, I would have done it.

Notez l'emploi spécial de la phrase introduite par *si* avec le verbe à l'imparfait:

Si on faisait une promenade cet après-midi?
Suppose we (let's) take a walk this afternoon.

Si on allait au cinéma ce soir?
Suppose we (let's) go to the show tonight.

A. Dans les phrases suivantes, substituez les mots suggérés (the substitutions in 1 to 5 are to be made in the *if* clause).

1. Si Paul arrive à l'heure, nous partirons à deux heures.
   ___ vous ______________________.
   ___ Hélène ______________________.
   ___ je ______________________.
   ___ tu ______________________.
   ___ les Poirier ______________________.
   ___ elles ______________________.
2. Si Roger était ici, nous dînerions.
   ___ vous ______________________.
   ___ Hélène ______________________.
   ___ vos amis ______________________.
   ___ les Martin ______________________.
   ___ tu ______________________.
   ___ vous ______________________.
   ___ ils ______________________.
3. Si Paul était parti, elle aurait pleuré.
   ___ vous ______________________.
   ___ je ______________________.
   ___ nous ______________________.
   ___ tu ______________________.
   ___ ils ______________________.
   ___ Suzanne ______________________.
4. Paul serait venu si on l'avait invité.
   ______________ tu __________.
   ______________ vous __________.
   ______________ je __________.
   ______________ nous __________.
   ______________ ils __________.
   ______________ elle __________.
5. Si on faisait une promenade?
   ___ nous ______________?
   ______ allions au cinéma?
   ___ on ______________?
   ______ étudiait ce soir?
   ___ nous ______________?
   ______ allions à la pêche?
   ___ on ______________?
   ______ jouait au golf?
   ___ nous ______________?

(The substitutions in 6 to 9 are to be made in the result clause.)

6. Nous irons au pique-nique s'il fait beau.
   Paul ______________________.
   Elles ______________________.
   Je ______________________.
   Tu ______________________.
   Mes amis ______________________.
   Vous ______________________.
7. Si Paul étudiait davantage, sa mère en serait contente.
   ______________ nous __________.
   ______________ son professeur __.
   ______________ ses parents __________.
   ______________ vous __________.
   ______________ je __________.
   ______________ tu __________.
8. Nous aurions fait une promenade s'il avait fait beau.
   Ils ______________________.
   Je ______________________.
   ______________ des courses __________.
   Mme Dubois ______________________.
   Vous ______________________.
   ______________ un voyage __________.
   Tu ______________________.
   Nous ______________________.
   Elles ______________________.
9. Je serais allé au concert si vous étiez venu.
   Nous ______________________.
   Vos amis ______________________.
   ______________ au musée __________.
   Il ______________________.
   Hélène ______________________.
   ______________ au bal __________.
   Je ______________________.
   Nous ______________________.

(The substitutions in 10 to 12 are to be used as the subjects of both clauses.)

10. Si j'ai le temps, j'irai à la mer.
   ___ ils ______________________.
   ___ nous ______________________.
   ___ tu ______________________.
   ___ vous ______________________.
   ___ elle ______________________.

11. Si j'avais le temps, j'irais à la mer.
___ nous ______________________.
___ vous ______________________.
___ elles ______________________.
___ il ______________________.
___ tu ______________________.
___ ils ______________________.

12. Si j'avais eu le temps, je serais allé à la mer.
___ elle ______________________.
___ vous ______________________.
___ ils ______________________.
___ nous ______________________.
___ tu ______________________.
___ je ______________________.
___ il ______________________.

(The substitutions in 13 are to be made in the clause with *quand, lorsque, dès que,* or *aussitôt que.*)

13. Nous partirons quand Paul viendra.
______________ vous ______.
______________ vos amis ____.
__________ dès que __________.
______________________ arriveront.
______________ tu __________.
______________ je __________.
__________ lorsque __________.
______________ Hélène ______.
______________________ sera là.
__________ aussitôt que ______.
______________ vous ______.
______________ elles ______.
______________ Henri ______.
______________ il ______.

(The substitutions in 14 are to be used as subjects of both clauses.)

14. Je le ferai quand j'aurai le temps.
Vous ______________________.
Tu ______________________.
Nous ______________________.
Ils ______________________.
Elle ______________________.
Je ______________________.
Il ______________________.
Elles ______________________.

B. Répondez en suivant le modèle.

LE PROFESSEUR: Qu'est-ce qu'on fait cet après-midi? (aller à la pêche)
L'ETUDIANT: Si on allait à la pêche?

1. Qu'est-ce qu'on fait ce soir? (aller au cinéma)
2. Qu'est-ce qu'on fait demain? (faire une promenade)
3. Qu'est-ce qu'on fait maintenant? (jouer aux cartes)
4. Qu'est-ce qu'on fait cet après-midi? (aller au pique-nique)
5. Qu'est-ce qu'on fait aujourd'hui? (aller faire du ski)
6. Qu'est-ce qu'on fait maintenant? (regarder la télévision)

C. Répondez affirmativement aux questions suivantes.

1. S'il fait beau, irez-vous en ville?
2. S'il fait beau, ira-t-elle en ville?
3. S'il fait beau, iras-tu en ville?
4. S'il fait beau, iront-ils en ville?
5. Quand il fera beau, irez-vous en ville?
6. Quand il fera beau, ira-t-il en ville?
7. Quand il fera beau, iront-ils en ville?
8. Quand il fera beau, iras-tu en ville?

D. Répondez aux questions suivantes, en utilisant les expressions données entre parenthèses.

1. Où irais-tu si tu avais beaucoup d'argent? (en Europe)
2. Où irait-il s'il avait beaucoup d'argent? (en Italie)

3. Où iriez-vous si vous aviez beaucoup d'argent? (en Espagne)
4. Où iraient-ils s'ils avaient beaucoup d'argent? (partout)
5. Où serais-tu allé si tu avais eu plus d'argent? (en Grèce et en Afrique)
6. Où serait-elle allée si elle avait eu plus d'argent? (partout en Europe)
7. Où seraient-ils allés s'ils avaient eu plus d'argent (dans la vallée de la Loire)
8. Où seriez-vous allé si vous aviez eu plus d'argent? (en Italie et en Espagne)

E. Transformez en suivant les modèles.

LE PROFESSEUR: J'étudie quand j'ai le temps.
L'ETUDIANT: J'étudierai quand j'aurai le temps.

1. Je fais du ski quand j'ai le temps.
2. Ils font une promenade quand il fait beau.
3. Il achète des livres quand il a assez d'argent.
4. Je vais à la mer quand j'ai deux jours de congé.
5. Nous mangeons au restaurant quand nous avons assez d'argent.
6. Je lui en parle quand je le vois.

LE PROFESSEUR: Si j'ai le temps, j'irai faire du ski.
L'ETUDIANT: Si j'avais le temps, j'irais faire du ski.
Si j'avais eu le temps, je serais allé faire du ski.

7. S'il fait beau, ils feront une promenade.
8. Si on la retire de l'asile, elle pleurera.
9. Si nous avons le temps, nous irons au concert ce soir.
10. Si j'arrive à l'heure, je verrai le président.
11. S'il fait beau, les deux vieillards passeront la journée à la mer.
12. S'il n'y a pas de taxi, je ferai le chemin à pied.

F. Composez des phrases en suivant les modèles.

LE PROFESSEUR: avoir le temps/étudier
L'ETUDIANT: Quand j'aurai le temps, j'étudierai.

1. voir Paul/parler du projet
2. finir la leçon/aller en ville
3. avoir assez d'argent/manger au restaurant
4. aller en ville/acheter des livres
5. avoir le temps/aller faire du ski
6. être chez moi/annoncer mes fiançailles

LE PROFESSEUR: avoir le temps/étudier
L'ETUDIANT: Si j'ai le temps, j'étudierai.

7. voir Paul/parler du projet
8. finir la leçon/aller en ville
9. avoir assez d'argent/manger au restaurant
10. aller en ville/acheter des livres
11. avoir le temps/aller faire du ski
12. être à l'heure/être content

G. Transformez les phrases en suivant les modèles.

LE PROFESSEUR: Je n'ai pas assez d'argent, donc je ne vais pas aux concerts.
L'ETUDIANT: Mais, si j'avais assez d'argent, j'irais aux concerts.

1. Je n'ai pas le temps, donc je ne vais pas au cinéma.
2. Je n'ai pas assez d'argent, donc je n'ai pas de voiture.
3. Je ne suis pas malade, donc je ne vais pas chez le docteur.
4. Je ne suis pas fatigué, donc je ne me couche pas.
5. Je n'ai pas le temps, donc je ne vais pas faire du ski.
6. Je ne suis pas riche, donc je ne fais pas de voyages.

LE PROFESSEUR: Je n'avais pas assez d'argent, donc je ne suis pas allé au concert.

L'ETUDIANT: Mais, si j'avais eu assez d'argent, je serais allé au concert.

7. Je n'avais pas le temps, donc je ne suis pas allé au cinéma.
8. Je n'avais pas assez d'argent, donc je n'ai pas acheté la voiture.
9. Je n'étais pas malade, donc je ne suis pas allé chez le docteur.
10. Je n'étais pas fatigué, donc je ne me suis pas couché.
11. Je n'avais pas le temps, donc je ne suis pas allé faire du ski.

Structure: Les verbes irréguliers *prendre (apprendre, comprendre, reprendre, surprendre)* et *mourir*

Phrases modèles

1. Aujourd'hui maman est morte.
2. Je prendrai l'autobus à deux heures.
3. Pour le moment, c'est un peu comme si maman n'était pas morte.
4. J'ai pris l'autobus à deux heures.
5. Et aussi parce que cela me prenait mon dimanche—sans compter l'effort pour aller à l'autobus, prendre des tickets et faire deux heures de route.

Notes de grammaire

Voir les formes des verbes *prendre* et *mourir* dans l'Appendice 1.

A. Dans les phrases suivantes, substituez les mots suggérés.

1. Maman est morte aujourd'hui.
   Elle ______.
   ______ hier.
   Il ______.
   ______ l'année dernière.
   Ils ______.
   Elles ______.
   Ma tante ______.
   ______ la semaine dernière.
   Mon oncle ______.
2. Je meurs de faim.
   Mes amis ______.
   Vous ______.
   Nous ______.
   Tu ______.
   ___ mourras ______.
   Ils ______.
   Vous ______.
   Tu ______.
3. Avez-vous appris les verbes?
   ___ ils ______?
   ______ la leçon?
   ______ compris ______?
   ___ tu ______?

As-tu compris la leçon?
_____ elle _________?
___________ le discours?
_____ elles __________?

4. Je prendrai l'autobus à deux heures.
Ils ______________________________.
Nous ______________________________.
____________________ à six heures.
__________ le train __________.
Vous ______________________________.
____________________ à minuit.
Tu ______________________________.
Je ______________________________.
Elle ______________________________.

5. Cet auteur reprend les mêmes thèmes.
Tu ______________________________.
Vous ______________________________.
____________________ les mêmes idées.
Je ______________________________.
Nous ______________________________.
____________________ les mêmes problèmes.
Ils ______________________________.
Elle ______________________________.

B. Dans les phrases suivantes, mettez les verbes au pluriel.

1. J'apprends bien tous les verbes.
2. A quelle heure a-t-il pris l'autobus?
3. Elle est morte hier.
4. Il prend le train à sept heures.
5. Je meurs de faim.
6. Comprends-tu?

C. Dans les phrases suivantes, mettez les verbes au singulier.

1. Ils mourront.
2. Nous ne comprenons pas très bien.
3. Nous avons pris l'autobus à deux heures.
4. Ils reprennent les mêmes idées.
5. Apprenez-vous beaucoup?
6. Elles meurent de faim.

D. Dans les phrases suivantes, mettez les verbes au passé composé et ensuite au plus-que-parfait.

1. Je ne comprends pas.
2. Ils meurent.
3. Nous apprenons le français.
4. Elle meurt.
5. Cette situation me surprend.
6. Ils prennent l'autobus à deux heures et quart.

E. Dans les phrases suivantes, mettez les verbes à l'imparfait et ensuite au futur.

1. Je meurs de faim.
2. Nous prenons l'autobus à deux heures.
3. Il reprend les mêmes thèmes.
4. Ils apprennent l'espagnol.
5. Mon grand-père meurt.
6. Vous ne comprenez pas.

F. Répondez aux questions suivantes, en utilisant les expressions données entre parenthèses.

1. A quelle heure prenez-vous le train? (à six heures)
2. Quand est-il mort? (en octobre)
3. As-tu appris la leçon? (Oui, . . . hier soir)
4. Comprenez-vous tout ce que je dis en français? (Oui, . . .)

5. Prenez-vous du café ou du thé? (du café, s'il vous plaît)
6. Ils apprennent le russe, n'est-ce pas? (Non, ...l'allemand)
7. A quelle heure ont-ils pris le train? (à sept heures)
8. Avez-vous faim? (Oui, je meurs...)
9. Avez-vous compris son discours? (Non, ...)
10. Tu apprendras le russe l'année prochaine, n'est-ce pas? (Oui, ...)

G. Demandez à:

1. Mlle _____ quand cet auteur est mort.
2. Mlle _____ si elle a compris la leçon.
3. M. _____ s'il comprend le français.
4. M. _____ quand il prend l'autobus.
5. Mlle _____ quand elle prendra le train.
6. Mlle _____ quand elle prenait un taxi.
7. M. _____ s'il meurt de faim.

Structure: *A cause de* et *parce que*

Phrases modèles

1. J'étais un peu étourdi parce qu'il a fallu que je monte chez Emmanuel pour lui emprunter une cravate noire et un brassard.
2. Cette hâte, cette course, c'est à cause de tout cela sans doute, ajouté aux cahots, à l'odeur d'essence, à la réverbération de la route et du ciel, que je me suis assoupi.
3. Mais c'était à cause de l'habitude.
4. Toujours à cause de l'habitude.
5. Et aussi parce que cela me prenait mon dimanche.

Notes de grammaire

Parce que est une conjonction qui introduit une proposition. *A cause de* est une préposition qui est généralement suivie d'un nom ou d'un pronom.

Elle a l'habitude de pleurer parce qu'elle est malheureuse.
Elle a l'habitude de pleurer à cause de son malheur.

A. Répétez les phrases suivantes.

1. Pourquoi pleure-t-elle?
2. Elle pleure parce qu'elle est triste.
3. Elle pleure à cause de ses chagrins.
4. Pourquoi n'est-il pas venu?
5. Il n'est pas venu parce qu'il a neigé.
6. Il n'est pas venu à cause de la neige.

B. Dans les phrases suivantes, substituez les mots suggérés.

1. On pleure à cause de l'habitude.
   Tu _____________.
   Vous _____________.
   ___ êtes heureux _____________.
   Je _____________.

Je suis heureux à cause de l'habitude.
Nous ______________________.
______________________ du beau temps.
______________________ de son arrivée.
Ils ______________________.
______________________ du voyage.
______________________ de la neige.
______ tristes ______________.

2. Les enfants sont contents parce qu'il fait beau.
Je ______________________.
Nous ______________________.
______________________ du soleil.
Ils ______________________.
______________________ chaud.
______________________ il neige.
______ tristes ______________.
Hélène ______________________.
Vous ______________________.

C. Répondez aux questions suivantes, en utilisant les expressions données entre parenthèses.

1. Pourquoi a-t-il échoué? (il n'a pas étudié)
2. Pourquoi est-il arrivé en retard? (à cause de la neige)
3. Pourquoi êtes-vous arrivé en retard? (il a neigé)
4. Pourquoi es-tu fatigué? (je suis venu à pied)
5. Pourquoi ne va-t-il plus à l'asile? (cela lui prend son dimanche)
6. Pourquoi ne va-t-elle plus à l'hôpital? (à cause du long voyage)
7. Pourquoi le train est-il en retard? (à cause du mauvais temps)
8. Pourquoi es-tu en retard? (il a fait mauvais)

D. Demandez à:

1. Mlle ______ pourquoi la mère de Meursault pleurait.
2. Mlle ______ pourquoi la mère de Meursault ne pleurait plus après quelques mois.
3. M. ______ pourquoi il est fatigué aujourd'hui.
4. Mlle ______ pourquoi elle ne sait pas répondre aux questions aujourd'hui.
5. M. ______ pourquoi il est arrivé en retard aujourd'hui.
6. M. ______ pourquoi il n'a pas étudié sa leçon.

Structure: *Manquer, manquer de, manquer à*

Phrases modèles

1. J'ai couru pour ne pas manquer le départ.
2. Il manque d'argent.
3. Il est évident qu'elle ne va pas lui manquer.

Notes de grammaire

Le verbe *manquer* est régulier; il se conjugue comme *parler*. Notez son emploi dans les exemples suivants:

Je suis arrivé en retard, et j'ai manqué le train.
I arrived late and I missed the train.

Dépêchez-vous! Je ne veux pas manquer l'autobus!
Hurry up! I don't want to miss the bus!

Nous manquons d'argent.
We don't have enough (are lacking) money.

Vous manquez de patience.
You're lacking in patience.

Paul manque à Marie.
Marie misses Paul.

Paul lui manque.
She misses Paul.

Paris me manque.
I miss Paris.

A. Dans les phrases suivantes, substituez les mots suggérés.

1. Nous allons manquer le train.
   Je ____________.
   Il ____________.
   ____________ l'autobus.
   Tu ____________.
   Vous ____________.
   ____________ le concert.
   Elles ____________.
   Je ____________.
   ____________ la pièce.
   Nous ____________.
   Ils ____________.
   ____________ l'avion.
2. Vous manquez de patience.
   Tu ____________.
   Elle ____________.
   ____________ de courage.
   Il ____________.
   Ils ____________.
   ____________ d'intelligence.
   Tu ____________.
   Vous ____________.
   Vous manquez d'intelligence.
   ____________ de tact.
   Je ____________.
   ____________ de politesse.
   ____________ de savoir-vivre.
3. Tu manqueras à Paul.
   ____________ à tes parents.
   Vous ____________.
   Il ____________.
   ____________ à ses amis.
   ____________ à Hélène.
   Je ____________.
   ____________ à ma sœur.
   ____________ à mon frère.
   ____________ à Suzette.
   Ils ____________.
   ____________ à leurs amis.
   ____________ à leur famille.
4. Cette ville me manque.
   Cette école ____________.
   Les montagnes ________.
   ________ lui ________.
   Paris ____________.
   Les cafés ____________.
   ________ leur ________.
   La vie universitaire ________.

La vie universitaire leur manque.
Les discussions animées ________.
________________ me ________.
Votre gentillesse ________________.
Votre bonté ____________________.

B. Donnez l'équivalent français des phrases suivantes.

1. I missed the train.
2. She missed the train.
3. She missed the bus.
4. We're going to miss the plane.
5. We'll miss the bus.
6. We're going to miss Paris. Paris va nous manquer
7. She's going to miss Paris. Paris va lui manquer.
8. She's going to miss Paul.
9. We're going to miss Jean.
10. You're going to miss him. Il va te manque.
11. You're going to miss her.
12. You're going to miss us. Nous vous allons vous manquer
13. I miss you. Vous me manquez.
14. You miss me. Je vous manque.

C. Répondez aux questions suivantes, en utilisant les expressions données entre parenthèses.

1. Il a manqué son train, n'est-ce pas? (Oui, . . .)
2. Il manque de tact, n'est-ce pas? (Non, mais . . . sincerité)
3. Pourquoi avez-vous manqué la pièce? (parce que nous avons dû attendre Marie)
4. Pourquoi n'a-t-il pas acheté la voiture? (parce qu'il manque d'argent)
5. Allons-nous manquer l'autobus? (Non, . . .)
6. Est-ce que vos parents vous manquent? (Oui, . . .)
7. Cette ville lui manque, n'est-ce pas? (Oui, . . .)
8. Suzanne vous manque-t-elle? (Non, . . .)
9. Manque-t-elle à Georges? (Oui, . . .)
10. Est-ce qu'elle manque aux autres? (Oui, . . .)
11. Est-ce que la vie du lycée te manque? (Non, . . .)
12. Il manque d'intelligence, n'est-ce pas? (Non, mais. . . convictions)
13. Ils ont manqué leur avion, n'est-ce pas? (Oui, . . .)

D. Demandez à:

1. M. ______ s'il a manqué le concert d'hier soir.
2. M. ______ s'il va manquer le concert de ce soir.
3. Mlle ______ si ses amis lui manquent.
4. M. ______ si son frère lui manque.
5. Mlle ______ si la vie du lycée lui manque.
6. Mlle ______ si la ville où elle demeurait lui manque.
7. Mlle ______ si le professeur manque de courage.

Structure: Le présent et l'imparfait avec *depuis, depuis quand,* et d'autres expressions de temps

Phrases modèles

1. Elle est ici depuis trois ans.
2. Elle était ici depuis trois ans.

3. Il y a trois ans qu'elle est ici.
4. Il y avait trois ans qu'elle était ici.
5. Voilà trois ans qu'elle est ici.
6. Ça fait trois ans qu'elle est ici.
7. Il a perdu son oncle il y a quelques mois.
8. J'ai dormi pendant presque tout le trajet.
9. Pendant tout ce temps, le concierge a parlé.
10. Mme Meursault est entrée ici il y a trois ans.

Notes de grammaire

On emploie le présent avec les expressions *depuis, depuis quand, il y a...que, voilà...que,* et *ça fait...que* + une expression de temps pour indiquer une action commencée dans le passé mais qui continue dans le présent:

Depuis quand *est*-elle malade?
How long *has she been* sick?

Elle *est* malade depuis une semaine.
Il y a une semaine qu'elle *est* malade.
Voilà une semaine qu'elle *est* malade.
Ça fait une semaine qu'elle *est* malade.
She *has been* sick for a week.

On emploie l'imparfait avec les expressions *depuis, depuis quand, il y avait...que, voilà...que, ça faisait...que* pour indiquer une action commencée dans le passé et continuée dans le passé. Etudiez et comparez les exemples suivants:

Depuis quand *était*-elle malade quand vous l'avez vue?
How long *had* she *been* sick when you saw her?

Elle *était* malade depuis une semaine.
Il y *avait* une semaine qu'elle *était* malade.
Voilà une semaine qu'elle *était* malade.
Ça *faisait* une semaine qu'elle *était* malade.
She *had been* sick for a week. (And still was.)

Ne confondez pas l'emploi de la préposition *pendant* (employée avec le passé composé pour indiquer une action terminée dans les limites de temps données) et les expressions *depuis, il y a...que, voilà... que, ça fait...que* (employées avec le présent pour désigner une action commencée dans le passé mais qui continue dans le présent). Etudiez et comparez les exemples suivants:

Paul a attendu le taxi pendant une demi-heure.
Paul waited for the taxi for half an hour.

Paul attend le taxi depuis une demi-heure.
Paul has been waiting for the taxi for half an hour.

Elle a été malade pendant deux ans.
She was sick for two years.

Il y a deux ans qu'elle est malade.
She has been sick for two years.

Nous avons demeuré à Genève pendant cinq ans.
We lived in Geneva for five years.

Ça fait cinq ans que nous demeurons à Genève.
We have lived in Geneva for five years.

Ne confondez pas l'emploi de l'expression *il y a... que* avec l'expression *il y a* (ago). Par exemple:

Il y a longtemps que j'habite ici.
I have lived here for a long time.

J'ai habité à Londres il y a longtemps.
I lived in London a long time ago.

A. Dans les phrases suivantes, substituez les mots suggérés.

1. Depuis quand est-il ici?
   ________ vous ___?
   ________ elle ___?
   ________ à Paris?
   ________ ils ___?
   ________ tu ___?
   ________ à Londres?
   ________ elles ___?
   ________ à la bibliothèque?
   ________ vous ________?
2. Nous étudions depuis une heure.
   Ils ________.
   Vous ________.
   ________ trois heures.
   ___ travaillez ________.
   Hélène ________.
   ________ un quart d'heure.
   Je ________.
   Tu ________.
3. Il y a une demi-heure que j'attends.
   ________ nous ___.
   ________ ils ___.
   ___ une heure ________.
   Voilà ________.
   ________ Georgette ___.
   ________ vous ________.
   ___ un quart d'heure ________.
   Voilà un quart d'heure que vous attendez.
   Ça fait ________.
   ________ tu ________.
   ________ nous ________.
   ___ une semaine ________.
   ________ je ________.
4. Elle lisait depuis deux heures.
   Nous ________.
   Tu ________.
   ________ longtemps.
   Vous ________.
   ___ écriviez ________.
   Je ________.
   ________ midi.
5. Il y avait deux ans qu'il était malade.
   ________ Jacqueline ___.
   ________ je ________.
   ___ un mois ________.
   Voilà ________.
   ________ vous ________.
   ___ quelques jours ________.
   Ça faisait ________.
   ________ ils ________.
   ________ tu ________.
   ________ nous ________.
6. J'ai dormi pendant tout le trajet.
   Il ________.
   Vous ________.
   ________ douze heures.
   Elle ________.
   ___ a travaillé ________.

Elle a travaillé pendant douze heures.
Nous ______________________.
______________________ toute la journée.
Ils ______________________.

7. Robert est parti il y a trois ans.
______________________ quelques jours.
________ est arrivé ______________________.
Tu ______________________.
________ est revenu ______________________.
Vous ______________________.

B. Transformez en suivant les modèles.

LE PROFESSEUR: Elle est ici depuis une heure.
L'ETUDIANT: Il y a une heure qu'elle est ici.

1. Je travaille depuis une heure.
2. Nous sommes ici depuis quelques jours.
3. Ils demeurent à Bordeaux depuis longtemps.
4. J'étudie depuis trois heures.
5. Hélène attend depuis un quart d'heure.
6. Le professeur parle depuis une demi-heure.

LE PROFESSEUR: Ça fait deux ans qu'ils sont ici.
L'ETUDIANT: Ils sont ici depuis deux ans.

7. Ça fait longtemps qu'il habite à Chicago.
8. Ça fait deux heures que vous travaillez.
9. Ça fait quelques jours que je suis malade.
10. Ça fait une heure qu'elle étudie.
11. Ça fait trois heures qu'il dort.
12. Ça fait un an qu'il écrit ce livre.

C. Dans les phrases suivantes, mettez les verbes à l'imparfait.

1. Ils demeurent à Londres depuis dix ans.
2. Il y a une semaine que je suis ici.
3. Il y a longtemps que je le connais.
4. Voilà une heure qu'il étudie.
5. Ça fait une demi-heure qu'il parle.
6. Nous travaillons ici depuis quelques jours.
7. Il y a quatre heures que nous marchons.
8. J'attends depuis un quart d'heure.
9. Ils regardent la télévision depuis deux heures.
10. Il y a cinq ans qu'elle est malade.

D. Donnez l'équivalent français des phrases suivantes.

1. He has been studying for a long time.
2. He had been studying for a long time.
3. He studied for a long time.
4. He studied French a long time ago.
5. We have been living here for five years.
6. We had been living in London for two weeks.
7. We lived in London for two weeks.

E. Répondez aux questions suivantes, en utilisant les expressions données entre parenthèses.

1. Depuis quand habitez-vous ici? (Ça fait trois ans)
2. Depuis quand étudiez-vous le français? (depuis deux ans)
3. Depuis quand êtes-vous malade? (depuis quelques jours)
4. Depuis quand parle-t-il? (Il y a une heure)
5. Depuis quand sont-ils ici? (Ça fait trois ans)
6. Depuis quand étaient-ils à Paris? (depuis un mois)
7. Combien de temps a-t-il parlé? (pendant une heure)
8. Combien de temps ont-ils habité à Londres? (pendant cinq ans)

9. Combien de temps avez-vous étudié? (pendant trois heures)
10. Depuis quand travaillait-il à Chicago? (depuis un mois)
11. Depuis quand attends-tu? (Voilà une demi-heure)
12. Depuis quand dort-elle? (depuis quatre heures)

CONVERSATION

Questions

1. Qui est mort aujourd'hui ou hier?
2. Meursault sait-il quand sa mère est morte?
3. Où se trouve l'asile?
4. Combien de temps faut-il pour aller d'Alger à l'asile?
5. Qu'est-ce que Meursault a demandé à son patron?
6. Le patron avait-il l'air content de donner un congé à Meursault?
7. A quelle heure Meursault a-t-il pris l'autobus?
8. Où a-t-il mangé?
9. Qu'est-ce que Céleste a dit à Meursault?
10. Trouvez-vous la phrase "On n'a qu'une mère" banale?
11. Qu'est-ce que Meursault a emprunté à Emmanuel?
12. Qu'est-ce que Meursault a fait pendant le trajet?
13. Qu'est-ce qu'il a dit au militaire contre qui il était tassé? Pourquoi?
14. Comment est-ce que Meursault a fait le chemin du village à l'asile?
15. Comment est le directeur de l'asile?
16. Que porte-t-il?
17. Quand est-ce que Mme Meursault est entrée dans l'asile?
18. Pourquoi l'a-t-on placée dans l'asile?
19. Est-ce que la mère de Meursault s'ennuyait avec lui?
20. Selon Meursault, pourquoi est-ce que sa mère pleurait à l'asile?
21. Après quelques mois, qu'est-ce qu'elle aurait fait si on l'avait retirée de l'asile? Pourquoi?
22. Meursault rendait-il visite souvent à sa mère la dernière année? Pourquoi pas?
23. Meursault est-il triste à cause de la mort de sa mère?

Causeries

1. En répondant aux questions suivantes, préparez une causerie: *Un personnage absurde: Meursault.*

   Où demeure Meursault? Quel est son métier? Est-il différent des autres? Comment? Connaît-il le remords à la mort de sa mère? Semble-t-il indifférent à tout? Semble-t-il connaître les sentiments de joie et d'amour? Est-il détaché? Semble-t-il ennuyé de sa vie? Sa vie a-t-elle un sens? A-t-elle un caractère mécanique? Que dit Meursault sur l'habitude? Trouvez-vous son existence absurde? Semble-t-il être la personnification de l'absurdité?

2. En répondant aux questions suivantes, préparez une causerie: *Le style absurde.*

   En quoi consiste le "style absurde?" Décrivez le ton du passage. Les phrases du passage sont-elles contrôlées? Sont-elles longues ou courtes? Combien de syllabes y a-t-il dans une phrase typique? Choisissez pour lire quelques phrases typiques. Lisez-les d'une voix fatiguée et détachée. Le vocabulaire est-il convenable à l'attitude d'ennui, de lassitude, et d'indifférence du héros? Choisissez-en des exemples. Commentez sur la litote (understatement) de Meursault. Donnez-en des exemples. A votre avis, le "style absurde" est-il convenable à l'impression que l'auteur veut laisser au lecteur?

PENSEES

84. *Nous ne nous tenons jamais au temps présent. Nous anticipons l'avenir comme trop lent à venir, comme pour hâter son cours; ou nous rappelons le passé pour l'arrêter comme trop prompt: si imprudents, que nous errons dans les temps qui ne sont point nôtres; et ne pensons point au seul qui nous appartient; et si vains, que nous songeons à ceux qui ne sont rien, et échappons sans réflexion le seul qui subsiste. C'est que le présent, d'ordinaire, nous blesse. Nous le cachons à notre vue, parce qu'il nous afflige; et, s'il nous est agréable, nous regrettons de le voir échapper. Nous tâchons de le soutenir par l'avenir, et pensons à disposer les choses qui ne sont pas en notre puissance pour un temps où nous n'avons aucune assurance d'arriver . . .*

163. *Notre nature est dans le mouvement; le repos entier est la mort . . .*

Pascal
Les Pensées

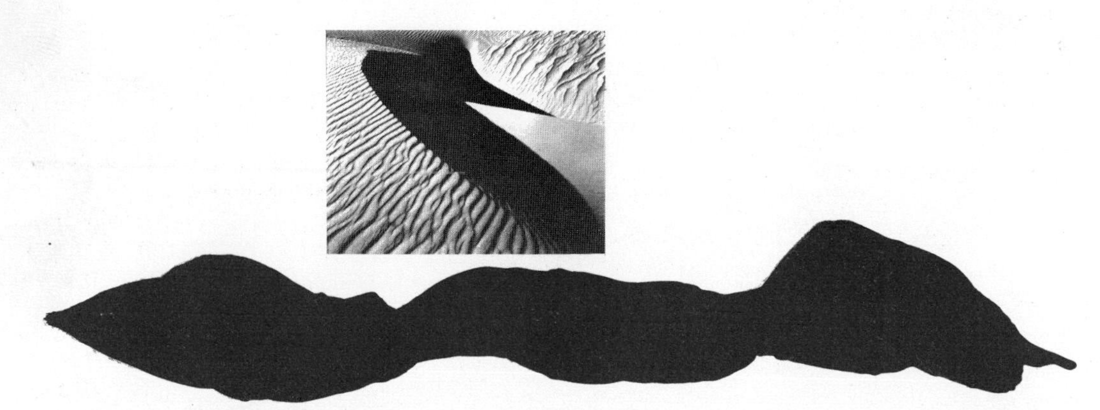

"Pourquoi?"—Je ne sais pas.

Meursault est toujours à l'asile où sa mère est morte.

Le directeur m'a encore parlé. Mais je ne l'écoutais presque plus. Puis il m'a dit: "Je suppose que vous voulez voir votre mère." Je me suis levé sans rien dire et il m'a précédé vers la porte. Dans l'escalier, il m'a expliqué: "Nous l'avons transportée dans notre petite morgue. Pour ne pas impressionner les autres. Chaque fois qu'un pensionnaire meurt, les autres sont nerveux pendant deux ou trois jours. Et ça rend le service difficile." Nous avons traversé une cour où il y avait beaucoup de vieillards bavardant par petits groupes. Ils se taisaient quand nous passions. Et derrière nous, les conversations reprenaient. On aurait dit un jacassement assourdi de perruches. A la porte d'un petit bâtiment, le directeur m'a quitté: "Je vous laisse, monsieur Meursault. Je suis à votre disposition dans mon bureau. En principe, l'enterrement est fixé à dix heures du matin. Nous avons pensé que vous pourrez ainsi veiller la disparue. Un dernier mot: votre mère a, paraît-il, exprimé souvent à ses compagnons le désir d'être enterrée religieusement. J'ai pris sur moi de faire le nécessaire. Mais je voulais vous en informer." Je l'ai remercié. Maman, sans être athée, n'avait jamais pensé de son vivant à la religion.

cour: (courtyard)
bavardant: parlant beaucoup de choses insignifiantes
jacassement: bavardages
assourdi: sans beaucoup de bruit; rendu peu sonore
perruches: la perruche est la femelle du perroquet (parrot).
disparue: morte; qui n'est plus visible
athée: qui ne croit pas en Dieu

Je suis entré. C'était une salle très claire, blanchie à la chaux et recouverte d'une verrière. Elle était meublée de chaises et de chevalets en forme de X. Deux d'entre eux, au centre, supportaient une bière recouverte de son couvercle. On voyait seulement des vis brillantes, à peine enfoncées, se détacher sur les planches passées au brou de noix. Près de la bière, il y avait une infirmière arabe en sarrau blanc, un foulard de couleur vive sur la tête.

A ce moment, le concierge est entré derrière mon dos. Il avait dû courir. Il a bégayé un peu: "On l'a couverte, mais je dois dévisser la bière pour que vous puissiez la voir." Il s'approchait de la bière quand je l'ai arrêté. Il m'a dit: "Vous ne voulez pas?" J'ai répondu: "Non." Il s'est interrompu et j'étais gêné parce que je sentais que je n'aurais pas dû dire cela. Au bout d'un moment, il m'a regardé et il m'a demandé: "Pourquoi?" mais sans reproche, comme s'il s'informait. J'ai dit: "Je ne sais pas." Alors, tortillant sa moustache blanche, il a déclaré sans me regarder: "Je comprends." Il avait de beaux yeux, bleu clair, et un teint un peu rouge. Il m'a donné une chaise et lui-même s'est assis un peu en arrière de moi. La garde s'est levée et s'est dirigée vers la sortie. A ce moment, le concierge m'a dit: "C'est un chancre qu'elle à." Comme je ne comprenais pas, j'ai regardé l'infirmière et j'ai vu qu'elle portait sous les yeux un bandeau

chaux: oxyde de calcium (whitewash)
verrière: (skylight)
chevalets: (sawhorses)
couvercle: objet qui sert à couvrir un pot ou une boîte
vis: (screws)
enfoncées: pénétrées
brou de noix: (walnut stain or lacquer)
sarrau: blouse longue que l'on porte par dessus les autres vêtements
foulard: écharpe
bégayé: parlé avec hésitation (stuttered)
s'est dirigé: est allé
chancre: ulcération ayant tendance à s'étendre

qui faisait le tour de la tête. A la hauteur du nez, le bandeau était plat. On ne voyait que la blancheur du bandeau dans son visage.

Quand elle est partie, le concierge a parlé: "Je vais vous laisser seul." Je ne sais pas quel geste j'ai fait, mais il est resté, debout derrière moi. Cette présence dans mon dos me gênait. La pièce était pleine d'une belle lumière de fin d'après-midi. Deux frelons bourdonnaient contre la verrière. Et je sentais le sommeil me gagner. J'ai dit au concierge, sans me retourner vers lui: "Il y a longtemps que vous êtes là?" Immédiatement il a répondu: "Cinq ans"—comme s'il avait attendu depuis toujours ma demande.

Ensuite, il a beaucoup bavardé. On l'aurait bien étonné en lui disant qu'il finirait concierge à l'asile de Marengo. Il avait soixante-quatre ans et il était parisien. A ce moment je l'ai interrompu: "Ah! vous n'êtes pas d'ici?" Puis je me suis souvenu qu'avant de me conduire chez le directeur, il m'avait parlé de maman. Il m'avait dit qu'il fallait l'enterrer très vite, parce que dans la plaine il faisait chaud, surtout dans ce pays. C'est alors qu'il m'avait appris qu'il avait vécu à Paris et qu'il avait du mal à l'oublier. A Paris, on reste avec le mort trois, quatre jours quelquefois. Ici on n'a pas le temps, on ne s'est pas fait à l'idée que déjà il faut courir derrière le corbillard. Sa femme lui avait dit alors: "Tais-toi, ce ne sont pas des choses à raconter à monsieur." Le vieux avait rougi et s'était excusé. J'étais intervenu pour dire: "Mais non. Mais non." Je trouvais ce qu'il racontait juste et intéressant...

plat: (flat)

frelons: (hornets)

window

étonné: surpris

Then he informed me that he had lived in paris and that he couldn't forget it

ne s'est pas fait: ne s'est pas habitué

corbillard: voiture servant à transporter les morts

intervened

COMPREHENSION ET EXERCICES DE VOCABULAIRE

A. Trouvez six phrases fausses parmi les suivantes.

1. Il y a plusieurs perroquets dans la cour de l'asile.
2. La mère de Meursault sera enterrée le lendemain.
3. Durant sa vie Mme Meursault ne croyait pas en Dieu.
4. La bière où reposait le corps de la mère de Meursault était ouverte.
5. Meursault était pressé de voir sa mère une dernière fois.
6. La garde n'a plus de nez.
7. Le concierge est à l'asile depuis cinq ans.
8. Il est né à Alger.
9. A cause de la chaleur il faut vite enterrer un mort.
10. Parler de la mort fait du mal à Meursault.

B. Identifiez le personnage qui:

1. a arrangé l'enterrement de Mme Meursault.
2. a bégayé en parlant.
3. ne voulait pas qu'on ouvre la bière.
4. avait des yeux bleus et un teint rouge.
5. a un chancre et porte un bandeau blanc.
6. était gêné par la présence du concierge.
7. est parisien.
8. s'est excusé d'avoir parlé de la mort devant Meursault.
9. a beaucoup bavardé

C. Lesquels des adjectifs suivants s'appliquent à Meursault?

énergique, taciturne, impassible, impétueux, détaché, belliqueux, indifférent, émotionnable, ennuyé, impressionnable, fatigué, sensible, bavard, ambitieux

DIALOGUE

Le professeur parle avec Marie à propos du concept camusien de l'absurdité de la condition humaine.

Marie: En quoi consiste l'idée de l'auteur sur l'absurdité?

Le professeur: Camus insiste surtout sur un automatisme monotone qui engloutit la vie des êtres humains. On se lève; on va au travail; on mange; on dort. Et ça se fait lundi, mardi, mercredi, jeudi, vendredi, samedi.

Marie: La vie de Meursault est certainement enveloppée dans une torpeur ennuyeuse.

Le professeur: Nous allons lire un passage où Meursault décrit son dimanche. Le rhythme mécanique de cette journée ne change guère. Mais il y a autre chose.

Marie: Oui. . .

Le professeur: C'est ce que Camus appelle "vision de la mort."

Marie: Qu'est-ce que cela veut dire?

Le professeur: Puisque tout le monde mourra, la vie est donc inutile. Les efforts des hommes sont donc absurdes.

CONVERSATION

1. Pourquoi a-t-on transporté la mère de Meursault dans la petite morgue?
2. Que faisaient les vieillards dans la cour?
3. A quoi ressemblait leur bavardage?
4. Quand aura lieu l'enterrement de Mme Meursault?
5. Quelle sorte d'enterrement voulait Mme Meursault?
6. La bière était-elle couverte?
7. Comment étaient les vis dans le couvercle?
8. Meursault veut-il qu'on ouvre la bière?
9. Veut-il revoir sa mère une dernière fois?
10. Sait-il pourquoi il ne veut pas la voir?
11. Décrivez le visage de la garde.
12. Qu'est-ce qui gênait Meursault?
13. Depuis quand le concierge est-il à Marengo?
14. Quel âge a-t-il?
15. D'où est-il?
16. Pourquoi faut-il vite enterrer un mort à Marengo?
17. Pourquoi le concierge s'est-il excusé?
18. Que pensait Meursault de ce que disait le concierge?

Causeries

1. En répondant aux questions suivantes, préparez une causerie: *Le concierge.*

   D'où est-il? Quel âge a-t-il? De quelle couleur sont ses yeux? Comment est son teint? Aime-t-il bavarder? A-t-il du tact? Est-il surpris en apprenant que Meursault ne veut pas voir sa mère? Depuis combien de temps est-il à Marengo? Croyez-vous qu'il finisse sa vie à Marengo? Le croit-il?

2. En répondant aux questions suivantes, préparez une causerie: *La Routine quotidienne.*

   Selon Camus, en quoi consiste surtout l'absurdité de l'existence? Donnez des exemples de la routine monotone de tous les jours. La vie universitaire est-elle parfois engloutie dans un automatisme ennuyeux? Donnez-en des exemples. Que peut-on faire pour rompre l'ennui de la routine? (Par exemple: choisir un travail ou des études intéressantes; avoir des passe-temps captivants—musique, peinture, sports; se faire des amitiés sincères; voir la beauté intrinsèque des choses—une fleur, par exemple; arranger des journées, des moments spéciaux.)

Richard Anuskiewicz, Knowledge and Disappearance. 1961. Oil. 50″ x 49″. Collection Warren D. Benedek.

Cela n'avait aucune importance

Le soir arrive. Dans la petite morgue, Meursault se prépare à veiller la morte.

VOCABULAIRE DE BASE

1. *s'était épaissie* (s'épaissir): s'était rendue plus épaisse, plus dense
   La nuit _______ petit à petit.
2. *aveuglé* (aveugler): depourvu de la faculté de voir; rendu aveugle
   J'ai été _______ par la lumière intense.
3. *me rendre:* aller
   J'ai dû _______ au café.
4. *ai somnolé* (somnoler): ai été dans un demi-sommeil; me suis assoupi
   Il faisait chaud, et j'_______ un peu.
5. *ombre* (n.f.): obscurité; le contraire de *clarté, lumière*
   J'aime m'asseoir à l'_______ des arbres.
6. *blessante:* faisant du mal à
   C'était une lumière _______ pour les yeux.
7. *dizaine* (n.f.): à peu près dix
   Ils étaient en tout une _______.
8. *habits* (n.m.): vêtements
   Elle portait des _______ élégants.
9. *lueur* (n.f.): une lumière faible
   Soudain une _______ se fit remarquer dans ses yeux.
10. *s'est mise à* (se mettre à): a commencé à
    Une des femmes _______ pleurer.
11. *mornes:* tristes; mélancoliques
    Elle restait sans parler, _______ et silencieuse.
12. *n'osais pas* (oser): n'avais pas le courage de
    Je _______ le lui dire.
13. *s'est penché* (se pencher): s'est incliné
    Le concierge _______ vers elle.
14. *a bredouillé* (bredouiller): a parlé d'une façon indistincte
    Elle _______ quelque chose et a commencé à pleurer.
15. *a renseigné* (renseigner): a donné des renseignements
    Il m'_______ sur le départ du train pour Marrakech.

Puis, j'ai encore dormi.

La garde est entrée à ce moment. Le soir était tombé brusquement. Très vite, la nuit s'était épaissie au-dessus de la verrière. Le concierge a tourné le commutateur et j'ai été aveuglé par l'éclaboussement soudain de la lumière. Il m'a invité à me rendre au réfectoire pour dîner. Mais je n'avais pas faim. Il m'a offert alors d'apporter une tasse de café au lait. Comme j'aime beaucoup le café au lait, j'ai accepté et il est revenu un moment après avec un plateau. J'ai bu. J'ai eu alors envie de fumer. Mais j'ai hésité parce que je ne savais pas si je pouvais le faire devant maman. J'ai réfléchi, cela n'avait aucune importance. J'ai offert une cigarette au concierge et nous avons fumé.

commutateur: (switch)
éclaboussement: éruption; jaillissement

A un moment, il m'a dit: "Vous savez, les amis de madame votre mère vont venir la veiller aussi. C'est la coutume. Il faut que j'aille chercher des chaises et du café noir." Je lui ai demandé si on pouvait éteindre une des lampes. L'éclat de la lumière sur les murs blancs me fatiguait. Il m'a dit que ce n'était pas possible. L'installation était ainsi faite: c'était tout ou rien. Je n'ai plus beaucoup fait attention à lui. Il est sorti, est revenu, a disposé des chaises. Sur l'une d'elles, il a empilé des tasses autour d'une cafetière. Puis il s'est assis en face de moi, de l'autre côté de maman. La garde était aussi au fond, le dos tourné. Je ne voyais pas ce qu'elle faisait. Mais au mouvement de ses bras, je pouvais croire qu'elle tricotait. Il faisait doux, le café m'avait réchauffé et par la porte ouverte entrait une odeur de nuit et de fleurs. Je crois que j'ai somnolé un peu

éteindre: fermer; faire cesser de briller ou de brûler
l'éclat: la force; la violence; l'intensité lumineuse
empilé: placé en piles
au fond: au bout

C'est un frôlement qui m'a réveillé. D'avoir fermé les yeux, la pièce m'a paru encore plus éclatante de blancheur. Devant moi, il n'y avait pas une ombre et chaque objet, chaque angle, toutes les courbes se dessinaient avec une pureté blessante pour les yeux. C'est à ce moment que les amis de maman sont entrés. Ils étaient en tout une dizaine, et ils glissaient en silence dans cette lumière aveuglante. Ils se sont assis sans qu'aucune chaise grinçât. Je les voyais comme je n'ai jamais vu personne et pas un détail de leurs visages ou de leurs habits ne m'échappait. Pourtant je ne les entendais pas et j'avais peine à croire à leur réalité. Presque toutes les femmes portaient un tablier et le cordon qui les serrait à la taille faisait encore ressortir leur ventre bombé. Je n'avais encore jamais remarqué à quel point les vieilles femmes pouvaient avoir du ventre. Les hommes étaient presque tous très maigres et tenaient des cannes. Ce qui me frappait dans leurs visages, c'est que je ne voyais pas leurs yeux, mais seulement une lueur sans éclat au milieu d'un nid de rides. Lorsqu'ils se sont assis, la plupart m'ont regardé et

frôlement: (grazing; touch)
glissaient: passaient (glided)
grinçât: fît du bruit
tablier: (apron)
taille: (waist)
ventre: estomac
nid: construction que font les oiseaux

ont hoché la tête avec gêne, les lèvres toutes mangées par leur bouche sans dents, sans que je puisse savoir s'ils me saluaient ou s'il s'agissait d'un tic. Je crois plutôt qu'ils me saluaient. C'est à ce moment que je me suis aperçu qu'ils étaient tous assis en face de moi à dodeliner de la tête, autour du concierge. J'ai eu un moment l'impression ridicule qu'ils étaient là pour me juger.

dodeliner de la tête: remuer ou hocher la tête

Peu après, une des femmes s'est mise à pleurer. Elle était au second rang, cachée par une de ses compagnes, et je la voyais mal. Elle pleurait à petits cris, régulièrement. Il me semblait qu'elle ne s'arrêterait jamais. Les autres avaient l'air de ne pas l'entendre. Ils étaient affaissés, mornes et silencieux. Ils regardaient la bière ou leur canne, ou n'importe quoi, mais ils ne regardaient que cela. La femme pleurait toujours. J'étais très étonné parce que je ne la connaissais pas. J'aurais voulu ne plus l'entendre. Pourtant je n'osais pas le lui dire. Le concierge s'est penché vers elle, lui a parlé, mais elle a secoué la tête, a bredouillé quelque chose, et a continué de pleurer avec la même régularité. Le concierge est venu alors de mon côté. Il s'est assis près de moi. Après un assez long moment, il m'a renseigné sans me regarder: "Elle était très liée avec madame votre mère. Elle dit que c'était sa seule amie ici et que maintenant elle n'a plus personne."

affaissés: abattus; détruits; accablés

Nous sommes restés un long moment ainsi. Les soupirs et les sanglots de la femme se faisaient plus rares. Elle reniflait beaucoup. Elle s'est tue enfin...

reniflait: (sniffled)

Nous avons tous pris du café, servi par le concierge. Ensuite, je ne sais plus. La nuit a passé. Je me souviens qu'à un moment j'ai ouvert les yeux et j'ai vu que les vieillards dormaient tassés sur eux-mêmes, à l'exception d'un seul qui, le menton sur le dos de ses mains agrippées à la canne, me regardait fixement comme s'il n'attendait que mon réveil. Puis j'ai encore dormi...

COMPREHENSION ET EXERCICES DE VOCABULAIRE

A. Trouvez trois phrases fausses parmi les suivantes.

1. Meursault est resté dans le noir.
2. Il a bu du café au lait.
3. Il a aussi fumé avec le concierge.
4. Meursault n'a pas dormi de toute la nuit.
5. Il y avait à peu près dix des amis de Mme Meursault qui ont veillé avec Meursault.
6. Meursault a noté tous les détails des visages et des habits des vieillards.
7. Les femmes étaient presque toutes très maigres.
8. Tous les vieillards ont dormi à l'exception d'un seul qui regardait Meursault.

B. Lesquels des mots suivants décrivent les vieillards?

bavards, mornes, beaux, gais, fatigués, bruyants, silencieux, vifs, abattus, gênés

C. Lesquelles des phrases suivantes décrivent la petite morgue?

1. Les ombres grises et noires donnent une impression de tristesse.
2. La salle est éclatante de blancheur.
3. La lumière intense fait mal aux yeux.
4. On peut éteindre les lampes une à une.
5. Les objets de la salle se voient très distinctement.
6. On entend de la musique.

D. Dans les phrases suivantes, substituez les mots suggérés.

1. La lumière m'a aveuglé.
   L'éclat du soleil ______.
   La réflexion dans l'eau ______.
   La blancheur de la salle ______.
   La blancheur de la neige ______.
2. Elle est aveugle depuis sa naissance.
   Il ______.
   Ils ______.
   ______ l'accident.
   Hélène ______.
   ______ trois ans.
3. Avez-vous été blessé?
   ______ tu ______?
   ______ ils ______?
   ______ elle ______?
   ______ il ______?
   ______ on ______?
   ______ vous ______?
4. Une femme s'est mise à pleurer.
   Elles ______.
   ______ renifler.
   Les enfants ______.

Les enfants se sont mis à renifler.
______________ jouer.
Nous ______________.
Ils ______________.
______________ travailler.
Je ______________.
______________ étudier.
Vous ______________.

5. Il n'osait pas le lui dire.
Je ______________.
______________ le faire.
Nous ______________.
Vous ______________.
Vous n'osiez pas le faire.
Ils ______________.
______________ en parler.
Tu ______________.
Hélène ______________.

6. Elle a bredouillé quelque chose.
Tu ______________.
Je ______________.
______________ quelques mots.
Vous ______________.
Ils ______________.
Le concierge ______________.

E. Dans les phrases suivantes, remplacez les formes du verbe *aller* par les formes du verbe *se rendre*.

1. Il m'a invité à aller à l'hôtel.
2. J'ai dû aller à la bibliothèque.
3. Nous sommes allés en ville.
4. Je suis allé à la conférence.

F. Dans les phrases suivantes, remplacez les formes du verbe *s'assoupir* par les formes du verbe *somnoler*.

1. Il faisait chaud et je me suis assoupi.
2. Meursault s'est assoupi un peu.
3. Je crois qu'elle va s'assoupir.
4. A cause de la chaleur, ils se sont assoupis.

G. Dans les phrases suivantes, remplacez *obscurité* par *ombre*.

1. Elle est restée dans l'obscurité.
2. Il n'y avait pas d'obscurité dans la salle.
3. L'obscurité de la nuit contrastait avec la blancheur intense de la salle.

H. Dans les phrases suivantes, remplacez les expressions avec *à peu près* par des numéros avec *–aine:*

LE PROFESSEUR: J'en ai vu à peu près trente.
L'ETUDIANT: J'en ai vu une trentaine.

1. Ils étaient en tout à peu près dix.
2. Ils étaient en tout à peu près vingt.

3. Ils étaient en tout à peu près cent.
4. Ils étaient en tout à peu près douze.
5. Ils étaient en tout à peu près cinquante.
6. Ils étaient en tout à peu près quarante.
7. Ils étaient en tout à peu près soixante.
8. Ils étaient en tout à peu près quinze.

I. Dans les phrases suivantes, remplacez *vêtements* par *habits*.

1. Elle portait des vêtements élégants.
2. Aucun détail de leurs vêtements ne m'échappait.
3. Il choisit ses vêtements avec soin.
4. Elle est forcée de porter des vêtements usés.
5. Ce soir Geneviève trouvera dans l'armoire des vêtements neufs.
6. A qui appartiennent ces vêtements?
7. Parmi les vêtements il y avait une robe de bal d'une soie noire et lustrée

J. Dans les phrases suivantes, remplacez les formes du verbe *commencer à* par les formes du verbe *se mettre à*.

1. Elle a commencé à pleurer.
2. Ils ont commencé à étudier.
3. J'ai commencé à crier.
4. Nous avons commencé à chanter.

K. Dans les phrases suivantes, remplacez *triste* par *morne*.

1. Ils se sont assis, silencieux et tristes, dans la vaste salle ténébreuse.
2. Aujourd'hui tout me paraît triste et mélancolique.
3. Je ne sais pas pourquoi, mais cette maison semble triste ce soir.
4. C'est une histoire triste et lugubre.
5. Le cri de l'oiseau n'était pas triste.

L. Choisissez les mots convenables pour compléter les phrases suivantes.

1. La nuit s'est épaissie, c'est-à-dire la nuit *a. est devenue plus noire* *b. s'est aveuglée* *c. est partie*.
2. L'enfant ne peut pas voir; il est *a. aveugle* *b. sourd* *c. affaissé*.
3. Je me suis *a. grincé* *b. penché* *c. bégayé* vers elle pour lui dire quelque chose.
4. Je crois qu'il y a *a. un kilo* *b. une centaine* *c. cent* d'élèves dans la classe.
5. Elle pleurait beaucoup et entre ses sanglots, elle *a. bredouillait* *b. tricotait* *c. empilait* quelque chose que je n'ai pas compris.
6. L'employé m'a *a. rendu* *b. reniflé* *c. renseigné* sur l'heure du départ.

M. Trouvez le mot ou l'expression qui correspond au mot ou à l'expression en italique.

1. Le vieillard a dit qu'il avait mal au *ventre*. H
2. Ils étaient assis en face de moi à *dodeliner de la tête*. G
3. Il *n'a pas osé* lui en parler. E
4. Soudain l'enfant *s'est mis* à crier. F
5. Je crois que *j'ai somnolé* un peu. A
6. Il a dû *se rendre* à l'hôpital. d

a. me suis assoupi
b. n'a pas voulu
c. dos
d. aller
e. n'a pas eu le courage de
f. a commencé
g. remuer la tête
h. estomac

DIALOGUE

Jacqueline: Paul, d'où vient, à ton avis, le titre du roman?
Paul: Meursault est sans doute l'étranger.
Jacqueline: Oui. . . mais il est algérien, et. . .
Paul: Meursault serait étranger dans n'importe quel pays du monde.
Jacqueline: Pourquoi dis-tu cela?
Paul: C'est qu'il est étranger aux autres.
Jacqueline: Comment ça?
Paul: D'abord il n'a pas les mêmes valeurs morales que les autres.
Claudine: Ni la même sensibilité. Il est presque inhumain.
Robert: Meursault est l'étranger, je crois, parce qu'il ne joue aucun rôle. Ses actes expriment exactement ce qu'il est.
Jacqueline: Et comment est-ce que cela le rend étranger?
Robert: Il fait contraste avec ceux qui cachent des mensonges.

REVISION ET EXERCICES

Structure: Verbe auxiliaire *être*

Phrases modèles

1. La garde est entrée à ce moment.
2. Le soir était tombé brusquement.
3. Très vite, la nuit s'était épaissie.
4. Il est revenu un moment après.
5. Il est sorti et revenu.
6. Puis il s'est assis en face de moi.

7. C'est à ce moment que les amis de maman sont entrés.
8. Une des femmes s'est mise à pleurer.
9. Le concierge s'est penché vers elle.
10. Nous sommes restés un long moment ainsi.
11. Elle s'est tue enfin.

Notes de grammaire

La plupart des verbes se conjuguent aux temps composés avec le verbe *avoir*. Les verbes suivants se conjuguent avec le verbe auxiliare *être:*

Infinitif	Participe passé
aller	allé
apparaître	apparu
arriver	arrivé
descendre	descendu
devenir	devenu
entrer	entré
monter	monté
mourir	mort
naître	né
partir	parti
redevenir	redevenu
rentrer	rentré
rester	resté
retourner	retourné
revenir	revenu
sortir	sorti
tomber	tombé
venir	venu

Aux temps composés, tous les verbes réfléchis se conjuguent avec *être.*

Pour rétudier l'accord du participe passé, voir les pages 5 à 17.

A. Dans les phrases suivantes, substituez les mots suggérés.

1. La garde est entrée à ce moment là.
Ils ______________________.
Tu ______________________.
______________________ hier.

Tu es entré hier.
________ arrivé ________.
Marie ______________.
Je ______________.
______________ samedi.
________ parti ________.
Vous ______________.
Nous ______________.

Nous sommes partis samedi.
______ rentrés ______.
______ à minuit.
Ils ______.
Je ______.

2. Elle était allée au concert.
Nous ______.
Ils ______.
______ à l'hôtel.
______ descendus ______.
Je ______.
______ à Nice.
Vous ______.
______ retourné ______.
Nous ______.
M. Martin ______.
______ à Londres.
______ revenu ______.
Elles ______.
Je ______.

3. Elle est morte hier.
Ils ______.
Il ______.
______ né ______.
______ aujourd'hui.
Elle ______.
______ tombée ______.
______ ce matin.
Je ______.
Nous ______.
Vous ______.

4. A six heures il sera arrivé.
______ nous ______.
Demain ______.
______ vous ______.
______ ils ______.
______ partis.
La semaine prochaine ______.
______ je ______.
A onze heures ______.
______ rentré.
______ tu ______.
______ Hélène ______.

5. Dans ce cas là, elle se serait dépêchée.
______ nous ______.
______ je ______.
Dans ce cas-là, je me serais dépêché.
______ arrêté.
______ ils ______.
______ vous ______.
______ reposé.
______ tu ______.
______ Jacqueline ______.

6. (In 6 the substitution items are to be made in the clause following *que*.)
Il ne croit pas que je sois parti.
______ vous ______.
______ tu ______.
______ sorti.
______ ils ______.
______ nous ______.
______ venus.
______ je ______.
______ Robert ______.

B. Dans les phrases suivantes, mettez les verbes au plus-que-parfait, en employant le mot *déjà*.

LE PROFESSEUR: Il est parti.
L'ETUDIANT: Il était déjà parti.

1. Ils sont restés à Paris.
2. Nous sommes montés dans le train.
3. Je suis devenu riche.
4. Elle est morte.
5. Nous sommes allés à la bibliothèque.
6. Il est redevenu triste et mélancolique.
7. Ils sont venus.

C. Dans les phrases suivantes, mettez les verbes au futur antérieur et ensuite au passé du conditionnel.

LE PROFESSEUR: Il est parti.
L'ETUDIANT: Il sera parti.
Il serait parti.

1. Nous sommes rentrés de bonne heure.
2. Je suis venu.
3. Elle est arrivée à deux heures et demie.
4. Vous êtes revenu.
5. Il est devenu avocat.
6. Ils sont retournés.

D. Répondez aux questions suivantes, en utilisant les expressions données entre parenthèses.

1. Sont-ils rentrés de bonne heure? (Oui, . . . à dix heures)
2. Quand est-elle partie? (à six heures)
3. Dans ce cas-là, vous seriez venue, n'est-ce pas? (Oui, . . .)
4. Ils étaient déjà sortis, n'est-ce pas? (Oui, . . .)
5. Es-tu allé à la conférence? (Non, . . .)
6. Quand serons-nous arrivés? (demain à neuf heures)
7. Dans ce cas-là, seriez-vous resté plus longtemps? (Oui, . . .)

E. Dans les phrases suivantes, mettez les verbes au passé composé.

1. Je vais au cinéma.
2. A quelle heure finissez-vous?
3. A quelle heure partent-ils?
4. Il fait beau.
5. Nous demeurons à Lyon.
6. Il arrive ce soir à huit heures.
7. Je cherche un taxi.
8. Elle vient me voir.
9. Ils ne comprennent pas.
10. Nous restons à Cannes.

Structure: Les verbes irréguliers *s'asseoir*, *se taire* (*plaire*), *boire*

Phrases modèles

1. J'ai bu.
2. Puis il s'est assis en face de moi.
3. Ils se sont assis sans qu'aucune chaise grinçât.
4. Lorsqu'ils se sont assis, la plupart m'ont regardé et ont hoché la tête avec gêne.
5. Ils étaient tous assis en face de moi.
6. Il s'est assis près de moi.
7. Elle s'est tue enfin.

Notes de grammaire

Voir dans l'Appendice 1. les formes des verbes *s'asseoir, plaire,* et *boire*. Remarquez la différence entre *s'asseoir* (to sit down) et *être assis* (to be seated):

Elle s'est assise près de moi.
She sat down near me.

Elle est assise près de moi.
She is seated near me.

Ils s'étaient assis en face de moi.
They had sat down opposite me.

Ils étaient assis en face de moi.
They were seated opposite me.

Notez que les verbes *plaire* et *pleuvoir* ont la même forme du participe passé:

Ce film m'a beaucoup plu.
That movie pleased me a great deal. (I liked that movie a lot.)

Hier il a plu.
Yesterday it rained.

A. Dans les phrases suivantes, substituez les mots suggérés.

1. J'ai bu du café noir.
Nous ______.
Vous ______.
Tu ______.
______ un verre de vin rouge.
Ils ______.
Elle ______.
Je ______.
______ bière.
Nous ______.

2. Je bois du lait avec mes repas.
Nous ______.
Ils ______.
______ du vin ______.
Vous ______.
Jean ______.
______ de l'eau minérale ______.

3. Il vaut mieux que tu boives quelque chose.
______ vous ______.
______ je ______.
______ un peu d'eau.
______ ils ______.
______ elle ______.
______ ce médicament.
______ nous ______.

4. Je n'en boirai pas.
Elle ______.
Elle n'en boira pas.
Nous ______.
Vous ______.
Ils ______.
Tu ______.

5. Ce film me plaît.
Ces livres ______.
______ lui ______.
______ plairont.
Ce concert ______.
______ leur ______.
______ a plu.
Ces tableaux ______.

6. Asseyez-vous!
Taisez- ______!
______ toi!
______ nous!
Asseyons- ______!
______ toi!
Tais- ______!
______ vous!

7. Il s'est assis en face d'elle.
Je ______.
Nous ______.
Tu ______.
______ à côté d'elle.
Vous ______.
______ étiez assis ______.

8. Elle est assise près de la fenêtre.
Je ______.
Il ______.
Nous ______.

Nous sommes assis près de la fenêtre.
Tu ______________________.
______________________ la cheminée.
______ étais assis ______________________.
Vous ______________________.
Je ______________________.

9. Elle s'est tue enfin.
Ils ______________.
Robert ______________.
Nous ______________.
Vous ______________.
Je ______________.

10. Il s'assied au fond de l'autobus.
Tu ______________________.
Vous ______________________.
Ils ______________________.
______________________ l'autocar.
___ s'assiéront ______________________.
Je ______________________.
Nous ______________________.
______________________ la salle.
Il ______________________.

B. Répétez les phrases suivantes.

1. Il pleut souvent ici.
2. Hier il a plu.
3. Il avait plu avant notre départ.
4. Il pleuvra certainement demain.
5. En ce temps-là il pleuvait beaucoup ici.
6. Je ne crois pas qu'il pleuve aujourd'hui.

C. Dans les phrases suivantes, mettez les verbes au passé composé et ensuite au plus-que-parfait.

1. Nous buvons du thé.
2. Enfin elle se tait.
3. Il pleut.
4. Elle s'assied près de Jean.
5. Ce film me plaît.
6. Je m'assieds près de la porte.
7. Je n'en bois pas.
8. Les livres nous plaisent.

D. Dans les phrases suivantes, mettez les verbes à l'imparfait et ensuite au futur.

1. Il boit beaucoup de lait.
2. Les paysages me plaisent.
3. Ils sont assis en face de moi.
4. Vous buvez trop.
5. Je bois un verre de cidre.
6. Le soir la mer me plaît beaucoup.
7. Il pleut.
8. Elle est assise de l'autre côté de la salle.

E. Dites à (employez l'impératif avec la forme *vous* et ensuite avec la forme *tu*):

1. M. ______ de se taire.
2. M. ______ de s'asseoir.
3. Mlle ______ de s'asseoir près de vous.
4. Mlle ______ de s'asseoir à côté de Jeanne.
5. M. ______ de s'asseoir devant la cheminée.
6. Mlle ______ de se taire.

F. Répondez aux questions suivantes, en utilisant les expressions données entre parenthèses.

1. Est-ce que le concert vous plaît? (Oui, . . .)
2. Le film vous a-t-il plu? (Non, . . .)
3. A-t-il plu hier? (Non, . . .)
4. Où sont-ils assis? (au fond de la salle)
5. Croyez-vous qu'il pleuve demain? (Non, . . .)

6. Meursault a-t-il bu du café noir? (Oui, . . .)
7. Où étiez-vous assis? (près de Madeleine)
8. Que boiront-ils? (du cidre)
9. Buvez-vous du vin blanc de temps en temps? (Oui, . . .)
10. Il va pleuvoir, n'est-ce pas? (Oui, . . .)

Structure: *Il est, c'est un (une), ce sont des*

Phrases modèles

1. Oui, mais dans quel sens est-il étranger?
2. Il est algérien.
3. C'est un Algérien.
4. Il est étranger.
5. C'est un étranger.
6. Ce sont des étrangers.
7. Le concierge est parisien.
8. Nous sommes américains.
9. Meursault est athée.
10. C'est un employé de bureau insignifiant.
11. Il serait étranger dans n'importe quel pays du monde.

Notes de grammaire

Dans les phrases avec le verbe *être,* on ne place pas d'article indéfini *(un, une)* devant l'adjectif ou le nom qui indique la nationalité, la religion, ou la profession d'une personne.

Elle est française.
Elles sont françaises.
Il est protestant.
Ils sont protestants.
Il est chimiste.
Ils sont chimistes.

Dans les phrases avec *c'est. . .,* où il s'agit de la nationalité, la religion, ou la profession d'une personne, on emploie l'article indéfini *(un, une):*

C'est une Française.
C'est un protestant.
C'est un chimiste.

Le pluriel de *c'est un (une)* est *ce sont des.*

C'est un étranger.
Ce sont des étrangers.
C'est une Française.
Ce sont des Françaises.

S'il y a un article indéfini et un adjectif avec le nom qui indique la nationalité, la religion, ou la profession d'une personne, on emploie les formes *c'est* et *ce sont* et non *il est, elle est, ils sont,* ou *elles sont.*

Il est chimiste.
C'est un bon chimiste.
Ils sont catholiques.
Ce sont de bons catholiques.[1]

Le nom qui désigne la nationalité s'écrit avec majuscule. L'adjectif qui désigne la nationalité et les noms des langues s'écrivent avec miniscule.

C'est une Française.
Elle est française.
J'aime la cuisine française.
M. Martin parle français.

A. Répétez les phrases suivantes, en employant *c'est un* ou *c'est une*.

LE PROFESSEUR: Il est professeur.
L'ETUDIANT: C'est un professeur.

1. Il est anglais.
2. Elle est catholique.
3. Elle est étudiante.
4. Il est fermier.
5. Elle est allemande.
6. Il est protestant.
7. Il est russe.
8. Il est ingénieur.

B. Répétez les phrases suivantes, en employant *il est* ou *elle est*.

LE PROFESSEUR: C'est un professeur.
L'ETUDIANT: Il est professeur.

1. C'est une Italienne.
2. C'est un employé de bureau.
3. C'est une catholique.
4. C'est une Parisienne.
5. C'est un concierge.
6. C'est un Belge.
7. C'est une professeur.
8. C'est un athée.

C. Dans les phrases suivantes, substituez les mots suggérés.

1. Elle est professeur.
Ils ________.
________ italiens.
Elle ________.
________ française.
Il ________.
________ avocat.
Ils ________.
Nous ________.
________ catholiques.
Robert ________.
Elle ________.
Vous ________.
________ protestant.
Je ________.
________ allemand.
Ils ________.
Il ________.

[1] Rappelez-vous que *des* devient *de (d')* devant l'adjectif qui précède le nom: *des professeurs, de bons professeurs.*

Il est allemand.
______ ingénieur.
Je ______________.

2. C'est un étranger.
Ce sont ________.
_____ des protestants.
C'est ______________.
_____ une protestante.
_____ des banquiers.
_____ des professeurs.
_____ des chimistes.
C'est ___________.
_____ un Français.
_____ des Espagnols.

3. C'est un bon chimiste.
_____ un grand écrivain.
Ce sont ___________.
_____ un médecin.
_____ de riches fermiers.
C'est ____________.
_____ un romancier célèbre.
Ce sont ______________.
_____ de bons catholiques.
C'est ______________.
_____ un pauvre paysan.
Ce sont ___________.

4. Ils sont algériens.
Meursault _____.
C'est __________.
Ce sont ________.
Ils ___________.
______ chimistes.
Ce sont _______.
Il ___________.
C'est _________.
______ étudiant.

D. Dans les phrases suivantes, mettez les verbes au pluriel.

1. Il est avocat.
2. Elle est américaine.
3. Elle est étudiante.
4. Il est protestant.
5. C'est une protestante.
6. C'est un espagnol.
7. C'est un paysan.
8. C'est une vendeuse.
9. C'est un bon professeur.
10. C'est une vedette de cinéma très célèbre.

E. Répondez aux questions suivantes en utilisant les expressions données entre parenthèses.

1. Quelle est votre nationalité? (américain ou américaine)
2. Elle est française, n'est-ce pas? (Non, ... espagnole)
3. Il est professeur, n'est-ce pas? (Oui, ... bon professeur)
4. Il est athée, n'est-ce pas? (Non, ... agnostique)
5. Sont-ils russes? (Oui, ...)
6. Quel est son métier? (boulanger)
7. Quelle est sa profession? (médecin)
8. Elles sont canadiennes, n'est-ce pas? (Non, ... anglaises)
9. Est-il avocat? (Non, ... chimiste)

Structure: Les pronoms toniques et les pronoms compléments d'objet direct et indirect avec l'impératif

Phrases modèles

1. Je n'ai plus beaucoup fait attention à lui.
2. Sur l'une d'elles il a empilé des tasses autour d'une cafetière.

3. Puis il s'est assis en face de moi.
4. Devant moi il n'y avait pas une ombre.
5. Ils étaient tous assis en face de moi.
6. Le concierge s'est penché vers elle.
7. Il s'est assis près de moi.
8. Les vieillards dormaient tassés sur eux-mêmes.

Notes de grammaire

Voici une liste des pronoms personnels.

PRONOMS PERSONNELS

Sujets	Compléments d'objet direct	Compléments d'objet indirect	Pronoms réfléchis	Pronoms toniques	Compléments d'objet direct de l'impératif	Compléments d'objet indirect de l'impératif
je	me	me	me	moi	moi	moi
tu	te	te	te	toi	toi	toi
il	le	lui	se	lui	le	lui
elle	la	lui	se	elle	la	lui
nous	nous	nous	nous	nous	nous	nous
vous	vous	vous	vous	vous	vous	vous
ils	les	leur	se	eux	les	leur
elles	les	leur	se	elles	les	leur

Le pronom tonique qui correspond au pronom impersonnel *on* est *soi.*

On ne peut pas le faire soi-même.

On emploie les pronoms toniques dans les cas suivants:

1. Après une préposition

   Il l'a acheté pour moi.
   Nous y sommes allés sans elle.
   Elle était à côté de toi.

2. Après un comparatif

   Elle est plus bête que toi.
   Nous sommes moins indulgents qu'eux.

3. Dans un sujet composé (Notez bien: On ajoute généralement le pronom sujet qui résume les différents pronoms toniques du sujet composé.)

   Lui et moi nous l'avons fini.
   Robert et toi vous l'avez fait.

4. Après *c'est* et *ce sont*

   C'est toi qui l'as fait.
   C'est moi qui l'ai mangé.
   C'est nous qui l'avons vu.
   Ce sont eux qui l'ont fait.

Notez bien: On emploie *c'est* avec tous les pronoms toniques sauf *eux* et *elles* qui exigent *ce sont.*

C'est moi.	C'est nous.
C'est toi.	C'est vous.
C'est lui.	Ce sont eux.
C'est elle.	Ce sont elles.

5. Seuls

Qui est là?	Moi.
Qui l'a fait?	Lui.

6. Avec un sens emphatique

Moi, je l'ai fait.	*I* did it.
Vous, vous avez ri.	*You* laughed.

7. Avec le mot *même*

moi-même	myself
toi-même	yourself
lui-même	himself
elle-même	herself
soi-même	oneself
nous-mêmes	ourselves
vous-même(s)	yourself (yourselves)
eux-mêmes	themselves
elles-mêmes	themselves

Le mot *même* s'accorde en nombre avec le pronom tonique auquel il se rapporte, et on les joint par un tiret.

Avec l'impératif à l'affirmatif, les pronoms compléments d'objet direct et indirect suivent le verbe. C'est le pronom direct qui vient en premier quand les deux pronoms, direct et indirect, se trouvent après l'impératif. Comparez:

Il me le donne.
Donnez-le-moi.
Donnez-le-lui.
Donnez-les-leur.

Quand on emploie *en* avec un autre pronom objet à l'impératif, *en* se trouve en dernier.

Le mot *moi* suivi d'*en* devient *m'en:*

Donnez-lui-en.
Donnez-leur-en.
Donnez-m'en.

Apres un impératif à l'affirmatif, l'ordre des pronoms compléments d'objet direct et indirect est le suivant:[1]

le la les	précèdent	moi (m') lui nous leur	précèdent (y) en

[1] N'oubliez pas que *y* étant pronom adverbial ne peut pas remplacer une personne.

Au négatif, les pronoms compléments précèdent le verbe, et on emploie les formes et la syntaxe qu'on a déjà étudiées.

Apportez-le-moi.
Ne me l'apportez pas.
Donnez-m'en.
Ne m'en donnez pas.
Apportez-les-nous.
Ne nous les apportez pas.

A. Dans les phrases suivantes, substituez les mots suggérés.

1. Paul va le faire lui-même.
   Je ______.
   Elles ______.
   Nous ______.
   Marie ______.
   ______ le voir ______.
   Vous ______.
   Robert ______.
   Tu ______.
   ______ le lire ______.
   Georges et Jacques ______.
   On ______.
2. Finissons-la.
   ______ les.
   ______ le.
   ______ la.
3. Apportez-la-moi.
   ______ le ___.
   ______ nous.
   ______ les ___.
   ______ moi.
   ______ lui.
   ______ le ___.
   ______ leur.
4. Ne le lui donne pas.
   ___ la ______.
   ___ les ______.
   ___ leur ______.
5. Ne me les montrez pas.
   ______ la ______.
   Ne me la montrez pas.
   ___ nous ______.
   ______ le ______.
   ___ me ______.
6. Apporte-lui-en quatre.
   ______ nous ______.
   ______ six.
   ______ leur ___.
   ______ m' ___.
   ______ sept.

B. Répondez aux questions suivantes, en employant *c'est* ou *ce sont* et les pronoms toniques suggérés.

1. Qui l'a fait? (lui)
2. Qui est là? (moi)
3. Qui le fera? (vous)
4. Qui est là? (eux)
5. Qui lui parle? (elle)
6. Qui a répondu? (lui)

C. Répondez affirmativement aux questions suivantes.

1. Sont-ils chez vous?
2. Etes-vous partis sans moi?
3. Elle est assise à côté de Paul, n'est-ce pas?

4. Etes-vous chez les Martin?
5. Il l'a acheté pour Marie, n'est-ce pas?
6. Il est plus grand que toi, n'est-ce pas?
7. Est-elle aussi intelligente que Paul?
8. Il a plus de tact que moi, n'est-ce pas?
9. Sont-ils moins grands que les autres enfants?
10. Es-tu aussi grand que Jeannette?

D. Répondez aux questions suivantes avec des phrases complètes, en utilisant les expressions données entre parenthèses.

1. Qui le fera? (lui et moi)
2. Qui arrangera le programme? (Jean et elle)
3. Qui a arrangé le banquet? (Suzanne et moi)
4. Qui apportera les disques? (Hélène et moi)
5. Qui a gagné le prix? (Jacqueline et lui)
6. Qui fera ce travail? (Paul et toi)
7. Qui va acheter des fleurs pour le banquet? (Mireille et moi)
8. Qui arrive? (Henri et elle)

E. Dans les phrases suivantes, remplacez les noms compléments d'objet direct et indirect par les pronoms appropriés.

LE PROFESSEUR: Lisez le roman.
L'ETUDIANT: Lisez-le.
LE PROFESSEUR: Donnez de la salade à Marie.
L'ETUDIANT: Donnez-lui-en.

1. Parlez à Jean.
2. Réponds à Henri et à Robert.
3. Parlons aux jeunes filles.
4. Regarde la maison.
5. Etudions les verbes.
6. Apportez des fruits.
7. Prenez du rosbif.
8. Prends de la soupe.
9. Donnez les livres à Paul.
10. Apportez la soupe aux jeunes filles.
11. Donnez les stylos aux étudiants.
12. Donnez du potage à Jean.
13. Apportez des carottes aux étudiants.
14. Demande le stylo à Paul.
15. Apportez le sandwich à Henriette.
16. Regardez la maison.
17. Donne du rosbif aux garçons.
18. Donne les pommes de terre frites aux garçons.
19. Apportons des tartes à Paul.

F. Dans les phrases suivantes, mettez les verbes à la forme négative.

1. Dites-le.
2. Attendez-moi.
3. Finissez-la.
4. Réponds-lui.
5. Montrez-les-lui.
6. Apporte-le-leur.
7. Dites-le-lui.
8. Donne-les-leur.
9. Apporte-la-lui.
10. Montrez-le-moi.
11. Apporte-les-moi.
12. Donnez-le-nous.
13. Apporte-les-nous.
14. Dites-la-nous.
15. Donne-leur-en.
16. Apporte-m'en.
17. Donnez-nous-en.
18. Donnez-lui-en.
19. Montrez-le-moi.
20. Dites-le-moi.
21. Parlons-lui.
22. Donnons-les-leur.
23. Apportez-les-nous.
24. Donnez-la-moi.
25. Apportez-lui-en.
26. Donnez-m'en.

G. Dans les phrases suivantes, remplacez tous les noms par les pronoms appropriés.

1. C'est Marie.
2. Jean et Marie sont moins adroits que Jacqueline.
3. Jacques est plus grand que Robert.
4. Marguerite est partie sans Hélène et Jeanne.
5. Ce sont Paul et Jacques.
6. Henri répond au professeur.
7. Hélène a parlé à Suzanne et à Marie.
8. Cette chambre convient à M. Legrand.
9. Robert et Paul parleront aux jeunes filles.
10. Paul donne les livres aux garçons.
11. Marie a répondu à sa lettre.
12. Paul et Jean sont allés à Biarritz.
13. Paul a quelques amis.
14. Georges et Henri ont plusieurs amis.
15. Marie a des livres.
16. Marguerite donnera l'argent à M. Legrand.
17. Marie et Suzanne sont allées en ville avec Paul.
18. Qui est là? Paul.
19. Paul a dit à Jacques de venir à l'université aujourd'hui.
20. Georges et Henri verront Notre-Dame de Paris.
21. Ce sont Paul et Marc.
22. Georgette est plus petite que Pauline.
23. Jacqueline ne veut pas dire le secret aux autres.

H. Dites à (employez la forme de l'impératif *vous*):

1. M. ______ de vous donner de l'eau.
2. Mlle ______ de vous en donner.
3. Mlle ______ de lui en donner.
4. M. ______ de leur en donner.
5. Mlle ______ de vous apporter le journal.
6. M. ______ de vous l'apporter.
7. M. ______ de le lui apporter.
8. Mlle ______ de le leur apporter.
9. M. ______ de vous l'apporter.
10. M. ______ de prendre du potage.
11. Mlle ______ d'en prendre.
12. Mlle ______ de prendre les livres.
13. M. ______ de les prendre.
14. Mlle ______ de vous donner le stylo.
15. M. ______ de vous le donner.
16. Mlle ______ de le lui donner.
17. M. ______ de nous le donner.
18. Mlle ______ de le leur donner.

CONVERSATION

Questions

1. Où est Meursault?
2. Meursault aime-t-il le café au lait?
3. En boit-il?
4. A-t-il fumé avec le concierge?
5. Pourquoi a-t-il hésité à fumer?
6. De quelle couleur étaient les murs de la pièce?
7. Qu'est-ce qui fatiguait Meursault?

8. Meursault a-t-il somnolé un peu?
9. A son réveil, comment lui paraissent les murs de la pièce?
10. Qui est entré alors?
11. Comment étaient les femmes?
12. Comment étaient les hommes?
13. Où étaient assis les vieillards?
14. Quelle impression Meursault a-t-il eue?
15. Qui s'est mis à pleurer?
16. Pleure-t-elle pendant longtemps? Pourquoi?
17. Comment dormaient les vieillards?
18. Qui regardait Meursault fixement?

Causeries

1. En répondant aux questions suivantes, préparez une petite causerie: *Le cadre du passage.*

   Où est Meursault? Quelle heure est-il, à peu près? Décrivez la petite morgue. Comment sont les murs? Comment est la lumière? Lisez les phrases qui décrivent la force de la lumière. Indiquez les mots dans ces phrases qui démontrent l'intensité de la lumière. Comment sont arrangées les chaises où sont assis les vieillards? Où est assis Meursault? Peut-il boire du café, fumer, ou dormir sans être vu? Pourquoi, à votre avis, Camus a-t-il placé l'action de ce passage dans un tel cadre?

2. En répondant aux questions suivantes, préparez une petite causerie: *L'étranger.*

   Qui est l'étranger? Dans quel sens est-il l'étranger? Meursault a-t-il les mêmes sentiments que les autres? A-t-il la même sensibilité? A-t-il les mêmes valeurs conventionnelles? A-t-il les mêmes mensonges? les mêmes préjugés? les mêmes façades? Est-ce qu'on voit déjà une opposition entre Meursault et les autres dans ce passage? Meursault est-il assis *avec* les vieillards? Où est-il assis? Pourquoi, à votre avis, est-ce que l'auteur le place *en face* et non *avec* les vieillards?

PENSEES

167 *. . . Un homme qui se met à la fenêtre pour voir les passants, si je passe par là, puis-je dire qu'il s'est mis là pour me voir? Non; car il ne pense pas à moi en particulier. Mais celui qui aime quelqu'un à cause de sa beauté, l'aime-t-il? Non; car la petite vérole, qui tuera la beauté sans tuer la personne, fera qu'il ne l'aimera plus.*

215. *Je puis bien concevoir un homme sans mains, pieds, tête (car ce n'est que l'expérience qui nous apprend que la tête est plus nécessaire que les pieds). Mais je ne puis concevoir l'homme sans pensée: ce serait une pierre ou une brute . . .*

Pascal
Les Pensées

Un dimanche de tiré

Résumons la fin de semaine de Meursault. Jeudi, ou le jour avant (il ne sait pas au juste), sa mère est morte. Il se rend donc à l'asile pour veiller le corps de sa mère. L'enterrement a lieu le lendemain (vendredi) et Meursault retourne à Alger. Samedi il va se baigner et il rencontre Marie. Il se baigne avec elle, et, le soir, il l'amène au cinéma. Après le cinéma elle passe la nuit chez lui. C'est maintenant dimanche.

Quand je me suis réveillé, Marie était partie. Elle m'avait expliqué qu'elle devait aller chez sa tante. J'ai pensé que c'était dimanche et cela m'a ennuyé: je n'aime pas le dimanche. Alors, je me suis retourné dans mon lit, j'ai cherché dans le traversin l'odeur de sel que les cheveux de Marie y avaient laissée et j'ai dormi jusqu'à dix heures. J'ai fumé ensuite des cigarettes, toujours couché, jusqu'à midi. Je ne voulais pas déjeuner chez Céleste comme d'habitude parce que, certainement, ils m'auraient posé des questions et je n'aime pas cela. Je me suis fait cuire des œufs et je les ai mangés à même le plat, sans pain parce que je n'en avais plus et que je ne voulais pas descendre pour en acheter.

traversin: (big pillow)

me suis fait cuire: (cooked for myself)
à même le plat: dans le plat

Après le déjeuner, je me suis ennuyé un peu et j'ai erré dans l'appartement... Je me suis aussi lavé les mains et, pour finir, je me suis mis au balcon.

Ma chambre donne sur la rue principale du faubourg. L'après-midi était beau. Cependant, le pavé était gras, les gens rares et pressés encore. C'étaient d'abord des familles allant en promenade, deux petits garçons en costume marin, la culotte au-dessous du genou, un peu empêtrés dans leurs vêtements raides, et une petite fille avec un gros nœud rose et des souliers noirs vernis. Derrière eux une mère énorme, en robe de soie marron, et le père, un petit homme assez frêle que je connais de vue. Il avait un canotier, un nœud papillon et une canne à la main. En le voyant avec sa femme, j'ai compris pourquoi dans le quartier on disait de lui qu'il était distingué. Un peu plus tard passèrent les jeunes gens du faubourg, cheveux laqués et cravate rouge, le veston très cintré, avec une pochette brodée et des souliers à bouts carrés. J'ai pensé qu'ils allaient aux cinémas du centre. C'était pourquoi ils partaient si tôt et se dépêchaient vers le tram en riant très fort.

faubourg: partie d'une ville située hors du centre
gras: ici, humide

culotte: pantalon court
empêtrés: gênés; embarrassés; mal à l'aise
raides: rigides; sans souplesse
nœud: (knot)
soie: (silk)
marron: brun
frêle: fragile; faible
canotier: une sorte de chapeau

cintré: (arched; curved)

Après eux, la rue peu à peu est devenue déserte. Les spectacles étaient partout commencés, je crois. Il n'y avait plus dans la rue que les boutiquiers et les chats. Le ciel était pur mais sans éclat au-dessus des ficus qui bordent la rue. Sur le trottoir d'en face, le marchand de tabac a sorti une chaise, l'a installée devant sa porte et l'a enfourchée en s'appuyant des deux bras sur le dossier. Les trams tout à l'heure bondés étaient presque vides. Dans le petit café: "Chez Pierrot," à côté du marchand de tabac, le garçon balayait de la sciure dans la salle déserte. C'était vraiment dimanche.

ficus: nom scientifique du figuier (fig tree)

enfourchée: montée comme à cheval

bondés: plein de gens; remplis au maximum

balayait: (was sweeping)
sciure: très petits morceaux ou poudre de bois

J'ai retourné ma chaise et je l'ai placée comme celle du marchand de tabac parce que j'ai trouvé que c'était plus commode.

J'ai fumé deux cigarettes, je suis rentré pour prendre un morceau de chocolat et je suis revenu le manger à la fenêtre. Peu après, le ciel s'est assombri et j'ai cru que nous allions avoir un orage d'été. Il s'est découvert peu à peu cependant. Mais le passage des nuées avait laissé sur la rue comme une promesse de pluie qui l'a rendue plus sombre. Je suis resté longtemps à regarder le ciel.

orage: grosse pluie de peu de durée, accompagnée généralement de tonnerre, d'éclairs, et de vent
il s'est découvert: les nuages sont partis (en parlant du ciel)

A cinq heures, des tramways sont arrivés dans le bruit. Ils ramenaient du stade de banlieue des grappes de spectateurs perchés sur les marchepieds et les rambardes. Les tramways suivants ont ramené les joueurs que j'ai reconnus à leurs petites valises. Ils hurlaient et chantaient à pleins poumons que leur club ne périrait pas. Plusieurs m'ont fait des signes. L'un m'a même crié: "On les a eus." Et j'ai fait: "Oui," en secouant la tête. A partir de ce moment, les autos ont commencé à affluer.

banlieue: environs d'une grande ville

grappes: foules

à pleins poumons: très fort; profondément

La journée a tourné encore un peu. Au-dessus des toits, le ciel est devenu rougeâtre et, avec le soir naissant, les rues se sont animées. Les promeneurs revenaient peu à peu. J'ai reconnu le monsieur distingué au milieu d'autres. Les enfants pleuraient ou se laissaient traîner. Presque aussitôt, les cinémas du quartier ont déversé dans la rue un flot de spectateurs. Parmi eux, les jeunes gens avaient des gestes plus décidés que d'habitude et j'ai pensé qu'ils avaient vu un film d'aventures. Ceux qui revenaient des cinémas de la ville arrivèrent un peu plus tard. Ils semblaient plus graves. Ils riaient encore, mais de temps en temps, ils paraissaient fatigués et songeurs. Ils sont restés dans la rue, allant et venant sur le trottoir d'en face. Les jeunes filles du quartier, en cheveux, se tenaient par le bras. Les jeunes gens s'étaient arrangés pour les croiser et ils lançaient des plaisanteries dont elles riaient en détournant la tête. Plusieurs d'entre elles, que je connaissais, m'ont fait des signes...

traîner: emmener
déversé: jeté

songeurs: rêveurs; pensifs

J'ai pensé alors qu'il fallait dîner. J'avais un peu mal au cou d'être resté longtemps appuyé sur le dos de ma chaise. Je suis descendu acheter du pain et des pâtes, j'ai fait ma cuisine et j'ai mangé debout. J'ai voulu fumer une cigarette à la fenêtre, mais l'air avait fraichi et j'ai eu un peu froid. J'ai fermé mes fenêtres et en revenant j'ai vu dans la glace un bout de table où ma lampe à alcool voisinait avec des morceaux de pain. J'ai pensé que c'était toujours un dimanche de tiré, que maman était maintenant enterrée, que j'allais reprendre mon travail et que, somme toute, il n'y avait rien de changé.

pâtes: des spaghettis; des maccaronis; des nouilles

glace: miroir

tiré: passé

COMPREHENSION ET EXERCICES DE VOCABULAIRE

A. Trouvez six phrases fausses parmi les suivantes.

1. Meursault aime le dimanche.
2. Il s'est levé de bonne heure.
3. Il a déjeuné chez lui.
4. Il regarde passer les gens de son balcon.
5. Il est resté peu de temps au balcon.
6. Un homme de qui on disait qu'il était "distingué" est passé avec sa famille.
7. Meursault devient de plus en plus animé comme la journée avance.
8. L'après-midi annonçait un orage d'été, mais il n'a pas plu.
9. Les joueurs de football que Meursault connaissait ont gagné.
10. Les enfants du monsieur distingué étaient heureux en rentrant.
11. Meursault prend son dîner chez lui debout.
12. Somme toute, c'était un dimanche formidable.

B. Identifiez le(s) personnage(s) qui:

1. était parti au réveil de Meursault.
2. est resté au lit, fumant, jusqu'à midi.
3. portait une robe de soie marron.
4. se dépêchaient vers les trams.
5. balayait la salle du petit café.
6. a crié "on les a eus."
7. a mal au cou.
8. a pensé que c'était toujours un dimanche de tiré.
9. allait reprendre son travail.

C. Choisissez les mots convenables pour compléter les phrases suivantes.

1. Marie était allée *a. à l'église b. chez sa tante c. chez Céleste.*
2. Au déjeuner, Meursault mange *a. des œufs sans pain b. des œufs avec du pain c. une omelette aux champignons.*
3. Les deux petits garçons du monsieur distingué portaient *a. des vêtements trop grands b. des pantalons de soie marron c. des costumes marins.*
4. Meursault dîne *a. chez lui de pain et de pâtes b. chez Céleste c. couché en fumant.*
5. Il voit dans le miroir *a. Marie qui revient b. sa lampe et du pain c. les lumières de la rue.*

DIALOGUE

Marie et le professeur parlent des idées fondamentales de Camus.

Marie: Est-ce que la pensée de Camus va plus loin que son idée de l'absurde?

Le professeur: Bien sûr.

Marie: Dans quel sens?

Le professeur: Selon Camus, il faut être "lucide."

Marie: Qu'est-ce que cela veut dire, s'il vous plaît?

Le professeur: "Etre lucide" c'est se rendre compte de l'absurdité de l'existence. Alors, on peut sortir de la torpeur qui enveloppe la vie.

Marie: Mais comment?

Le professeur: L'être lucide jouit au maximum du présent. C'est, aussi, "un homme révolté."

Marie: Révolté? Mais contre quoi?

Le professeur: Contre l'absurdité de la condition humaine.

Marie: Mais comment cela?

Le professeur: Selon Camus, on doit essayer de soulager la misère de ses frères humains. Il existe chez Camus un sentiment très fort de fraternité.

CONVERSATION

Questions

1. Quel jour est-ce?
2. Meursault aime-t-il le dimanche?
3. Pourquoi est-il ennuyé?
4. Que fait-il jusqu'à dix heures?
5. Que fait-il jusqu'à midi?
6. Comment fume-t-il d'abord?
7. Qu'est-ce qu'il mange au déjeuner?
8. Pourquoi ne mange-t-il pas de pain?
9. Après le déjeuner où se place-t-il?
10. Sur quoi donne sa chambre?
11. Qui passaient d'abord?
12. Qui sont passés un peu plus tard?
13. Où allaient les jeunes gens?
14. La rue était-elle animée après le commencement des spectacles?
15. Que veut dire Meursault en disant "C'était vraiment dimanche"?
16. Qu'est-ce que les nuages annonçaient?
17. A-t-il plu?

18. Que faisaient les enfants du monsieur "distingué" en rentrant?
19. Pourquoi Meursault a-t-il mal au cou?
20. Combien de temps a-t-il passé assis au balcon?
21. Où Meursault mange-t-il son dîner?
22. Comment mange-t-il?
23. Qu'est-ce qu'il mange?
24. Quelle sorte de dimanche est-ce que Meursault a passé?
25. Sa vie a-t-elle changé par la mort de sa mère?

Causeries

1. En répondant aux questions suivantes, préparez une petite causerie: *Le dimanche de Meursault.*

   Que fait-il pour passer la matinée? Comment passe-t-il l'après-midi? Que voit-il de son balcon? Y a-t-il un caractère mécanique dans les gestes des passants? Où déjeune Meursault? Qu'est-ce qu'il mange? Comment? Où dîne-t-il? Donnez des adjectifs qui caractérisent le dimanche de Meursault. Lisez des phrases du passage qui indiquent son ennui et sa lassitude. Pourquoi, à votre avis, Camus décrit-il ainsi le dimanche de Meursault?

2. En répondant aux questions suivantes, préparez une petite causerie: *De l'absurdité à l'homme révolté.*

   En quoi consiste surtout l'idée de l'absurdité de l'existence selon Camus? Que veut dire le terme "être lucide"? L'être lucide a-t-il l'espoir dans une vie future? Quels sont ses sentiments vis-à-vis le présent? A votre avis, comment pourrait-on vivre pleinement le moment présent? En quoi consiste la révolte de l'homme révolté? Quelle est la réaction de l'homme révolté devant la souffrance des autres?

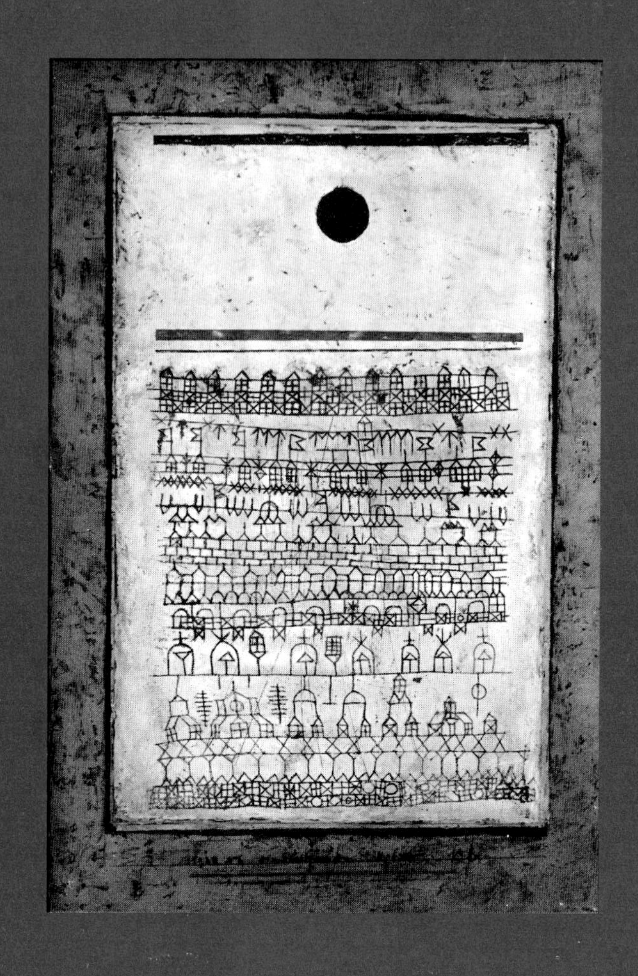

Paul Klee. *A Leaf From The Town Records*. 1928. Oil on chalk, paper on wood. 16⅝" x 12⅜". Kunstmuseum, Basle.

La symphonie pastorale

La Symphonie pastorale d'André Gide *est l'histoire d'un pasteur suisse qui se charge d'une misérable créature inerte et inanimée—une aveugle. Il lui apprend à parler et à apprécier son monde. Il crée d'elle une jeune fille admirable, à la fois sensible et intelligente. Or le pasteur aime sa création, et en interprétant l'Evangile à sa façon, il se persuade que son amour n'est pas coupable. Dans ce petit récit précis il y a deux sortes d'aveugles—l'une physique, l'autre spirituelle. Dans les passages suivants, appréciez surtout la description du progrès de la jeune fille qui sort des ténèbres qui l'enveloppent.*

VOCABULAIRE DE BASE

1. *ai coutume* (avoir coutume): ai l'habitude
   J'_______ depuis quinze ans de célébrer le culte dans cette église.
2. *fidèles* (n.m. ou f.): ceux qui professent et pratiquent une religion régulièrement
   Seulement trente _______ sont venus aujourd'hui à l'église.
3. *se sont rassemblés* (se rassembler): sont venus ensemble; se sont mis ensemble; se sont réunis
   Ils _______ dans l'église.
4. *loisirs* (n.m.): temps libre
   Je profiterai des _______ que j'ai pour écrire sur mes voyages.
5. *pieux (–se):* religieux
   Le pasteur aidait dans le développement de cette âme _______.
6. *(le) Seigneur-Dieu:* (Almighty God)
   Il priait le _______ qu'Il nous aide.
7. *confié* (confier): donné en charge à quelqu'un; mis au soin de quelqu'un
   Il remerciait Dieu de lui avoir _______ cette tâche.
8. *entours* (n.m.): environs
   Il habitait dans les _______ de Genève.
9. *tout à coup:* soudainement; tout d'un coup
   _______, il a commencé à pleuvoir.
10. *coupant* (couper): divisant avec un couteau ou autre instrument tranchant
    Elle me parlait en _______ le pain.
11. *coteau* (n.m.): petite colline
    La cabane se trouvait de l'autre côté du _______.
12. *pommier* (n.m.): arbre qui porte des pommes
    Nous nous sommes assis sous le grand _______ dans le jardin.
13. *alluma* (allumer): mit le feu à
    La petite fille _______ une chandelle.
14. *agenouillé:* à genoux
    La femme _______ priait silencieusement.
15. *parent* (n.m. ou f.): celui qui est de la même famille par sang ou par alliance; le père et la mère
    Mes cousins, mes oncles, mes tantes, et mes grands-parents étaient tous là. En tout, il y avait une quarantaine de mes _______ chez nous.

Un devoir pastoral

10 février 189–

La neige qui n'a pas cessé de tomber depuis trois jours, bloque les routes. Je n'ai pu me rendre à R— où j'ai coutume depuis quinze ans de célébrer le culte deux fois par mois. Ce matin trente fidèles seulement se sont rassemblés dans la chapelle de La Brévine.

Je profiterai des loisirs que me vaut cette claustration forcée, pour revenir en arrière et raconter comment je fus amené à m'occuper de Gertrude.

J'ai projeté d'écrire ici tout ce qui concerne la formation et le développement de cette âme pieuse, qu'il me semble que je n'ai fait sortir de la nuit que pour l'adoration et l'amour. Béni soit le Seigneur pour m'avoir confié cette tâche.

Il y a deux ans et six mois, comme je remontais de la Chaux-de-Fonds, une fillette que je ne connaissais point vint me chercher en toute hâte pour m'emmener à sept kilomètres de là, auprès d'une pauvre vieille qui se mourait. Le cheval n'était pas dételé; je fis monter l'enfant dans la voiture, après m'être muni d'une lanterne, car je pensai ne pas pouvoir être de retour avant la nuit.

Je croyais connaître admirablement tous les entours de la commune; mais passé la ferme de la Saudraie, l'enfant me fit prendre une route où jusqu'alors je ne m'étais jamais aventuré. Je reconnus pourtant, à deux kilomètres de là, sur la gauche, un petit lac mystérieux où jeune homme j'avais été quelquefois patiner. Depuis quinze ans je ne l'avais plus revu, car aucun devoir pastoral ne m'appelle de ce côté; je n'aurais plus su dire où il était et j'avais à ce point cessé d'y penser qu'il me sembla, lorsque tout à coup, dans l'enchantement rose et doré du soir, je le reconnus, ne l'avoir d'abord vu qu'en rêve.

La route suivait le cours d'eau qui s'en échappait, coupant l'extrémité de la forêt, puis longeant une tourbière. Certainement je n'étais jamais venu là.

Le soleil se couchait et nous marchions depuis longtemps dans l'ombre, lorsque enfin ma jeune guide m'indiqua du doigt, à flanc de coteau, une chaumière qu'on eût pu croire inhabitée, sans un mince filet de fumée qui s'en échappait, bleuissant dans l'ombre, puis blondissant dans l'or du ciel. J'attachai le cheval à un pommier voisin, puis rejoignis l'enfant dans la pièce obscure où la vieille venait de mourir.

La Brévine: village dans la Suisse romane. On parle français dans la Suisse romane.

béni: (blessed)

la Chaux-de-Fonds: petite ville dans la Suisse romane

dételé: détaché; délié; défait

aventuré: hasardé

rêve: (dream)

tourbière: (peat bog; peat moss)

chaumière: petite maison avec un toit de chaume (thatch)
eût: aurait

La gravité du paysage, le silence et la solennité de l'heure m'avaient transi. Une femme encore jeune était à genoux près du lit. L'enfant, que j'avais prise pour la petite-fille de la défunte, mais qui n'était que sa servante, alluma une chandelle fumeuse, puis se tint immobile au pied du lit. Durant la longue route, j'avais essayé d'engager la conversation, mais n'avais pu tirer d'elle quatre paroles.

La femme agenouillée se releva. Ce n'était pas une parente ainsi que je supposais d'abord, mais simplement une voisine, une amie, que la servante avait été chercher lorsqu'elle vit s'affaiblir sa maîtresse, et qui s'offrit pour veiller le corps. La vieille, me dit-elle, s'était éteinte sans souffrance.

la défunte: la morte

s'était éteinte: était morte

CHILLED

chilled

Pourquoi la confusion over ~~les~~ qui est Gertrude et qui apparte qui? La raison artistique.

Gertrude est cachée dans cette place. 15 yrs. old. La quatrième femme -

digne de confiance = obtuse unworthy

Le style d'auteur follows est le même. Peut-être le pasteur

→ Why write it in the 1st part since they will disappear.

Can't trust Gide: Immoralist - doubt what's going on. The guy is no hero -

Le significance religeouse - le petit lac - Pygmalion story: L'horreur, le gravité la solemnité

↓

C'est foreshadowing. Prisms of rose - his pastoral mind being rudely shaken par Eros -

↓

Doute: il faut qu'il adjute son amour avec Gertrude avec Dieu -

↓

Keeping her in innocence - Tell no one about crime.

COMPREHENSION ET EXERCICES DE VOCABULAIRE

A. Trouvez quatre phrases fausses parmi les suivantes.

1. Il fait froid chez le pasteur, mais le ciel est clair.
2. A cause du mauvais temps qu'il fait, le pasteur a le temps d'écrire l'histoire de Gertrude.
3. Quand le pasteur commence à écrire, il connaît Gertrude depuis deux ans et demi.
4. Il s'en est allé avec une petite fille qui l'a emmené auprès d'une vieille femme qui mourait.
5. Le pasteur connaissait très bien la région où habitait la vieille.
6. Le beau soleil du matin a transi le pasteur.
7. La petite fille qui a emmené le pasteur était bavarde.
8. Quand le pasteur est arrivé, la femme était déjà morte.
9. Une femme était à genoux près du lit.

B. Indiquez les phrases qui s'appliquent à la région où la petite fille a emmené le pasteur.

1. Les voitures du village faisaient beaucoup de bruit.
2. C'était un endroit solitaire et mystérieux.
3. Ils ont passé un petit lac où le pasteur patinait quand il était jeune.
4. Il faisait très chaud dans la plaine.
5. Dans la forêt, il y avait un cours d'eau.
6. Le coucher du soleil était joli.
7. Les maisons sur les collines étaient des chalets suisses charmants.
8. Le paysage était grave et silencieux autour de la maison de la vieille femme qui venait de mourir.
9. Des oiseaux chantaient dans la forêt.

C. Dans les phrases suivantes, substituez les mots suggérés.

1. J'ai coutume de me coucher de bonne heure.
   ______ me lever ______.
   Nous ______.
   ______ tard.
   Ils ______.
   ___ l'habitude ______.
   Paul ______.
   ______ travailler ______.
   Elle ______.
   Je ______.
   ______ jusqu'à six heures.
2. Ils se sont rassemblés dans la chapelle.
   Nous ______.
   Les fidèles ______.
   ______ dans l'église.
   Vous ______.
   Elles ______.
   ______ dans la salle.
   Les étudiants ______.
   Les professeurs ______.
3. Il m'a confié une tâche difficile.
   Elle ______.
   ______ beaucoup de travail.

Elle m'a confié beaucoup de travail.
Ils ______________________.
Tu ______________________.
___ lui ______________________.
__________ une charge difficile.
Je ______________________.

4. Je profiterai du beau temps.
Nous ________________.
Tu ________________.
Vous ________________.
___ avez profité __________.
Je ________________.
Nous ________________.
__________ du moment.
Ils ________________.
Tu ________________.
__________ de l'occasion.
__________ de l'opportunité.
Vous ________________.

5. Un enfant est venu me chercher.
Tu ______________________.
Vous ______________________.
______________ le ________.
Je ______________________.
Nous ______________________.
Ils ______________________.
______________ la ________.

Ils sont venus la chercher.
Il ________________.
__________ les ______.

6. J'ai fait monter l'enfant dans le taxi.
Nous ______________________.
Il ______________________.
______________ dans la voiture.
Tu ______________________.
Vous ______________________.
Elle ______________________.
______________ dans l'autocar.

7. Le soleil se couchait.
________ s'est couché.
________ se couche.
________ se lève.
La lune ______.
________ se levait.
________ s'est levée.
________ se lèvera.

8. Elle se tenait au pied du lit.
Nous ________________.
Ils ________________.
L'enfant ________________.
______________ devant la porte.
___ se tient ____________.
Elles ________________.
Je ________________.

D. Dans les phrases suivantes, remplacez *religieux(se)* par *pieux(se)*.

1. C'est une âme religieuse.
2. C'est une personne très religieuse.
3. Son attitude religieuse m'a touché.
4. En parlant, le pasteur se sert d'expressions religieuses.
5. Il explique des idées religieuses.

E. Donnez les noms des arbres fruitiers en ajoutant la terminaison *ier* aux mots suivants, selon le modèle.

LE PROFESSEUR: la cerise
L'ETUDIANT: le cerisier

1. la pomme
2. la poire

3. l'orange
4. la cerise
5. l'abricot
6. la prune

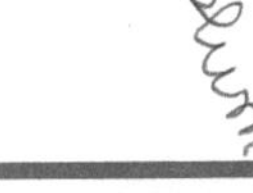

7. la banane
8. la figue
9. la datte
10. l'olive

F. Dans les phrases suivantes, remplacez *temps libre* (singulier) par *loisirs* (pluriel).

1. Je profiterai du temps libre que j'ai.
2. Il n'a jamais de temps libre.
3. Il vaut mieux que tout le monde ait du temps libre.
4. Je suis content d'avoir du temps libre cet hiver.
5. Pendant les vacances nous aurons beaucoup de temps libre.

G. Dans les phrases suivantes, remplacez *environs* par *entours.*

1. Nous habitons dans les environs de Lausanne.
2. Sa maison se trouve dans les environs de la capitale.
3. Je connaissais tous les environs du village.
4. Nous nous sommes promenés dans les environs de la ville.

H. Dans les phrases suivantes, remplacez *soudainement* par *tout à coup.*

1. Soudainement, il s'est arrêté.
2. Soudainement, il a commencé à pleuvoir.
3. Je me suis rendu compte, soudainement, que j'étais tout mouillé.

I. Choisissez les mots convenables pour compléter les phrases suivantes.

1. Les membres du culte *a. se sont appelés b. se sont débrouillés c. se sont rassemblés* dans leur chapelle à dix heures et demie.
2. M. Dubois *a. a allumé b. a lavé c. a coupé* le feu dans la cheminée.
3. Elle priait *a. à petits pas b. agenouillée c. bénie* devant l'autel de l'église.
4. Ils se sont assis sous *a. le banc b. le pommier c. la poire* dans notre jardin.
5. Cousins, oncles, tantes, grands-parents—presque tous mes *a. amis b. relations c. parents*— étaient là.
6. *a. Tout à coup b. Tout à fait c. En tous* il a commencé à chanter.

1. Ils *ont l'habitude* de se coucher de bonne heure.
2. Elle a *coupé* le fromage en deux.
3. Ils m'*ont confié* un travail impossible.
4. Nous habitons dans les *entours* de Lyon.
5. Notre cabane se trouve sur le *coteau* de l'autre côté du lac.
6. Il a arrangé l'enterrement pour la *défunte.*
7. C'était la première fois que je m'étais *aventuré* jusque-là.
8. Sans cela, on *eût* cru que la chaumière était inhabitée.

a. ont donné
b. aurait
c. morte
d. parente
e. ont coutume
f. petite colline
g. hasardé
h. divisé
i. faubourgs
j. environs

DIALOGUE

Anne:	Que penses-tu du passage?
Guy:	Je le trouve très beau. Le silence, l'endroit solitaire et mystérieux semblent annoncer la mort de la vieille femme.
Anne:	As-tu noté qu'elle meurt en même temps que le jour?
Guy:	Non—mais tu as raison.
Jean:	Le passage me rappelle un moment de mon enfance.
Anne:	Oui? Raconte-le-nous.
Jean:	J'étais petit garçon, et j'avais décidé de couper l'arbre de Noël pour la famille. Alors je me suis mis en route vers une colline couverte de pins. D'abord je connaissais le chemin, mais tout à coup je me suis rendu compte que je marchais dans un endroit inconnu. Il faisait froid, et je n'entendais que mes pas dans la neige. Devant le silence et le mystère du moment, je me sentais très seul. La lecture de ce passage fait revivre la solitude que j'ai connue ce jour-là.

REVISION ET EXERCICES

Structure: L'emploi de, *aux, en, dans,* avec les noms de lieux

Phrases modèles

1. Je n'ai pu me rendre à R. . .
2. L'histoire de Gertrude a lieu en Suisse.

3. Ils habitent au Mexique.
4. L'année prochaine ils passeront leurs vacances aux Etats-Unis.
5. Ils voyagent dans l'Afrique du Nord.

Notes de grammaire

Avec les noms de lieux

1. *à* s'emploie avec les noms de ville:
   Elle est à Genève.

2. *en* s'emploie avec les noms de pays ou de continents au féminin. Les noms de tous les continents sont féminins. La plupart des pays dont le nom se termine en *e* sont du féminin (*le* Mexique est une exception).
   Nous demeurons en Suisse.
   Ils sont en Afrique.

3. *Au* s'emploie devant un nom de pays masculin singulier.
   Ils vont au Canada l'été prochain.

4. *Aux* s'emploie devant un nom de pays masculin pluriel.
   San Francisco se trouve aux Etats-Unis.

5. *Dans* s'emploie devant les noms de continents qualifiés par une autre expression.
   Ils sont en Afrique.

Mais: Ils sont dans l'Afrique du Nord.

Dans la langue parlée, on entend souvent "en Afrique du Nord" et "en Amérique du Sud."

A. Dans les phrases suivantes, substituez les mots suggérés.

1. Je demeure à Philadelphie.
   Elle ____________.
   ____________ Genève.
   Nous ____________.
   ____________ Nice.
   ___ demeurions ___.
   Tu ____________.
   ____________ Chicago.
   Vous ____________.
   ____________ Paris.
   Ils ____________.
   ____________ Londres.
   Ils demeuraient à Londres.
   ____________ Rome.
2. L'action du roman a lieu en Suisse.
   ____________ France.
   ____________ Allemagne.
   ____________ se passe ____________.
   ________ de la pièce ____________.
   ____________ Italie.
   ____________ Espagne.
   ____________ Russie.
   ________ du film ____________.
   ____________ Angleterre.
   L'intrigue ____________.
   ____________ Afrique.
   ____________ Europe.
   ____________ Amérique.

3. Ils ont voyagé au Japon.
   __________ Mexique.
   Nous __________.
   __________ Canada.
   Elle __________.
   __________ Brésil.
   __________ Etats-Unis.
   Je __________.
   __________ Pérou.
   Vous __________.
4. Ils étaient dans l'Afrique du Nord.
   Nous __________.
   Elle __________.
   Vous __________.
   __________ Amérique du Sud.
   M. Martin __________.
   ___ est __________.
   Nous __________.
   __________ Amérique du Nord.
   Je __________.
   Elles __________.
   __________ Suisse romane.
5. Sont-ils au Mexique?
   __________ Londres?
   __________ Espagne?
   ___ elle __________?
   __________ Brésil?
   __________ Afrique du Nord?
   __________ Rome?
   ___ elles __________?
   __________ Japon?
   __________ Suisse?
   Sont-elles en Suisse?
   __________ Lausanne?
   __________ Europe?
   ___ vous __________?
   __________ Mexique?
   __________ Cannes?
   ___ il __________?
   __________ Etats-Unis?
   __________ Angleterre?
   __________ Pérou?
   __________ Amérique du Sud?

B. Répondez aux questions suivantes, en utilisant les expressions données entre parenthèses.

1. Où demeure-t-elle? (Lausanne)
2. Où est-elle allée? (Mexique)
3. Où sont-elles? (Londres)
4. Où as-tu voyagé? (Italie, Espagne, Suisse, Allemagne)
5. Où irez-vous l'été prochain? (Canada)
6. Où passeras-tu tes vacances? (Paris)
7. Où ont-ils voyagé? (l'Afrique du Nord)
8. Où est-ce que l'action du roman a lieu? (Suisse)
9. Où ont-ils passé leurs vacances? (Etats-Unis)
10. Où demeurez-vous? (Angleterre)

Structure: *Penser à* et *penser de*

Phrases modèles

1. Je ne pensais plus au lac où je patinais quand j'étais jeune.
2. J'avais cessé d'y penser.
3. Que penses-tu du passage?
4. Qu'en penses-tu, Jacqueline?

Notes de grammaire

Comparez l'emploi de *penser à* et *penser de* dans les exemples suivants:

Je pense à mes amis.
I'm thinking about my friends.

Que penses-tu de mes amis?
What do you think about my friends?

Remarquez que *penser de* implique une opinion à propos de quelqu'un ou de quelque chose. On emploie un pronom tonique après *penser à,* s'il est question d'une personne. S'il s'agit d'une chose, on emploie *y* pour remplacer *à* et le nom.

Georges pense *à sa mère.*
Georges pense *à elle.*
Il pense *à ses vacances de l'été dernier.*
Il *y* pense.

Après *penser de,* on emploie un pronom tonique s'il est question d'une personne. *En* remplace *de* + un nom qui signifie une chose.

Que pense-t-elle de Marc?
Que pense-t-elle de lui?
Que pensez-vous du film?
Qu'en pensez-vous?

A. Répétez les phrases suivantes.

1. Nous penserons à nos problèmes plus tard. Nous y penserons plus tard.
2. Elle pensait à son enfance. Elle y pensait.
3. A quoi penses-tu? Je pensais au film que j'ai vu hier soir.
4. Elle pense à Marc. Elle pense à lui.
5. A qui pensez-vous? Je pensais à mes parents. Je pensais à eux.
6. Que penses-tu du film? Qu'en penses-tu?
7. Qu'est-ce que vous pensez du passage qu'on vient de lire? Qu'est-ce que vous en pensez?
8. Que pense-t-elle de Paul? Que pense-t-elle de lui?
9. Que pensez-vous de ses amis? Que pensez-vous d'eux?
10. Pensez-vous à moi? Je pense à toi.
11. Pensent-ils à nous? Ils pensent à nous.

B. Dans les phrases suivantes, substituez les mots suggérés.

1. A quoi penses-tu?
   ________ elle?
   ________ ils?
   ________ vous?
   ________ elles?
   ________ il?
   ________ nous?
2. Qu'est-ce que tu en penses?
   ________ vous ______?
   ________ Paul ______?
   ________ ils ______?
   ________ elles ______?
   ________ il ______?
   ________ elle ______?
   ________ nous ______?
   ________ Marie ______?

3. Je pensais à mes amis.
   ________ à mes problèmes.
   ________ au film d'hier soir.
   Il ________________.
   ________ à son ami.
   ________ à Jacqueline.
   ________ à l'examen.
   Tu ________________.
   ________ au passage.
   Ils ________________.
   ________ à la lecture.
   ________ à la pièce.

4. Que pensez-vous de Paul?
   ____________ de Suzanne?
   ____________ de la guerre en Asie?
   ____________ du passage?
   ________ ils ________?
   ____________ de la lecture?
   ____________ du film?
   ____________ du professeur?
   ____________ du cours?
   ________ tu ________?
   ____________ de mes amis?
   ____________ de cette auto?
   ____________ de son discours?

C. Transformez en suivant les modèles.

LE PROFESSEUR:	Je pense au passage qu'on vient de lire.
L'ETUDIANT:	J'y pense.
LE PROFESSEUR:	Je pense à Marie.
L'ETUDIANT:	Je pense à elle.

1. Je ne pensais pas à mes problèmes.
2. Il pense à Paris.
3. Je penserai à mes examens demain.
4. Nous avons pensé au voyage en Italie.
5. Il pense à Georges.
6. Nous pensions aux étudiants.
7. Jacques ne pense pas à Pauline.
8. Je ne pense pas aux jeunes filles.
9. Il ne pensait pas aux examens.
10. Avez-vous pensé à Jeannette?
11. Jean ne pense pas à Pauline.
12. Jean ne pense pas à ses problèmes.

D. Transformez en suivant les modèles.

LE PROFESSEUR:	Que pensez-vous du passage qu'on vient de lire?
L'ETUDIANT:	Qu'en pensez-vous?
LE PROFESSEUR:	Que pensez-vous de Jacqueline?
L'ETUDIANT:	Que pensez-vous d'elle?

1. Que pensez-vous du cadre de l'histoire?
2. Qu'est-ce que tu penses du style de l'auteur?
3. Que pense-t-il des idées de l'auteur?
4. Qu'est-ce que vous pensez de l'idée de l'absurdité de l'existence?
5. Que pense-t-elle de mes amis?
6. Que penses-tu de ma fiancée?
7. Qu'est-ce que Marc pense du professeur?
8. Que pensez-vous de ce roman?
9. Qu'est-ce qu'il pense de l'auteur?
10. Que penses-tu de la philosophie de l'auteur?
11. Qu'est-qu'ils pensent de mes parents?

Structure: Le subjonctif comme impératif de la troisième personne

Phrases modèles

1. Béni soit le Seigneur pour m'avoir confié cette tâche.
2. Que le Seigneur soit béni pour m'avoir confié cette tâche.

Notes de grammaire

On peut employer le présent du subjonctif comme impératif de la troisième personne (singulier et pluriel). Notez les exemples suivants:

Qu'il parte tout de suite!
May he leave immediately!
Let him leave immediately!

Qu'ils partent tout de suite!
May they leave immediately!
Let them leave immediately!

Que Dieu vous bénisse!
May God bless you!

Béni soit le Seigneur pour m'avoir confié cette tâche.
Que le Seigneur soit béni pour m'avoir confié cette tâche.
Blessed be the Lord for having given me that task.

A. Répétez les phrases suivantes.

1. Qu'il parte ce soir!
2. Que vos amis viennent aussi.
3. Béni soit le Seigneur!
4. Heureux soit celui qui fait son devoir.
5. Que Dieu vous bénisse!

B. Dans les phrases suivantes, substituez les mots suggérés.

1. Qu'il ait de la patience!
________ du courage!
___ Paul ________!
___ elles ________!
________ de la sagesse!
___ cet homme ________!
___ ces hommes ________!
___ Lisette ________!
___ l'officier ________!
________ de la sympathie!

2. Qu'elle soit ici à l'heure.
________ dans cinq minutes.
___ ils ________.
___ cet étudiant ________.
________ bientôt!
________ tout à l'heure.
___ Suzanne ________.
________ dans une heure.
________ à midi.

C. Transformez en suivant le modèle.

LE PROFESSEUR: Il part demain.
L'ETUDIANT: Qu'il parte tout de suite.

1. Il part demain.
2. Ils viendront demain.
3. Ils finiront demain.
4. Elle arrive demain.
5. Elles vont en ville demain.
6. Il fera beau demain.
7. Il sera ici demain.
8. Ils retournent demain.

Structure: L'inversion dans les phrases non-interrogatives

Phrases modèles

1. Je profiterai des loisirs que cette claustration forcée me vaut.
2. Je profiterai des loisirs que me vaut cette claustration forcée.
3. J'attachai le cheval à un pommier voisin, puis rejoignis l'enfant dans la salle où la vieille venait de mourir.
4. J'attachai le cheval à un pommier voisin, puis rejoignis l'enfant dans la salle où venait de mourir la vieille.
5. La vieille, me dit-elle, s'était éteinte sans souffrance.

Notes de grammaire

DO ANYWAY

Quelquefois, on emploie l'inversion du sujet et du verbe dans les phrases non-interrogatives. Etudiez les exemples suivants.

1. Après des expressions adverbiales telles que *peut-être* (perhaps), *à peine* (scarcely), *aussi* (therefore), *sans doute* (without doubt):

   Peut-être, lui aussi, a-t-il besoin d'un ami.
   Perhaps, he too, needs a friend.

   Sans doute, le fera-t-il demain.
   Surely he'll do it tomorrow.

2. Après les expressions *que (qu'), comme, où, dont:*

   Voilà l'appartement où demeure mon professeur.
   There is the apartment where my professor lives.

   Je n'ai pas vu le grand poisson qu'a attrapé Paul.
   I haven't seen the big fish which Paul caught.

   L'écrivain français que préfère mon professeur est André Gide.
   The French writer whom my professor likes best is André Gide.

   C'est un aspect du problème dont a parlé le conférencier.
   It is an aspect of the problem which the lecturer spoke about.

   L'auteur a un style pur, précis, simple, clair, comme l'indique le professeur.
   The author has a pure, precise, simple, clear style as the professor suggests.

3. Avec les verbes tels que *dire, demander, déclarer* dans une phrase qui contient une citation.

   "Ne soyez pas en retard," lui ai-je dit.
   "Quel âge a-t-elle?" demanda-t-il.

A. Dans les phrases suivantes, substituez les mots suggérés.

1. Peut-être, viendra-t-il demain.
   ______________ la semaine prochaine.
   Sans doute, ______________.
   ______ finira- ______________.
   ______________ ce soir.
   ______________ elle ____.
   Aussi, ______________.
   ______________ vous ____.
2. Voilà l'appartement où habite mon frère.
   ______________ mes amis.
   ______________ mon oncle.
   ____ la maison ______________.
   ______________ le président de l'université.
   ______________ demeure ________.
   ______________ les étudiants.
   ____ la pension ______________.
   ______________ Suzanne.
   ______________ les autres étudiants.
3. C'est le roman que lit Paul.
   ______________ Paul et André.
   ____ le journal ______________.
   ____ la leçon ______________.
   ____ la pièce ______________.
   ______________ Jeanne.
   ______________ ma mère.
   ____ le livre ______________.
   ______________ Henri.
   ______________ les autres étudiants.
4. "Le programme aura lieu à neuf heures," a-t-il déclaré.
   "La réunion ______________.
   "Le concert ______________.
   ______________ à deux heures,"
   ________.
   ____
   ___ elle ____.
   "Le match ______________.
   ____
   ____ dit.

B. Transformez en suivant le modèle.

LE PROFESSEUR: C'est l'hôtel où notre ami demeure.
L'ETUDIANT: C'est l'hôtel où demeure notre ami.

1. Voilà la maison où Paul habite.
2. As-tu trouvé le livre que Paul cherchait à la bibliothèque?
3. Sans doute, il le fera demain.
4. Ils ont visité la maison où Rousseau demeurait.
5. Peut-être il viendra ce soir.
6. C'est le journal que Jacqueline cherchait hier soir.
7. Ils ont déjà mangé le veau que mon père a tué.
8. As-tu vu la nouvelle voiture que Robert a achetée?

C. Transformez en suivant le modèle.

LE PROFESSEUR: C'est l'hôtel où demeure notre ami.
L'ETUDIANT: C'est l'hôtel où notre ami demeure.

1. Ils n'ont pas apporté les disques que préfèrent les étudiants.
2. As-tu visité la maison où habitait Shakespeare?
3. C'est le dictionnaire que cherchait Alexandre hier.
4. Il partira demain pour Paris, comme l'a indiqué son père.
5. Voilà la pièce où travaillait le grand écrivain espagnol.
6. As-tu vu le film dont a parlé Suzanne?
7. C'est l'hôtel où mangent mon professeur et sa famille.
8. C'est le même voyage qu'a fait mon père quand il était jeune.

Structure: Des expressions et des mots négatifs

Phrases modèles

1. La neige qui n'a pas cessé de tomber...
2. Je n'ai pu me rendre à R...
3. J'ai projeté d'écrire ici tout ce qui concerne la formation et le développement de cette âme pieuse ...que je n'ai fait sortir de la nuit que pour l'adoration et l'amour.
4. Il y a deux ans et six mois, comme je remontais de la Chaux-de-Fonds, une fillette que je ne connaissais point...
5. Le cheval n'était pas dételé.
6. Car je pensais ne pas pouvoir être de retour avant la nuit.
7. L'enfant me fit prendre une route où jusqu'alors je ne m'étais jamais aventuré.
8. Depuis quinze ans je ne l'avais plus revu.
9. Aucun devoir pastoral ne m'appelle de ce côté.
10. Je n'aurais plus su dire où il était.
11. Il me sembla...ne l'avoir d'abord vu qu'en rêve.
12. Certainement je n'étais jamais venu là.
13. L'enfant...n'était que sa servante.
14. Je n'avais pu tirer d'elle quatre paroles.
15. Ce n'était pas une parente.

Notes de grammaire

Etudiez les expressions négatives suivantes:

ne...pas	not	Il n'était pas arrivé.
ne...plus	no more, no longer	Elle n'a plus de vin.
ne...jamais	never	Je n'étais jamais venu là.
ne...rien	nothing	Il n'a rien dit.
		Il n'y a rien de bon dans le magasin.

Notez que *de (d')* s'emploie devant l'adjectif, toujours masculin, qui suit le mot *rien.*

ne...pas du tout	not at all	Il n'est pas du tout intelligent.
ne...point	not at all	Il n'est point intelligent.
ne...personne	no one	Il n'y a personne ici.
ne...aucun(e)	no, not any	Tu n'as aucune scrupule.
ne...ni...ni	neither, nor	Il n'a ni frères ni sœurs.

Notez que le partitif *de (d')* s'emploie après les expressions *ne...pas, ne...plus, ne...jamais, ne... point.*

Je n'ai pas acheté de timbres.
Elle n'a plus de potage.

L'article partitif régulier *(du, de la, de l', des)* s'emploie après l'expression *ne...que,* qui n'est pas négatif (bien que la forme le semble).

Il ne reste que du potage.
Elle n'a acheté que des haricots verts.

On n'emploie ni article indéfini ni partitif après *ne...ni...ni.*
Elle n'a ni frères ni sœurs.

Aucun(e) s'emploie comme *adjectif* ou *pronom.*
Ils n'ont visité aucun musée.
Ils n'en ont visité aucun.

Aucun(e), personne, et *rien* peuvent se placer devant le verbe. Ils ne sont pas suivis de *pas.*
Aucun enfant n'est entré.
Aucun n'est entré.
Personne n'est venu.
Rien n'est parfait.

Notez que l'expression négative *personne* est masculine. Le mot *personne* (person) est féminin.
Personne n'est ven*u.*
C'est une personne très intelligent*e.*

Notez l'emploi spécial de *personne* et de *jamais* sans *ne.* Comparez les phrases suivantes:
Je n'ai vu personne.
I saw no one. (I didn't see anyone).

Y a-t-il personne ici?
Is anyone here?

Elle n'a jamais chanté.
She has never sung.

A-t-elle jamais chanté?
Has she ever sung?

Comparez l'emploi des expressions *moi aussi* et *moi non plus (ni moi non plus).*
Elle va au concert, et moi aussi.
She's going to the concert and so am I. (I, too).

Elle ne va pas au concert, ni moi non plus.
She's not going to the concert and neither am I.

Ne...pas, ne...plus, ne...jamais, et *ne...rien* se placent ensemble devant l'infinitif pour le rendre négatif.
Car je pensai ne pas pouvoir être de retour avant la nuit.
Je leur ai dit de ne plus venir à huit heures.

Quelquefois *ne* s'emploie sans *pas, rien, plus,* ou autre négation. *Ne* seul devant les verbes *savoir* (to know), *oser* (to dare), *pouvoir* (to be able), et *cesser* (to cease), a un sens négatif.
Je ne saurais venir demain.
I can't come tomorrow.

Je n'avais pu tirer d'elle quatre paroles.
I hadn't been able to draw four words from her.

Ils n'ont cessé de parler.
They didn't stop talking.

Je n'ose lui en parler.
I don't dare speak to him about it.

Bien entendu, on peut aussi employer *pas,* ou autre expression négative, avec ces verbes.
La neige qui n'a pas cessé de tomber. . . .
Elle n'a jamais osé le lui dire.

Quelquefois on emploie *ne* devant un verbe sans un sens négatif. Notez les exemples suivants.

1. Après l'expression *avant que:*
   Je te reverrai avant que tu ne partes.
   I'll see you again before you leave.
2. Après l'expression *à moins que:*
   A moins qu'il ne fasse beau, nous n'irons pas à la mer.
   Unless it's a good day, we won't go to the sea.
3. Après les verbes *craindre, avoir peur,* ou l'expression *de peur que:*
   J'ai peur qu'il ne vienne trop tôt.
   I'm afraid he may come too early.
4. Après un comparatif:
   Il est plus stupide qu'il ne le pense.
   He's more stupid than he thinks.

A. Dans les phrases suivantes, substituez les mots suggérés.

1. Vous n'êtes pas sympathique.
   Il ______________.
   Hélène ______________.
   ________ pas du tout ____.
   ______________ sincère.
   Tu ______________.
   Ils ______________.
   ________ point ______.
   ______________ stupides.
   Je ______________.
   Nous ______________.
   ________ pas ______.
2. Le marchand n'a pas de bananes.
   ______________ cerises.
   ______________ pommes.
   ________ plus ______.
   ______________ petits pois.
   ______________ tomates.
   Il ______________.
   Elle ______________.
   ________ jamais ______.
   ______________ oranges.
   ______________ prunes.
   ______________ haricots verts.
3. Le marchand n'a que des carottes.
   ______________ poires.
   ______________ fraises.
   Ils ______________.

Ils n'ont que des fraises.
_________________ vin rouge.
_______________ *de la* salade.
Nous _________________.
_________________ eau minérale.
_________________ potage.

4. Je n'ai ni frères ni sœurs.
Elle _______________.
Nous _______________.
Tu _______________.
_____ ni oncles ni tantes.
Paul _______________.
_____ ni père ni mère.

5. Ils n'ont rien de bon à vendre.
Tu _______________.
Vous _______________.
_______________ manger.
_______________ lire.
_____________ intéressant ___.
Nous _______________.
Je _______________.
_______________ faire.
Elles _______________.
_____________ amusant ___.

6. Personne n'est ici.
___________ dans la maison.
___________ dans la pièce.
Rien _______________.
___________ ici.
___________ sur la table.
Aucun livre ___________.
Aucune assiette ___________.
___________ dans la salle à manger.
Aucun homme _______________.
Aucune femme _______________.
Personne _______________.
___________ dans le salon.
Rien _______________.

7. Je ne vois personne.
Nous ___________.
Il ___________.
Elle ___________.
___________ rien.
Tu ___________.
Vous ___________.
Vous ne voyez rien.
___________ aucun homme.
___________ aucune femme.

8. Je n'ai jamais visité Paris.
Nous _______________.
_______________ Genève.
Tu _______________.
Vous _______________.
_______________ le musée.
Ils _______________.
_______________ la Tour Eiffel.

9. As-tu jamais visité Paris?
___ vous _______________?
___ il _______________?
_______________ Londres?
___ ils _______________?
___ elle _______________?
_______________ Rome?
___ tu _______________?
___ vous _______________?
_______________ Florence?
___ elles _______________?
___ ils _______________?
_______________ Madrid?

10. Je lui ai dit de ne pas chanter.
_______________ crier.
_______________ travailler.
___ leur _______________.
Il _______________.
_______________ venir.
___ me _______________.
_______________ fumer.
_______________ rentrer tard.
_______________ aller au cinéma.

B. Répétez les phrases suivantes sans prononcer le mot *pas*, en suivant le modèle.

LE PROFESSEUR: Ils n'ont pas cessé de parler.
L'ETUDIANT: Ils n'ont cessé de parler.

1. Il n'a pas osé le lui dire.

2. Je ne saurais pas venir.
3. Vous ne cessez pas de crier.
4. Je n'ose pas lui en parler.
5. Ils n'ont pas pu l'arranger.
6. Ils n'ont pas cessé de bavarder.
7. Elle ne sait pas jouer du piano.
8. Je ne pourrais pas le lui dire.
9. Ce bruit ne cessera pas avant le soir.
10. Ils n'oseront pas me le dire.
11. Vous ne sauriez pas le faire.

C. Dans les phrases suivantes, ajoutez *ne* devant le deuxième verbe, en suivant le modèle.

LE PROFESSEUR: J'ai peur qu'il vienne.
L'ETUDIANT: J'ai peur qu'il ne vienne.

1. Je le reverrai avant qu'il parte.
2. Il craint qu'il fasse mauvais.
3. Elle est plus belle qu'elle pense.
4. Je leur ai parlé avant qu'ils soient partis.
5. Il ne viendra pas à moins que vous veniez.
6. Elle a peur que je dise son secret à Hélène.
7. Ils sont plus intelligents qu'ils pensent.
8. Finissez le travail avant qu'ils arrivent.
9. Nous partirons demain, à moins qu'il pleuve.
10. J'ai peur que tu perdes l'argent.
11. Vous êtes plus fort que vous pensez.
12. Ils ne feront pas de promenade, à moins qu'il fasse beau.

D. Ajoutez à chaque phrase une deuxième phrase, en employant *moi aussi* ou *ni moi non plus*, selon le cas.

LE PROFESSEUR: Hélène a fini sa leçon.
L'ETUDIANT: Moi aussi, j'ai fini ma leçon.

1. Paul a étudié les verbes.
2. Hélène ira au concert.
3. Nous ferons une promenade.
4. Ils ont fait du ski hier.
5. Paul n'a pas fini sa leçon.
6. Ils ne partent pas ce soir.
7. Georges n'a pas visité Londres.
8. Elle n'étudie pas l'allemand.
9. Paul a acheté le journal d'hier.
10. Paul n'a pas acheté le journal d'hier.
11. Ils sont allés au cinéma.
12. Ils ne sont pas allés au cinéma.

Structure: Le verbe irrégulier *écrire* (*décrire, récrire*)

Phrases modèles

1. J'ai projeté d'écrire ici tout ce qui concerne la formation et le développement de cette âme pieuse.
2. Le pasteur écrit l'histoire de Gertrude.
3. Il écrira son histoire quand il aura des loisirs.
4. Il a décrit la condition pitoyable de la misérable jeune fille.

Notes de grammaire

Etudiez les formes du verbe *écrire* dans l'Appendice 1.

A. Dans les phrases suivantes, substituez les mots suggérés.

1. Le pasteur écrit l'histoire de Gertrude.
   ______ une lettre.
   Je ______.
   Nous ______.
   Tu ______.
   ______ un roman.
   Vous ______.
   Ils ______.
   ______ une composition.
   Elle ______.
2. Je lui écrirai demain.
   Nous ______.
   Tu ______.
   ______ ce soir.
   Vous ______.
   Ils ______.
   Elle ______.
   ______ la semaine prochaine.
   Je ______.
3. Nous nous écrivions tous les jours.
   Paul et Hélène ______.
   Ils ______.
   ______ chaque semaine.
   Vous ______.
   Elles ______.
   Suzanne et Marie ______.
4. Il a décrit ses voyages.
   Je ______.
   Nous ______.
   ______ notre séjour en France.
   Ils ______.
   Tu ______.
   Vous ______.
   Il ______.
5. Il vaut mieux qu'il écrive tout de suite.
   ______ nous ______.
   ______ vous ______.
   ______ tu ______.
   ______ ce soir.
   ______ elle ______.
   ______ ils ______.
   Il vaut mieux qu'ils écrivent ce soir.
   ______ demain.
   ______ je ______.
6. Je vais récrire mon exercice.
   Il ______.
   Ils ______.
   ______ leur leçon.
   Vous ______.
   ______ votre composition.
   Nous ______.
   Tu ______.
   Je ______.
   Marc ______.
   Elles ______.

B. Dans les phrases suivantes, mettez les verbes au passé composé et ensuite au plus-que-parfait.

1. Il décrit les paysages de la Suisse romane.
2. Ecrivez-vous l'exercice?
3. Nous récrivons la composition.
4. Je n'écris pas à Paul.
5. Ecris-tu à ton oncle?
6. Ils écrivent beaucoup de lettres.
7. Pendant son séjour à Lima, Armande écrit deux lettres à son frère.

C. Répondez aux questions suivantes, en utilisant les expressions entre parenthèses.

1. Ecrivez-vous beaucoup de compositions? (Oui, . . .)
2. A-t-elle écrit à sa mère? (Oui, . . .)
3. Que décrit le pasteur? (le développement de Gertrude)
4. Est-ce qu'elle vous écrira? (Oui, . . .)
5. Il a écrit un roman, n'est-ce pas? (Oui, . . .)

6. Ils avaient déjà écrit leur composition, n'est-ce pas? (Non, . . .)
7. Aimez-vous écrire des compositions? (Oui, . . .)
8. Ecrit-elle souvent à ses parents pendant ses vacances? (Non, . . .)
9. Ils s'écrivent souvent, n'est-ce pas? (Oui, . . .)
10. Vous a-t-elle écrit une lettre cette semaine? (Non, . . .)

D. Dans les phrases suivantes, mettez les verbes au futur et ensuite à l'imparfait.

1. Elle écrit à Suzanne.
2. Ils décrivent leurs voyages.
3. J'écris à Paul.
4. Nous écrivons des compositions.
5. Ecris-tu beaucoup?
6. Ecrivez-vous des compositions?

CONVERSATION

Questions

1. Dans quel pays a lieu l'histoire du pasteur et de Gertrude?
2. Quel temps fait-il dans le village où habite le pasteur?
3. Pourquoi n'a-t-il pas pu se rendre à R. . . ?
4. Comment le pasteur passera-t-il son temps libre?
5. A l'époque où le pasteur commence à écrire l'histoire de Gertrude, depuis combien de temps la connaît-il?
6. Qui est venu chercher le pasteur? Pourquoi?
7. Le pasteur croit-il pouvoir être de retour avant la nuit?
8. Est-ce que le pasteur connaît très bien l'endroit où l'emmène la petite fille?
9. Qu'est-ce qu'il reconnaît?
10. Quelle heure est-il quand le pasteur et la petite fille arrivent à destination?
11. Comment le pasteur décrit-il la fumée qui sort de la cheminée de la chaumière?
12. La vieille était-elle encore vivante quand le pasteur est arrivé?
13. Qui était près du lit de la morte?
14. La petite fille était-elle une parente de la femme qui venait de mourir?
15. Etait-elle bavarde?
16. Comment la vieille était-elle morte?

Causeries

1. En répondant aux questions suivantes, préparez un bref résumé du passage qu'on vient de lire.

   Où a lieu l'histoire du pasteur et Gertrude? Pourquoi le pasteur a-t-il du temps libre pour écrire l'histoire de Gertrude? Quand une petite fille est-elle venue chercher le pasteur? Pourquoi? Où a-t-elle emmené le pasteur? Comment était la vieille femme à l'arrivée du pasteur? Qui était avec la femme morte? La vieille avait-elle beaucoup souffert avant de mourir?

2. En répondant aux questions suivantes, préparez une petite causerie: *Un paysage mystérieux et solitaire.*

   Décrivez le paysage par où passent le pasteur et la petite fille. A quel moment de la journée y passent-ils? Comment est la maison où habitait la vieille femme? Comment est le paysage autour de la maison à l'arrivée du pasteur? Le cadre est-il bien choisi pour la scène de la mort de la vieille femme? Expliquez votre opinion.

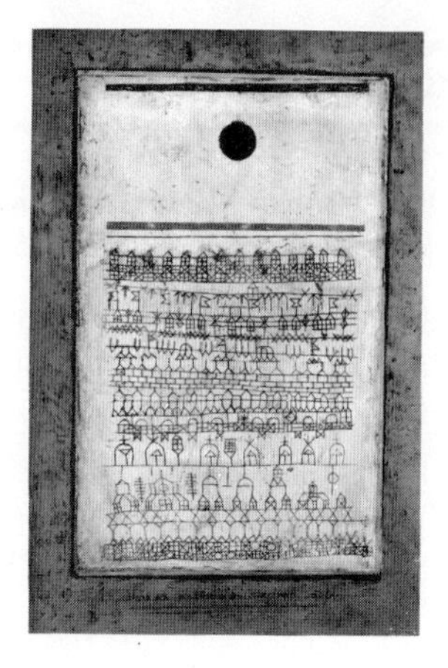

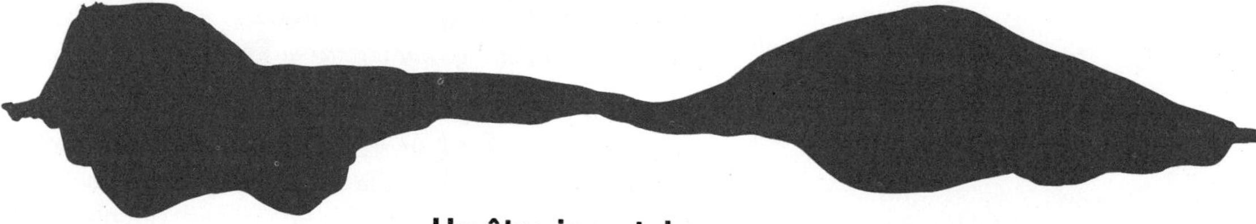

Un être incertain

Le pasteur est toujours dans la pauvre maison où est morte la vieille femme.

Nous convînmes ensemble des dispositions à prendre pour l'inhumation et la cérémonie funèbre. Comme souvent déjà, dans ce pays perdu, il me fallait tout décider. J'étais quelque peu gêné, je l'avoue, de laisser cette maison, si pauvre que fût son apparence, à la seule garde de cette voisine et de cette servante enfant. Toutefois, il ne paraissait guère probable qu'il y eût dans un recoin de cette misérable demeure, quelque trésor caché... Et qu'y pouvais-je faire? Je demandai néanmois si la vieille ne laissait aucun héritier.

convînmes: décidâmes
fût: l'imparfait du subjonctif du verbe *être*
Toutefois: en tout cas
il y eût: l'imparfait du subjonctif de l'expression *il y a*
recoin: lieu ou coin secret ou caché

La voisine prit alors la chandelle, qu'elle dirigea vers un coin du foyer, et je pus distinguer, accroupi dans l'âtre, un être incertain, qui paraissait endormi; l'épaisse masse de ses cheveux cachait presque complètement son visage.

—Cette fille aveugle; une nièce, à ce que dit la servante; c'est à quoi la famille se réduit, paraît-il. Il faudra la mettre à l'hospice; sinon je ne sais pas ce qu'elle pourra devenir.

Je m'offusquai d'entendre ainsi décider de son sort devant elle, soucieux du chagrin que ces brutales paroles pourraient lui causer.

c'est à quoi la famille se réduit: c'est la seule personne de la famille qui reste.
l'hospice: maison où l'on reçoit les orphelins ou les pauvres
Je m'offusquai: Je fus choqué
sort: destin

—Ne la réveillez pas, dis-je doucement, pour inviter la voisine, tout au moins, à baisser la voix.

—Oh! je ne pense pas qu'elle dorme; mais c'est une idiote; elle ne parle pas et ne comprend rien à ce qu'on dit. Depuis ce matin que je suis dans la pièce, elle n'a pour ainsi dire pas bougé. J'ai d'abord cru qu'elle était sourde; la servante prétend que non, mais que simplement la vieille, sourde elle-même, ne lui adressait jamais la parole, non plus qu'à quiconque, n'ouvrant plus la bouche depuis longtemps, que pour boire ou manger.

sourde: qui ne peut pas entendre
quiconque: personne d'autre

—Quel âge a-t-elle?

—Une quinzaine d'années, je suppose: au reste je n'en sais pas plus long que vous...

Il ne me vint pas aussitôt à l'esprit de prendre soin moi-même de cette pauvre abandonnée; mais après que j'eus prié—ou plus exactement pendant la prière que je fis, entre la voisine et la petite servante, toutes deux agenouillées au chevet du lit, agenouillé moi-même,—il m'apparut soudain que Dieu plaçait sur ma route une sorte d'obligation et que je ne pouvais pas sans quelque lâcheté m'y soustraire. Quand je me relevai, ma décision était prise d'emmener l'enfant le même soir, encore que je ne me fusse pas nettement demandé ce que je ferais d'elle par la suite, ni à qui je la confierais. Je demeurai quelques instants

chevet du lit: tête du lit
lâcheté: le contraire de *courage*
m'y soustraire: la refuser
ne me fusse pas... demandé: ne m'étais pas... demandé

encore à contempler le visage endormi de la vieille, dont la bouche plissée et rentrée semblait tirée comme par les cordons d'une bourse d'avare, instruite à ne rien laisser échapper. Puis me retournant du côté de l'aveugle, je fis part à la voisine de mon intention.

—Mieux vaut qu'elle ne soit point là demain, quand on viendra lever le corps, dit-elle. Et ce fut tout.

Bien des choses se feraient facilement, sans les chimériques objections que parfois les hommes se plaisent à inventer. Dès l'enfance, combien de fois sommes-nous empêchés de faire ceci ou cela que nous voudrions faire, simplement parce que nous entendons répéter autour de nous: il ne pourra pas le faire...

L'aveugle s'est laissée emmener comme une masse involontaire. Les traits de son visage étaient réguliers, assez beaux, mais parfaitement inexpressifs. J'avais pris une couverture sur la paillasse où elle devait reposer d'ordinaire dans un coin de la pièce, au-dessous d'un escalier intérieur qui menait au grenier.

La voisine s'était montrée complaisante et m'avait aidé à l'envelopper soigneusement, car la nuit très claire était fraîche; et après avoir allumé la lanterne du cabriolet, j'étais reparti, emmenant blotti contre moi ce paquet de chair sans âme et dont je ne percevais la vie que par la communication d'une ténébreuse chaleur. Tout le long de la route, je pensais: dort-elle? et de quel sommeil noir....Et en quoi la veille diffère-t-elle ici du sommeil? Hôtesse de ce corps opaque, une âme attend sans doute, emmurée, que vienne la toucher enfin quelque rayon de votre grâce, Seigneur! Permettrez-vous que mon amour, peut-être, écarte d'elle l'affreuse nuit?...

cordons: (strings)
bourse: petit sac à argent
empêchés: (prevented)
paillasse: (mat)
grenier: le plus haut étage d'une maison (attic)
complaisante: obligeante
cabriolet: voiture
blotti: appuyé (pressed against)
veille: le contraire de *sommeil*
emmurée: enfermée; emprisonnée
affreuse: horrible; terrible

COMPREHENSION ET EXERCICES DE VOCABULAIRE

A. Trouvez cinq phrases fausses parmi les suivantes.

1. Souvent le pasteur doit tout décider.
2. Il est heureux de laisser la maison à la garde de la voisine.
3. Une aveugle est la seule héritière de la morte.
4. L'aveugle est aussi sourde.
5. La vieille femme ne lui parlait jamais.
6. L'aveugle avait à peu près huit ans.
7. On a décidé de la mettre à l'hospice.
8. L'aveugle s'est fâchée quand on l'a relevée pour la mettre dans la voiture du pasteur.
9. Le visage de l'aveugle était inanimé et inexpressif.

B. Identifiez le personnage qui:

1. était gêné de laisser la maison à la garde de la voisine.
2. a indiqué le coin du foyer où était l'aveugle.
3. était choqué des paroles brutales de la voisine.
4. prétend que l'aveugle n'est pas sourde.
5. ne parlait à personne parce qu'elle était sourde.
6. avait une quinzaine d'années.
7. a décidé de prendre soin de l'aveugle.
8. avait la bouche tirée comme par les cordons d'une bourse d'avare.
9. s'est laissé emmener facilement.
10. a aidé le pasteur à envelopper la jeune fille aveugle.
11. priait Dieu qu'il vienne à l'aide de l'aveugle.

C. Lesquelles des phrases suivantes s'appliquent à la jeune fille aveugle?

1. Elle a les yeux brillants et expressifs.
2. Ses cheveux sont très jolis et bien peignés.
3. Elle ne comprend rien et ne sait pas parler.
4. Elle a un visage assez beau.
5. Les traits de son visage sont inexpressifs.
6. Elle reste inerte, inanimée, incertaine, engloutie dans un demi-sommeil.
7. Elle n'était pas sourde.

DIALOGUE

Le professeur pose des questions à sa classe sur la première description de la jeune fille aveugle.

Le professeur:	Quel âge a l'aveugle?
Anne:	Elle a une quinzaine d'années. On ne sait pas au juste.
Le professeur:	Comment est son visage?
Georges:	Il est assez beau, mais tout à fait inexpressif.
Le professeur:	Comment est-elle assise?
Suzanne:	Elle est accroupie comme un chien.
Paul:	Et elle reste dans cette position pendant des heures, sans bouger.
Le professeur:	Trouvez des expressions des choses que l'auteur emploie pour décrire cette misérable enfant.
Marie:	Selon le pasteur elle se laisse emmener "comme une masse involontaire."
Robert:	Il l'appelle "ce paquet de chair sans âme."
Le professeur:	A ce point l'aveugle n'est même pas une personne—c'est une chose inerte et inanimée.

CONVERSATION

Questions

1. Où est le pasteur?
2. Pourquoi le pasteur était-il un peu gêné?
3. Comment est la demeure de la vieille?
4. Est-il probable qu'il y ait un trésor caché?
5. Où se trouve l'aveugle?
6. Comment paraissait-elle?
7. Comment sont ses cheveux?
8. Pourquoi le pasteur était-il choqué?
9. L'aveugle dort-elle?
10. Comprend-elle quand on lui parle?
11. Sait-elle parler?
12. A-t-elle bougé depuis le matin?
13. Est-elle sourde?
14. La vieille lui parlait-elle?
15. La vieille parlait-elle aux autres? Pourquoi pas?
16. Quel âge a l'aveugle?
17. Quand est-ce que le pasteur décide de prendre soin d'elle?
18. Comment est-ce que le pasteur décrit le visage de la vieille femme morte?
19. Comment l'aveugle s'est elle laissée emmener?
20. Comment sont les traits de son visage?
21. Comment le pasteur sait-il que le "paquet de chair" contre lui est en vie?
22. A quoi pense le pasteur tout le long de la route?

Causeries

1. En répondant aux questions suivantes, préparez un résumé du passage.

   Où est le pasteur? Qui arrange la cérémonie funèbre de la vieille? Quand le pasteur voit-il la jeune fille aveugle? Qui reste de la famille de la vieille femme morte? De quoi parlent le pasteur et la voisine? Quand est-ce que le pasteur décide de prendre soin de la jeune fille? Comment la jeune fille s'est-elle laissée emmener? Où est-ce que le pasteur emmène cette enfant? A quoi pense-t-il pendant le voyage de retour?

2. En répondant aux questions suivantes, préparez une causerie: *La jeune fille aveugle.*

   Où est la jeune fille quand le pasteur la voit? Comment est-elle assise? Comment paraissait-elle? Comment sont ses cheveux? Est-elle une idiote? Pourquoi est-ce qu'on croit qu'elle est folle? Sait-elle parler? Comprend-elle quand on lui parle? Est-elle sourde? Pourquoi ne parle-t-elle pas? Pourquoi ne comprend-elle rien? Quel âge a-t-elle? Trouvez des expressions de l'auteur pour la décrire davantage. Trouvez-vous que l'auteur a bien décrit la jeune fille aveugle? Pourquoi?

Auguste Rodin. *Psyche*. Permission SPADEM 1967 by French Reproduction Rights, Inc .

La brebi égarée

Il continue à neiger; le pasteur a donc du temps libre pour continuer son histoire de Gertrude.

VOCABULAIRE DE BASE

1. *empêchement* (n.m.): obstacle; résistance
   Ayant eu un ______, il n'a pas pu venir.
2. *glaçait* (glacer): solidifiait (un liquide par le froid); causait une vive impression de froid
   Le vent me ______.
3. *bon vouloir:* bonne volonté; bonnes intentions
   Son hostilité glaçait mon ______.
4. *durcir:* rendre dur; devenir rigide
   Quand je m'approchais d'elle, ses traits semblaient ______.
5. *pénible:* affligeant; difficile; désagréable
   C'est une tâche ______. Sa situation est vraiment ______ à voir.
6. *désésperer:* perdre l'espoir
   Il a commencé à ______ et à regretter son arrivée.
7. *l'élan* (n.m.): impulsion; réaction
   Je regrettais mon ______ premier.
8. *arriéré:* en retard; retardé
   Parce qu'on ne lui parlait jamais, Gertrude est très ______.
9. *de sorte que:* de manière que
   La vieille ne lui parlait jamais, ______ la pauvre enfant restait dans un état d'abandon total.
10. *ne m'y prenais pas bien* (se prendre à): étais maladroit; ne réussissais pas
    Il m'a dit que je ______.
11. *songe* (songer): pense
    ______ que tout est chaos dans l'âme de cette enfant.
12. *conseillait* (conseiller): donnait un conseil ou une recommandation à quelqu'un
    Il me ______ de prendre des notes sur l'éducation de Gertrude.
13. *égaré:* perdu
    Connaissez-vous la parabole de la Bible de la brebis ______?

Tout est chaos dans cette âme

27 février

La neige est tombée encore abondamment cette nuit. Les enfants sont ravis parce que bientôt, disent-ils, on sera forcé de sortir par les fenêtres. Le fait est que ce matin la porte est bloquée et que l'on ne peut sortir que par la buanderie. Hier, je m'étais assuré que le village avait des provisions en suffisance, car nous allons sans doute demeurer quelque temps isolés du reste de l'humanité. Ce n'est pas le premier hiver que la neige nous bloque, mais je ne me souviens pas d'avoir jamais vu son empêchement si épais. J'en profite pour continuer ce récit que je commençai hier...

Le fait: (the fact)
buanderie: pièce où on lave les vêtements

Il me faut avouer ici la profonde déception où je me sentis sombrer les premiers jours. Certainement je m'étais fait tout un roman de l'éducation de Gertrude, et la réalité me forçait par trop d'en rabattre. L'expression indifférente, obtuse de son visage, ou plutôt son inexpressivité absolue glaçait jusqu'à sa source mon bon vouloir. Elle restait tout le long du jour, auprès du feu, sur la défensive, et dès qu'elle entendait nos voix, surtout dès que l'on s'approchait d'elle, ses traits semblaient durcir; ils ne cessaient d'être inexpressifs que pour marquer l'hostilité; pour peu que l'on s'efforçât d'appeler son attention elle commençait à geindre, à grogner comme un animal. Cette bouderie ne cédait qu'à l'approche du repas, que je lui servais moi-même, et sur lequel elle se jetait avec une avidité bestiale des plus pénibles à observer. Et de même que l'amour répond à l'amour, je sentais un sentiment d'aversion m'envahir, devant le refus obstiné de cette âme. Oui, vraiment, j'avoue que les dix premiers jours j'en étais venu à désespérer, et même à me désintéresser d'elle au point que je regrettais mon élan premier et que j'eusse voulu ne l'avoir jamais emmenée.

Je m'étais fait tout un roman: Je m'étais fait des illusions.
rabattre: diminuer mes prétentions
pour peu que l'on s'efforçât (if one merely tried)
bouderie: (sulking, pouting)
j'eusse voulu: j'aurais voulu

J'en étais là quand je reçus la visite de mon ami le docteur Martins, du Val Travers, au cours d'une de ses tournées de malades. Il s'intéressa beaucoup à ce que je lui dis de l'état de Gertrude, s'étonna grandement d'abord de ce qu'elle fût restée à ce point arriérée, n'étant somme toute qu'aveugle; mais je lui expliquai qu'à son infirmité s'ajoutait la surdité de la vieille qui seule jusqu'alors avait pris soin d'elle, et qui ne lui parlait jamais, de sorte que la pauvre enfant était demeurée dans un état d'abandon total. Il me persuada que, dans ce cas, j'avais tort de désespérer; mais que je ne m'y prenais pas bien.

Val Travers: une belle vallée au sud-ouest de Neuchâtel

—Tu veux commencer de construire, me dit-il, avant de t'être assuré d'un terrain solide. Songe que tout est chaos dans cette âme et que même les premiers linéaments n'en sont pas encore arrêtés. Il s'agit, pour commencer, de lier en faisceau quelques sensations tactiles et gustatives et d'y attacher, à la manière d'une étiquette, un son, un mot, que tu lui rediras, à satiété, puis tu tacheras d'obtenir qu'elle redise.

"Surtout ne cherche pas d'aller trop vite; occupe-toi d'elle à des heures régulières, et jamais très longtemps de suite...

Dès le lendemain du jour où Martins était venu me voir, je commençai de mettre en pratique sa méthode et m'y appliquai de mon mieux. Je regrette à présent de n'avoir point pris note, ainsi qu'il me conseillait, des premiers pas de Gertrude sur cette route crépusculaire, où moi-même je ne la guidais d'abord qu'en tâtonnant. Il y fallut, dans les premières semaines, plus de patience que l'on ne saurait croire...

Les premiers sourires de Gertrude me consolaient de tout et payaient mes soins au centuple. Car "cette brebis, si le pasteur la trouve, je vous le dis en vérité, elle lui cause plus de joie que les quatre-vingt-dix-neuf autres qui ne se sont jamais égarées." Oui, je le dis en vérité, jamais sourire d'aucun de mes enfants ne m'a inondé le cœur d'une aussi séraphique joie que fit celui que je vis poindre sur ce visage de statue certain matin où brusquement elle sembla commencer à comprendre et à s'intéresser à ce que je m'efforçais de lui enseigner depuis tant de jours...

linéaments: traits; lignes délicates que l'on observe sur le visage
arrêtés: fixés
faisceau: réunion de certaines choses liées ensemble
gustatives: qui ont rapport au goût

crépusculaire: (twilight, adj.)
tâtonnant: procédant avec hésitation

au centuple: cent fois
brebis: femelle du mouton; chrétien sous la conduite de son pasteur, (ici) allusion biblique (Matthieu xviii, 13)

poindre: commencer à paraître

COMPREHENSION ET EXERCICES DE VOCABULAIRE

A. Trouvez cinq phrases fausses parmi les suivantes.

1. Les enfants du pasteur sont tristes à cause de la neige.
2. Le pasteur et sa famille, ainsi que les autres habitants du village, seront isolés du reste de l'humanité.
3. Au commencement Gertrude reste indifférente aux efforts du pasteur.
4. Pourtant, elle avait appris chez elle à manger d'une façon correcte et polie.
5. Le pasteur regrettait d'avoir emmené la jeune fille aveugle.
6. Le docteur Martins conseille au pasteur de ne pas désespérer.
7. Martins a dit au pasteur que Gertrude avait surtout besoin de sortir pour prendre de l'air.
8. Le pasteur a pris des notes détaillées sur les progrès de Gertrude.
9. Pendant des semaines le pasteur travaille avec Gertrude selon les conseils du docteur Martins.
10. Enfin il s'est fâché, se disant que l'aveugle ne saurait jamais rien comprendre.

B. Identifiez le personnage qui:

1. s'était assuré que le village avait assez de provisions.
2. continue à écrire l'histoire de Gertrude.
3. s'était fait des illusions sur l'éducation de Gertrude.
4. restait sur la défensive.
5. servait les repas à Gertrude.
6. mangeait comme un animal.
7. s'est étonné de l'état arriéré de la jeune fille.
8. était resté dans un état d'abandon total.
9. a expliqué au pasteur qu'il fallait apprendre à Gertrude les rapports entre les sensations tactiles et gustatives et les sons et les mots.
10. a ressenti beaucoup de joie aux premiers sourires de Gertrude.

C. Dans les phrases suivantes, substituez les mots suggérés.

1. Son regard me glaçait.
   Son attitude ________.
   Ses paroles ________.
   Ses gestes ________.
   Son hostilité ________.
2. Ses traits se sont durcis.
   Son visage ________.
   Ses yeux ________.
   Ses yeux se sont durcis.
   Son expression ________.
   Son regard ________.
3. Je ne m'y prends pas bien.
   Vous ________.
   Hélène ________.
   Nous ________.
   Les enfants ________.

4. Je ne m'y prenais pas bien.
   Vous ________________.
   Leurs enfants ____________.
   Tu ________________.
   Nous ________________.
   Le pasteur ____________.
5. Je te conseille de ne pas venir.
   Il ______________________.
   ___ lui ______________________.
   Il lui conseille de ne pas venir.
   ______________________ le faire.
   ___ leur ______________________.
   Sa femme ______________________.
6. Ils m'ont conseillé de venir.
   Tu ________________.
   Elle ________________.
   ________________ le faire.
   Le pasteur ____________.

D. Répétez les phrases suivantes, en remplaçant *désagréable* par *pénible*.

1. C'est un travail désagréable.
2. Sa misère est désagréable à voir.
3. C'est une situation désagréable à voir.
4. Sa façon de manger était désagréable à voir.

E. Répétez les phrases suivantes, en remplaçant les formes de l'expression se *mettre au désespoir* pas les formes du verbe se *désespérer*.

1. Elle s'est mise au désespoir.
2. Le pasteur s'est mis au désespoir.
3. Il vaut mieux ne pas se mettre au désespoir.
4. Nous nous sommes mis au désespoir.

F. Répétez les phrases suivantes, en remplaçant les formes du verbe *penser* par les formes du verbe *songer*.

1. Mais pensez donc à la condition arriérée de la jeune fille!
2. Elle y pensera plus tard.
3. Mais pense à la gravité du problème, mon ami!
4. Ils ne pensaient pas à l'énormité du problème.

G. Répétez les phrases suivantes, en remplaçant *perdu* par *égaré*.

1. Avez-vous lu la parabole de la brebis perdue?
2. Ils se sont perdus dans la forêt.
3. Il s'était perdu dans la forêt.
4. En allant en ville, nous nous sommes perdus.

H. Choisissez les mots convenables pour compléter les phrases suivantes.

1. La vieille ne parlait jamais à la jeune fille aveugle *a. de sorte que* *b. après que* *c. quand* la pauvre restait dans un état d'abandon complet.
2. Elle n'est pas arrivée à le faire parce qu'elle *a. est très habile à le faire* *b. est très adroite* *c. ne s'y prenait pas bien*.
3. Le père de Suzanne s'oppose à son mariage, et cet *a. empêchement* *b. désespoir* *c. conseil* cause beaucoup de peine à la jeune fille.
4. Son hostilité glaçait mon bon *a. désespoir* *b. vouloir* *c. élan*.
5. On mange des êtres humains dans quelques pays *a. européens* *b. chrétiens* *c. arriérés*.

I. Trouvez le mot ou l'expression qui correspond au mot ou à l'expression en italique.

1. Déjà il regrettait son premier *élan*. f
2. *Avez-vous songé* à la gravité de votre décision? H
3. Ses misères sont très *pénibles* à voir. D
4. Ses progrès récompensaient tous mes soins *au centuple*. C
5. Elle s'était *perdue* en plein centre de la ville. e
6. Elle a arrangé des chaises *de sorte que* Paul était assis à côté d'Hélène. G

a. parce que
b. avez-vous vu
c. cent fois
d. désagréables
e. égarée
f. impulsion
g. de manière que
h. avez-vous pensé

DIALOGUE

Robert: L'histoire de Gertrude me fait penser à l'éducation de Helen Keller.

Claudette: Oui. . . mais il y a cette grande différence—Helen Keller n'était pas seulement aveugle—elle était sourde aussi.

Robert: C'est vrai—Claudette, si tu avais la charge d'une Gertrude, comment commencerais-tu son éducation?

Claudette: Comme le pasteur, je crois. Par exemple, je lui donnerais quelque chose à manger, et en même temps je répéterais plusieurs fois le nom de la chose. Ou bien, je toucherais sa main avec quelque chose de froid ou de chaud en répétant le mot *froid* ou *chaud*. Petit à petit elle comprendrait, je crois, ces premières sensations élémentaires.

Robert: Evidemment il y faudrait beaucoup de patience.

Claudette: Et beaucoup de sympathie et d'amour.

REVISION ET EXERCICES

Structure: Le féminin, le masculin, et le pluriel des adjectifs

Phrases modèles

1. Je ne me souviens pas d'avoir jamais vu son empêchement si épais.
2. Il me faut avouer ici la profonde déception où je me sentis sombrer les premiers jours.
3. L'expression indifférente, obtuse de son visage, ou plutôt son inexpressivité absolue glaçait jusqu'à sa source mon bon vouloir.
4. Ils ne cessaient d'être inexpressifs que pour marquer l'hostilité.
5. Tu veux commencer de construire, me dit-il, avant de t'être assuré d'un terrain solide.
6. Il s'agit, pour commencer, de lier en faisceau quelques sensations tactiles et gustatives.
7. Occupe-toi d'elle à des heures régulières.
8. Oui. . . mais il y a cette grande différence.
9. Helen Keller n'était pas seulement aveugle, elle était sourde aussi.
10. Ou bien je toucherais sa main avec quelque chose de froid ou de chaud en répétant le mot *froid* ou *chaud*.

Notes de grammaire

Tout adjectif doit s'accorder en genre et en nombre avec le nom qu'il modifie. Avec la grande majorité des adjectifs, on entend la consonne finale au féminin mais pas au masculin. Etudiez les exemples suivants.

1. La neige est épaisse. /epɛs/
2. Le livre est épais. /epɛ/
3. Sa déception était profonde. /prɔfõd/
4. Le fleuve était profond. /prɔfõ/
5. Son expression reste indifférente. /ɛ̃diferɑ̃t/
6. Meursault est indifférent. /ɛ̃diferɑ̃/
7. Il m'a emmené dans une forêt mystérieuse. /misterjøz/
8. Nous nous sommes arrêtés devant un lac mystérieux. /misterjø/
9. Elle est étrangère. /etrɑ̃ʒɛr/
10. Il est étranger. /etrɑ̃ʒɛ/

Certains adjectifs se prononcent de la même façon au féminin et au masculin.

1. Sa misère est pénible à voir. /penibl/
2. C'est un travail pénible. /penibl/
3. La perte est totale. /tɔtal/
4. La pauvre enfant était restée dans un état d'abandon total. /tɔtal/
5. C'est une étude solide. /sɔlid/
6. Il faut commencer sur un terrain solide. /sɔlid/
7. M. Dubois est aveugle. /avøgl/
8. Gertrude est aveugle, aussi. /avøgl/

Notez des cas spéciaux de certains adjectifs.

1. La soupe est bonne. /bɔn/
2. Le potage est bon. /bõ/
3. Elle est américaine. /amerikɛn/
4. Il est américain. /amerikɛ̃/
5. Est-elle parisienne? /parizjɛn/
6. Est-il parisien? /parizjɛ̃/
7. Sa voiture est brune. /bryn/
8. Son chapeau est brun. /brœ̃/

Les adjectifs dont la consonne finale se prononce /v/ au féminin se terminent en /f/ au masculin. Notez les exemples suivants.

1. C'est une figure inexpressive. /inɛksprɛsiv/
2. C'est un visage inexpressif. /inɛksprɛsif/
3. Cette jeune fille est très active. /aktiv/
4. Il est actif. /aktif/
5. Notre visite du musée sera brève. /brɛv/
6. Son résumé du passage a été très bref. /brɛf/

Au pluriel, la plupart des adjectifs se prononcent exactement comme au singulier. Notez les exemples suivants.

1. Son visage était resté tout à fait inexpressif. /inɛksprɛsif/
2. Ses traits étaient demeurés inexpressifs. /inɛksprɛsif/
3. Paul est très heureux. /œrø/
4. Ils sont très heureux. /œrø/
5. Elle arrive à une heure régulière. /regyljɛr/
6. Occupe-toi d'elle à des heures régulières. /regyljɛr/
7. Elle est italienne. /italjɛn/
8. Elles sont italiennes. /italjɛn/

A part quelques exceptions, les adjectifs qui se terminent en *al* au masculin singulier changent *al* à *aux* au masculin pluriel. Le féminin est régulier (singulier *ale*, pluriel *ales*).

1. /õ/ est un son nasal.
2. /ɑ̃/ et /õ/ sont des sons nasaux.
3. Il a gardé pour lui-même la position principale.
4. Il a gardé pour lui-même les positions principales.

A. Répétez les expressions suivantes.

1. une forêt mystérieuse   un lac mystérieux
2. une jeune fille étrangère   un pays étranger
3. la dernière fois   le dernier garçon
4. une histoire secrète   un arrangement secret
5. une femme jalouse   un homme jaloux
6. une robe grise   un chapeau gris
7. une soupe épaisse   un journal épais
8. une fleur jaune   un livre jaune
9. une avidité bestiale   un égoïsme bestial
10. une bonne classe   un bon professeur
11. une maison française   un journal français

12. une femme américaine   un musée américain
13. une écharpe brune   un pantalon brun
14. une jeune fille active   un petit garçon actif
15. un être passif   des êtres passifs
16. un écrivain principal   des écrivains principaux
17. une tendance anti-sociale   des tendances anti-sociales

B. Complétez les phrases suivantes selon le modèle.

LE PROFESSEUR: Paul est indifférent. Et Hélène?
L'ETUDIANT: Hélène est indifférente aussi.

1. Son père est jeune. Et sa mère?
2. Le lac est profond. Et la mer?
3. Son oncle est curieux. Et sa tante?
4. Le pantalon est brun. Et la chemise?
5. Georges est inquiet. Et Georgette?
6. Il est parisien. Et elle?
7. Le roman est bon. Et la pièce?
8. Le livre est gris. Et la serviette?
9. Le vieillard est sourd. Et la vieille femme?
10. Le sable est chaud. Et l'eau?
11. Ce garçon est italien. Et cette jeune fille?
12. M. Dubois est étranger. Et sa femme?
13. Son oncle est espagnol. Et sa tante?
14. Le petit garçon est actif. Et la petite fille?

C. Mettez au pluriel selon le modèle.

LE PROFESSEUR: C'est un problème normal.
L'ETUDIANT: Ce sont des problèmes normaux.

1. C'est un écrivain principal.
2. C'est un examen oral.
3. C'est un problème social.
4. C'est une question normale.
5. C'est une ville principale.
6. C'est une étude sociale.
7. C'est une erreur capitale.
8. C'est un garçon intelligent.
9. C'est une jeune fille formidable.
10. C'est un évènement capital.
11. C'est une ville importante.
12. C'est une question sociale.
13. C'est un problème sérieux.
14. C'est un cas normal.

D. Dans les phrases suivantes, substituez les mot suggérés.

1. C'est un garçon heureux.
   ______ jaloux.
   ______ indifférent.
   ______ sympathique.
   ______ actif.
2. C'est une jeune fille épatante.
   ______ sympathique.
   ______ jalouse.
   ______ sérieuse.
   ______ indifférente.
   ______ formidable.
   ______ active.
3. Ce sont des étudiants français.
   ______ sérieux.
   ______ allemands.
   ______ sympathiques.
   ______ italiens.
   ______ actifs.
   ______ formidables.
   ______ intelligents.
4. Ce sont des étudiantes formidables.
   ______ indifférentes.
   ______ françaises.
   ______ sérieuses.
   ______ allemandes.
   ______ actives.
   ______ espagnoles.
   ______ intelligentes.

5. Le livre est bleu.
   ________ jaune.
   La table ________.
   Les tables ________.
   ________ grises.
   Le stylo ________.
   ________ épais.
   Les stylos ________.
   La soupe ________.
   ________ bonne.
   Le potage ________.
   Le journal ________.
   ________ intéressant.
   La pièce ________.
   La jeune fille ________.
   ________ jalouse.
   Le garçon ________.
   Le garçon est jaloux.
   Ces hommes ________.
   ________ curieux.
   Cette étudiante ________.
   ________ italienne.
   Cet homme ________.
   ________ étranger.
   Mme Martin ________.
   ________ active.
   Ce petit garçon ________.
   ________ parisien.
   Ces jeunes filles ________.
   ________ françaises.
   Ces livres ________.
   ________ bruns.
   Les chaises ________.
   La chaise ________.

Structure: La place des adjectifs

Notes de grammaire

Au contraire de l'anglais, où l'adjectif précède le nom auquel il se rapporte, en français l'adjectif suit le nom en général.[1] Il y a cependant quelques adjectifs qui précèdent le nom auquel ils se rapportent. Dans la liste qui suit, remarquez que beaucoup de ces adjectifs se prononcent et s'écrivent de façon irrégulière.

	Singulier			Pluriel	
	Masculin		Féminin	Masculin	Féminin
	devant une consonne	devant une voyelle			
good	bon	bon[2]	bonne	bons[3]	bonnes[3]
	/bõ/	/bõn/	/bɔn/	/bõ/	/bɔn/
bad	mauvais	mauvais	mauvaise	mauvais	mauvaises
	/movɛ/	/movɛz/	/movɛz/	/movɛ/	/movɛz/
beautiful, handsome	beau	bel	belle	beaux	belles
	/bo/	/bɛl/	/bɛl/	/bo/	/bɛl/
pretty, handsome	joli	joli	jolie	jolis	jolies
	/ʒɔli/	/ʒɔli/	/ʒɔli/	/ʒɔli/	/ʒɔli/

[1] Notez que les nombres ordinaux (*premier, deuxième,* par exemple) précèdent le nom modifié.
[2] *Bon* devant une voyelle peut être prononcé /bɔn/ ou /bõn/.
[3] On fait une liaison avec les adjectifs pluriels qui sont suivis de mots qui commencent par une voyelle ou par un *h* muet: *de beaux‿hôtels* /bozotɛl/, *les autres‿étudiants* /otrəzetydjã/.

big, tall	**grand** /grɑ̃/	**grand** /grɑ̃t/	**grande** /grɑ̃d/	**grands** /grɑ̃/	**grandes** /grɑ̃d/
nice	**gentil** /ʒɑ̃ti/	**gentil** /ʒɑ̃tij/	**gentille** /ʒɑ̃tij/	**gentils** /ʒɑ̃ti/	**gentilles** /ʒɑ̃tij/
small	**petit** /pəti/	**petit** /pətit/	**petite** /pətit/	**petits** /pəti/	**petites** /pətit/
same	**même** /mɛm/	**même** /mɛm/	**même** /mɛm/	**mêmes** /mɛm/	**mêmes** /mɛm/
long	**long** /lɔ̃/	**long** /lɔ̃k/	**longue** /lɔ̃g/	**longs** /lɔ̃/	**longues** /lɔ̃g/
old	**vieux** /vjø/	**vieil** /vjɛj/	**vieille** /vjɛj/	**vieux** /vjø/	**vieilles** /vjɛj/
young	**jeune** /ʒœn/	**jeune** /ʒœn/	**jeune** /ʒœn/	**jeunes** /ʒœn/	**jeunes** /ʒœn/
new	**nouveau** /nuvo/	**nouvel** /nuvɛl/	**nouvelle** /nuvɛl/	**nouveaux** /nuvo/	**nouvelles** /nuvɛl/
other	**autre** /otr/	**autre** /otr/	**autre** /otr/	**autres** /otr/	**autres** /otr/

Avec quelques adjectifs le sens du mot change selon sa position (devant ou après le nom auquel il s'accorde). Notez les exemples suivants.

ancien M. Dubois est mon ancien professeur.
Mr. Dubois is my old (former) teacher.

C'est une église très ancienne.
It's a very old (ancient) church.

brave C'est un brave garçon.
He's a good (worthy) fellow.

C'est un soldat brave.
He's a brave (courageous) soldier.

cher cher amis
dear friends

Il a acheté une voiture chère.
He bought an expensive car.

grand C'est un grand écrivain.
He's a great writer.

C'est un homme grand.
He's a tall man.

C'est une grande fleur.
It's a big flower.

même[1] J'ai vu le même film la semaine dernière.
I saw the same movie last week.

Il était parti ce jour même.
He had left that very day.

[1] *Même* s'emploie aussi dans les expressions telles que *moi-même, toi-même.* Comme adverbe, *même* a le sens "even": *Il n'est même pas venu me dire au revoir.* "He didn't even come to say good-by to me."

pauvre La pauvre fille est restée dans un état d'abandon total.
The poor (unfortunate) girl has remained in a state of complete abandonment.

Ils demeurent dans une maison très pauvre.
They live in a very poor house.

propre Il n'aime pas sa propre mère.
He doesn't love his own mother.

Il s'est lavé les mains. Il a les mains propres.
He washed his hands. His hands are clean.

A. Dans les phrases suivantes, substituez les mots suggérés.

1. Voilà un bon stylo.
_______ nouveau ___.
_______ autre ___.
_______ vieux ___.
_______ joli ___.
_______ mauvais ___.
2. C'est un vieil hôtel.
_______ bon ___.
_______ bel ___.
_______ nouvel ___.
_______ autre ___.
_______ grand ___.
_______ petit ___.
3. Elle a une belle maison.
_______ vieille ___.
_______ grande ___.
_______ nouvelle ___.
_______ bonne ___.
_______ petite ___.
_______ autre ___.
_______ bonne ___.
_______ jolie ___.
4. Elle a de beaux livres.
_______ nouveaux ___.
_______ bons ___.
_______ petits ___.
_______ vieux ___.
_______ autres ___.
5. Voilà de belles fleurs.
_______ jolies ___.
_______ grandes ___.
_______ petites ___.
_______ longues ___.
_______ autres ___.
_______ vieilles ___.
_______ bonnes ___.
6. Il a de bons amis.
_______ autres ___.
_______ vieux ___.
_______ beaux ___.
_______ mauvais ___.
_______ gentils ___.
_______ nouveaux ___.
7. C'est un bel hôtel.
_______ livre.
_______ vieux ___.
_______ église.
_______ nouvelle ___.
_______ stylo.
_______ beau ___.
_______ chaise.
_______ garçon.
_______ grand ___.
_______ actrice.
_______ jolie ___.
_______ gentille ___.
_______ petite ___.
_______ homme.
_______ mauvais ___.
_______ autre ___.

B. Dans les phrases suivantes, ajoutez à la position convenable les adjectifs suggérés. Faites d'autres changements, s'il y a lieu.

1. Avez-vous des livres? (formidables)
   ________? (intéressants)
   ________? (épatants)
   ________? (rouges)
   ________? (français)
2. Il a une auto.
   ________. (nouvelle)
   ________. (jolie)
   ________. (belle)
   ________. (bonne)
3. Ce sont des professeurs.
   ________. (formidables)
   ________. (sympathiques)
   ________. (intelligents)
   ________. (épatants)
   ________. (difficiles)
4. Ce sont des professeurs.
   ________. (grands)
   ________. (mauvais)
   ________. (gentils)
   ________. (vieux)
5. Voilà des livres.
   ________. (beaux)
   ________. (bruns)
   ________. (autres)
   ________. (jolis)
   ________. (verts)
   ________. (nouveaux)
   ________. (intéressants)
   ________. (épatants)
6. Il y a un hôtel près d'ici.
   ________. (intéressant)
   ________. (bon)
   ________. (petit)
   ________. (moderne)
   ________. (nouvel)
   ________. (formidable)
   ________. (mauvais)
7. C'est une auto. (belle, blanche)
   ________. (petite, rouge)
   ________. (petite, formidable)
   ________. (nouvelle, rapide)

C. Répondez affirmativement aux questions suivantes, en utilisant les expressions entre parenthèses.

1. Avez-vous un livre? (oui, . . . bon)
2. Avez-vous un crayon? (oui, . . . rouge)
3. Y a-t-il un hôtel ici? (oui, . . . moderne)
4. Avez-vous des livres? (oui, . . . intéressants)
5. As-tu une auto? (oui, . . . formidable)
6. A-t-il une auto? (oui, . . . belle)
7. Avez-vous des amis? (oui, . . . sympathiques)
8. A-t-elle des amis? (oui, . . . bons)
9. Il y a plusieurs églises à Paris, n'est-ce pas? (oui, . . . belles)
10. Y a-t-il un restaurant dans les environs? (oui, . . . français)
11. Y a-t-il une pharmacie près d'ici? (oui, . . . bonne)
12. Aimez-vous les journaux? (oui, . . . intéressants)

Structure: *quel* (which, what)—l'adjectif interrogatif

Phrases modèles

1. Quel livre voulez-vous?
2. Quels journaux voulez-vous?

3. Quelle cravate a-t-il achetée?
4. Quelles cravates a-t-il achetées?
5. Quel est votre livre?

Notes de grammaire

L'adjectif interrogatif *quel* a deux formes orales (/kɛl/ /kɛlz/) et quatre formes écrites *(quel, quelle, quels, quelles).*

	Singulier	Pluriel	
		devant une consonne	**devant une voyelle**
Masculin:	quel /kɛl/	quels /kɛl/	quels /kɛlz/
Féminin:	quelle /kɛl/	quelles /kɛl/	quelles /kɛlz/

On emploie l'adjectif interrogatif devant un nom:

De quel livre a-t-il parlé?
Quels journaux désirez-vous?
Quelle heure est-il?
Quelles jeunes filles vont venir?

Quel, employé avec le verbe *être,* peut être séparé du nom qu'il modifie.

Quelle est votre nationalité?

Quel (quelle, quels, quelles), comme tout adjectif, s'accorde en nombre et en genre avec le nom auquel il se rapporte.

quel livre? quelle fleur?
quels livres? quelles fleurs?

A. Répétez les phrases suivantes.

1. Quel livre?
2. Quels livres?
3. Quelle jeune fille?
4. Quelles jeunes filles?
5. Quel hôtel?
6. Quels hôtels?
7. Quel enfant?
8. Quels enfants?

B. Dans les phrases suivantes, substituez les mots suggérés.

(Tous les mots suggérés sont singuliers.)

1. Quel journal est le plus intéressant?
   ____ livre ____________________?
   ____ roman ____________________?
   ____ cours ____________________?
   ____ personnage ________________?

(Tous les mots suggérés sont singuliers.)

2. Quelle pièce est la plus intéressante?
_____ conférence _____________?
_____ lecture _____________?
_____ jeune fille _____________?
_____ philosophie _____________?
_____ ville _____________?
(Tous les mots suggérés sont pluriels.)
3. Quels journaux sont les plus intéressants?
_____ livres _____________?
_____ romans _____________?
_____ cours _____________?
_____ professeurs _____________?
_____ problèmes _____________?
(Tous les mots suggérés sont pluriels.)
4. Quelles pièces sont les plus intéressantes?
_____ conférences _____________?
_____ lectures _____________?
_____ philosophies _____________?
_____ villes _____________?
_____ rues _____________?
(Tous les mots suggérés sont pluriels.)
5. Quelles idées sont les plus intéressantes?
_____ études _____________?
_____ étudiantes _____________?
_____ étudiants _____________?
_____ hôtels _____________?
_____ églises _____________?
6. Quel est votre livre?
_____ vos livres?
_____ vos parents?
_____ votre adresse?
_____ vos amis?
_____ votre professeur?
_____ vos professeurs?

C. Dans les phrases suivantes, remplacez l'article défini ou l'adjectif possessif, selon le cas, par la forme convenable de l'adjectif interrogatif.

LE PROFESSEUR: L'étudiant est parti.
L'ETUDIANT: Quel étudiant est parti?

1. Le restaurant est très bon.
2. Ma tante arrive demain.
3. Le garçon part ce soir.
4. Mes cours sont intéressants.
5. Mon cours est très intéressant.
6. Les légumes sont délicieux.

D. Dans les phrases suivantes mettez les verbes à la forme interrogative, en employant les adjectifs interrogatifs.

LE PROFESSEUR: Je préfère ce livre-ci.
L'ETUDIANT: Quel livre préférez-vous?

1. Je préfère cette cravate-ci.
2. Je préfère ce passage-ci.
3. Je préfère ces livres-là.
4. Je préfère cette idée-là.
5. Je préfère ces fleurs-ci.
6. Je préfère cet hôtel-ci.
7. Je préfère cette église-ci.
8. Je préfère ces églises-ci.
9. Je préfère cet enfant-là.
10. Je préfère ces autos-là.

Structure: L'imparfait et le plus-que-parfait du subjonctif

Phrases modèles

1. Pour peu que l'on s'efforcât d'appeler son attention, elle commençait à geindre, à grogner comme un animal.
2. Oui, vraiment, j'avoue... que je regrettais mon premier élan et que j'eusse voulu ne l'avoir jamais emmenée.
3. Il... s'étonna grandement d'abord de ce qu'elle fût restée à ce point arriérée.

Notes de grammaire

Etudiez les formes de l'imparfait du subjonctif des verbes réguliers:

que je parlasse	que je finisse	que j'attendisse
que tu parlasses	que tu finisses	que tu attendisses
qu'il parlât	qu'il finît	qu'il attendît
que nous parlassions	que nous finissions	que nous attendissions
que vous parlassiez	que vous finissiez	que vous attendissiez
qu'ils parlassent	qu'ils finissent	qu'ils attendissent

Pour la plupart des verbes irréguliers, on se sert du participe passé comme racine, et on y ajoute les terminaisons, **sse, sses, ˆt, ssions, ssiez, ssent.** Etudiez les exemples suivants:

Avoir eu	**Savoir su**	**Vouloir voulu**
que j'eusse	que je susse	que je voulusse
que tu eusses	que tu susses	que tu voulusses
qu'il eût	qu'il sût	qu'il voulût
que nous eussions	que nous sussions	que nous voulussions
que vous eussiez	que vous sussiez	que vous voulussiez
qu'ils eussent	qu'ils sussent	qu'ils voulussent

Les verbes *battre, écrire, être, faire, mourir, naître, venir, voir,* et leurs composés ne dérivent pas leurs racines du participe passé.

Infinitif	**Participe passé**	**Imparfait du subjonctif**
battre	battu	qu'il battît
écrire	écrit	qu'il écrivît
être	été	qu'il fût
faire	fait	qu'il fît
mourir	mort	qu'il mourût
naître	né	qu'il naquît
venir	venu	qu'il vînt
voir	vu	qu'il vît

Le plus-que-parfait du subjonctif se forme de l'imparfait du subjonctif du verbe *être* ou du verbe *avoir,* selon le cas, plus le participe passé.

Parler	**Aller**
que j'eusse parlé	que je fusse allé(e)
que tu eusses parlé	que tu fusses allé(e)
qu'il eût parlé	qu'il fût allé
que nous eussions parlé	que nous fussions allé (s, es)
que vous eussiez parlé	que vous fussiez allé (e, s, es)
qu'ils eussent parlé	qu'ils fussent allés

STUDY

Comme le passé simple, l'imparfait du subjonctif et le plus-que-parfait du subjonctif s'emploient seulement dans un contexte littéraire (la langue écrite). Dans la conversation, on emploie, généralement, le présent du subjonctif pour l'imparfait du subjonctif, et le passé du subjonctif pour le plus-que-parfait du subjonctif. Comparez:

la conversation
J'aurais préféré qu'il vienne tout de suite.

la langue écrite:
J'aurais préféré qu'il vînt tout de suite.

la conversation
Lui en aviez-vous parlé avant qu'il ne soit parti?

la langue écrite
Lui en aviez-vous parlé avant qu'il ne fût parti?

Notez aussi que dans la langue écrite, l'imparfait du subjonctif et le plus-que-parfait du subjonctif s'emploient parfois dans les phrases conditionnelles.

la conversation
J'aurais voulu arriver plus. tôt.

la langue écrite
J'eusse voulu arriver plus tôt.

la conversation
S'il avait assez d'argent, il viendrait nous voir.

la langue écrite
S'il eût assez d'argent, il vînt nous voir.
S'il avait assez d'argent, il vînt nous voir.
S'il eût assez d'argent, il viendrait nous voir.

la conversation
S'il avait neigé, il ne serait pas parti.

la langue écrite
S'il eût neigé, il ne fût pas parti.
S'il avait neigé, il ne fût pas parti.
S'il eût neigé, il ne serait pas parti.

Notez que dans la langue écrite, l'imparfait du subjonctif et le plus-que-parfait du subjonctif peuvent s'employer, ou dans la proposition avec *si*, ou dans l'autre proposition (celle qui suit la proposition avec *si*).

En tout cas, l'imparfait du subjonctif et le plus-que-parfait du subjonctif sont des temps littéraires. Il importe surtout de pouvoir les reconnaître en lisant.

Write

A. Ecrivez l'imparfait du subjonctif des verbes suivants.

1. il parla
2. il finit
3. il attendit
4. j'eus
5. je voulus
6. je sus
7. elle écrivit
8. elle fut
9. elle mourut
10. ils répondirent
11. ils furent
12. ils finirent
13. nous arrivâmes
14. nous perdîmes
15. nous eûmes
16. vous vîntes
17. vous fîtes
18. vous sûtes

B. Ecrivez le plus-que-parfait du subjonctif des verbes suivants.

1. il eut parlé
2. il fut allé
3. il eut vu
4. nous eûmes fini
5. nous fûmes partis
6. nous eûmes été
7. ils furent venus
8. ils eurent attendu
9. ils furent sortis
10. vous eûtes perdu
11. vous eûtes su
12. vous fûtes entré
13. je fus arrivé
14. j'eus regardé
15. j'eus fini
16. tu fus parti

C. Indiquez l'infinitif des verbes suivants.

1. j'attendisse
2. elle eût su
3. elle sût
4. nous fussions venus
5. vous crussiez
6. elle eût eu
7. ils eussent été
8. ils fussent
9. je voulusse
10. vous finissiez
11. elle fût morte
12. elle mourût
13. elle écrivît
14. nous parlassions
15. il fut descendu
16. j'eusse fait
17. nous vinssions
18. il vît

Write

D. Récrivez les phrases suivantes, en remplaçant les verbes subjonctifs de la langue écrite par les formes correspondantes du subjonctif de la conversation.

LE PROFESSEUR: Nous lui en avions parlé avant qu'il ne fût parti.

L'ETUDIANT: Nous lui en avions parlé avant qu'il ne soit parti.

1. Nous doutions qu'il vînt.
2. Nous doutions qu'il fût venu.
3. Je ne croyais pas qu'il finît si tôt.
4. Je ne croyais pas qu'il eût fini si tôt.
5. Elle était triste que son père partît.
6. Elle était triste que son père fût parti.
7. Il doutait qu'elle fût malade.
8. Il doutait qu'elle eût été malade.
9. J'étais heureux que M. Martin sût la vérité.
10. J'étais heureux que M. Martin eût su la vérité.

E. Récrivez les phrases suivantes, en remplaçant les verbes subjonctifs de la langue écrite par les formes correspondantes de la conversation.

LE PROFESSEUR:	J'eusse voulu la revoir.
L'ETUDIANT:	J'aurais voulu la revoir.
LE PROFESSEUR:	Si le pasteur n'eût pas eu de loisirs, il n'eût pas écrit l'histoire de Gertrude.
L'ETUDIANT:	Si le pasteur n'avait pas eu de loisirs, il n'aurait pas écrit l'histoire de Gertrude.

1. Il eût préferé rester plus longtemps chez ses sœurs.
2. Il eût voulu partir plus tôt.
3. Qui eût cru une chose pareille?
4. S'il eût fait beau, il ne fût pas parti.
5. S'il eût dit la vérité, il eût été heureux.
6. S'il eût vu la jeune fille, il fût resté plus longtemps.
7. S'il elle fût allée à Paris, elle eût visité les musées.
8. S'il fût revenu, il fût venu nous revoir.
9. S'il fût arrivé plus tôt, il eût vu Jean-Claude.
10. Si ma tante eût su la vérité, elle eût été très chagrinée.

CONVERSATION

Questions

1. Quel temps fait-il chez le pasteur?
2. Pourquoi les enfants sont-ils ravis?
3. De quoi le pasteur s'est-il assuré?
4. Est-ce la première fois que la neige bloque les habitants du village?
5. Le pasteur aura-t-il le temps de continuer son histoire de Gertrude?
6. Comment est le visage de Gertrude pendant les premiers jours de son éducation?
7. Reste-t-elle sur la défensive?
8. Quand ses traits semblaient-ils durcir?
9. Quand est-ce que la bouderie de Gertrude cessait?
10. Comment mange-t-elle ses repas?
11. Qui vient rendre visite au pasteur?
12. S'intéresse-t-il au cas de Gertrude?
13. Selon le docteur Martins, comment faudrait-il commencer l'éducation de Gertrude?
14. Le pasteur a-t-il pris note des premiers progrès de Gertrude?
15. Est-ce qu'il fallait au pasteur beaucoup de patience dans l'éducation de Gertrude?

16. Qu'est-ce qui consolait le pasteur et le payait des soins donnés à Gertrude?
17. Connaissez-vous la parabole de la brebis égarée?
18. Enfin, est-ce que Gertrude commence à comprendre ce que le pasteur s'efforce de lui enseigner?

Causeries

1. En répondant aux questions suivantes, préparez un bref résumé du passage.

   Où est le pasteur? Quel temps fait-il chez lui? Pourquoi aura-t-il le temps libre pour continuer l'histoire de Gertrude? Pourquoi est-il déçu pendant les premiers jours de l'éducation de Gertrude? Qui vient rendre visite au pasteur? Quels conseils le docteur Martins donne-t-il au pasteur? Le pasteur avait-il besoin de beaucoup de patience pendant les premières semaines de l'éducation de Gertrude? Qu'est-ce qui récompense sa patience et ses soins?

2. En répondant aux questions suivantes, préparez une petite causerie: *Les premiers enseignements d'une aveugle.*

   Imaginez que vous avez la charge d'une jeune fille aveugle—comme Gertrude. Que feriez-vous? Donnez des exemples de vos enseignements. Auriez-vous besoin de beaucoup de patience? de sympathie? d'amour? Les premiers sourires de votre élève récompenseraient-ils vos efforts? Croyez-vous que l'auteur présente bien la première éducation d'une aveugle? Justifiez votre réponse.

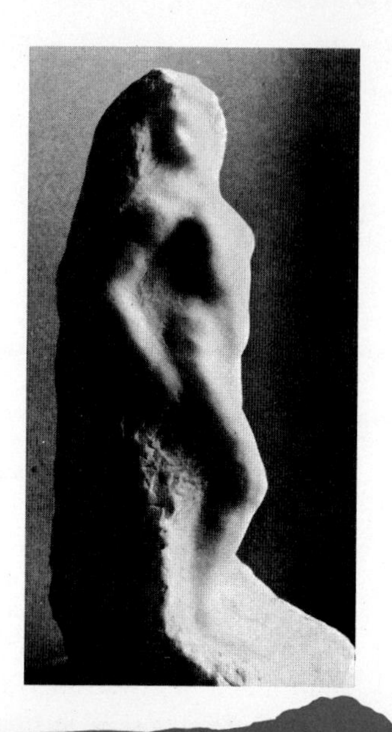

Le chant des oiseaux

Le pasteur continue sa description de l'éducation de Gertrude. Quand elle comprend, pour la première fois, ce que le pasteur essaie de lui enseigner, ses progrès sont rapides.

Le 5 Mars. J'ai noté cette date comme celle d'une naissance. C'était moins un sourire qu'une transfiguration. Tout à coup ses traits s'animèrent; ce fut comme un éclairement subit, pareil à cette lueur purpurine dans les hautes Alpes qui, précédant l'aurore, fait vibrer le sommet neigeux qu'elle désigne et sort de la nuit; on eût dit une coloration mystique; et je songeai également à la piscine de Béthesda au moment que l'ange descend et vient réveiller l'eau dormante. J'eus une sorte de ravissement devant l'expression angélique que Gertrude put prendre soudain, car il m'apparut que ce qui la visitait en cet instant, n'était point tant l'intelligence que l'amour. Alors un tel élan de reconnaissance me souleva, qu'il me sembla que j'offrais à Dieu le baiser que je déposai sur ce beau front.

Autant ce premier résultat avait été difficile à obtenir, autant les progrès sitôt après furent rapides. Je fais effort aujourd'hui pour me remémorer par quels chemins nous procédâmes; il me semblait parfois que Gertrude avançât par bonds comme pour se moquer des méthodes. Je me souviens que j'insistai d'abord sur les qualités des objets plutôt que sur la variété de ceux-ci: le chaud, le froid, le tiède, le doux, l'amer, le rude, le souple, le léger...puis les mouvements: écarter, rapprocher, lever, croiser, coucher, nouer, disperser, rassembler, etc.... Et bientôt, abandonnant toute méthode, j'en vins à causer avec elle sans trop m'inquiéter si son esprit toujours me suivait; mais lentement, l'invitant et la provoquant à me questionner à loisir. Certainement un travail se faisait en son esprit durant le temps que je l'abandonnais à elle-même; car chaque fois que je la retrouvais, c'était avec une nouvelle surprise et je me sentais séparé d'elle par une moindre épaisseur de nuit.

Craignant que Gertrude ne s'étiolât à demeurer auprès du feu sans cesse, comme une vieille, j'avais commencé de la faire sortir. Mais elle ne consentait à se promener qu'à mon bras. Sa surprise et sa crainte d'abord, dès qu'elle avait quitté la maison, me laissèrent comprendre, avant qu'elle n'eût su me le dire, qu'elle ne s'était encore jamais hasardée au-dehors. Dans la chaumière où je l'avais trouvée, personne ne s'était occupé d'elle autrement que pour lui donner à manger, à l'aider à ne point mourir, car je n'ose point dire: à vivre. Son univers obscur était borné par les murs mêmes de cette unique pièce qu'elle n'avait jamais quittée; à peine se hasardait-elle, les jours d'été, au bord du seuil, quand la porte restait ouverte sur le grand

subit: soudain
purpurine: qui approche la couleur pourpre

piscine de Béthesda: allusion biblique (Jean V, 2)
l'ange: (angel)

reconnaissance: (gratitude)

l'amer: qui a une saveur désagréable; le contraire de *sucré*
écarter: éloigner; séparer; le contraire d'*approcher*
croiser: disposer en croix
nouer: (to tie a knot)

ne s'étiolât: (might waste away)

borné: limité

univers lumineux. Elle me raconta plus tard, qu'entendant le chant des oiseaux, elle l'imaginait alors un pur effet de la lumière, ainsi que cette chaleur même qu'elle sentait caresser ses joues et ses mains, et que, sans du reste y réfléchir précisément, il lui paraissait tout naturel que l'air chaud se mît à chanter, de même que l'eau se met à bouillir près du feu. Le vrai c'est qu'elle ne s'en était point inquiétée, qu'elle ne faisait attention à rien et vivait dans un engourdissement profond, jusqu'au jour où je commençai de m'occuper d'elle. Je me souviens de son inépuisable ravissement lorsque je lui appris que ces petites voix émanaient de créatures vivantes, dont il semble que l'unique fonction soit de sentir et d'exprimer l'éparse joie de la nature. (C'est de ce jour qu'elle prit l'habitude de dire: Je suis joyeuse comme un oiseau.) Et pourtant l'idée que ces chants racontaient la splendeur d'un spectacle qu'elle ne pouvait point contempler avait commencé par la rendre mélancolique.

bouillir: (to boil)

éparse: (sparse; disheveled)

—Est-ce que vraiment, disait-elle, la terre est aussi belle que le racontent les oiseaux? Pourquoi ne le dit-on pas davantage? Pourquoi, vous, ne me le dites-vous pas? Est-ce par crainte de me peiner en songeant que je ne puis la voir? Vous auriez tort. J'écoute si bien les oiseaux; je crois que je comprends tout ce qu'ils disent.

—Ceux qui peuvent y voir ne les entendent pas si bien que toi, ma Gertrude, lui dis-je en espérant la consoler.

—Pourquoi les autres animaux ne chantent-ils pas? reprit-elle. Parfois ses questions me surprenaient et je demeurais un instant perplexe, car elle me forçait de réfléchir à ce que jusqu'alors j'avais accepté sans m'en étonner. C'est ainsi que je considérai, pour la première fois, que, plus l'animal est attaché de près à la terre et plus il est pesant, plus il est triste. C'est ce que je tâchai de lui faire comprendre; et je lui parlai de l'écureuil et de ses jeux.

pesant: lourd
l'écureuil: (squirrel)

Elle me demanda alors si les oiseaux étaient les seuls animaux qui volaient.

—Il y a aussi les papillons, lui dis-je .

—Est-ce qu'ils chantent?

—Ils ont une autre façon de raconter leur joie, repris-je. Elle est inscrite en couleurs sur leurs ailes... Et je lui décrivis la bigarrure des papillons.

papillons: (butterflies)

bigarrure: variété de couleurs ou de dessins

COMPREHENSION ET EXERCICES DE VOCABULAIRE

A. Trouvez quatre phrases fausses parmi les suivantes.

1. Le pasteur compare la "naissance" de Gertrude à la lueur dans les Alpes qui précède le lever du soleil.
2. A l'instant où ses traits se sont animés, le visage de Gertrude exprimait l'amour plus que l'intelligence.
3. Les progrès de Gertrude continuent à être lents.
4. Gertrude et le pasteur font quelquefois des promenades dans les environs.
5. Elle apprend des choses même en l'absence du pasteur.
6. Quand elle sort avec le pasteur, Gertrude pense aux promenades qu'elle avait faites avec sa tante.
7. Plus tard, Gertrude dit au pasteur que le chant des oiseaux lui semblait un pur effet de la lumière.
8. Le pasteur explique à Gertrude que l'éléphant et l'hippopotame sont les plus heureux des animaux.
9. Gertrude veut savoir si les papillons ne sont pas plus grands que les écureuils.
10. Elle demande si les papillons chantent.

B. Choisissez les mots convenables pour compléter les phrases suivantes.

1. Après la première expression d'animation de Gertrude, le pasteur essaie de lui enseigner d'abord *a. la quantité* *b. la qualité* *c. la variété* des choses.
2. Chez sa tante, l'univers de Gertrude était limité *a. à son village et aux environs* *b. à la chaumière et au jardin* *c. aux murs d'une seule pièce.*
3. Gertrude prend l'habitude de dire: Je suis joyeuse comme *a. un oiseau* *b. un papillon* *c. un écureuil.*
4. Plus l'animal est *a. lourd* *b. léger* *c. petit* selon le pasteur, plus il est triste.
5. Dehors avec Gertrude, le pasteur parle surtout *a. de la musique* *b. de la nature* *c. de la religion.*
6. Le tableau du monde que présente le pasteur à Gertrude est *a. laid* *b. absurde* *c. beau.*

DIALOGUE

Le professeur: Quelle date le pasteur donne-t-il à ce passage?
Marc: Le cinq mars.
Le professeur: L'action a lieu donc dans quelle saison?
Jeanne: Au printemps.
Le professeur: Pourquoi l'auteur a-t-il voulu placer cette scène au printemps?
Jean: Au printemps, ce qui était mort commence à revivre. Les

	plantes renaissent; les oiseaux reviennent; et Gertrude, comme tout dans la nature, sort de la nuit qui l'enveloppait.
Le professeur:	Le pasteur avait parlé de son premier état comme "une affreuse nuit."
Jean:	Et "un sommeil noir."
Le professeur:	A quoi correspond le premier état de Gertrude?
Jean:	A l'hiver et à la mort, je crois.
Le professeur:	Et sa "naissance"?
Jean:	Au printemps et à la vie.

CONVERSATION

Questions

1. Quelle est la date de la "naissance" de Gertrude?
2. A quoi le pasteur compare-t-il la transfiguration du visage de Gertrude?
3. Est-ce tant l'intelligence que l'amour qui visitait Gertrude en cet instant?
4. Après ce moment les progrès de Gertrude sont-ils lents ou rapides?
5. Quelles sont quelques-unes des qualités des choses que le pasteur enseigne à Gertrude?
6. Quels sont les premiers mouvements que le pasteur enseigne à Gertrude?
7. Ensuite que fait le pasteur pour continuer l'éducation de Gertrude?
8. Gertrude apprend-elle durant les absences du pasteur?
9. Le printemps triomphe-t-il peu à peu de l'hiver?
10. Gertrude triomphe-t-elle peu à peu du sommeil noir qui l'enveloppait?
11. A quelle saison de l'année le pasteur sort-il avec Gertrude?
12. Etait-elle jamais sortie auparavant?
13. Quelles étaient les limites de son existence quand elle demeurait chez sa tante?
14. De quoi parle surtout le pasteur pendant ses promenades avec Gertrude?
15. A quoi Gertrude compare-t-elle le chant des oiseaux?
16. Gertrude était-elle heureuse d'apprendre que les chants des oiseaux venaient de créatures vivantes?
17. Quelle phrase Gertrude aime-t-elle répéter?

18. Gertrude écoute-elle bien les oiseaux? Croit-elle pouvoir comprendre leurs chants?
19. Selon le pasteur, quels sont les animaux les plus tristes?
20. Quels sont les animaux les plus heureux?
21. Comment, selon le pasteur, les papillons racontent-ils leur joie?

Causeries

1. En répondant aux questions suivantes, préparez une causerie: *Gertrude avant et après.*

   Comment était Gertrude quand le pasteur l'a trouvée dans la petite chaumière des Alpes? (Rappelez-vous les descriptions de la leçon précédente?) Quelles étaient les limites de son existence? Comment était Gertrude pendant les premiers jours chez le pasteur? Décrivez la "naissance" de Gertrude. Comment sont ses progrès après sa "transfiguration?" Comment est-elle maintenant qu'elle sort avec le pasteur? Quelles sortes de questions pose-t-elle? Est-elle sensible? Donnez des exemples de sa sensibilité. Est-elle intelligente, belle?

2. En répondant aux questions suivantes, préparez une causerie: *L'hiver et le printemps.*

   Commentez les phrases suivantes du dialogue; "Au printemps, ce qui était mort commence à revivre. Les plantes renaissent; les oiseaux reviennent; et Gertrude, comme tout dans la nature, sort de la nuit qui l'enveloppait." Donnez des exemples du triomphe du printemps sur l'hiver. Pourrait-on comparer le froid de l'abandon total de Gertrude et la chaleur de la sympathie et de l'amour du pasteur à l'égard de Gertrude? Quelle saison de l'année correspond au premier état de Gertrude? Pourquoi? Quelle saison de l'année correspond à la "naissance" de Gertrude? Pourquoi?

Susan Rosenthal. *Marcie and Katrina*. 1965. Photo.

Mémoires d'une jeune fille rangée

Le journal et le livre de mémoires forment un genre spécial et important dans la littérature française contemporaine. Dans les Mémoires d'une jeune fille rangée, *Simone de Beauvoir, peut-être l'écrivain français féminin le plus connu de nos jours, présente les premiers souvenirs de son enfance et donne des descriptions, parfois amusantes, parfois poignantes, des années difficiles de l'adolescence.*

VOCABULAIRE DE BASE

1. *coiffés:* la tête couverte
   Sur la photo on voit des messieurs ______ de beaux chapeaux.
2. *plissée* (plisser): faite des plis (pleats)
   Elle portait une jolie jupe ______.
3. *aînée* (n.f.—m. *aîné):* le plus âgé des enfants d'une famille
   J'ai deux frères et deux sœurs. Marguerite est ______. Paul est le cadet (le plus jeune).
4. *berceau* (n.m.): lit d'un tout petit enfant
   Le bébé dort dans son ______.
5. *rideaux* (n.m. pl.): pièces de draperie qui servent à couvrir ou à cacher quelque chose; par exemple, les rideaux d'une fenêtre
   Les ______ qu'elle a choisis pour le salon sont très beaux.
6. *antre* (n.m.): caverne; retraite des bêtes féroces; lieu où on court un risque
   J'avais peur d'entrer dans l'______ sombre de mon père.
7. *à l'abri:* à couvert; en sureté
   Je regardais, j'apprenais le monde, ______.
8. *veiller sur:* surveiller; s'occuper de
   Elle a une bonne pour ______ les enfants.
9. *grondait* (gronder): réprimandait
   Jamais elle ne me ______ sans raison.
10. *berçait* (bercer): balançait pour endormir
    Elle ______ le bébé.
11. *poupée* (n.f.): jouet (des petites filles) qui représente la forme humaine
    La petite fille aime jouer avec sa ______.
12. *malle* (n.f.): bagage très grand
    Elle emportera avec elle beaucoup de vêtements. Elle aura besoin d'une grande ______.
13. *sol* (n.m.): la terre
    Le ______ de sa ferme était pauvre.
14. *lointain:* distant
    Elle épousa un prince d'un pays ______.
15. *baiser* (n.m.): action d'embrasser
    Quand il part le matin, mon père donne un ______ à ma mère.
16. *redoutais* (redouter): avais grand peur de...
    Je ______ ses reproches.
17. *enlaidissait* (enlaidir): rendait laid
    Sa bouche, tout en sang, ______ son visage.
18. *quant à:* en ce qui concerne
    ______ mon père, je ne le voyais guère.
19. *ébahissait* (ébahir): jetait dans la surprise
    Il m'______ en cueillant dans mon nez des pièces de cent sous.
20. *poliment:* d'une manière polie; avec politesse
    Elle me parlait ______.
21. *cajolaient* (cajoler): caressaient; flattaient
    Les amis de mon père me ______ poliment.
22. *fourrure* (n.f.): peau d'animal préparée pour les vêtements
    La ______ de l'hermine est très chère.
23. *corsage* (n.m.): blouse
    Elle porte ce soir un très joli ______.
24. *tenais à* (tenir à): avais envie de
    Je ______ les intéresser.
25. *arracherait* (arracher): détacherait avec effort
    J'attendais le mot qui m'______ à mes limbes.
26. *pour de bon:* vraiment; en réalité
    Je voudrais faire partie de leur groupe ______.
27. *repoussai* (repousser): refusai; poussai en sens contraire
    Un soir, je ______ la salade que maman avait préparée.
28. *entêtement* (n.m.): obstination
    J'ai refusé avec ______ les conseils qu'il me donnait.
29. *dépit* (n.m.): chagrin mêlé de colère
    J'ai découvert avec ______ combien la gloire est éphémère.
30. *bonne-maman* (n.f.): grand'mère
    J'aimais beaucoup aller chez ______.

Une impression confuse

Je suis née à quatre heures du matin, le 9 janvier 1908, dans une chambre aux meubles laqués de blanc qui donnait sur le boulevard Raspail. Sur les photos de famille prises l'été suivant, on voit de jeunes dames en robes longues, aux chapeaux empanachés de plumes d'autruche, des messieurs coiffés de canotiers et de panamas qui sourient à un bébé: ce sont mes parents, mon grand-père, des oncles, des tantes, et c'est moi. Mon père avait trente ans, ma mère vingt et un, et j'étais leur premier enfant. Je tourne une page de l'album; maman tient dans ses bras un bébé qui n'est pas moi; je porte une jupe plissée, un béret, j'ai deux ans et demi, et ma sœur vient de naître. Je fus, paraît-il, jalouse, mais pendant peu de temps. Aussi loin que je me souvienne, j'étais fière d'être l'aînée: la première. Déguisée en chaperon rouge, portant dans mon panier galette et pot de beurre, je me sentais plus intéressante qu'un nourrisson cloué dans son berceau. J'avais une petite sœur: ce poupon ne m'avait pas.

le boulevard Raspail: un boulevard dans le Quartier latin de Paris
empanachés: embellis; ayant comme ornement
canotiers et panamas: des chapeaux

panier: (basket)
galette: un gâteau plat
nourisson: tout petit enfant
cloué: fixé (nailed)
poupon: bébé

De mes premières années, je ne retrouve guère qu'une impression confuse: quelque chose de rouge, et de noir, et de chaud. L'appartement était rouge, rouges la moquette, la salle à manger Henri II, la soie gaufrée qui masquait les portes vitrées, et dans le cabinet de papa les rideaux de velours, les meubles de cet antre sacré étaient en poirier noirci, je me blottissais dans la niche creusée sous le bureau, je m'enroulais dans les ténèbres; il faisait sombre, il faisait chaud et le rouge de la moquette criait dans mes yeux. Ainsi se passa ma toute petite enfance. Je regardais, je palpais, j'apprenais le monde, à l'abri.

moquette: étoffe qui s'emploie pour tapis et pour meubles
Henri II: le style des meubles de la salle
soie gaufrée: (printed silk)
velours: (velvet)
poirier noirci: (dark pearwood)
niche creusée: (hollow niche)

C'est à Louise que j'ai dû la sécurité quotidienne. Elle m'habillait le matin, me déshabillait le soir et dormait dans la même chambre que moi. Jeune, sans beauté, sans mystère puisqu'elle n'existait—du moins je le croyais—que pour veiller sur ma sœur et sur moi, elle n'élevait jamais la voix, jamais elle ne me grondait sans raison. Son regard tranquille me protégeait pendant que je faisais des pâtés au Luxembourg, pendant que je berçais ma poupée Blondine, descendue du ciel une nuit de Noël avec la malle qui contenait son trousseau. Au soir tombant elle s'asseyait à côté de moi et me montrait des images en me racontant des histoires. Sa présence m'était aussi nécessaire et me paraissait aussi naturelle que celle du sol sous mes pieds.

pâtés: (*here,* mud pies)
Luxembourg: Le Jardin du Luxembourg se trouve à Paris dans le Quartier latin

Ma mère, plus lointaine et plus capricieuse, m'inspirait des sentiments amoureux; je m'installais sur ses genoux, dans la douceur parfumée de ses bras, je couvrais de baisers sa peau de jeune femme; elle apparaissait parfois la nuit, près de mon lit, belle comme une image, dans sa robe de verdure mousseuse ornée d'une fleur mauve, dans sa scintillante robe de jais noir. Quand elle était fâchée, elle me "faisait les gros yeux"; je redoutais cet éclair orageux qui enlaidissait son visage; j'avais besoin de son sourire.

mousseuse: (foamy; soft)
jais: jet

Quant à mon père, je le voyais peu. Il partait chaque matin pour "le Palais," portant sous son bras une serviette pleine de choses intouchables qu'on appelait des dossiers. Il n'avait ni barbe, ni moustache, ses yeux étaient bleus et gais. Quand il rentrait le soir, il apportait à maman des violettes de Parme, ils s'embrassaient et riaient. Papa riait aussi avec moi; il me faisait chanter; *C'est une auto grise*... ou *Elle avait une jambe de bois;* il m'ébahissait en cueillant au bout de mon nez des pièces de cent sous. Il m'amusait, et j'étais contente quand il s'occupait de moi; mais il n'avait pas dans ma vie de rôle bien défini.

"Palais": ministère où il travaillait
violettes de Parme: violette double, bleu lavande, très parfumée

Je continuais à grandir...je me plaisais et je cherchais à plaire. Les amis de mes parents encourageaient ma vanité: ils me flattaient poliment, me cajolaient. Je me caressais aux fourrures, aux corsages satinés des femmes; je respectais davantage les hommes, leurs moustaches, leur odeur de tabac, leurs voix graves, leur bras qui me soulevaient du sol. Je tenais particulièrement à les intéresser: je bêtifiais, je m'agitais, guettant le mot qui m'arracherait à mes limbes et qui me ferait exister dans leur monde à eux, pour de bon. Un soir, devant un ami de mon père, je repoussai avec entêtement une assiette de salade cuite; sur une carte postale envoyée pendant les vacances il demanda avec esprit: "Simone aime-t-elle toujours la salade cuite?" L'écriture avait à mes yeux plus de prestige encore que la parole: j'exultai. Quand nous rencontrâmes à nouveau M. Dardelle sur le parvis de Notre-Dame-des-Champs, j'escomptai de délicieuses taquineries; j'essayai d'en provoquer; il n'y eut pas d'écho. J'insistai: on me fit taire. Je découvris avec dépit combien la gloire est éphémère.

bêtifiais: faisais des sottises
guettant: attendant
esprit: (wit)
parvis: petite place devant l'église
j'escomptai: je comptai sur; j'espérai

Ce genre de déception m'était d'ordinaire épargné. A la maison, le moindre incident suscitait de vastes commentaires; on écoutait volontiers mes histoires, on répétait mes mots. Grands-parents, oncles, tantes, cousins, une abondante famille me garantissait mon importance. En outre, tout un peuple surnaturel se penchait sur moi avec sollicitude. Dès que j'avais su marcher, maman m'avait conduite à l'église; elle m'avait montré en cire, en plâtre, peints sur les murs, des portraits du petit Jésus, du bon Dieu, de la Vierge, des anges dont l'un était comme Louise, spécialement affecté à mon service. Mon ciel était étoilé d'une myriade d'yeux bienveillants.

épargné: évité
suscitait: faisait naître.
cire: (wax)
plâtre: (plaster)
étoilé: couvert d'étoiles

Parfois, tante Lili me sortait... Un de mes plus lointains et de mes plus plaisants souvenirs, c'est un séjour que je fis avec elle à Château Villain, en Haute-Marne, chez une sœur de bonne-maman. Ayant perdu depuis longtemps fille et mari, la vieille tante Alice croupissait seule et sourde, dans une grande bâtisse entourée d'un jardin... Un matin, tante Alice m'appela d'une voix sèche; une fleur gisait sur le sol: elle m'accusa de l'avoir cueillie. Toucher aux fleurs du jardin était un crime dont je ne méconnaissais pas la gravité; mais je ne l'avais pas commis, et je protestai. Tante Alice ne me crut pas. Tante Lili me défendit avec feu. Elle était la déléguée de mes parents, mon seul juge; tante Alice, avec son vieux visage moucheté, s'apparentait aux vilaines fées qui persécutent les enfants; j'assistai complaisamment au combat que les forces du bien livraient à mon profit contre l'erreur et l'injustice. A Paris, parents et grands-parents prirent avec indignation mon parti, et je savourai le triomphe de ma vertu.

Haute-Marne: département de France formé d'une part de la Champagne, de la Bourgogne, et de la Franche-Comté, et situé près de la frontière suisse
sèche: (sharp)
gisait: couchait
je ne méconnaissais pas: je connaissais

moucheté: (spotted)

livraient: engageaient

COMPREHENSION ET EXERCICES DE VOCABULAIRE

A. Trouvez six phrases fausses parmi les suivantes.

1. Simone de Beauvoir est parisienne.
2. Quand elle est née, sa mère était déjà âgée.
3. Simone était jalouse de sa petite sœur.
4. Elle était, aussi, fière d'être l'aînée.
5. Les meubles de son appartement étaient tous verts et jaunes.
6. La bonne de Simone de Beauvoir s'appelait Louise.
7. Louise se fâchait très facilement.
8. Sa mère faisait quelquefois "les gros yeux" à Simone.
9. Le père de Simone était d'une nature triste et morne.
10. Les amis de ses parents ne parlaient guère à Simone.
11. A la maison on faisait de grands commentaires sur les petits incidents dans la vie de Simone.
12. Simone a cueilli une des fleurs du jardin de tante Alice.
13. Ses parents et ses grands-parents prirent son parti avec indignation.

B. Identifiez le personnage qui:

1. avait trente ans à la naissance de Simone.
2. était le premier enfant de la famille.
3. se sentait plus intéressante que sa sœur.
4. était cloué à son berceau.
5. aimait se mettre dans la niche sous le bureau de son père.
6. habillait et déshabillait Simone.
7. faisait des pâtés au Luxembourg.
8. montrait des images à Simone et lui racontait des histoires.
9. inspirait des sentiments amoureux à Simone.
10. venait la nuit parfois voir Simone dans son lit.
11. avait les yeux bleus et gais.
12. apportait des violettes à la mère de Simone.
13. cueillait des pièces de cent sous au bout du nez de Simone.
14. a repoussé, une fois, une salade cuite.
15. sortait Simone quelquefois.
16. a accusé Simone d'avoir cueilli une de ses fleurs.
17. A défendu Simone avec feu.

C. Dans les phrases suivantes, substituez les mots suggérés.

1. Louise l'habillait le matin.
   ______ la sortait ______.
   ______ jouait avec elle ____.
   ______________ le soir.

   Louise jouait avec elle le soir.
   ______ la déshabillait ______.
   ______ lui montrait des images ____.
   ______ lui racontait des histoires ____.

2. **Il vient nous voir le vendredi.**[1]
   ______________ le dimanche.
   ______________ le mercredi.
   ______________ le mardi.
   ______________ le jeudi.
   ______________ le lundi.
   ______________ le samedi.
3. Il viendra vendredi.[1]
   ________ mercredi.
   ________ jeudi.
   ________ lundi.
   ________ samedi.
   ________ dimanche.
   ________ mardi.
4. Louise l'a habillée ce matin.
   ______ l'a sortie __________.
   ______ a joué avec elle _____.
   ________________ cet après-midi.
   ________________ ce soir.
   ______ l'a déshabillée ____.
   ______ lui a montré des images _____.
   ______ lui a raconté une histoire _____.
5. Elle était coiffée d'un joli chapeau.
   Elles ______________________________.
   Tu ________________________________.
   Il ________________________________.
   Mme Dubois ________________________.
   Ma mère ___________________________.
   Anne ______________________________.
   Anne était coiffée d'un joli chapeau.
   ______________ d'une belle écharpe.
   Grand-mère ________________________.
   Bonne-maman _______________________.
   Tante Alice _______________________.
6. Mon père me grondait souvent.
   Elle ______________________.
   Ils _______________________.
   Tu ________________________.
   Vous ______________________.
   Il ________________________.
   Elles _____________________.
7. Maman berçait l'enfant.
   Grand'mère __________.
   Bonne-maman ________.
   Elle _______________.
   Tante Alice _________.
   Tante Lili __________.
8. Je tiens à y aller.
   Nous __________.
   Paul __________.
   ________ à le faire.
   Ils __________.
   ___ tenaient ______.
   ________ à voir le film.
   Je ______________.
   Nous ____________.
   Elle _____________.
   Louise ___________.

D. Dans les phrases suivantes, remplacez l'expression *le (la) plus âgé(e)* par l'expression *l'aîné(e)*.

1. Simone est la plus âgée de sa famille.
2. J'étais fier d'être le plus âgé.
3. J'étais fière d'être la plus âgée.
4. C'est Jacques qui est le plus âgé.

[1] Notez l'emploi de l'article défini avec les noms des jours de la semaine et les expressions *matin, cet après-midi,* et *soir.* Comparez les exemples suivants.
Elle m'habillait le matin. (tous les matins)
Elle m'a habillée ce matin. (un seul matin)
Il vient nous voir le lundi. (tous les lundis)
Il viendra nous voir lundi prochain. (un seul lundi)

E. Dans les phrases suivantes, remplacez l'expression *le (la) plus jeune* par l'expression *le (la) cadet(–te).*

1. Roger est le plus jeune de la famille.
2. C'est Paul qui est le plus jeune.
3. Madeleine est la plus jeune de la famille.
4. C'est Marie qui est la plus jeune.

F. Dans les phrases suivantes, remplacez *la terre* par *le sol.*

1. La terre autour de sa ferme est pauvre.
2. J'aime la terre de mon village natal.
3. La terre dans les environs est bonne.
4. Il ne veut pas quitter la terre de cette ferme.

G. Dans les phrases suivantes, remplacez *en ce qui concerne* par *quant à.*

1. En ce qui concerne mon père...
2. En ce qui concerne grand'mère...
3. En ce qui concerne mon oncle...
4. En ce qui concerne Tante Alice...

H. Dans les phrases suivantes, remplacez *avec politesse* par *poliment.*

1. Il me parlait avec politesse.
2. Ils me flattaient avec politesse.
3. Ils me cajolaient avec politesse.
4. Elle l'a refusé avec politesse.

I. Dans les phrases suivantes, remplacez *grand'mère* par *bonne-maman.*

1. Grand'mère m'apportait toujours des bonbons.
2. Je passais l'été chez grand'mère.
3. Grand'mère me racontait des histoires comiques.
4. J'aimais jouer avec grand'mère.

J. Dans les phrases suivantes, remplacez *distant* par *lointain.*

1. Elle s'est mariée avec un prince d'un pays distant.
2. Ma mère, plus distante, m'inspirait des sentiments amoureux.

3. Il me paraissait plus réservé, plus distant.
4. Il m'a salué d'un regard distant.
5. Cette pensée était assez distante de mon idéal.
6. Je croyais l'avoir vu dans un passé distant.
7. L'Amérique, où demeuraient mes cousins favoris, semblait très distante.

K. Choisissez les mots convenables pour compléter les phrases suivantes.

1. Un des devoirs d'une bonne c'est de *a. veiller sur les enfants b. flatter les enfants c. redouter les enfants.*
2. Le garçon *a. a bercé b. a arraché c. a suscité* trois pages de mon livre.
3. Le climat de l'Arizona est très *a. sec b. humide c. plissé.*
4. Des maisons sales et délabrées *a. cajolaient b. grondaient c. enlaidissaient* le paysage.
5. La dame élégante portait *a. un antre sombre b. une fourrure exquise c. la salle à manger Henri II.*
6. Elle était belle dans un corsage blanc et une jupe noire *a. plissée b. coiffée c. à l'abri.*
7. *a. De petites poupées b. Des fourrures d'hermine c. Des rideaux rouges* couvraient les vitres de la porte.
8. Pour endormir son enfant, souvent une mère *a. le gronde b. le berce c. le repousse* sévèrement.
9. Les petites filles aiment jouer avec des *a. poupées b. rideaux c. meubles laqués.*
10. Nous aurons besoin *a. d'un antre noir b. d'une grande malle c. d'un berceau* pour notre voyage.
11. Ils ne voulaient pas avancer, tellement ils *a. redoutaient b. arrachaient c. suscitaient* l'école.
12. Elle en avait assez; elle voulait l'abandonner *a. quant à lui b. pour de bon c. sec.*
13. Marie-Hélène est *a. la bonne-maman b. le sol c. l'aînée* des trois jeunes filles.
14. Elles tenaient à refuser, tellement *a. leur berceau b. leur malle c. leur entêtement* les dominait.

DIALOGUE

Roger: Que te rappelles-tu de tes premières années, Claudine?

Claudine: Pas beaucoup—ces souvenirs-là sont très vagues. Ma mère m'a dit que j'aimais les couleurs jaunes de ma chambre. Comme Simone, je jouais sous le bureau dans le cabinet de mon père. Et très petite, j'aimais me promener dans les champs auprès de notre maison.

Roger: On dit que j'étais jaloux de mon frère cadet, mais je ne le crois pas. J'étais plus fort, plus grand, et plus intelligent que lui. J'ai toujours été fier d'être l'aîné.

Claudine: Comme tu es modeste! Moi, j'aurais voulu parfois, changer de place avec ma sœur cadette. On l'a tellement gâtée!

REVISION ET EXERCICES

Structure: Les nombres

Phrases modèles

1. Je suis née à quatre heures du matin, le 9 janvier 1908.
2. Mon père avait trente ans, ma mère vingt et un.
3. J'étais leur premier enfant.
4. J'ai deux ans et demi. . .
5. De mes premières années. . .
6. L'appartement était rouge, rouges la moquette, la salle à manger Henri II. . .

Notes de grammaire

Etudiez les nombres cardinaux:

0	zéro	14	quatorze	41	quarante et un	90	quatre-vingt-dix
1	un, une	15	quinze	42	quarante-deux	91	quatre-vingt-onze
2	deux	16	seize	50	cinquante	92	quatre-vingt-douze
3	trois	17	dix-sept	51	cinquante et un	100	cent
4	quatre	18	dix-huit	52	cinquante-deux	101	cent un
5	cinq	19	dix-neuf	60	soixante	200	deux cents
6	six	20	vingt	61	soixante et un	201	deux cent un
7	sept	21	vingt et un	62	soixante-deux	300	trois cents
8	huit	22	vingt-deux	70	soixante-dix	301	trois cent un
9	neuf	23	vingt-trois	71	soixante et onze	1.000	mille
10	dix	30	trente	72	soixante-douze	1.001	mille un
11	onze	31	trente et un	80	quatre-vingts	1.000.000	un million (de)
12	douze	32	trente-deux	81	quatre-vingt-un		
13	treize	40	quarante	82	quatre-vingt-deux		

Faites attention de bien prononcer le *t* final de *trente, quarante, cinquante, soixante.* Comparez la prononciation de *vingt* dans les exemples suivants.

20 /vɛ̃/	81 /katrəvɛ̃œ̃/
21 /vɛ̃teœ̃/	82 /katrəvɛ̃dø/
22 /vɛ̃tdø/	90 /katrəvɛ̃dis/
23 /vɛ̃ttrwa/	91 /katrəvɛ̃õz/
24 /vɛ̃tkatrə/	92 /katrəvɛ̃duz/
80 /katrəvɛ̃/	

Devant un autre nombre, le *t* de *cent* ne se prononce pas: 101 = /sɑ̃œ̃/. Remarquez que l'on se sert du mot *et* avec les nombres 21, 31, 41, 51, 61, 71. On n'emploie pas *et* avec 81, 91, et 101.

vingt et un	quatre-vingt-un
trente et un	quatre-vingt-onze

Un tiret (-) s'emploie avec tous les nombres composés jusqu'à cent sauf 21, 31, 41, 51, 61, 71. Les nombres multiples de 100, de 1.000, et de 1.000.000 n'ont pas de tiret.

trente et un	cent deux
trente-deux	mille un

On ajoute la lettre *s* à *vingt* dans *quatre-vingts* et à *cent* dans *deux cents, trois cents.* Toutefois, quand *quatre-vingts* ou un multiple de *cent* (*deux cents, trois cents,* par exemple) est suivi d'un autre nombre, on supprime le *s*. *Mille* ne prend jamais de *s*.

quatre-vingts	deux cent vingt-cinq
quatre-vingt-onze	quatre mille
deux cents	

En français, on sépare les décimales par une virgule (,) et les milles par un point (.). En anglais, c'est le contraire.

1.535	mille cinq cent trente-cinq	3,075	trois et soixante-quinze millièmes

Etudiez les nombres ordinaux:

Ier (Ière)	premier (–ère)	X[e]	dixième
IIe	deuxième[1]	XXe	vingtième
IIIe	troisième	XXVe	vingt-cinquième
IVe	quatrième	XXXe	trentième
IXe	neuvième		

On emploie les nombres cardinaux pour tous les jours du mois, sauf le premier.

	le 14 juillet	le quatorze juillet
	le 6 avril	le six avril
Mais:	le 1er janvier	le premier janvier

Il y a deux façons d'indiquer les années. Par exemple, 1941 peut se dire: dix-neuf cent quarante et un, ou mil neuf cent quarante et un. Dans les dates *mille* s'écrit *mil.*

En français, on emploie un nombre cardinal pour accompagner le nom d'un souverain, sauf pour *premier.*

Louis XIV	Louis quatorze

[1] Deuxième a une autre forme—*second* (*m.*), *seconde* (*f.*). Notez la prononciation du mot *second:* /sgõ/.

Henri IV	Henri quatre
François Ier	François premier
Napoléon Ier	Napoléon premier

A. Comptez.

1. Comptez de 0 à 10.
2. Comptez de 11 à 20.
3. Comptez de 0 à 100 par cinqs.
4. Donnez les nombres pairs de 0 à 100.
5. Donnez les nombres impairs de 1 à 101.

B. Combien font:

1. 3 et 5?
2. 4 et 5?
3. 2 et 6?
4. 11 et 9?
5. 9 et 7?
6. 8 et 6?
7. 21 et 23?
8. 17 et 18?
9. 35 et 9?
10. 66 et 8?
11. 77 et 4?
12. 83 et 9?

C. Répétez les expressions suivantes.

1.	un	un livre	un an
2.	deux	deux livres	deux ans
3.	trois	trois livres	trois ans
4.	quatre	quatre livres	quatre ans
5.	cinq	cinq livres	cinq ans
6.	six	six livres	six ans
7.	sept	sept livres	sept ans
8.	huit	huit livres	huit ans
9.	neuf	neuf livres	neuf ans
10.	dix	dix livres	dix ans
11.	onze	onze livres	onze ans
12.	douze	douze livres	douze ans
13.	treize	treize livres	treize ans
14.	quatorze	quatorze livres	quatorze ans
15.	quinze	quinze livres	quinze ans
16.	seize	seize livres	seize ans
17.	dix-sept	dix-sept livres	dix-sept ans
18.	dix-huit	dix-huit livres	dix-huit ans
19.	dix-neuf	dix-neuf livres	dix-neuf ans
20.	vingt	vingt livres	vingt ans

D. Prononcez en français les nombres suivants.

1. 2, 12, 22
2. 6, 16, 66
3. 7, 17, 77
4. 4, 14, 24, 44, 84, 94
5. 101, 110, 510
6. 350, 355, 348
7. 460, 470, 475
8. 880, 881, 891
9. 1.116, 2.623
10. 4.802, 6.738

E. Répétez les expressions suivantes.

1. une heure

2. deux heures
3. trois heures
4. quatre heures
5. cinq heures
6. six heures
7. sept heures
8. huit heures
9. neuf heures
/nœvœr/
10. dix heures
11. onze heures
12. midi
13. minuit
14. Il est neuf heures du matin.
15. Il est trois heures de l'après-midi.
16. Il est huit heures du soir.
17. Il est quatre heures dix.
18. Il est une heure moins cinq.
19. Il est dix heures et quart.

F. Ajoutez cinq minutes à l'heure donnée, selon le modèle.

LE PROFESSEUR:	Il est deux heures.
PREMIER ETUDIANT:	Il est deux heures cinq.
DEUXIEME ETUDIANT:	Il est deux heures dix.
TROISIEME ETUDIANT:	Il est deux heures et quart.

1. Il est neuf heures.
2. Il est une heure.
3. Il est midi.

G. Nommez les jours de la semaine.

H. Nommez les mois de l'année.

I. Répétez les expressions suivantes.

1. le premier garçon
2. la première fois
3. le deuxième enfant
4. sa troisième lettre
5. le neuvième étudiant
6. lundi, le 5 mai
7. mardi, le 9 juin
8. vendredi, le 1er juillet
9. samedi, le 2 février
10. mercredi, le 24 août
11. Louis XIV, Henri IV
12. Henri VIII, Georges II
13. François 1er, Napoléon 1er
14. 1775, 1789
15. 1918, 1941

J. Donnez les nombres ordinaux pour les nombres cardinaux suivants.

1, 13, 7, 5, 9, 13, 30, 4, 2, 321

K. Répondez aux questions suivantes, en utilisant les expressions données entre parenthèses.

1. Quand part-il? (le 5 mars)
2. Quand part-elle? (le 16 octobre)
3. Quand arrive-t-il? (le 1er août)
4. Quand arrive-t-elle? (le 6 avril)
5. Quand est-il mort? (le 7 janvier 1959)
6. Qui était roi de France en ce temps-là? (Louis XIV...)
7. François 1er était roi de France au XVIe siècle, n'est-ce pas? (oui, ...)
8. Henri IV était roi de France au XVe siècle, n'est-ce pas? (non, ...)

Structure: Les verbes irréguliers *naître (renaître), rire (sourire), cueillir (recueillir)*

Phrases modèles

1. Je suis née à quatre heures du matin, le 9 janvier 1908.
2. On voit de jeunes dames. . . des messieurs. . . qui sourient à un bébé.
3. Ma sœur vient de naître.
4. Il m'ébahissait en cueillant au bout de mon nez des pièces de cent sous.
5. Elle m'accusa de l'avoir cueillie.

Notes de grammaire

Voir l'Appendice 1.

A. Dans les phrases suivantes, substituez les mots suggérés.

1. Elle est née en 1908.
   Il ________.
   ________ 1930.
   Mon père ________.
   Ma mère ________.
   ________ 1948.
   Je ________.
   Vous ________.
2. Il rit beaucoup.
   Tu ________.
   Hélène ________.
   Nous ________.
   Les enfants ____.
   ____ sourient ____.
   Simone ________.
   Vous ________.
   Jean ________.
   ______ peu.
   Les amies ____.
3. Il a ri.
   Tu ____.
   Vous ____.
   Vous avez ri.
   Nous ______.
   Les amis ______.
   Robert ______.
   ______ souri.
   Je ______.
   Vous ____.
   Mes tantes ____.
4. As-tu cueilli des fleurs?
   ____ vous ________?
   ____ il ________?
   ________ des roses?
   ____ ils ________?
   ________ des fruits?
   ____ elle ________?
5. Il cueille des légumes.
   Je ________.
   Nous ________.
   ________ des fruits.
   Les hommes ______.
   ________ des fleurs.
   Les mères ________.
   Tu ________.
   Vous ________.
   Les enfants ________.
   Armande ________.

6. Votre patience renaîtra.
   Sa foi ______.
   Leur amitié ______.
   Leur amour ______.
   Notre courage ______.
   Son espoir ______.
   Son bonheur ______.
   Sa détermination ______.
   Ton enthousiasme ______.
   Sa tristesse ______.
   Notre gaieté ______.
   Son ambition ______.
7. Il sourira.
   Tu ______.
   Vous ______.
   ______ rirez.
   Je ______.
   Nous ______.
   Elles ______.
   Vous ______.
   Henri ______.
8. Il recueillera les papiers.
   Je ______.
   Nous ______.
   Tu ______.
   Vous ______.
   Les fils ______.
   Marie ______.
   Ma tante ______.

B. Dans les phrases suivantes, mettez les verbes au pluriel.

1. Il riait peu.
2. Il est né en mars.
3. Elle rit tout le temps.
4. Je souriais à la jeune fille en face.
5. Il a cueilli des fleurs.
6. Tu riras.
7. Elle est née à Madrid.
8. Je cueille des pommes.
9. Tu cueillais des violettes.

C. Dans les phrases suivantes, mettez les verbes au passé composé et ensuite au futur.

1. Il sourit à la jeune fille à côté de lui.
2. Elle cueille des poires.
3. Il rit.
4. Le professeur recueille les papiers.
5. Je ris.
6. Nous cueillons des roses.

D. Dans les phrases suivantes, mettez les verbes au futur.

1. L'enfant est né le 5 juin.
2. Nous avons cueilli des fraises.
3. J'ai ri.
4. Je n'ai pas ri.
5. Il a cueilli des fruits.
6. Elle m'a souri.

E. Répondez aux questions suivantes, en utilisant les expressions données entre parenthèses.

1. Quand Simone de Beauvoir est-elle née? (en 1908)
2. Où est-elle née? (à Paris)
3. Pauline rit-elle beaucoup? (Oui, . . .)
4. A-t-elle cueilli de belles roses? (Oui, . . .)
5. Quand cueillerons-nous les poires? (. . . dans quelques jours)
6. Elle me sourit, n'est-ce pas? (Oui, . . .)
7. Il riait beaucoup en ce temps-là, n'est-ce pas? (Oui, . . .)
8. Où sont-il nés? (à Philadelphie)
9. Qui a cueilli ces chrysanthèmes blancs? (Personne ne sait . . .)

Structure: Le comparatif et le superlatif

Phrases modèles

1. Je me sentais plus intéressante qu'un nourisson cloué dans son berceau.
2. Aussi loin que je me souvienne...
3. Sa présence m'était aussi nécessaire et me paraissait aussi naturelle que celle du sol sous mes pieds.
4. Ma mère, plus lointaine et plus capricieuse, m'inspirait des sentiments amoureux.
5. L'écriture avait à mes yeux plus de prestige encore que la parole.
6. A la maison le moindre incident suscitait de vastes commentaires.
7. Un de mes plus lointains et de mes plus plaisants souvenirs, c'est un séjour que je fis avec elle à Château Villain, en Haute-Marne, chez une sœur de bonne-maman.

Notes de grammaire

Le comparatif des adjectifs et des adverbes se forme régulièrement.

plus...que	more...than
aussi...que	as...as
moins...que	less...than

Marc est plus grand que Georges.
Suzette est moins adroite que Marc.
Il court plus vite que Robert.
Il neige moins souvent ici qu'au Canada.

Suivi d'un nom, le comparatif se forme de la façon suivante:

plus de (d')...que	more...than
autant de (d')...que	as much...as
moins de (d')...que	less...than

J'ai plus d'argent que toi.
Ils ont autant de travail que nous.
Marguerite a moins de temps que moi.

Les expressions *more than* and *less than* suivies d'un numéro s'exprime en français *par plus* de *(d')* et *moins de (d')*.

Il a acheté plus de cinq livres.
Elle a apporté plus de vingt gâteaux.

Le superlatif des adjectifs se forme de la façon suivante:

le (la, les) plus...the most...
le (la, les) moins...the least...

Jacqueline est la moins intelligente de la classe.

Il a acheté le livre le plus cher.
Ses fleurs sont les plus belles de toute la ville.
Elle a les plus belles fleurs de toute la ville.
C'est la jeune fille la plus intelligente de la classe.

Notez que l'article défini et l'adjectif s'accordent avec le nom auquel ils se rapportent. Si l'adjectif suit le nom, le superlatif le suivra; si l'adjectif précède le nom, le superlatif le précède.

Paul est le plus grand garçon de la classe.
Mais: Marc est le garçon le plus intelligent de la classe.

Remarquez qu'on emploie la préposition *de* après un superlatif et non *dans*. On forme le superlatif des adverbes de la même façon.

Elle parle le plus vite de tous.
Marc court le moins vite de tous.
Elle chante le moins bien.

Dans les phrases précédentes, *le plus* et *le moins* sont des expressions adverbiales, et par conséquent ne s'accordent ni en genre ni en nombre. Etudiez les formes suivantes qui sont irrégulières:

1. Le comparatif et le superlatif de *bon*

masc.	bon(s)	meilleur(s)	le (les) meilleur(s)
fem.	bonne(s)	meilleure(s)	la (les) meilleure(s)

C'est un bon étudiant.
Cette étudiante est meilleure que l'autre.
Ce sont les meilleurs étudiants de la classe.

2. Le comparatif et le superlatif de *bien*

bien mieux le mieux

Georges parle bien.
Il parle mieux que Marie.
Robert parle le mieux de tous.

3. Le comparatif et le superlatif de *mauvais*

masc.	pire(s)	le (les) pire(s)
	plus mauvais	le (les) plus mauvais
fem.	pire(s)	la (les) pire(s)
	plus mauvaise(s)	la (les) plus mauvaise(s)

Il est mauvais.
Jacqueline est pire. (plus mauvaise)
Paul est le pire (le plus mauvais) de tous.

Notez que le comparatif et le superlatif de *mauvais* ont deux formes, une régulière, l'autre irrégulière.

4. Le comparatif et le superlatif de *mal*

pis (plus mal) le pis (le plus mal)

Jean parle mal.
Il parle pis (plus mal) que vous.
Anne parle le pis (le plus mal) de tous.

Notez que le comparatif et le superlatif de *mal* se forment régulièrement et irrégulièrement.

5. Le superlatif de *petit*

masc.	le (les) moindre(s)	le (les) plus petit(s)
fem.	la (les) moindre(s)	la (les) plus petite(s)

le moindre détail (the least detail)
le moindre incident (the least incident)
le plus petit détail (the smallest detail)
le plus petit incident (the smallest incident)

Notez la différence entre le superlatif de l'adjectif ou de l'adverbe et l'expression *la plupart du (de la, de l', des):*

Ce sont les étudiants les plus indifférents de la classe.
They are the most indifferent students in the class.

Il parle le plus rapidement de tous.
He speaks the fastest of all.

La plupart des étudiants travaillent bien.
Most of the students work hard.

A. Dans les phrases suivantes, substituez les mots suggérés.

1. Il est plus jeune que Jean.
   ________ intelligent ____.
   ________ beau ________.
   ________ petit ________.
   ____ moins ____________.
   ________ grand ________.
   ________ vieux ________.
   ________ adroit ________.
   ____ aussi ____________.
   ________ maladroit ____.
   ________ stupide ______.
   ________ indifférent ____.
2. J'ai plus d'argent que vous.
   ________ temps ________.
   ________ livres ________.
   ___ moins ____________.
   J'ai moins de livres que vous.
   ________ courage ______.
   ________ espoir ______.
   ___ autant ____________.
   ________ argent ______.
   ________ amis ________.
   ________ soupe ________.
3. Hélène a plus de vingt livres.
   ________________ dollars.
   ________________ journaux.
   ________ moins ____________.
   ________________ pull-overs.
   ________________ blouses.
   ____________ cent ________.
4. C'est la plus belle maison de toutes.
   ____________ grande ____________.
   ________________ auto ________.
   ____________ vieille ____________.
   ________ moins ________________.
   ____________ petite ____________.

5. Ce sont les garçons les plus intelligents de la classe.
________________ sympathiques
________.
________________ intéressants
________.
______ les moins ________________
________.
________________ alertes
________.

6. Cette soupe est meilleure que l'autre.
Ce potage ________________.
Cette cravate ________________.
Cet hôtel ________________.

7. Il parle mieux que Paul.
___ comprend ________.
___ étudie ________.
___ chante ________.
___ apprend ________.

8. Il parle le mieux de tous.
___ comprend ________.
___ travaille ________.
___ étudie ________.
___ chante ________.

9. C'est le meilleur hôtel de tous.
________ restaurant ___.
________ joueur ___.
________ étudiant ___.
________ journal ___.
________ livre ___.
________ roman ___.
________ écrivain ___.

10. Le moindre incident l'agaçait.
La moindre réponse ________.
La moindre parole ________.
Le moindre bruit ________.
Le moindre problème ________.
Le moindre changement ________.

11. C'est le pire des hommes.
________ des problèmes.
________ des étudiants.
________ des étudiantes.
________ des femmes.
________ des nouvelles.

12. La plupart des garçons étudient bien.
________ des jeunes filles ________.
________ des étudiants ________.
________________ travaillent ___.
________ des étudiantes ________.
________ de ces hommes ________.
________________ parlent ___.
________ de mes camarades ________.
________ de mes amis ________.
________ de ces soldats ________.

B. Faites des comparaisons selon le modèle, en employant *plus . . . que.*

LE PROFESSEUR: Jacques est grand. Et Paul?
L'ETUDIANT: Paul est plus grand que Jacques.

1. Hélène est petite. Et Claudine?
2. Ce restaurant est moderne. Et l'autre?
3. Cette auto est belle. Et l'autre?
4. Henri est maladroit. Et son frère?
5. Ces livres sont chers. Et les autres?
6. Ces fleurs sont jolies. Et les autres?
7. Cette chanson est triste. Et l'autre?
8. Angélique est intelligente. Et Lucinde?
9. Les lions sont formidables. Et les tigres?

C. Faites des comparaisons selon le modèle, en employant *moins . . . que.*

LE PROFESSEUR: Jacques est grand. Et Paul?
L'ETUDIANT: Paul est moins grand que Jacques.

1. Georges est petit. Et Robert?
2. Les jeunes filles sont tristes. Et les parents?
3. La grand'mère est vieille. Et la tante?
4. Les restaurants sont chers. Et les hôtels?
5. Madeleine est indifférente. Et Anne?
6. Mon frère est adroit. Et son ami?

D. Faites des comparaisons selon le modèle, en employant *aussi . . . que.*

LE PROFESSEUR: Jacques est grand. Et Paul?
L'ETUDIANT: Paul est aussi grand que Jacques.

1. Madeleine est indifférente. Et Anne?
2. Les livres sont chers. Et les stylos?
3. Henri est maladroit. Et son frère?
4. Les restaurants sont chers. Et les hôtels?
5. La grand'mère est sourde. Et la tante?
6. Les jeunes filles sont tristes. Et les parents?

E. Faites des comparaisons selon le modèle, en employant *plus de (d') . . . que.*

LE PROFESSEUR: Marc a beaucoup d'argent. Et Paul?
L'ETUDIANT: Paul a plus d'argent que Marc.

1. Hélène a beaucoup de livres. Et Robert?
2. Marc a beaucoup de disques. Et Pauline?
3. Suzette a beaucoup de robes. Et Madeleine?
4. Pierre a beaucoup de cravates. Et Jean?
5. Marie a beaucoup de chapeaux. Et Suzette?
6. L'enfant a beaucoup de soupe. Et son frère?

F. Faites des comparaisons selon le modèle, en employant *moins de (d') . . . que.*

LE PROFESSEUR: Marc a beaucoup d'argent. Et Paul?
L'ETUDIANT: Paul a moins d'argent que Marc.

1. Robert a beaucoup de travail. Et Henri?
2. Claude a beaucoup d'amis. Et Jean?
3. Roger a beaucoup de livres. Et Suzanne?
4. Hélène a beaucoup de blouses. Et Anne?
5. Suzanne a beaucoup de tact. Et sa sœur?
6. Sa mère a beaucoup de patience. Et son père?

G. Faites des comparaisons selon le modèle, en employant *autant de . . . que.*

LE PROFESSEUR: Marc a beaucoup d'argent. Et Paul?
L'ETUDIANT: Paul a autant d'argent que Marc.

1. Henri a beaucoup de livres. Et Jean?
2. Hélène a beaucoup de robes. Et sa sœur?
3. Claudine a beaucoup de temps. Et Henriette?
4. Roger a beaucoup de salade. Et Paul?
5. Marc a beaucoup de disques. Et son ami?
6. Son père a beaucoup de patience. Et sa mère?

H. Faites des comparaisons selon le modèle, en employant *meilleur(e) . . . que.*

LE PROFESSEUR: Georges est bon étudiant. Et Jean?
L'ETUDIANT: Jean est meilleur étudiant que Georges.

1. Son père est bon écrivain. Et son oncle?
2. Madeleine est bonne étudiante. Et Suzanne?
3. Jacqueline est bonne chanteuse. Et Suzette?
4. M. Leblanc est bon professeur. Et M. Martin?
5. Henri est bon travailleur. Et Jean?
6. Georges est bon joueur. Et son ami?

I. Faites des comparaisons selon le modèle, en employant *mieux que.*

LE PROFESSEUR: Pauline parle bien. Et Suzanne?

L'ETUDIANT: Suzanne parle mieux que Pauline.

1. Jean comprend bien. Et Suzanne?
2. Paul étudie bien. Et Robert?
3. Marie chante bien. Et Claudine?
4. Georgette travaille bien. Et Jeannette?
5. Marc joue bien. Et Jean?
6. Jeanne écrit bien. Et Jacqueline?

J. Répondez aux questions suivantes, en utilisant les expressions données entre parenthèses.

1. Lequel est plus cher, ce livre-ci ou ce livre-là? (Ce livre-ci)
2. Laquelle est moins chère, la cravate ou l'écharpe? (La cravate)
3. Qui est plus travailleur, Georges ou Robert? (Robert)
4. Sa tante est aussi sourde que sa grand-mère, n'est-ce pas? (Oui, . . .)
5. Qui étudie mieux, Suzanne ou Monique? (Suzanne)
6. Qui étudie le mieux de toute la classe? (Robert)
7. Son oncle a moins de tact que sa tante, n'est-ce pas? (Oui, . . .)
8. Marie a-t-elle autant de disques que Pauline? (Oui, . . .)
9. Qui a plus de livres, Roger ou Robert? (Robert)
10. Qui est le meilleur étudiant de la classe? (Paul)
11. Qui est la meilleure étudiante de la classe? (Claudine)
12. Jacques a plus de vingt cravates, n'est-ce pas? (Oui, . . .)
13. Lequel est le roman le plus intéressant? (*L'Etranger*)
14. Laquelle est la plus belle auto? (Celle de Jean)

CONVERSATION

Questions

1. Quand est née Simone de Beauvoir?
2. Est-elle parisienne?
3. Quel âge avait son père à sa naissance?
4. Quel âge avait sa mère à sa naissance?
5. Quel âge a Simone à la naissance de sa sœur?
6. Etait-elle jalouse de sa sœur?
7. Etait-elle fière d'être l'aînée?
8. De quelle couleur étaient les murs et les meubles de l'appartement où Simone a passé ses premières années?
9. Qui est Louise?
10. Comment était Louise?
11. Quels sentiments sa mère inspirait-elle à Simone?

12. A quel moment sa mère venait-elle parfois la voir?
13. Quand est-ce que sa mère lui "faisait les gros yeux"?
14. Simone voyait-elle souvent son père?
15. Comment étaient les yeux de son père?
16. Qu'est-ce qu'il apportait à Mme de Beauvoir?
17. Comment est-ce qu'il ébahissait Simone?
18. Qui encourageait la vanité de Simone?
19. Qui garantissait son importance?
20. Qui est tante Alice?
21. Comment était la tante Alice?
22. Pourquoi tante Alice s'est-elle fâchée contre Simone?
23. Simone avait-elle cueilli la fleur?
24. Qui la défend?
25. Simone a-t-elle savouré son triomphe?

Causeries

1. En répondant aux questions suivantes, préparez une causerie: *Les premières années de Simone de Beauvoir.*

   Quand est-elle née? Dans quelle ville? Combien de frères et de sœurs a-t-elle? Décrivez ses sentiments envers sa sœur cadette. Quelles sont ses premières impressions de l'appartement où elle a passé son enfance? Qui est Louise? Comment est-elle? Décrivez ses rapports avec Simone. Comment est la mère de Simone? Comment est son père? Comment est tante Alice?

2. En répondant aux questions suivantes, préparez une causerie: *Mes premières années.*

   Où êtes-vous né? Quand êtes-vous né? Comment est la ville (le village) où vous avez passé votre première enfance? Quelles sont vos premières impressions? Combien de frères et de sœurs avez-vous? Décrivez vos sentiments envers votre (vos) frère(s) et votre (vos) sœur(s). Auriez-vous voulu changer de place, parfois, avec un frère ou une sœur? Etiez-vous fier (–ère) d'être l'aîné(e) ou le (la) cadet (–te)? Donnez vos premières impressions de votre mère. Aimiez-vous jouer avec votre père? Quels étaient vos jeux préférés?

LORSQUE L'ENFANT PARAIT

Lorsque l'enfant paraît, le cercle de famille
Applaudit à grands cris. Son doux regard qui brille
Fait briller tous les yeux,
Et les plus tristes fronts, les plus souillés peut-être,
Se dérident soudain à voir l'enfant paraître,
Innocent et joyeux.
Soit que juin ait verdi mon seuil, ou que novembre
Fasse autour d'un grand feu vacillant dans la chambre
Les chaises se toucher,
Quand l'enfant vient, la joie arrive et nous éclaire.
On rit, on se récrie, on l'appelle, et sa mère
Tremble à le voir marcher.
Quelquefois nous parlons, en remuant la flamme,
De patrie et de Dieu, des poètes, de l'âme
Qui s'élève en priant;
L'enfant paraît, adieu le ciel et la patrie
Et les poètes saints! la grave causerie
S'arrête en souriant...

Victor Hugo

A

Une enfant entêtée

Dès qu'on entre à l'école pour la première fois, on entre dans un monde nouveau qui s'oppose parfois à celui de la vie en famille. Dans le passage suivant, Simone de Beauvoir nous décrit les frustrations et les joies de cette étape de sa jeunesse. En lisant l'extrait, comparez vos propres souvenirs à ceux de l'auteur.

Protégée, choyée, amusée par l'incessante nouveauté des choses, j'étais une petite fille très gaie. Pourtant, quelque chose clochait puisque des crises furieuses me jetaient sur le sol, violette et convulsée. J'ai trois ans et demi, nous déjeunons sur la terrasse ensoleillée d'un grand hôtel—c'était à Divonne-les-Bains;—on me donne une prune rouge et je commence à la peler. "Non," dit maman; et je tombe en hurlant sur le ciment. Je hurle tout au long du boulevard Raspail parce que Louise m'a arrachée du square Boucicaut où je faisais des pâtés. Dans ces moments-là, ni le regard orageux de maman, ni la voix sévère de Louise, ni les interventions extraordinaires de papa ne m'atteignaient. Je hurlais si fort, pendant si longtemps, qu'au Luxembourg on me prit quelquefois pour une enfant martyre. "Pauvre petite!" dit une dame en me tendant un bonbon. Je la remerciai d'un coup de pied.

Je me suis souvent interrogée sur la raison et le sens de mes rages. Je crois qu'elles s'expliquent en partie par une vitalité fougueuse et par un extrémisme auquel je n'ai jamais tout à fait renoncé. Pourtant mes répugnances jusqu'au vomissement, mes convoitises jusqu'à l'obsession, un abîme séparait les choses que j'aimais et celles que je n'aimais pas. Je ne pouvais accepter avec indifférence la chute qui me précipitait de la plénitude au vide, de la béatitude à l'horreur; si je la tenais pour fatale, je m'y résignais: jamais je ne me suis emportée contre un objet. Mais je refusais de céder à cette force impalpable: les mots; ce qui me révoltait c'est qu'une phrase négligemment lancée: "Il faut . . . il ne faut pas," ruinât en un instant mes entreprises et mes joies. L'arbitraire des ordres et des interdits auxquels je me heurtais en dénonçait l'inconsistance; hier, j'ai pelé une pêche: pourquoi pas cette prune: pourquoi quitter mes jeux juste à cette minute? partout je rencontrais des contraintes, nulle part la nécessité.

Ma violence intimidait. On me grondait, on me punissait un peu; il était rare qu'on me giflât. "Quand on touche à Simone, elle devient violette," disait maman. Un de mes oncles, exaspéré, passa outre: je fus si éberluée que ma crise s'arrêta net. On eût peut-être facilement réussi à me mater, mais mes parents ne prenaient pas mes fureurs au tragique. Papa, parodiant je ne sais qui, s'amusait à répéter: "Cette enfant est insociable." On disait aussi, non sans un soupçon de fierté: "Simone est têtue comme une mule." J'en pris avantage. Je faisais des caprices; je désobéissais pour le seul plaisir de ne pas obéir. Sur les photos de famille, je tire la langue, je tourne le dos: autour de

choyée: soignée avec tendresse
clochait: ne marchait pas bien
crises: crises de colère

Divonne-les-Bains: station thermale située près de la frontière suisse
peler: enlever la peau (d'un fruit ou d'un légume)

square Boucicaut: Le square Boucicaut se trouve au nord-ouest des jardins du Luxembourg. Il est situé au carrefour formé par le boulevard Raspail, la rue de Babylone, et la rue de Sèvres.

m'atteignaient: me touchaient

fougueuse: impétueuse

chute: (fall)
vide: (emptiness)
emportée: fâchée
céder: abandonner

je me heurtais: je me cognais

giflât: (slapped)

passa outre: ne fit pas attention (à l'avertissement de sa mère)
éberluée: étonnée; surprise
mater: subjuguer

soupçon: (trace; hint)
têtue: obstinée

tire la langue: (stick out my tongue)

moi on rit. Ces menues victoires m'encouragèrent à ne pas considérer comme insurmontables les règles, les rites, la routine; elles sont à la racine d'un certain optimisme qui devait survivre à tous les dressages.

Au mois d'octobre 1913—j'avais cinq ans et demi—on décida de me faire entrer dans un cours au nom alléchant: le cours Désir. La directrice des classes élémentaires, Mademoiselle Fayet, me reçut dans un cabinet solennel, aux portières capitonnées. Tout en parlant avec maman, elle me caressait les cheveux "Nous ne sommes pas des institutrices, mais des éducatrices," expliquait-elle. Elle portait une guimpe montante, une jupe longue et me parut trop onctueuse: j'aimais ce qui résistait un peu. Cependant, la veille de ma première classe, je sautai de joie dans l'antichambre: "Demain, je vais au cours!" "Ça ne vous amusera pas toujours," me dit Louise. Pour une fois, elle se trompait, j'en étais sûre. L'idée d'entrer en possession d'une vie à moi m'enivrait. Jusqu'alors, j'avais grandi en marge des adultes; désormais j'aurais mon cartable, mes livres, mes cahiers, mes tâches; ma semaine et mes journées se découperaient selon mes propres horaires; j'entrevoyais un avenir qui, au lieu de me séparer de moi-même, se déposerait dans ma mémoire: d'année en année je m'enrichirais, tout en demeurant fidèlement cette écolière dont je célébrais en cet instant la naissance.

Maman contrôlait mes devoirs, et me faisait soigneusement réciter mes leçons. J'aimais apprendre. L'Histoire Sainte me semblait encore plus amusante que les contes de Perrault puisque les prodiges qu'elle relatait étaient arrivés pour de vrai. Je m'enchantais aussi des planches de mon atlas. Je m'émouvais de la solitude des îles, de la hardiesse des caps, de la fragilité de cette langue de terre qui rattache les presqu'îles au continent; j'ai connu à nouveau cette extase géographique quand, adulte, j'ai vu d'avion la Corse et la Sardaigne s'inscrire dans le bleu de la mer, quand j'ai retrouvé à Calchis, éclairée d'un vrai soleil, l'idée parfaite d'un isthme étranglé entre deux mers. Des formes rigoureuses, des anecdotes fermement taillées dans le marbre des siècles: le monde était un album d'images aux couleurs brillantes que je feuilletais avec ravissement.

Depuis que j'allais en classe, mon père s'intéressait à mes succès, à mes progrès et il comptait davantage dans ma vie. Il me semblait d'une espèce plus rare que le reste des hommes. Personne dans mon entourage n'était aussi drôle, aussi intéressant, aussi brillant que lui; personne n'avait lu autant de livres, ne savait par cœur autant de vers, ne discutait avec autant de feu. Adossé à la cheminée, il parlait beaucoup, avec beaucoup de gestes: on l'écoutait.

menues: petites

dressages: punitions

alléchant: charmant

portières capitonnées: (heavy or quilted curtains hung across a doorway)

guimpe montante: pièce de toile servant à couvrir le cou et la gorge

onctueuse: (unctuous)

m'enivrait: m'intoxiquait

cartable: sac d'écolier

se découperaient: se diviseraient

horaires: (schedule)

avenir: futur

l'Histoire Sainte: l'histoire religieuse

Charles Perrault: écrivain du dix-septième siècle qui écrivit surtout des contes de fées

planches: (plates)

presqu'îles: péninsules

taillées: formées

que je feuilletais: dont je tournais les pages

adossé à la cheminée: son dos contre la cheminée

COMPREHENSION ET EXERCICES DE VOCABULAIRE

A. Trouvez cinq phrases fausses parmi les suivantes.

1. Simone ne se fâchait jamais.
2. Une fois la mère de Simone ne veut pas qu'elle pèle une prune.
3. Simone accepte docilement le "non" de sa mère.
4. Les phrases "il faut" et "il ne faut pas" ruinaient quelquefois les projets et les joies de Simone.
5. On ne giflait guère Simone.
6. Pourtant, Simone ne désobéissait jamais.
7. On la voit sur les photos de famille tirant la langue.
8. Simone détestait ses premières journées à l'école.
9. Elle n'aimait pas l'Histoire Sainte.
10. Feuilleter les pages de son atlas l'enchantait.

B. Identifiez le personnage qui:

1. était une petite fille gaie.
2. a donné un coup de pied à une dame qui lui tendait un bonbon.
3. exaspéré un jour contre Simone.
4. répétait, "Cette enfant est insociable."
5. était toute joyeuse de commencer les cours.
6. contrôlait les devoirs de Simone.
7. aimait apprendre.

C. Lesquels des adjectifs suivants s'appliquent à Simone, petite fille?

calme, gaie, impertinente, silencieuse, docile, têtue, passive, intelligente, sensible, taciturne, indifférente, impétueuse, timide, introspective, rusée, polie, studieuse

DIALOGUE

Marie: Ma première maîtresse d'école se fâchait très facilement.

Anne: La mienne était très sympathique. J'aimais bien mes premières années d'école.

Marie: Quels matières préférais-tu?

Anne: L'histoire et la géographie, je crois. A la maison j'aimais feuilleter le grand atlas de mon père. Les couleurs des cartes me plaisaient, et je rêvais aux pays lointains.

Marie: Ma mère nous parlait, à moi et à mon frère, des pays exotiques. Quelquefois elle nous en racontait des histoires.

CONVERSATION

Questions

1. Pourquoi la mère de Simone lui dit-elle "non"?
2. Alors que fait Simone?
3. Que fait Simone à une dame qui lui tend un bonbon?
4. Quelles phrases ruinaient les entreprises de Simone?
5. Trouvait-elle quelquefois les ordres de ses parents arbitraires?
6. Etait-elle obligée de quitter ses jeux inachevés?
7. Est-ce qu'on giflait souvent Simone?
8. Que répétait son père au sujet de Simone?
9. Pourquoi Simone désobéissait-elle?
10. Comment se présente-t-elle sur les photos de famille?
11. Quel âge a Simone quand on décide de la faire entrer à l'école?
12. Comment s'appelle l'école?
13. Simone était-elle heureuse d'entrer à l'école?
14. Louise croit-elle que Simone aime toujours l'école?
15. Qui contrôlait les devoirs de Simone?
16. Simone aimait-elle apprendre?
17. Que préférait-elle, l'Histoire Sainte ou les contes de fées?
18. Etait-elle enchantée des planches de son atlas?
19. Selon Simone, comment était son père?

Causeries

1. En répondant aux questions suivantes, préparez une causerie: *L'Entrée à l'école de Simone.*

   Comment s'appelle l'école où va entrer Simone? Trouvez-vous ce nom attrayant? Quel âge a Simone? Qui est la directrice de l'école? Simone est-elle heureuse d'entrer à l'école? Pourquoi? Qui contrôle ses devoirs? Quels sujets aime-t-elle?

2. En répondant aux questions suivantes, préparez une causerie: *Mon entrée à l'école.*

   Quel âge aviez-vous quand vous êtes entré(e) à l'école? Etiez-vous heureux(–se) à l'idée que vous alliez entrer à l'école? Pourquoi, ou pourquoi pas? Décrivez la première journée à l'école. Comment était votre premier(–ère) maître (maîtresse) d'école? Quels sujets préfériez-vous? Qui contrôlait vos devoirs à la maison? Votre mère (votre père) vous lisait-elle (il) des histoires? Aimiez-vous vos premières années d'école? Y avez-vous beaucoup appris?

Odilon Redon. *Head of a Woman in a Shell*. 1912. Oil on cardboard. 21⅜″ x 21¼″. Collection Dr. Hans R. Hahnloser, Bern.

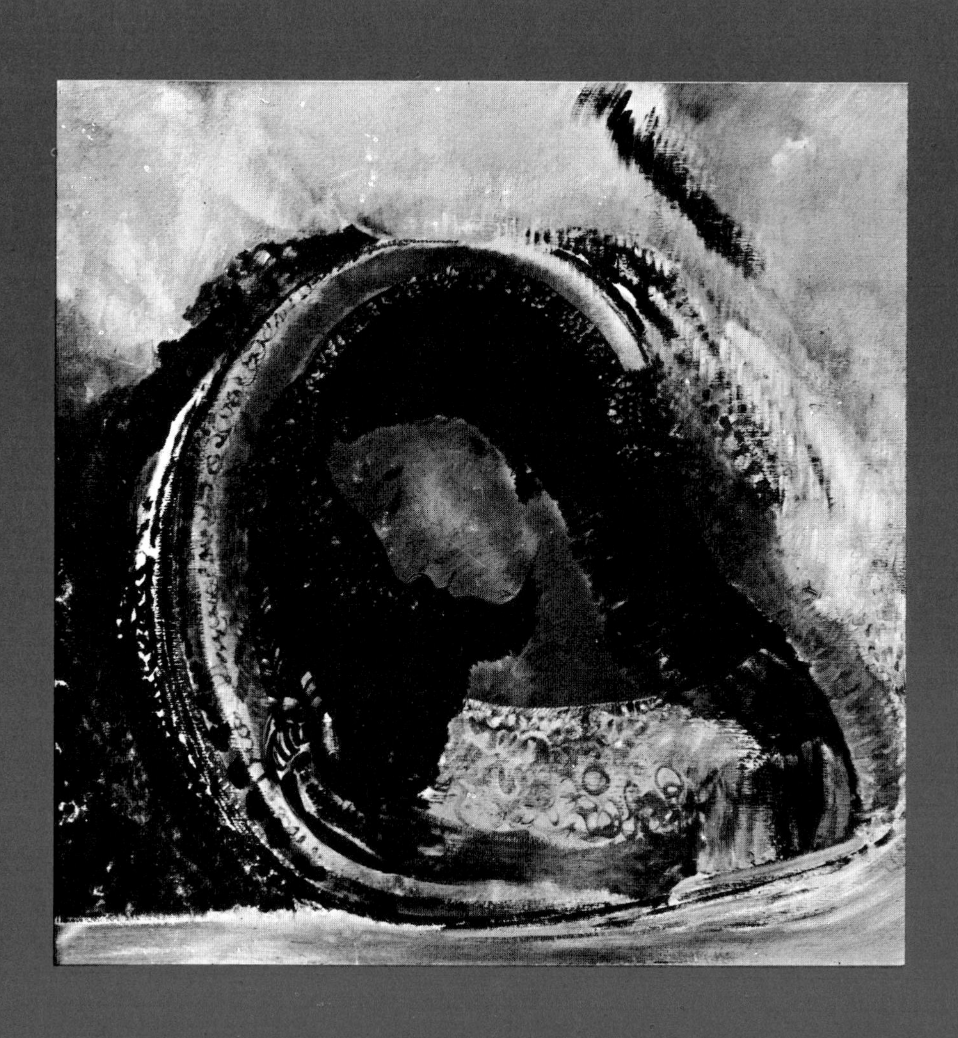

Une amie : Zaza

Dans le passage suivant, Simone de Beauvoir raconte les joies et les peines de sa première amitié véritable. Vous souvenez-vous de la vôtre? Pensez-y en lisant cet extrait.

VOCABULAIRE DE BASE

1. *noiraud(–e)* (n.m. ou f.): un garçon ou une jeune fille aux cheveux noirs
   Assise à côté de moi était une nouvelle jeune fille, une petite ________.
2. *faisant cuire* (faire cuire): préparant les aliments par le moyen du feu
   En ________ des pommes de terre, elle s'était brûlée.
3. *cuisse* (n.f.): la partie de la jambe au-dessus du genou
   Elle s'était brûlé la ________.
4. *acheva de* (achever de): finit de
   Elle ________ me persuader.
5. *à merveille:* très bien
   Elle chante ________.
6. *se rangea* (se ranger): se plaça; se mit
   Bientôt, Elizabeth ________ parmi les premières de la classe.
7. *désormais:* à partir de ce temps-là
   On nous appelait ________ "les deux inséparables."
8. *grimpaient* (grimper): montaient, en s'aidant des mains et des pieds
   Ils ________ sur les tables.
9. *renversaient* (renverser): faisaient tomber par terre
   Ils ________ les meubles.
10. *épongeait* (éponger): nettoyait avec une éponge ou quelque chose d'humide
    Elle ________ les fronts en sueur.
11. *déréglé:* sans règles; sans loi
    Je n'aimais pas ces jeux ________.
12. *neuf(–ve):* nouveau
    C'était un plaisir ________.
13. *morceau* (n.m.): partie séparée d'un tout; fragment complet d'une œuvre musicale
    Elle a joué un ________ de piano.
14. *frémirent* (frémir): tremblèrent de crainte, de colère, d'horreur
    Les jeunes filles ________ sur leurs chaises.
15. *doigt* (n.m.): chacune des parties du corps qui terminent les mains et les pieds
    Une main a cinq ________. Un pied a cinq ________.
16. *fauteuil* (n.m.): une grande chaise à bras
    Le soir, mon père aime s'asseoir dans son ________.
17. *cuir:* peau tannée
    Ses souliers sont en ________.
18. *me grisai* (se griser): m'intoxiquai; m'enivrai
    Je ________ de promesses de l'avenir.
19. *s'était terni* (se ternir): s'était obscurci
    Le ciel ________.
20. *vide:* le contraire de *plein*
    Ses mains restaient ________.
21. *souffle* (n.m.): la respiration
    J'eus le ________ coupé.
22. *me traînai* (se traîner): marchai lentement, avec difficulté ou tristement
    Je ________ d'heure en heure.
23. *molles* (adj., f.pl. de *mou*): le contraire de *dures*
    Je marchais lentement, les jambes ________.

S. de. B- l'avant-garde-

Les deux inséparables

Le jour où j'entrai en quatrième-première—j'allais sur mes dix ans—le tabouret voisin du mien était occupé par une nouvelle: une petite noiraude, aux cheveux coupés court. En attendant Mademoiselle, et à la sortie de la classe, nous causâmes. Elle s'appelait Elizabeth Mabille, elle avait mon âge. Ses études, commencées en famille, avaient été interrompues par un grave accident: à la campagne, en faisant cuire des pommes de terre, elle avait mis le feu à sa robe; la cuisse brûlée au troisième degré, elle avait hurlé pendant des nuits; elle était restée couchée toute une année; sous la jupe plissée, la chair était encore boursouflée. Il ne m'était jamais rien arrivé de si important: elle me parut tout de suite un personnage. La manière dont elle parlait aux professeurs m'étonna; son naturel contrastait avec la voix stéréotypée des autres élèves. Dans la semaine qui suivit, elle acheva de me séduire: elle singeait à merveille Mademoiselle Bodet; tout ce qu'elle disait était intéressant ou drôle.

Malgré les lacunes dues à son oisiveté forcée, Elizabeth se rangea bientôt parmi les premières de la classe; aux compositions, je la battais de justesse. Notre émulation plut à nos institutrices: elles encouragèrent notre amitié. A la séance récréative qui avait lieu chaque année, aux environs de Noël, on nous fit jouer ensemble une saynète. En robe rose, le visage encadré d'anglaises, j'incarnais Madame de Sévigné enfant! Elizabeth tenait le rôle d'un jeune cousin turbulent; son costume garçonnier lui seyait et elle charma l'auditoire par sa vivacité et son aisance. Le travail des répétitions, notre tête-à-tête sous les feux de la rampe, resserrèrent encore nos liens; on nous appela désormais: "les deux inséparables."

On nous autorisa, Elizabeth et moi, à aller jouer l'une chez l'autre.

La première fois, ma sœur m'accompagna rue de Varennes et nous fûmes toutes deux effarouchées. Elizabeth—que dans l'intimité on appelait Zaza—avait une grande sœur, un grand frère, six frères et sœurs plus jeunes qu'elle, une ribambelle de cousins et de petits amis. Ils couraient, sautaient, se battaient, grimpaient sur les tables, renversaient des meubles, en criant. A la fin de l'après-midi, Madame Mabille entrait dans le salon, elle relevait une chaise, elle épongeait en souriant un front en sueur; je m'étonnai de son indifférence aux bosses, aux taches, aux assiettes cassées: elle ne se fâchait jamais. Je n'aimais pas beau-

tabouret: (stool)
une nouvelle: une nouvelle étudiante
Mademoiselle: son institutrice

boursouflée: enflée; gonflée

singeait: imitait

oisiveté: état d'une personne inoccupée

saynète: courte comédie à deux ou trois personnages
anglaises: longues boucles (curls) de cheveux en spirale
Mme de Sévigné: écrivain du 17ᵉ siècle
seyait: allait bien
rampe: rangée de lumières sur le devant de la scène d'un théâtre
resserrèrent: rendirent plus forts

effarouchées: choquées; intimidées

ribambelle: une grande quantité

bosses: (bumps)
taches: (spots)

coup ces jeux déréglés, et souvent Zaza aussi s'en fatiguait. Nous nous réfugiions dans le bureau de M. Mabille, et loin du tumulte, nous causions. C'était un plaisir neuf. Mes parents me parlaient, et moi je leur parlais, mais nous ne causions pas ensemble; entre ma sœur et moi, il n'y avait pas la distance indispensable aux échanges. Avec Zaza, j'avais de vraies conversations, comme le soir papa avec maman. Nous causions de nos études, de nos lectures, de nos camarades, de nos professeurs, de ce que nous connaissions du monde: non de nous-mêmes. Jamais nos entretiens ne tournaient à la confidence. Nous ne nous permettions aucune familiarité. Nous nous disions "vous" avec cérémonie, et sauf par correspondance, nous ne nous embrassions pas.

Une année, elle se permit, au cours d'une audition de piano, une audace qui frisa le scandale. La salle des fêtes était pleine. Aux premiers rangs, les élèves vêtues de leurs plus belles robes, bouclées, frisées, avec des nœuds dans les cheveux, attendaient le moment d'exhiber leurs talents. Derrière elles étaient assises les professeurs et les surveillantes, en corsages de soie, gantées de blanc. Au fond se tenaient les parents et leurs invités. Zaza, vêtue de taffetas bleu, joua un morceau que sa mère jugeait trop difficile pour elle et dont elle massacrait d'ordinaire quelques mesures, cette fois, elle les exécuta sans faute et, jetant à Madame Mabille un regard triomphant, elle lui tira la langue. Les petites filles frémirent sous leurs boucles et la réprobation figea le visage de ces demoiselles. Quand Zaza descendit de l'estrade, sa mère l'embrassa si gaiement que personne n'osa la gronder. A mes yeux, cet exploit la nimba de gloire. Soumise aux lois, aux poncifs, aux préjugés, j'aimais néanmoins ce qui était neuf, sincère, spontané. La vivacité et l'indépendance de Zaza me subjuguaient.

frisa: approcha de très près

bouclées, frisées: (with their hair arranged in curls)

figea: durcit
ces demoiselles: les institutrices de l'école
estrade: (stage)
nimba: couronna; couvrit (*un nimbe* = halo)

Cette année-là, comme les autres années, le mois d'octobre m'apporta la joyeuse fièvre des rentrées. Les livres neufs craquaient entre les doigts, ils sentaient bon; assise dans le fauteuil de cuir, je me grisai des promesses de l'avenir.

Aucune promesse ne fut tenue. Je retrouvai dans les jardins du Luxembourg l'odeur et les rousseurs de l'automne: elles ne me touchaient plus; le bleu du ciel s'était terni. Les classes m'ennuyèrent; j'apprenais mes leçons, je faisais mes devoirs sans joie, et je poussais avec indifférence la porte du cours Désir. C'était bien mon passé qui ressuscitait et pourtant je ne le reconnaissais pas: il avait perdu toutes ses couleurs; mes journées n'avaient plus de goût. Tout m'était donné, et mes mains restaient vides. Je marchais sur le boulevard Raspail à côté de maman et je me demandai soudain avec angoisse: "Qu'arrive-t-il?

rousseurs: les couleurs rouges

ressuscitait: renouvelait; revivait

Est-ce cela ma vie? N'était-ce que cela? Est-ce que cela continuera ainsi toujours?" A l'idée d'enfiler à perte de vue des semaines, des mois, des années que n'éclairaient nulle attente, nulle promesse, j'eus le souffle coupé: on aurait dit que, sans prévenir, le monde était mort. Cette détresse non plus, je ne savais pas la nommer.

enfiler: passer
à perte de vue: à jamais; aussi loin que l'on peut voir

Pendant dix à quinze jours, je me traînai d'heure en heure, du jour au lendemain, les jambes molles. Un après-midi, je me déshabillais dans le vestiaire de l'institut, quand Zaza apparut. Nous nous sommes mises à parler, à raconter, à commenter; les mots se précipitaient sur mes lèvres, et dans ma poitrine tournoyaient mille soleils; dans un éblouissement de joie, je me suis dit: "C'est elle qui me manquait!" Si radicale était mon ignorance des vraies aventures du cœur que je n'avais pas songé à me dire: "Je souffre de son absence." Il me fallait sa présence pour réaliser le besoin que j'avais d'elle. Ce fut une évidence fulgurante. Brusquement, conventions, routines, clichés volèrent en éclats et je fus submergée par une émotion qui n'était prévue dans aucun code. Je me laissai soulever par cette joie qui déferlait en moi, violente et fraîche comme l'eau des cascades, nue comme un beau granit.

fulgurante: frappante; qui frappe comme l'éclair

déferlait: s'ouvrait

Je ne réclamais pas que Zaza éprouvât à mon égard un sentiment aussi définitif: il me suffisait d'être sa camarade préférée. L'admiration que je lui vouais ne me dépréciait pas à mes propres yeux. L'amour n'est pas l'envie. Je ne concevais rien de mieux au monde que d'être moi-même, et d'aimer Zaza.

vouais: consacrais

COMPREHENSION ET EXERCICES DE VOCABULAIRE

A. Trouvez six phrases fausses parmi les suivantes.

1. Simone a presque dix ans quand elle entre en quatrième-première.
2. Sa voisine de tabouret a les cheveux blonds.
3. Elizabeth était plus jeune que Simone.
4. Elle s'était brûlé la cuisse en faisant cuire des pommes de terre.
5. Elizabeth était mauvaise étudiante.
6. Simone est meilleure en composition.
7. Dans une saynète, jouée à l'école à Noël, Elizabeth prend le rôle d'un garçon.
8. A la maison Mabille, d'ordinaire, tout est calme et silencieux.
9. Mme Mabille ne se fâche jamais.
10. A l'audition de piano, Elizabeth a mal joué son morceau.
11. A la pensée de la rentrée des classes en octobre, Simone est toute joyeuse.
12. La rentrée est une grande déception.
13. Simone est malheureuse parce qu'Elizabeth ne veut plus être son amie.

B. Identifiez le personnage qui:

1. avait mis le feu à sa robe.
2. imitait Mademoiselle Bodet.
3. a joué le rôle, dans la saynète à Noël, de Mme de Sévigné.
4. avait une grande sœur, un grand frère, et six frères et sœurs plus jeunes qu'elle.
5. épongeait les fronts en sueur et souriait aux enfants.
6. n'aimait pas les jeux déréglés.
7. tira la langue à sa mère à l'audition de piano.
8. attendait avec joie la rentrée des classes.
9. se trainait d'heure en heure pendant deux semaines.
10. manquait à Simone.
11. s'appelait dans l'intimité "Zaza."

C. Dans les phrases suivantes, substituez les mots suggérés.

1. Ma mère fait cuire un bifteck.
   ________________ des pommes de terre.
   Je ________________________.
   Nous ________________________.
   ________________ un gâteau.
   ________________ une tarte.
   ________________ du rosbif.
2. Elle a joué un morceau de Chopin.
   ________________ de Beethoven.
   ________________ de Schubert.
   Elle a joué un morceau de Schubert.
   ________________ de Ravel.
   ________________ de Brahms.
   ________________ de Debussy.
3. Les enfants renversaient des chaises.
   ________________ des tables.
   Il ________________________.
   Nous ________________________.
   Vous ________________________.
   ________________ des meubles.

Vous renversiez des meubles.
Tu ______________.
Vous ______________.

4. Le ciel s'était terni.
L'argent ________.
Les assiettes _____.
L'or ________.
La couleur de la robe ___.
Le bleu du ciel ___.

5. Je me grisais de l'automne.
________ des beaux jours.
Il ______________.
Il se grisait des beaux jours.
________ du soleil ardent.
Je ______________.
Nous ______________.
________ du paysage exotique.

6. Il se traînait pendant des heures.
Je ______________.
Nous ______________.
Elle ______________.
________ pendant quinze jours.
Tu ______________.
Ils ______________.

D. Répétez les phrases suivantes, en remplaçant *très bien* par *à merveille.*

1. Elle imitait très bien Mlle Bodet.
2. Il jouera très bien le rôle.
3. En ce temps-là, il parlait très bien.
4. Elle chante très bien.

E. Répétez les phrases suivantes, en remplaçant les formes du verbe *trembler* par les formes du verbe *frémir.*

1. Elle tremble de colère.
2. Elle tremblait de colère.
3. Nous tremblions de crainte.
4. Il tremblait d'horreur.

F. Répétez les phrases suivantes, en remplaçant les formes du verbe *se placer* par les formes du verbe *se ranger.*

1. Bientôt elle se plaçait parmi les premières de la classe.
2. Je me placerai parmi les meilleurs.
3. Nous nous plaçons parmi les plus mauvais de la classe.
4. Ils se plaçaient parmi les premiers.

G. Répétez les phrases suivantes, en remplaçant les formes du verbe *monter* par les formes du verbe *grimper.*

1. Ils montaient sur les chaises.
2. Ces enfants montent sur les autos!
3. Il montait sur les meubles.
4. Ils monteront sur les tables.

H. Dans les phrases suivantes, remplaçez les formes du verbe *préparer* par les formes du verbe *faire cuire.*

1. Elle a préparé des pommes frites.
2. Ma mère prépare un bon bifteck.
3. Le chef préparera un rosbif merveilleux.
4. Ils ont préparé des gâteaux délicieux.

I. Répétez les phrases suivantes, en remplaçant l'expression *à partir de ce temps-là* par le mot *désormais.*

1. A partir de ce temps-là, on nous appelait: "les deux inséparables."
2. A partir de ce temps-là, je lisais beaucoup.
3. A partir de ce temps-là, il étudiait mieux.
4. A partir de ce temps-là, elle était ma meilleure amie.

J. Choisissez les mots convenables pour compléter les phrases suivantes.

1. Elle *a. tremblait b. épongeait c. traînait* les fronts en sueur.
2. Le soir, quand il est fatigué, mon père s'assied dans son *a. fauteuil b. noiraud c. cuir* et lit son journal.
3. Il a acheté une belle ceinture de *a. bois b. verre c. cuir.*
4. Elle s'était brûlé *a. la cuisse b. la cheminée c. le souffle.*
5. Elle a de très jolies mains; ses *a. rôles b. yeux c. doigts* sont longs et fins.
6. C'est une *a. noiraude b. tache c. estrade* bouclée.
7. Ces classes sont mal organisées, c'est-à-dire elles sont *a. fulgurantes b. déréglées c. frisées.*
8. A côté de moi, assis sur son *a. souffle b. front c. tabouret* était un nouvel étudiant français.
9. Elle a laissé tomber l'encre, et il y a *a. un rôle b. un fauteuil Henri II c. une grande tache* sur le tapis.

K. Trouvez le mot ou l'expression qui correspond au mot ou à l'expression en italique.

1. Pour moi, c'était un plaisir *neuf.* D
2. Je *me grisais* du paysage exquis. E
3. Elle chantait *à merveille.* H
4. C'est une petite *noiraude.* G
5. Je *frémissais* de colère. a
6. J'aime m'asseoir dans un fauteuil *mou.* C

a. tremblais
b. m'ennuyais
c. le contraire de *dur*
d. nouveau
e. m'enivrais
f. tabouret
g. jeune fille aux cheveux noirs
h. très bien

DIALOGUE

Monique:	Te rappelles-tu ta première grande amitié?
Juliette:	Oui—et la petite fille que j'aimais tant n'était pas américaine.
Monique:	Comment ça?
Juliette:	C'était l'année où mon père était professeur dans une université espagnole.
Monique:	Comment as-tu fait la connaissance de la petite fille?
Juliette:	A l'école.
Monique:	Quel âge avait-elle?
Juliette:	Neuf ans, comme moi.
Monique:	Comment était-elle?
Juliette:	C'était une petite noiraude aux yeux bruns. Elle souriait toujours. Et nous, nous parlions de tout—de l'institutrice, des livres qu'on lisait, de nos jeux préférés. Je partageais avec elle mes plus chers secrets.
Monique:	L'as-tu revue, depuis?
Juliette:	Non, mais nous nous écrivons de temps en temps.

REVISION ET EXERCICES

Structure: Les pronoms et les adjectifs indéfinis

Phrases modèles

1. Elle était restée couchée toute une année.
2. Son naturel contrastait avec la voix stéréotypée des autres élèves.
3. Tout ce qu'elle disait était intéressant ou drôle.
4. Nous fûmes toutes deux effarouchées.
5. Zaza joua un morceau que sa mère jugeait trop difficile pour elle et dont elle massacrait d'ordinaire quelques mesures.
6. Cette année-là, comme les autres années . . .
7. Il avait perdu toutes ses couleurs.
8. Tout m'était donné, et mes mains restaient vides.

Notes de grammaire

Etudiez les exemples suivants de *tout (toute, tous, toutes)* adjectif:

1. Au pluriel avec l'article défini

   Tous les hommes sont bons.

   All men are good.

Toutes les maisons sont belles.
All the houses are beautiful.

Elle vient *tous les* jours.
She comes *every* day.

2. Au singulier sans l'article défini
   Tout homme est bon.
   Every man is good.

3. Au singulier suivi de l'article défini
   J'ai vu *toute la* maison.
   I saw *the whole* house.

   Il a fini *tout le* travail.
   He has finished *all the* work.

Etudiez les exemples suivants de *tout (toute, tous, toutes)* pronom:

1. Au masculin singulier
   Tout est bien ici.
   Everything is fine here.

2. Avec *ce qui* et *ce que*
   On a vu *tout ce qui* était dans le musée.
   We saw *everything* that was in the museum.

   Tout ce qu'elle disait était intéressant.
   Everything she said was interesting.

3. Au pluriel
   Les films sont bons, n'est-ce pas?
   The movies are good, aren't they?

   Oui, *tous* sont bons.
   Yes, *all of them* are good.

Notez que *tous* adjectif se prononce /tu/; *tous* pronom se prononce /tus/.

Le complément d'objet direct, et non *en*, s'emploie avec *tout (toute, tous, toutes)*.
A-t-elle fini tout le travail?
Oui, elle *l'*a *tout* fini.
Il a vu tous les films, n'est-ce pas?
Oui, il *les* a *tous* vus.
As-tu mangé toutes les pommes?
Oui, je *les* ai *toutes* mangées.

Remarquez que *tout le monde* (everyone) s'emploie avec un verbe à la troisième personne du singulier.
Tout le monde *est* ici. Everyone *is* here.

Etudiez les phrases suivantes avec les expressions *quelques, quelque chose, quelqu'un, quelques-uns, quelques-unes.*

1. adjectif
   A-t-il *quelques* livres?
   Does he have *some (a few)* books?

2. pronoms

Quelqu'un de distingué est arrivé.
Someone distinguished came. (*Quelqu'un* n'a pas de forme féminine.)

J'ai mangé *quelque chose* de bon.
I ate something good.

Notez que la préposition *de* précède l'adjectif qui modifie *quelque chose* ou *quelqu'un.* Cet adjectif est toujours masculin.

As-tu beaucoup de livres?
Do you have a lot of books?

J'en ai *quelques-uns.* /kɛlkəzœ̃/
I have some (a few).

A-t-elle acheté des fleurs?
Did she buy some flowers?

Oui, elle en a acheté *quelques-unes.* /kɛlkəzyn/
Yes, she bought a few.

Remarquez l'emploi d'*en* quand *quelques-uns* ou *quelques-unes* est pronom complément d'objet direct.

Etudiez les phrases suivantes avec *plusieurs* (m. ou f. pluriel), qui s'emploie comme adjectif ou pronom.

Il a *plusieurs* livres, n'est-ce pas?
He has several books, hasn't he?

Oui, il en a *plusieurs.*
Yes, he has several.

Notez l'emploi d'*en* quand *plusieurs* est complément d'objet direct.

Etudiez les phrases suivantes avec *autre* (m. ou f. singulier), *autres* (m. ou f. pluriel). *Autre (autres)* s'emploie comme adjectif ou pronom.

Les *autres* garçons sont partis.
The other boys have left.

Les *autres* sont partis.
The others have gone.

Comparez les formes *les autres*—"the other(s)" et *d'autres*—"some other(s)."

Avez-vous *les autres* crayons?
Do you have the other pencils?

Non, mais j'en ai *d'autres.*
No, but I have some others.

Remarquez que *en* se place devant le verbe quand *d'autres* s'emploie comme pronom complément d'objet direct.

Etudiez les phrases suivantes avec *chaque, chacun, chacune. Chaque* est adjectif (m. ou f.). *Chacun* et *chacune* sont des pronoms.

Chaque garçon viendra à deux heures.
Each boy will come at two o'clock.

Chaque jeune fille viendra à deux heures.
Each girl will come at two o'clock.

Chacun apportera son déjeuner.
Each one will bring his lunch.

Chacune apportera son déjeuner.
Each one will bring her lunch.

A. Répétez les phrases suivantes.

1. Il a mangé tout le gâteau. Il l'a tout mangé.
2. Elle a lu toute la pièce. Elle l'a toute lue.
3. Il a vu tous les films. Il les a tous vus.
4. Elle a compris toutes les leçons. Elle les a toutes comprises.
5. Tous les garçons sont arrivés. Tous sont arrivés.
6. Toutes les maisons sont jolies. Toutes sont jolies.
7. Quelqu'un viendra cet après-midi. Quelqu'un de beau?
8. As-tu quelques bonbons? Oui, j'en ai quelques-uns.
9. A-t-elle quelques fleurs? Oui, elle en a quelques-unes.
10. Il a plusieurs livres, n'est-ce pas? Oui, il en a plusieurs.
11. Elle a plusieurs maisons. Elle en a plusieurs.
12. Chaque garçon apportera son crayon. Chacun apportera son crayon.
13. Chaque fleur est exquise. Chacune est exquise.

B. Dans les phrases suivantes, substituez les mots suggérés.

1. Quelqu'un est venu.
   ________ est arrivé.
   Quelqu'un est arrivé.
   Quelques-uns ______.
   ________ viendront ce soir.
   Quelqu'un ____________.
2. Donnez-moi quelque chose de bon.
   ________________ joli.
   ________________ intéressant.
   ________________ moins cher.
   ________________ plus cher.
   ________________ plus grand.
   ________________ plus petit.
3. Nous avons quelques journaux.
   ______________ livres.
   ______________ crayons.
   ________ plusieurs ______.
   ______________ stylos.
   ______________ livres.
   ________ d'autres ______.
   ______________ problèmes.
   ______________ projets.
4. J'en ai quelques-uns.
   Pierre ________.
   Nous ________.
   Les garçons ______.
   ______ quelques-unes.
   Tu __________.
   Simone ________.
   ______ d'autres.
   Paul ________.
   Je ________.
   ______ plusieurs.
   Nous ________.
   Les cousines ____.
   Vous ________.

5. J'ai vu tous les garçons.
   ________ les musées.
   ________ les jeune filles.
   ________ les maisons.
   ________ les autos.
   ________ le film.
   ________ la maison.
   ________ l'église.
6. Tout le monde est venu.
   ________ viendra.
   ________ finira à l'heure.
   ________ ira au pique-nique.
   ________ est allé au cinéma.
   ________ a lu la pièce.
   ________ verra le film.
7. J'aime tout ici.
   Nous ________.
   Elles ________.
   ________ à Paris.
   Elle ________.
   Tu ________.
   Vous ________.

C. Dans les phrases suivantes, remplacez l'adjectif indéfini par le pronom indéfini convenable. Faites d'autres changements, s'il y a lieu.

1. Chaque maison est très jolie.
2. Chaque livre est exquis.
3. J'ai d'autres disques.
4. Elle avait d'autres projets.
5. J'avais plusieurs photos.
6. Elle a plusieurs robes.
7. J'ai lu quelques livres.
8. Elle a lu quelques pièces.
9. Il a mangé tout le gâteau.
10. Il a mangé tous les gâteaux.
11. J'ai lu toute la pièce.
12. J'ai lu toutes les pièces.

D. Répondez affirmativement aux questions suivantes, en employant des pronoms indéfinis.

1. As-tu quelques disques?
2. Il a quelques cravates, n'est-ce pas?
3. Il a plusieurs cravates, n'est-ce pas?
4. Avez-vous d'autres robes?
5. A-t-il d'autres disques?
6. Jacques a d'autres crayons, n'est-ce pas?
7. Jacqueline a-t-elle les autres crayons?
8. Les autres étudiants sont sympathiques, n'est-ce pas?
9. L'autre cravate est belle, n'est-ce pas?
10. Avez-vous étudié toute la leçon?
11. Avez-vous étudié toutes les leçons?
12. A-t-il fini tout le livre?
13. A-t-il fini tous les livres?
14. Elle a lu tout le journal, n'est-ce pas?
15. Et tu as lu tous les journaux, n'est-ce pas?

Structure: Les formes verbales après des prépositions

Phrases modèles

1. En attendant Mademoiselle, . . .
2. Sans attendre Mademoiselle, . . .
3. Après avoir attendu Mademoiselle, . . .
4. . . . en faisant cuire des pommes de terre.
5. . . . pour faire cuire des pommes de terre.

6. . . . après avoir fait cuire des pommes de terre.
7. . . . en criant.
8. . . . avant de crier.
9. . . . après avoir crié.
10. . . . en souriant.
11. . . . afin de sourire.
12. . . . après avoir souri.

Notes de grammaire

On emploie l'infinitif après la plupart des prépositions.

avant de parler	before speaking
pour aller	in order to go
afin de venir	in order to come
sans attendre	without waiting

Après la préposition *après,* on emploie *avoir* ou *être,* selon le cas, et le participe passé du verbe.

après avoir parlé	after speaking (after having spoken)
après être allé	after going (after having gone)

En (by, while, in, on), s'emploie avec le gérondif. On forme le gérondif en ajoutant la terminaison *ant* à la racine de la première personne du pluriel du présent de l'indicatif.

Infinitif	Racine	Gérondif
parler	(nous) parlons	(en) parlant
finir	(nous) finissons	(en) finissant
attendre	(nous) attendons	(en) attendant

Seuls, les verbes *avoir, être,* et *savoir* ont un gérondif irrégulier.

avoir:	*ayant*	/ɛjɑ̃/
être:	*étant*	
savoir:	*sachant*	

Etudiez les exemples suivants:

En allant au marché, il a vu Marie.
While going to market, he saw Marie.

En étudiant, on apprend à parler français.
By studying, one learns to speak French.

En entrant, il nous a dit "bonjour."
Upon entering, he said "hello" to us.

A. Répétez les expressions suivantes.

1. pour parler
2. après avoir parlé
3. en parlant
4. afin de finir
5. après avoir fini
6. en finissant
7. sans partir
8. après être parti
9. en partant
10. avant d'attendre
11. après avoir attendu
12. en attendant
13. afin de venir
14. après être venu
15. en venant
16. pour être
17. après avoir été
18. en étant
19. avant d'avoir
20. après avoir eu
21. en ayant
22. sans savoir
23. après avoir su
24. en sachant

B. Dans les phrases suivantes, substituez les mots suggérés.

1. Il s'en va sans manger.
   ______ dire au revoir.
   ______ finir le travail.
   ______ attendre Paul.
   ______ avant de ______.
   ______ manger.
   ______ faire ses devoirs.
2. Que faut-il faire pour partir plus tôt?
   ______ finir à l'heure?
   ______ vous aider?
   ______ mieux comprendre?
   Que faut-il pour mieux comprendre?
   ______ afin de ______?
   ______ savoir la leçon?
   ______ gagner beaucoup d'argent?
3. Après avoir étudié, il est parti.
   ______ mangé ______.
   ______ fini sa leçon, ______.
   ______ fini son devoir, ______.
   ______ appris sa leçon, ______.
   ______ dit au revoir, ______.
   ______ embrassé son amie, ______.
4. Après être arrivé, il est venu me voir.
   ______ retourné, ______.
   ______ revenu, ______.
   ______ entré, ______.
   ______ rentré, ______.
   ______ allé au cinéma, ______.
5. On apprend à parler en parlant.
   ______ faisant des causeries.
   ______ répondant aux questions.
   ______ étudiant la grammaire.

C. Transformez les phrases suivantes selon le modèle.

LE PROFESSEUR: Il a fini sa leçon. Ensuite il est allé au cinéma.
L'ETUDIANT: Après avoir fini sa leçon, il est allé au cinéma.

1. J'ai parlé à Suzanne. Ensuite je suis allé au cinéma.
2. Nous avons vu le film. Ensuite nous avons déjeuné.
3. Tu as trouvé ta cravate. Ensuite tu t'es habillé.
4. Elle est allée en ville. Ensuite elle a dîné au restaurant.
5. Nous sommes arrivés. Ensuite nous avons cherché un hôtel.

6. Il est rentré. Ensuite il s'est couché.
7. Je suis parti. Ensuite j'ai décidé de retourner.
8. Ils ont étudié leur leçon. Ensuite ils sont allés au cinéma.
9. J'ai dîné. Ensuite je suis rentré.
10. Je suis rentré. Ensuite j'ai parlé à Paul.

D. Transformez les phrases suivantes selon le modèle.

LE PROFESSEUR: Quand il arrive, il vient me voir.
L'ETUDIANT: En arrivant, il vient me voir.

1. Quand il entre, il dit bonjour.
2. Elle a dit au revoir quand elle est sortie.
3. Quand il arrive, il mange tout de suite.
4. Quand on étudie ses leçons, on apprend beaucoup.
5. Quand nous étudions, nous apprenons beaucoup.
6. Quand il travaille bien, il finit de bonne heure.
7. Quand j'attendais Marc à la gare, j'ai rencontré Pauline.
8. Quand il finit ses leçons, il en est très content.

E. Transformez les phrases suivantes selon le modèle.

LE PROFESSEUR: Si on étudie beaucoup, on apprend beaucoup.
L'ETUDIANT: En étudiant beaucoup, on apprend beaucoup.

1. Si on lit beaucoup, on apprend à bien lire.
2. Si on nage beaucoup, on apprend à bien nager.
3. Si on écrit beaucoup, on apprend à bien écrire.
4. Si on joue beaucoup, on apprend à bien jouer.
5. Si on lit souvent des journaux parisiens, on peut mieux comprendre la politique française.

F. Répondez aux questions suivantes selon le modèle.

LE PROFESSEUR: Comment apprend-on à parler français?
L'ETUDIANT: On apprend à parler français en parlant.

1. Comment apprend-on à lire?
2. Comment apprend-on à nager?
3. Comment apprend-on à écrire?
4. Comment apprend-on à jouer du piano?
5. Comment apprend-on à réciter les dialogues?
6. Comment apprend-on à jouer au football?

G. Donnez l'équivalent français des expressions suivantes.

1. before finishing
2. after finishing
3. while finishing
4. by studying
5. after studying
6. in order to study
7. without leaving
8. after leaving
9. upon leaving
10. while eating
11. after eating
12. before eating
13. while waiting
14. without speaking

Structure: *jouer* (to play), *jouer à* (to play a game), *jouer de* (to play a musical instrument)

Phrases modèles

1. On nous fit jouer ensemble une saynète.
2. On nous autorisa, Elizabeth et moi, à aller jouer l'une chez l'autre.
3. Zaza joua un morceau que sa mère jugeait trop difficile.

Notes de grammaire

Etudiez et comparez les phrases suivantes:

Ils jouent dans le jardin.
They're playing in the garden.

Simone joue le rôle de Mme de Sévigné.
Simone is playing the role of Mme de Sévigné.

Elizabeth a joué un morceau très difficile.
Elizabeth played a very difficult piece.

Elizabeth joue du piano. Il joue de la clarinette.
Elizabeth plays the piano. He plays the clarinet.

J'aime jouer au football.
I like to play soccer.

A. Dans les phrases suivantes, substituez les mots suggérés.

1. Ils jouent dans le jardin.
   Nous ________.
   Vous ________.
   Marie ________.
   ________ le parc.
   Les garçons ________.
   ________ la rue.
   Je ________.
2. Elle a joué un beau morceau.
   Tu ________.
   Mon professeur ________.
   Nous ________.
   Nous avons joué un beau morceau.
   Les jeunes filles ________.
   Nous ________.
   Je ________.
3. Savez-vous jouer du piano?
   ____ elle ________?
   ____ il ________?
   ________ de la clarinette?
   ________ de la trompette?
   ____ ils ________?
   ________ du violon?
   ________ du trombone?
   ____ tu ________?
   ________ du piano?
4. J'aime jouer au football.
   Il ________.

Il aime jouer au football.
Nous __________.
__________ aux cartes.
__________ au football américain.
__________ au base-ball.
Vous __________.
Nous __________.
__________ au basket-ball.

B. Répondez aux questions suivantes, en utilisant les expressions données entre parenthèses.

1. Sait-elle jouer du piano? (Oui, . . .)
2. Aimez-vous jouer aux cartes? (Non, . . .)
3. Il joue de la clarinette, n'est-ce pas? (Non, . . . la flûte.)
4. Où jouent les enfants? (dans le parc.)
5. Quel morceau a-t-elle joué? (une valse de Chopin.)
6. Qui joue le rôle de Mme de Sévigné? (Simone)

C. Dans les phrases suivantes, mettez les verbes au passé composé et ensuite au futur.

1. Je joue aux cartes.
2. Ils jouent dans le jardin.
3. Mlle Martin joue le rôle de Marguerite.
4. Joues-tu du piano?
5. Elle joue un morceau de Chopin.
6. Jouez-vous au football?

D. Donnez l'équivalent français des phrases suivantes.

1. She's playing cards.
2. Paul plays the piano.
3. She plays the violin.
4. I like to play soccer.
5. They're playing in the park.
6. Do you like to play basketball?

Structure: Nouveau, neuf

Phrases modèles

1. Le tabouret voisin du mien était occupé par une nouvelle.
2. C'était un plaisir neuf.
3. J'aimais néanmoins ce qui était neuf, sincère, spontané.
4. Les livres neufs craquaient entre les doigts.

Notes de grammaire

Voici les formes de *nouveau* et de *neuf:*

	Singulier	Pluriel
Masculin	nouveau (devant une consonne) nouvel (devant une voyelle)	nouveaux
Féminin	nouvelle	nouvelles
Masculin	neuf	neufs
Féminin	neuve	neuves

Nouveaux se prononce /nuvoz/ quand il est suivi d'une voyelle; *nouvelles* se prononce /nuvɛlz/ quand il est suivi d'une voyelle.

de nouveaux livres /nuvo/
de nouveaux étudiants /nuvoz/

Etudiez et comparez les phrases suivantes:

Il a acheté une nouvelle voiture. (a different car, new to him)
Il a acheté une voiture neuve. (brand new)

Notez que l'adjectif *neuf* suit le nom qu'il modifie. *Nouveau* précède généralement le nom auquel il se rapporte.

A. Répétez les expressions suivantes.

1. une nouvelle voiture
2. une voiture neuve
3. un nouveau plaisir
4. un plaisir neuf
5. de nouveaux livres
6. des livres neufs
7. de nouvelles étudiantes
8. des maisons neuves

B. Complétez les phrases suivantes selon le modèle.

LE PROFESSEUR: C'est un nouveau livre. Et la revue?
L'ETUDIANT: C'est une nouvelle revue aussi.

1. C'est un nouveau pantalon. Et la chemise?
2. C'est un pantalon neuf. Et la chemise?
3. C'est un nouveau stylo. Et la serviette?
4. C'est un stylo tout neuf. Et la serviette?
5. C'est une nouvelle cravate. Et le veston?
6. C'est une cravate neuve. Et le veston?
7. C'est une table neuve. Et le tabouret?
8. C'est un nouvel étudiant. Et l'étudiante?

C. Mettez les expressions suivantes au pluriel.

1. une nouvelle voiture
2. un nouveau livre
3. un nouveau veston
4. un nouvel étudiant
5. une blouse neuve
6. un pantalon neuf
7. un livre neuf
8. un nouvel hôtel

D. Répondez aux questions suivantes, en utilisant les expressions données entre parenthèses.

1. C'est un nouveau professeur, n'est-ce pas? (Oui, . . .)
2. A-t-il une nouvelle voiture? (Oui, . . .neuve)
3. Comment sont ses idées? (nouvelles et intéressantes)
4. C'est une cravate neuve, n'est-ce pas? (Non, . . .)
5. Ce sont de nouveaux étudiants, n'est-ce pas? (Oui, . . .)
6. Comment est sa voiture? (toute neuve)

E. Donnez l'équivalent français des expressions suivantes.

1. a new car (different)
2. a new car (brand new)
3. a new tie (brand new)
4. a new professor
5. a new course (different)
6. a new idea

Structure: *faire la connaissance de, rencontrer, retrouver*

Phrases modèles

1. Comment as-tu fait la connaissance de la petite fille?
2. J'ai fait sa connaissance à l'école.
3. Je l'ai rencontrée à l'école.
4. Je l'ai retrouvée à l'école.

Notes de grammaire

Etudiez et comparez les phrases suivantes.

J'ai fait sa connaissance à l'école.
I met her (made her acquaintance) at school.

Je l'ai rencontrée à l'école.
I met her (by chance–ran into her) at school.

Je l'ai retrouvée à l'école.
I met her (by previous arrangement) at school.

Nous nous retrouvons à l'école.
We're meeting each other (by previous arrangement) at school.

A. Dans les phrases suivantes, substituez les mots suggérés.

1. J'ai fait sa connaissance à l'école.
   Nous ______.
   Elle ______.
   ______ au bal.
   Tu ______.
   Tu as fait sa connaissance au bal.
   Vous ______.
   ______ au pique-nique.
   Ils ______.
   Elles ______.
2. On se retrouve au café.
   Nous ______.
   Ils ______.
   ______ au cinéma.

Ils se retrouvent au cinéma.
Vous ______________.
Elles ______________.
______________ à l'université.
On ______________.
______________ à la bibliothèque.
Ils ______________.

3. J'ai rencontré son oncle dans la rue.
Nous ______________.
Il ______________.
______________ au parc.
Elle ______________.
Ils ______________.
______________ au concert.
Elles ______________.
Vous ______________.
Anne ______________.
Les garçons ______________.
______________ au cinéma.

4. Je vais retrouver Marc au café.
Nous ______________.
Ils ______________.
______________ au restaurant.
Ils vont retrouver Marc au restaurant.
Elle ______________.
______________ à l'université.
Tu ______________.
Elles ______________.
Il ______________.
______________ chez nous.
Je ______________.
______________ au théâtre.

B. Donnez l'équivalent français des phrases suivantes.

1. I ran into Suzanne last night.
2. She's going to meet me here.
3. I met her (made her acquaintance) last Saturday.
4. Have you met Marceline Martin?
5. I'm going to meet Paul at the university.
6. We ran into my aunt yesterday at the movie.

Structure: Les verbes irréguliers *mettre (admettre, permettre, promettre, soumettre)* et *battre (se battre)*

Phrases modèles

1. Elle avait mis le feu à sa robe.
2. Aux compositions, je la battais de justesse.
3. Ils couraient, sautaient, se battaient, grimpaient sur les tables, renversaient des meubles en criant.
4. Nous ne nous permettions aucune familiarité.
5. Une année, elle se permet, au cours d'une audition de piano, une audace qui frisa le scandale.
6. Soumise aux lois, aux poncifs, aux préjugés, j'aimais néanmoins ce qui était neuf, sincère, spontané.
7. Nous nous sommes mises à parler.

Notes de grammaire

Etudiez les formes des verbes irréguliers *mettre* et *battre* dans l'Appendice 1.

A. Dans les phrases suivantes, substituez les mots suggérés.

1. Elle se permet des audaces.
   Nous ______.
   Tu ______.
   Ils ______.
   Il ______.
   Nous ______.
   Je ______.
2. Ils battent l'enfant.
   Tu ______.
   Vous ______.
   Il ______.
   Elle ______.
   Je ______.
   Nous ______.
3. Il a mis le livre sur la table.
   Je ______.
   Nous ______.
   ______ l'argent ______.
   Tu ______.
   Vous ______.
   ______ dans l'armoire.
   Ils ______.
   Elle ______.
4. Elizabeth et Simone se sont battues.
   Ils ______.
   Nous ______.
   Vous ______.
   Je ______.
   Marie ______.
   Georges ______.
5. Ils se battront sûrement.
   Je ______.
   Nous ______.
   Vous ______.
   Tu ______.
   Janine ______.
   Henri ______.
6. Je me mettrai en route demain.
   Nous ______.
   Il ______.
   ______ ce soir.
   Il se mettra en route ce soir.
   Les soldats ______.
   M. Martin ______.
7. Il le battait.
   Tu ______.
   Mes amis ______.
   Je ______.
   Nous ______.
   Tu ______.
   Vous ______.
8. Ils ne promettaient rien.
   Nous ______.
   Vous ______.
   Je ______.
   Tu ______.
   Hélène ______.
   Les autres étudiants ______.

B. Dans les phrases suivantes, mettez les verbes au passé composé et ensuite au plus-que-parfait.

1. Je mets les livres sur la table.
2. Ils se mettent à chanter.
3. Nous leur transmettons un programme important.
4. Les enfants se battent.
5. Promet-elle de venir?
6. Ils battent l'enfant.
7. Il n'admet jamais ses erreurs.
8. Ils remettent le concert.

C. Dans les phrases suivantes, mettez les verbes à l'imparfait et ensuite au futur.

1. Ils me permettent d'aller au cinéma.
2. Vous n'admettez pas vos erreurs.
3. Jacques se bat souvent.
4. Elle se met en route.

5. Nous le battons.
6. Je mets l'argent dans ma tirelire.
7. Il se bat tout le temps.
8. Aux compositions, je la bats de justesse.

D. Répondez aux questions suivantes, en utilisant les expressions données entre parenthèses.

1. Où a-t-il mis les journaux? (sur la table)
2. A-t-on remis le concert? (Non, . . .)
3. Pourquoi a-t-on remis le pique-nique? (il pleut.)
4. Roger se bat-il souvent? (Oui, . . .)
5. Vous battiez-vous souvent quand vous étiez jeune? (Non, . . .)
6. Votre père vous permettra-t-il de venir? (Oui, . . .)
7. Simone la battait-elle aux compositions? (Oui, . . .)
8. Où as-tu mis l'écharpe? (Sur la chaise)
9. Simone était-elle soumise aux lois, aux poncifs de ses parents? (Oui, . . .)
10. Pourquoi se permet-elle de telles audaces? (elle est impertinente.)

CONVERSATION

Questions

1. Quel âge a Simone quand elle entre en quatrième-première?
2. Qui occupait le tabouret à côté du sien?
3. De quelle couleur étaient les cheveux de sa voisine?
4. Quel âge avait alors, Elizabeth Mabille?
5. Comment s'était-elle brûlé la cuisse?
6. Pendant combien de temps était-elle restée couchée?
7. Qui imitait à merveille Mademoiselle Bodet?
8. Elizabeth était-elle bonne étudiante?
9. Qui était meilleure en composition, Simone ou Elizabeth?
10. Qui avait le rôle de Mme de Sévigné dans la saynète à Noël?
11. Quel rôle avait Elizabeth?
12. Comment appelait-on Simone et Elizabeth?
13. Combien de frères et de sœurs a Elizabeth?
14. Décrivez ces jeux à la maison Mabille.
15. Comment est Mme Mabille?
16. Se fâche-t-elle facilement?
17. Comment s'appelait Elizabeth dans l'intimité?
18. De quoi causaient Simone et Elizabeth?

19. Comment Elizabeth a-t-elle joué son morceau à l'audition de piano?
20. Comment a-t-elle indiqué son triomphe à sa mère?
21. Quelle était la réaction de sa mère?
22. Que pensez-vous de la mère d'Elizabeth? La trouvez-vous sympathique?
23. Décrivez les sentiments de Simone à la pensée de la rentrée des classes.
24. Comment Simone passe-t-elle les premiers jours d'école?
25. Qui voit-elle un après-midi dans le vestiaire?
26. Qui manquait à Simone?
27. Décrivez la joie de Simone quand elle revoit son amie.

Causeries

1. En répondant aux questions suivantes, préparez une causerie: *La première grande amitié de Simone.*

   Comment s'appelle la petite fille qui allait devenir la meilleure amie de Simone? Quel âge avait alors Simone? Quel âge avait Elizabeth? Comment Simone a-t-elle fait sa connaissance? Décrivez Elizabeth. Comment appelait-on Simone et Elizabeth? De quoi causaient Simone et Elizabeth? Qui manquait à Simone pendant les premières journées d'école après la rentrée des classes? Décrivez ces journées de Simone. Qu'est-ce qui change l'ennui de Simone? Décrivez sa joie quand elle revoit son amie.

2. En répondant aux questions suivantes, préparez une causerie: *Ma première grande amitié.*

   Où avez-vous fait la connaissance de votre premier(–ère) grand(e) ami(e)? Comment avez-vous fait sa connaissance? Comment s'appelle-t-il(elle)? Quel âge aviez-vous? Quel âge avait-il(elle)? Décrivez votre ami(e). De quoi parliez-vous? Quels étaient vos jeux préférés? Racontez des expériences qui ont resserré votre amitié. Revoyez-vous de temps en temps votre ami(e)? Vous écrivez-vous?

LES ENFANTS

Les enfants sont hautains, dédaigneux, colères, envieux, curieux, intéressés, paresseux, volages, timides, intempérants, menteurs, dissimulés; ils rient et pleurent facilement; ils ont des joies immodérées et des afflictions amères sur de très petits sujets; ils ne veulent point souffrir de mal, et aiment à en faire: ils sont déjà des hommes.

La Bruyère
Les Caractères (50)

L'AMITIE

Le plus sensible plaisir est dans le choix d'un ami de distinction en qui on puisse avoir la dernière confiance, de qui on puisse recevoir des conseils et à qui on puisse en donner, à qui on puisse montrer son cœur à découvert et confier tous ses secrets, même ses propres faiblesses, en un mot, un autre soi-même.

Mademoiselle de Scudéry

Les amitiés renouées demandent plus de soins que celles qui n'ont jamais été rompues.

La Rochefoucauld

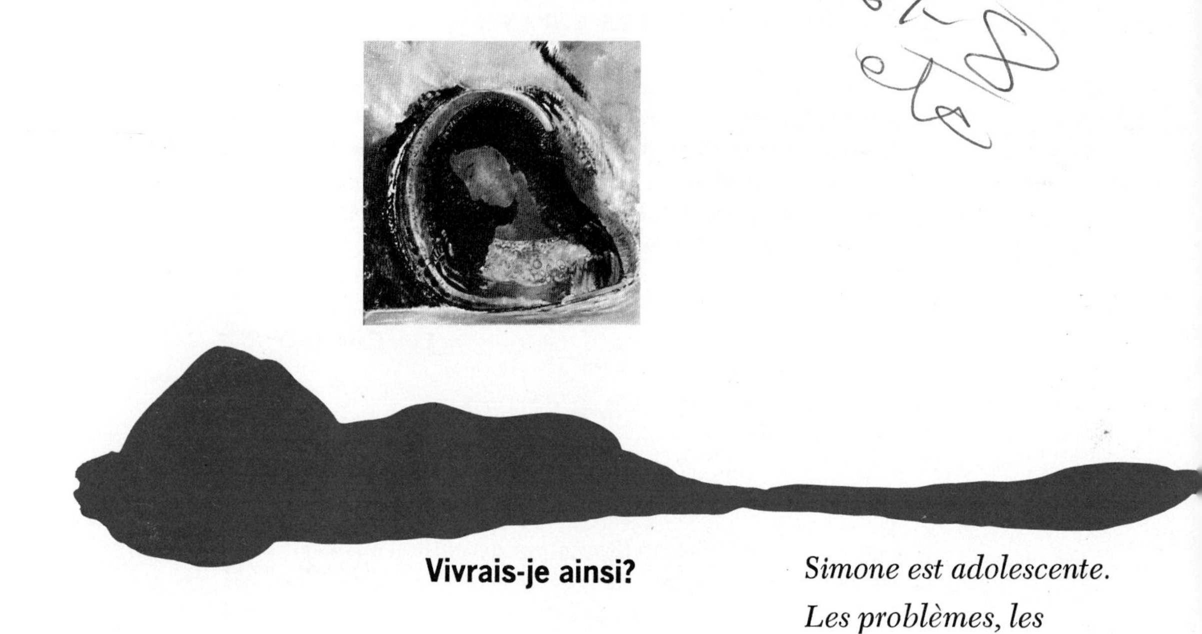

Vivrais-je ainsi?

Simone est adolescente. Les problèmes, les peines, et les angoisses de "l'âge ingrat" sont décrits dans le passage suivant.

Mon corps changeait; mon existence aussi: le passé me quittait. Déjà nous avions déménagé, et Louise était partie. Je regardais avec ma sœur de vieilles photographies quand je m'avisai soudain qu'un de ces jours, j'allais perdre Meyrignac. Grand-père était très âgé, il mourrait; quand le domaine appartiendrait à mon oncle Gaston—qui déjà en était nu-propriétaire—je ne m'y sentirais plus chez moi; j'y viendrais en étrangère, puis je n'y viendrais plus. Je fus consternée. Mes parents répétaient—et leur exemple semblait confirmer—que la vie a raison des amitiés d'enfance: est-ce que j'oublierais Zaza? Nous nous demandions avec inquiétude Poupette et moi si notre affection résisterait à l'âge. Les grandes personnes ne partageaient pas nos jeux ni nos plaisirs. Je n'en connaissais aucune qui parût beaucoup s'amuser sur terre: la vie n'est pas gaie, la vie n'est pas un roman, déclaraient-elles en chœur.

déménagé: changé de résidence
je m'avisai: je me rendis compte
Meyrignac: la maison du grand-père de Simone
nu-propriétaire: (part-owner)
Poupette: la sœur cadette de Simone

La monotonie de l'existence adulte m'avait toujours apitoyée; quand je me rendis compte que, dans un bref délai, elle deviendrait mon lot, l'angoisse me prit. Un après-midi, j'aidais maman à faire la vaisselle; elle lavait des assiettes, je les essuyais; par la fenêtre, je voyais le mur de la caserne de pompiers, et d'autres cuisines où des femmes frottaient des casseroles ou épluchaient des légumes. Chaque jour, le déjeuner, le dîner; chaque jour la vaisselle; ces heures indéfiniment recommencées et qui ne mènent nulle part: vivrais-je ainsi? Une image se forma dans ma tête, avec une netteté si désolante que je me la rappelle encore aujourd'hui: une rangée de carrés gris s'étendait jusqu'à l'horizon, diminués selon les lois de la perspective, mais tous identiques, et plats; c'étaient les jours et les semaines, et les années. Moi, depuis ma naissance, je m'étais endormie chaque soir un peu plus riche que la veille; je m'élevais de degré en degré; mais si je ne trouvais là-haut qu'un morne plateau, sans aucun but vers lequel marcher, à quoi bon? Non, me dis-je, tout en rangeant dans le placard une pile d'assiettes; ma vie à moi conduira quelque part.

faire la vaisselle: laver et essuyer les assiettes
pompiers: (firemen)
frottaient: lavaient
épluchaient: pelaient
netteté: clarté
carrés: (squares)
but: objectif
rangeant: plaçant
placard: (cupboard)

J'avais perdu la sécurité de l'enfance; en échange je n'avais rien gagné. L'autorité de mes parents n'avait pas fléchi et comme mon esprit critique s'éveillait, je la supportais de plus en plus impatiemment. Visites, déjeuners de famille, toutes ces corvées que mes parents tenaient pour obligatoires, je n'en voyais pas l'utilité. Les réponses: "Ça se doit. Ça ne se fait pas," ne me satisfaisaient plus du tout. La sollicitude de ma mère me pesait.

fléchi: cédé; cessé
s'éveillait: naissait
corvées: travaux que l'on fait avec peine

Elle avait "ses idées" qu'elle ne se souciait pas de justifier, aussi ses décisions me paraissaient-elles souvent arbitraires. Nous nous disputâmes violemment à propos d'un missel que j'offris à ma sœur pour sa communion solennelle; je le voulais relié de cuir fauve, comme celui que possédaient la plupart de mes camarades; maman estimait qu'une couverture de toile bleue serait bien assez belle; je protestai que l'argent de ma tirelire m'appartenait; elle répondit qu'on ne doit pas dépenser vingt francs pour un objet qui peut n'en coûter que quatorze. Pendant que nous achetions du pain chez le boulanger, tout au long de l'escalier et de retour à la maison, je lui tins tête. Je dus céder, la rage au cœur, me promettant de ne jamais lui pardonner ce que je considérais comme un abus de pouvoir.

missel: livre qui contient les prières de la messe pour tous les jours de l'année
relié: (bound)
toile: (cloth)
tirelire: petit vase dans lequel on économise son argent

lui tins tête: lui résistai

J'étais jalouse de la place qu'elle occupait dans le cœur de mon père car ma passion pour lui n'avait fait que grandir.

Du moment qu'il m'approuvait, j'étais sûre de moi. Pendant des années, il ne m'avait décerné que des éloges. Lorsque j'entrai dans l'âge ingrat, je le déçus: il appréciait chez les femmes l'élégance, la beauté. Non seulement il ne me cacha pas son désappointement, mais il marqua plus d'intérêt qu'autrefois à ma sœur, qui restait une jolie enfant. Il rayonnait de fierté quand elle parada, déguisée en "Belle de la Nuit." Il participait parfois à des spectacles que l'on organisait dans des patronages de banlieue; il fit jouer Poupette avec lui. Le visage encadré de longues tresses blondes, elle tint le rôle de la petite fille dans *Le Pharmacien* de Max Maurey. Il lui apprit à réciter des fables en les détaillant et avec des effets. Sans me l'avouer, je souffrais de leur entente et j'en voulais vaguement à ma sœur.

l'âge ingrat: l'adolescence
déçus: désappointai

rayonnait de fierté: montrait sa fierté

Max Maurey: écrivain contemporain

entente: bon accord
j'en voulais . . . à: j'étais irrité . . . contre

Ma véritable rivale, c'était ma mère. Je rêvais d'avoir avec mon père des rapports personnels; mais même dans les rares occasions où nous nous trouvions tous les deux seuls, nous nous parlions comme si elle avait été là. En cas de conflit, si j'avais recouru à mon père, il m'aurait répondu: "Fais ce que ta mère te dit!"

COMPREHENSION ET EXERCICES DE VOCABULAIRE

A. Trouvez six phrases fausses parmi les suivantes.

1. La famille de Simone ne demeure plus dans le même appartement.
2. L'existence de Simone change.
3. Les grandes personnes déclarent en chœur que la vie n'est pas gaie, qu'elle n'est pas un roman.
4. Simone n'aidait jamais sa mère dans les corvées du ménage.
5. Simone veut commencer le plus tôt possible la vie de ménagère. (housewife)
6. Les jours, les semaines, les années d'une ménagère se représentent, pour Simone, comme une suite de carrés gris, identiques, et plats.
7. Les parents de Simone lui ont accordé plus de liberté.
8. Simone accepte plus docilement l'autorité de ses parents.
9. Sa mère ne lui permet pas d'acheter pour sa sœur le missel qu'elle avait choisi.
10. Durant l'âge ingrat de Simone, son père s'intéresse plus à sa sœur.
11. Le père de Simone n'aime pas participer à des spectacles.
12. Simone ne veut plus jamais être avec son père.
13. Simone est jalouse de la place que sa mère occupe dans le cœur de son père.

B. Identifiez le personnage qui:

1. était âgé et qui mourait.
2. était nu-propriétaire de Meyrignac.
3. trouvait l'existence adulte pitoyable.
4. aidait quelquefois sa mère à faire la vaisselle.
5. a décidé que sa vie conduirait quelque part.
6. s'est promise de ne jamais pardonner à sa mère son abus de pouvoir.
7. était jalouse de sa mère.
8. aimait davantage son père.
9. ne cachait pas sa déception à Simone durant ses années adolescentes.
10. se déguisait en "Belle de la Nuit."
11. était la véritable rivale de Simone.
12. était restée une jolie enfant.
13. parlait à Simone comme si sa mère était là.

C. Lesquelles des phrases suivantes s'appliquent à Simone, jeune fille adolescente?

1. Elle est sûre d'elle-même et toujours tranquille.
2. Elle est enchantée de la vie adulte.
3. Devant l'incertitude de sa vie, elle est prise d'angoisse.
4. Elle a perdu la sécurité de l'enfance et n'a rien gagné.
5. Elle s'entend très bien avec sa mère.
6. Elle n'a plus le même charme qu'auparavant.
7. Son esprit critique s'eveillait.

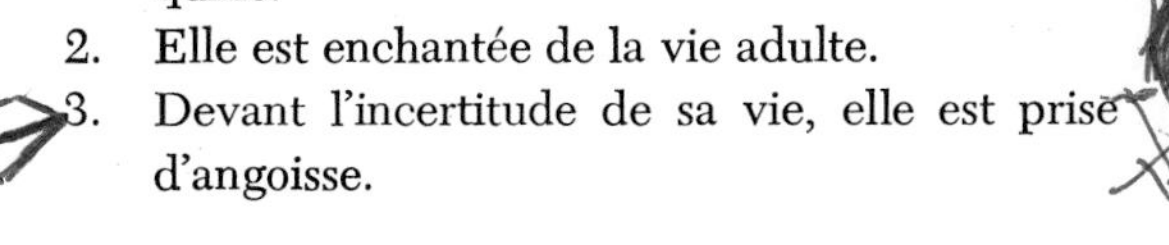

DIALOGUE

Le professeur: Vous rappelez-vous un autre auteur qui a traité de la vie des grandes personnes?

Jacques: Bien sûr. C'est Saint-Exupéry dans *Le Petit prince.*

Le professeur: Vous souvenez-vous comment il a décrit les grandes personnes?

Jacques: Il insiste, surtout, sur le manque d'imagination chez les adultes.

Marceline: Selon lui, les grandes personnes attachent trop d'importance aux aspects matériels de la vie. Elles aiment les chiffres, le bridge, le golf...

Le professeur: Et Simone de Beauvoir, que dit-elle sur l'existence des adultes?

Marc: Comme Camus, elle décrit la vie monotone et plate des adultes...

Marceline: D'un point de vue féminin.

Suzanne: Comme Saint-Exupéry elle regrette la perte des années heureuses de l'enfance.

CONVERSATION

Questions

1. Est-ce que l'existence de Simone change?
2. Comment s'appelle la maison du grand-père de Simone?
3. Son grand-père était-il âgé?
4. Simone va-t-elle bientôt perdre Meyrignac?
5. Les grandes personnes partagent-elles les jeux et les plaisirs des enfants?
6. Que répètent les grandes personnes sur la vie?
7. Simone connaît-elle une seule grande personne qui s'amuse beaucoup?
8. Que Simone voit-elle de sa fenêtre?
9. Que faisaient les femmes que voit Simone de sa fenêtre?
10. Comment se représente-t-elle la vie de ces femmes?
11. Où la vie de Simone conduira-t-elle?
12. Quelles réponses ne satisfont plus Simone?
13. Les décisions de sa mère sont-elles quelquefois arbitraires?
14. Que Simone voulait-elle donner à sa sœur?
15. Quelle sorte de missel la mère voulait-elle?
16. Que dit Simone sur l'argent de sa tirelire?
17. Qui doit céder?

18. Que se promet Simone?
19. De qui Simone était-elle jalouse?
20. Le père de Simone était-il déçu par Simone pendant ses années adolescentes?
21. A qui le père marque-t-il plus d'intérêt?
22. Qui était la véritable rivale de Simone?
23. Comment son père lui parlait-il quand Simone et lui se trouvaient seuls?
24. En cas de conflit avec sa mère, comment son père aurait-il répondu?

Causeries

1. En répondant aux questions suivantes, préparez une causerie: *La Vie des grandes personnes.*

   Selon Saint-Exupéry, comment est la vie des grandes personnes? (Revoir la Cinquième Leçon.) Simone connaît-elle une seule grande personne qui s'amuse beaucoup? Les grandes personnes partagent-elles les jeux des enfants? Que répètent-elles? Qu'est-ce qui a toujours apitoyé Simone? Décrivez l'existence des grandes personnes que Simone voit de sa fenêtre. Comparez les descriptions des grandes personnes chez Saint-Exupéry et chez Simone de Beauvoir.

2. En répondant aux questions suivantes, préparez une causerie: *Simone à l'âge ingrat.*

   Quel est l'âge ingrat? Comment est-ce que Simone représente sa propre vie pendant ces années difficiles? Quels sont ses rapports avec sa mère? Parlez des relations de Simone avec son père et sa sœur. Comment trouvez-vous l'existence de Simone à l'âge ingrat? Donnez-en un jugement.

Oskar Schlemmer. *Group of Figures.* 1930. Oil. 555 x 185 cm. Landesmuseum fur Kunst und kulturgeschichte, Munster. Collection Frau Tut Schlemmer.

Thérèse Desqueyroux

Un univers chrétien, bourgeois, provincial, voici le monde de François Mauriac (1885–).

Thérèse Desqueyroux *est l'histoire d'un crime manqué. Thérèse permet que son mari s'empoisonne; mais l'empoisonnement ne réussit pas, le mari ne meurt pas. Thérèse est punie derrière les murs d'Argelouse, demeure solitaire de son mari dans les Landes. Elle est condamnée à y passer le reste de sa vie auprès d'un homme qui juge beaucoup plus sévèrement que la loi ce crime manqué.*

Dans les passages suivants, appréciez, surtout, la solitude, le désespoir, et la lassitude de Thérèse.

VOCABULAIRE DE BASE

1. *couloir* (n.m.): passage d'un appartement à un autre, d'une pièce à une autre, ou entre les compartiments d'un wagon de chemin de fer
   J'attendais mon professeur dans le ______.
2. *brume* (n.f.): brouillard épais
   La ______ était si épaisse que l'on ne pouvais rien voir.
3. *col* (n.m.): partie d'une blouse, d'une chemise, ou d'un manteau qui entoure le cou
   Le ______ de son manteau était relevé.
4. *épiés* (épier): observés secrètement
   Les actes de la jeune fille avaient été ______.
5. *propos* (n.m.): paroles échangées
   Elle entendait difficilement leurs ______.
6. *gendre* (n.m.): beau-fils (son-in-law)
   Ma fille va se marier avec M. Robert Martin. Je crois que je serai très fier de mon futur ______.
7. *goutte* (n.f.): petite partie sphérique qui se détache d'un liquide
   Mettez une ______ de ce médicament dans un verre d'eau.
8. *collées* (coller): fixées avec une substance gluante
   Les feuilles de platane étaient ______ aux bancs.
9. *trempé* (tremper): très mouillé
   Il a marché tout l'après-midi dans la pluie. En rentrant il était ______.
10. *de nouveau:* encore une fois
    Ils parlaient ______ des résultats du procès.
11. *coude* (n.m.): articulation du bras (elbow)
    En tombant, il s'est cassé le ______.
12. *déganta* (déganter): ôta les gants de...
    Tout en parlant, elle ______ sa main gauche.
13. *dépassait* (dépasser): passait devant; allait au-delà
    J'avais une petite voiture. Sur la route on me ______ tout le temps.
14. *boue* (n.f.): (mud)
    Il avait plu, et comme il avait marché à travers les champs, il est rentré avec des souliers couverts de ______.
15. *ordonnance* (n.f.): prescription d'un médecin
    Allez chercher cette ______ à la pharmacie.
16. *plainte* (n.f.): déclaration faite en justice par un plaignant
    Pourquoi a-t-il porté ______ contre moi?
17. *étourdissait* (étourdir): faisait perdre l'usage des sens
    Il m'______ de ses paroles lancées à toute vitesse.
18. *étouffement* (n.m.): grande difficulté à respirer; l'acte de faire cesser (des rumeurs, par exemple)
    Le silence et l'______, voilà des remèdes à ce problème.
19. *lassitude* (n.f.): fatigue
    J'écoutais ses propos avec ennui et avec ______.

L'honneur de la famille

L'avocat ouvrit une porte. Thérèse Desqueyroux, dans ce couloir dérobé du palais de justice, sentit sur sa face la brume et, profondément, l'aspira. Elle avait peur d'être attendue, hésitait à sortir. Un homme, dont le col était relevé, se détacha d'un platane; elle reconnut son père. L'avocat cria: "Non-lieu" et, se retournant vers Thérèse:

"Vous pouvez sortir: il n'y a personne."

Elle descendit des marches mouillées. Oui, la petite place semblait déserte. Son père ne l'embrassa pas, ne lui donna pas même un regard; il interrogeait l'avocat Duros qui répondait à mi-voix, comme s'ils eussent été épiés. Elle entendait confusément leurs propos.

"Je recevrai demain l'avis officiel du non-lieu."

—Il ne peut plus y avoir de surprise?

—Non: les carottes sont cuites, comme on dit.

—Après la déposition de mon gendre, c'était couru.

—Couru . . . couru . . . On ne sait jamais.

—Du moment que, de son propre aveu, il ne comptait jamais les gouttes . . .

—Vous savez, Larroque, dans ces sortes d'affaires, le témoignage de la victime . . ."

La voix de Thérèse s'éleva:

"Il n'y a pas eu de victime.

—J'ai voulu dire: victime de son imprudence, madame."

Les deux hommes, un instant, observèrent la jeune femme immobile, serrée dans son manteau, et ce blême visage qui n'exprimait rien. Elle demanda où était la voiture; son père l'avait fait attendre sur la route de Budos, en dehors de la ville, pour ne pas attirer l'attention.

Ils traversèrent la place: des feuilles de platane étaient collées aux bancs trempés de pluie. Heureusement, les jours avaient bien diminué. D'ailleurs, pour rejoindre la route de Budos, on peut suivre les rues les plus désertes de la sous-préfecture. Thérèse marchait entre les deux hommes qu'elle dominait du front et qui de nouveau discutaient comme si elle n'eût pas été présente; mais, gênés par ce corps de femme qui les séparait, ils le poussaient du coude. Alors elle demeura un peu en arrière, déganta sa main gauche pour arracher de la mousse aux vieilles pierres qu'elle longeait. Parfois un ouvrier à bicyclette la dépassait, ou une carriole, la boue jaillie l'obligeait à se tapir contre le mur. Mais le crépuscule recouvrait Thérèse, empêchait que les hommes la reconnussent. L'odeur de fournil et de brouillard n'était plus seulement pour elle l'odeur du soir

dérobé: caché

platane: (plane tree)
non-lieu: déclaration, ordonnance de *non-lieu;* ordonnance du juge ou du tribunal indiquant qu'on n'a pas besoin de continuer une plainte ou une accusation

déposition: (deposition; statement)
couru: sûr; définitif
aveu: déclaration

témoignage: (testimony)

Budos: petite ville du sud-ouest de la France

sous-préfecture: subdivision d'un département

mousse: (foam)

carriole: petite charrette; voiture couverte
se tapir: se blottir
fournil: (bakery)

dans une petite ville: elle y retrouvait le parfum de la vie qui lui était rendue enfin; elle fermait les yeux au souffle de la terre endormie, herbeuse et mouillée; s'efforçait de ne pas entendre les propos du petit homme aux courtes jambes arquées qui, pas une fois, ne se retourna vers sa fille, elle aurait pu choir au bord de ce chemin: ni lui, ni Duros ne s'en fussent aperçus. Ils n'avaient plus peur d'élever la voix.

"La déposition de M. Desqueyroux était excellente, oui. Mais il y avait cette ordonnance: en somme, il s'agissait d'un faux... Et c'était le docteur Pédemay qui avait porté plainte...

—Il a retiré sa plainte...

—Tout de même, l'explication qu'elle a donnée: cet inconnu qui lui remet une ordonnance..."

Thérèse, moins par lassitude que pour échapper à ces paroles dont on l'étourdissait depuis des semaines, ralentit en vain sa marche; impossible de ne pas entendre le fausset de son père:

"Je le lui ai assez dit: 'Mais, malheureuse, trouve autre chose... trouve autre chose...' "

herbeuse: couverte d'herbe
arquées: courbées en arc
choir: tomber

elle: Thérèse

fausset: (falsetto)

Il le lui avait assez dit, en effet, et pouvait se rendre justice. Pourquoi s'agite-t-il encore? Ce qu'il appelle l'honneur du nom est sauf; d'ici les élections sénatoriales, nul ne se souviendra plus de cette histoire. Ainsi songe Thérèse qui voudrait bien ne pas rejoindre les deux hommes; mais dans le feu de la discussion, ils s'arrêtent au milieu de la route et gesticulent.

"Croyez-moi, Larroque, faites front; prenez l'offensive dans *Le Semeur* de dimanche; préférez-vous que je m'en charge? Il faudrait un titre comme *La rumeur infâme*...

—Non, mon vieux; non, non: que répondre, d'ailleurs? C'est trop évident que l'instruction a été bâclée, on n'a pas même eu recours aux experts en écriture; le silence, l'étouffement, je ne connais que ça. J'agirai, j'y mettrai le prix; mais, pour la famille, il faut recouvrir tout ça... il faut recouvrir..."

Le Semeur: un journal local

que répondre?: que peut-on répondre?
l'instruction: ici, un procès (trial) en état d'être jugé
bâclée: faite sans soin; mal faite
j'y mettrai le prix: je ferai le nécessaire

COMPREHENSION ET EXERCICES DE VOCABULAIRE

A. Trouvez cinq phrases fausses parmi les suivantes.

1. Thérèse se trouve chez elle devant sa maison.
2. Le père de Thérèse se montre très sympathique envers sa fille.
3. Le jugement est un "non-lieu."
4. La voiture se trouve devant le palais de justice.
5. Surtout, le père ne veut pas qu'il y ait du scandale pour la famille.
6. Les deux hommes (l'avocat et le père de Thérèse) se parlaient comme si Thérèse n'était pas présente.
7. Pendant toute la journée il a fait un temps splendide.
8. Thérèse est tombée sans que son père et l'avocat s'en rendent compte.
9. En tout cas, ce qu'on appelle l'honneur du nom est sauf.
10. Le père de Thérèse veut se présenter aux élections sénatoriales.

B. Identifiez le(s) personnage(s) qui:

1. ne se retourna pas vers sa fille.
2. a fait attendre la voiture sur la route de Budos.
3. se parlaient du procès.
4. marchait lentement pour ne pas entendre parler les deux hommes.
5. suggère que l'on prenne l'offensive avec un article dans *Le Semeur.*
6. se tapissait contre le mur.
7. avait de courtes jambes arquées.
8. croit que le silence et l'étouffement sont les meilleurs remèdes au problème.

C. Choisissez les mots convenables pour compléter les phrases suivantes.

1. Le père de Thérèse attendait la sortie de sa fille et l'avocat Duros *a. dans le couloir du palais de justice b. à la porte du palais de justice c. caché sous un platane.*
2. Il fait *a. du brouillard b. du soleil c. chaud.*
3. Thérèse peut sortir parce que (qu') *a. il ne pleut plus b. il n'y a personne pour la voir c. l'avocat Duros lui a donné son parapluie.*
4. Le père de Thérèse a fait attendre la voiture sur la route de Budos *a. parce qu'il aime se promener b. pour ne pas attirer l'attention c. parce que Thérèse a besoin de l'air frais.*
5. Les rues entre le palais de justice et la route de Budos sont parmi *a. les plus désertes b. les plus longues c. les plus animées* de la ville.
6. L'action du passage a lieu vers *a. huit ou neuf heures du matin b. midi c. six ou sept heures du soir, probablement.*

D. Dans les phrases suivantes, substituez les mots suggérés.

1. Elle a déganté sa main gauche.
   Je ______________.
   Vous ______________.
   Henri ______________.
   ______________ sa main droite.
   Claudine ______________.
   Tu ______________.
2. Je vais dépasser la Renault.
   Nous ______________.
   Tu ______________.
   Vous ______________.
   ______________ le camion.
   Ils ______________.
   Elle ______________.
   ______________ l'autobus.
3. Son discours m'étourdissait.
   Le bruit du moteur ______.
   Le bruit du moteur m'étourdissait.
   La chaleur de la journée ______.
   Le dernier verre de vin ______.
   Ses gesticulations ______.
   Ses propos incohérents ______.
4. Connaissez-vous mon gendre?
   ______________ mon beau-fils?
   ______________ mon beau-frère?
   ______________ ma belle-sœur?
   ______________ mon beau-père?
   ______________ ma belle-mère.
   ______________ mon gendre?
5. Il faisait du brouillard.
   ________ du vent.
   ________ du soleil.
   ________ froid.
   ________ frais.

E. Répétez les phrases suivantes, en remplaçant *très mouillé* par *trempé.*

1. Je me suis assis sur un banc très mouillé.
2. Sa chemise et son manteau sont très mouillés.
3. Elle est rentrée hier soir très mouillée.
4. Il était très mouillé.

F. Répétez les phrases suivantes, en remplaçant *encore une fois* par *de nouveau.*

1. Ils parlaient encore une fois de mon cas.
2. Ils l'ont condamné encore une fois.
3. Ils en parleront, encore une fois, demain.
4. Il pleuvait encore une fois.

G. Répétez les phrases suivantes, en remplaçant *fatigue* par *lassitude.*

1. C'était par fatigue que l'avocat a accepté sa défaite.
2. Il a cédé par fatigue.
3. Il ne me reste plus qu'un sentiment de fatigue.
4. Sa fatigue complète était lamentable à voir.

H. Répétez les phrases suivantes, en remplaçant *beau-fils* par *gendre*.

1. Connaissez-vous mon beau-fils?
2. Je voudrais vous présenter mon beau-fils.
3. M. Martin est le beau-fils de M. Vincent.
4. Il sera beau-fils du président de la compagnie.

I. Choisissez les mots convenables pour compléter les phrases suivantes.

1. Vous pouvez mettre quatre *a. litres b. kilos c. gouttes* de ce médicament dans un verre d'eau.
2. On a *a. collé b. étourdi c. trempé* ses photos dans l'album.
3. Je n'entendais pas bien *a. la brume b. ses propos c. ses coudes.*
4. On voyait avec difficulté à cause *a. de la brume b. du couloir c. du col.*
5. Il avait beaucoup plu, et les routes étaient couvertes de *a. neige b. témoignage c. boue.*
6. Il s'est cassé le bras; plus exactement *a. le coude b. le genou c. le cou.*

J. Trouvez le mot ou l'expression qui correspond au mot ou à l'expression en italique.

1. Le *couloir* entre le salon et la salle à manger est très étroit.
2. Je voudrais une chemise sans *col.*
3. Tous les mouvements étaient *épiés.*
4. Ils en parleront *de nouveau* demain.
5. Le médecin vous a-t-il donné une *ordonnance?*
6. Elle est rentrée toute *trempée.*
7. Elle ne veut pas *se déganter.*
8. J'ai cédé, non pas par un manque de courage, mais par *lassitude.*

a. ôter ses gants
b. très mouillée
c. calculés
d. fatiguée
e. fatigue
f. observés
g. passage
h. encore une fois
i. partie du vêtement qui entoure le cou
j. prescription

DIALOGUE

Anne: Je trouve le père de Thérèse détestable.
Marie: Il ne l'embrasse pas, ne lui parle pas, ne la regarde guère.
Marc: C'est qu'il a d'autres intérêts.

Anne:	Je sais qu'il veut être sénateur, mais quand-même.
Marc:	Le père de Thérèse est le produit de la société qui l'a formé. Dans son milieu, le nom de famille compte pour beaucoup. Ces vieilles familles ont passé des années et des années dans le même endroit. Elles sont jalouses de leurs vieilles traditions.
Anne:	Oui, oui, oui. . . mais quelle hypocrisie!

REVISION ET EXERCICES

Structure: Pronoms interrogatifs et relatifs

Phrases modèles

1. Un homme, dont le col était relevé, se détacha d'un platane.
2. Il interrogeait l'avocat Duros, qui répondait à mi-voix.
3. Thérèse marchait entre les deux hommes qui de nouveau discutaient comme si elle n'eût pas été présente.
4. Alors elle. . . déganta sa main gauche pour arracher de la mousse aux vieilles pierres qu'elle longeait.
5. Elle y retrouvait le parfum de la vie qui lui était rendue enfin.
6. Tout de même, l'explication qu'elle a donnée. . .
7. Thérèse, moins par lassitude que pour échapper à ces paroles dont on l'étourdissait. . . .
8. Ce qu'il appelle l'honneur du nom est sauf.
9. Ainsi songe Thérèse qui voudrait bien ne pas rejoindre les deux hommes.
10. Que répondre d'ailleurs?
11. Le père de Thérèse est le produit de la société qui l'a formé.

Notes de grammaire

On devrait faire attention de bien noter la différence entre les pronoms relatifs et les pronoms interrogatifs. Les pronoms interrogatifs posent une question; les pronoms relatifs unissent des propositions. Etudiez et comparez les phrases suivantes:

1. Pronoms interrogatifs—sujets

qui	who?
qui est-ce qui	who?
qu'est-ce qui	what?

2. Pronoms relatifs—sujets

qui	who, which
ce qui	that which, what

Qui (qui est-ce qui) est venu?
C'est Jean qui est venu.

Qu'est-ce qui fait ce bruit?
C'est le train qui fait ce bruit.
Je ne sais pas ce qui fait ce bruit.

3. Pronoms interrogatifs—compléments d'objet direct
   qui (qui est-ce que) whom?
   que (qu'est-ce que) what?

4. Pronoms relatifs—compléments d'objet direct
   que whom, which
   ce que that which, what

   Qui avez-vous vu?
   Qui est-ce que vous avez vu?
   Voilà la jeune fille que j'ai vue.
   Qu'as-tu fait?
   Qu'est-ce que tu as fait?
   Voilà le travail que j'ai fait.
   Je ne sais pas ce que j'ai fait.

5. Pronoms interrogatifs—objets de prépositions
   qui (qui est-ce que) whom
   quoi (quoi est-ce que) what

6. Pronoms relatifs—objets de prépositions (à l'exception de *de*).
   qui whom
   lequel, laquelle, lesquels, lesquelles which

   Avec qui es-tu allé au bal?
   Avec qui est-ce que tu es allé au bal?
   Tu ne connais pas la jeune fille avec qui je suis allé au bal?
   Sur quoi a-t-il écrit?
   Voilà le sujet sur lequel il a écrit.

On emploie *lequel (laquelle, lesquels, lesquelles)* à la forme interrogative avec le sens "which one?" "which ones?" Bien entendu, *lequel* et ses formes s'accordent en genre et en nombre avec le nom auquel ils se rapportent.

Lequel des garçons est venu?
Laquelle préférez-vous?
Lesquels des livres préfère-t-il?

Employé avec *à* et *de, lequel* donne les contractions suivantes:

A + lequel	**De + lequel**
auquel	duquel
à laquelle	de laquelle
auxquels	desquels
auxquelles	desquelles

Dont—pronom relatif, jamais pronom interrogatif, s'emploie pour remplacer de + un pronom relatif. Il se rapporte à une personne ou à une chose.

De qui parlaient-ils?
Je ne connais pas la jeune fille dont ils parlaient.
De quel film parlaient-ils?
Je n'ai pas vu le film dont ils parlaient.

Etudiez les phrases suivantes dans lesquelles *dont* a le sens "whose." Notez que l'on emploie l'article défini avec le nom qui suit.

J'ai fait la connaissance d'une jeune fille dont le père est médecin.
I met a girl whose father is a doctor.

Connais-tu le garçon dont le père est avocat?
Do you know the boy whose father is a lawyer?

Où—pronom relatif, peut s'employer dans une proposition relative.

Voilà la maison où demeure mon oncle.

Dans les exemples suivants, notez l'emploi des expressions *qu'est-ce que c'est (que)* et *ce que c'est (que)*: *Qu'est-ce que c'est (que)* est interrogatif; *ce que c'est (que)* est relatif.

Qu'est-ce que c'est?
What is it?

Je ne sais pas ce que c'est.
I don't know what it is.

Qu'est-ce que c'est que le cubisme?
What is cubism?

Je ne sais pas ce que c'est que le cubisme.
I don't know what cubism is.

Qui (pronom interrogatif ou relatif) ne s'élide jamais. Par contre, *que* s'élide (devient *qu'*) devant un mot qui commence par une voyelle.

Qui avez-vous vu?
Whom did you see?

Qu'avez-vous vu?
What did you see?

Voilà la jeune fille qui aime Paul.
There is the girl who loves Paul.

Voilà la jeune fille qu'il aime.
There is the girl whom he loves.

Lier - connect.

A. Répétez les phrases suivantes.

1. Qui est arrivé?
2. Qui est-ce qui est arrivé?
3. Connais-tu la jeune fille qui est arrivée?
4. Qu'est-ce qui fait ce bruit?
5. C'est le moteur qui fait ce bruit.
6. Je ne sais pas ce qui fait ce bruit.
7. Qui regardes-tu?
8. Qui est-ce que tu regardes?
9. Voilà la jeune fille qu'il regarde.
10. Que lit-il?
11. Qu'est-ce qu'il lit?
12. Voilà le livre qu'il lit.
13. Avec qui est-elle allée au bal?
14. Avec qui est-ce qu'elle est allée au bal?
15. Sur quoi a-t-elle écrit?
16. Sur quoi est-ce qu'elle a écrit?
17. Je ne connais pas le thème sur lequel elle a écrit.
18. De qui parlaient-ils?
19. De qui est-ce qu'ils parlaient?
20. Je ne connais pas la jeune fille dont ils parlaient.
21. De quoi a-t-il parlé?
22. De quoi est-ce qu'il a parlé?
23. Je n'ai pas vu le film dont il parlait.
24. Où demeure votre oncle?
25. Voilà l'appartement où demeure mon oncle.
26. Qu'est-ce que c'est?
27. Je ne sais pas ce que c'est.
28. Qu'est-ce que c'est que la pelote?
29. Je ne sais pas ce que c'est que la pelote.
30. Laquelle des voitures ont-ils choisie?
31. Lesquels des timbres a-t-il achetés?

B. Formez des questions selon le modèle. Employez *qui* et ensuite *qui est-ce qui.*

LE PROFESSEUR: C'est Jean qui est arrivé le premier.

L'ETUDIANT: Qui est arrivé le premier? Qui est-ce qui est arrivé le premier?

1. C'est Hélène qui étudie le plus.
2. C'est Georges qui cherche un hôtel.
3. C'est Pauline qui a vu le film.
4. C'est Suzanne qui travaille le mieux.
5. C'est Pierre qui a déjà fini.
6. C'est Jacques qui finit le plus tôt.
7. C'est mon oncle qui demeure ici.
8. C'est Marie qui parle le mieux de toute la classe.

C. Formez des questions selon le modèle. Employez *qu'est-ce-qui.*

LE PROFESSEUR: C'est le moteur qui fait ce bruit.

L'ETUDIANT: Qu'est-ce qui fait ce bruit?

1. C'est le vent qui a renversé le verre.
2. C'est son travail qui l'ennuie.
3. C'est votre impertinence qui la trouble.
4. C'est le train qui fait ce bruit.
5. C'est le vent qui a fermé la porte.
6. C'est son regard qui le gêne.
7. C'est votre indifférence qui a fâché le professeur.
8. C'est sa bonté qui l'a touché le plus.

D. Combinez les deux phrases de chaque paire, selon le modèle.

LE PROFESSEUR: Je ne connais pas la jeune fille. La jeune fille est là-bas.

L'ETUDIANT: Je ne connais pas la jeune fille qui est là-bas.

1. Voilà un garçon. Ce garçon est misérable.
2. As-tu vu le musée? Le musée se trouve en face de l'hôtel.

3. Voilà un enfant. L'enfant est triste.
4. Connais-tu l'homme? L'homme est assis en face de moi.
5. C'est un hôtel. L'hôtel est sale et malpropre.
6. Voilà le tram. Le tram va au centre de la ville.
7. C'est un adolescent. L'adolescent est timide avec les jeunes filles.
8. Que penses-tu du passage? Le passage décrit le premier amour de Raymond.

E. Formez des questions selon le modèle donné. Employez *que* et ensuite *qu'est-ce que*.

LE PROFESSEUR: J'étudie ma leçon.
L'ETUDIANT: Qu'étudiez-vous? Qu'est-ce que vous étudiez?

1. Je lis le journal.
2. Je vois la maison.
3. J'écris une composition.
4. Elle attend un taxi.
5. Elle attendait un taxi.
6. Elle a attendu un taxi.
7. J'ai étudié les verbes.
8. J'ai lu *Le Désert de l'amour*.
9. J'ai écrit une lettre.
10. Ils ont écrit une lettre.

F. Combinez les deux phrases de chaque paire selon le modèle.

LE PROFESSEUR: Il voit un homme. Il connaît cet homme.
L'ETUDIANT: Il voit un homme qu'il connaît.

1. Raymond voit une femme. Il ne connaît pas la femme.
2. Il regarde la jeune fille. J'aime cette jeune fille.
3. Il achète la voiture. Je préfère cette voiture.
4. As-tu vu la maison? Les Martin vont acheter cette maison.
5. As-tu lu le livre? Paul lit le livre.
6. Il se permet des impertinences. Je déteste ces impertinences.
7. Je vois l'homme. Nous cherchons cet homme.
8. Connais-tu la jeune fille? Paul a amené cette jeune fille.

G. Formez des questions selon le modèle. Employez *quoi* et ensuite *quoi est-ce que*.

LE PROFESSEUR: J'ai parlé sur l'impressionnisme.
L'ETUDIANT: Sur quoi avez-vous parlé? Sur quoi est-ce que vous avez parlé?

1. Il écrit sur l'art moderne.
2. Elle pense à Paris.
3. Il parle sur les idées d'Albert Camus.
4. Il a parlé sur les idées d'Albert Camus.
5. J'ai parlé sur le cubisme.
6. Il travaille avec une bêche. SPADE; RAKE
7. Je pense à mes problèmes.
8. Il aspire à l'office du sénat.
9. Il parle du concert.
10. Il a parlé de ses voyages.
11. J'ai parlé de mon séjour en France.

À ET DE
PENSER DE ~ AN OPINION

H. Combinez les deux phrases de chaque paire selon les modèles.

LE PROFESSEUR: Connais-tu la jeune fille? Il pensait à cette jeune fille.

L'ETUDIANT: Connais-tu la jeune fille à qui il pensait?

1. Voilà la jeune fille. Je suis allé au cinéma avec cette jeune fille.
2. Vois-tu l'homme? Il parle à cet homme.
3. Je connais les étudiants. Paul est assis avec les étudiants.
4. Voilà l'homme. Je suis allé en ville avec cet homme.
5. Il déteste la jeune fille. Je parlais à cette jeune fille.
6. Connaissez-vous le garçon? Pauline est assise derrière ce garçon.
7. Vois-tu la femme? Robert marche avec cette femme.
8. Voilà la petite fille. Il causait avec cette petite fille.

LE PROFESSEUR: C'est le stylo. L'écrivain travaille avec ce stylo.

L'ETUDIANT: C'est le stylo avec lequel l'écrivain travaille.

9. C'est la maison. Mon oncle demeure dans cette maison.
10. C'est l'appartement. Ils demeurent dans cet appartement.
11. Voilà les livres. Il travaille avec ces livres.
12. C'est l'office de sénateur. Il aspire à l'office de sénateur.
13. C'est le thème. Il a écrit sur ce thème.
14. C'est le problème. J'ai parlé sur ce problème.
15. Voilà les papiers. Il a laissé tomber l'encre sur ces papiers.
16. Voilà les souliers. Elle a placé des cadeaux dans ces souliers.

LE PROFESSEUR: Connais-tu le garçon? Ils parlaient de ce garçon.

L'ETUDIANT: Connais-tu le garçon dont ils parlaient?

17. As-tu étudié le passage? Il parle du passage.
18. Que pensez-vous du passage? Il a parlé de ce passage.
19. Je voudrais te présenter au garçon. Je parlais de ce garçon hier.
20. Je n'ai pas vu le film. Ils parlaient de ce film.
21. Connais-tu la jeune fille? On parle de cette jeune fille.
22. Connaissez-vous les livres? Le professeur parlait de ces livres.
23. Que pensez-vous du passage? Il a lu quelque paragraphes de ce passage.
24. As-tu fait la connaissance des étudiants? Nous parlions de ces étudiants hier.

LE PROFESSEUR: Connais-tu le garçon? Son père est avocat.

L'ETUDIANT: Connais-tu le garçon dont le père est avocat?

25. C'est la petite fille. Son frère est pianiste.
26. Voilà les jeunes filles. Leur tante est sympathique.
27. Regardez le misérable garçon. Ses vêtements sont sales.
28. Voilà l'homme. Sa femme est espagnole.
29. As-tu vu les étudiants? Leur professeur est mort.
30. Voilà l'enfant. Sa mère est en Angleterre.
31. Voilà le petit garçon. Ses amis sont partis.
32. Connaissez-vous la jeune fille? Son père est professeur.

I. Répétez les phrases suivantes, en employant le pronom relatif *où* selon le modèle.

LE PROFESSEUR: Voilà l'appartement dans lequel il demeure.

L'ETUDIANT: Voilà l'appartement où il demeure.

1. As-tu vu le restaurant dans lequel il mangeait?
2. C'est la table sur laquelle il avait mis les livres.
3. Je n'ai pas remarqué la table sur laquelle il a placé l'argent.

4. Voilà le siège sur lequel le président de ce pays fut tué.
5. C'est la maison dans laquelle ils demeurent.
6. Voilà le lit sur lequel je dors.

J. Formez des questions selon le modèle. Employez *qu'est-ce que c'est que.*

LE PROFESSEUR: La pelote est un sport basque.
L'ETUDIANT: Qu'est-ce que c'est que la pelote?

1. Bordeaux est une grande ville au sud-ouest de la France.
2. Le Louvre est un musée à Paris.
3. La Seine est un grand fleuve en France.
4. Les Landes forment une région du sud-ouest de la France.
5. Le jeu de boules est un sport très populaire en France.
6. Le Mont Blanc est la plus haute montagne d'Europe.
7. *Le Figaro* est un journal français.
8. Les Pyrénées sont les montagnes qui marquent la frontière entre la France et l'Espagne.

Write

K. Répondez aux questions suivantes selon les modèles.

LE PROFESSEUR: Qu'est-ce qui se passe?
L'ETUDIANT: Je ne sais pas ce qui se passe.

1. Qu'est-ce qui a lieu?
2. Qu'est-ce qui va se passer?
3. Qu'est-ce qui est arrivé à Hélène?
4. Qu'est-ce qui fait ce bruit?
5. Qu'est-ce qui s'est passé hier?
6. Qu'est-ce qui est sur la table?

LE PROFESSEUR: Qu'est-ce que Paul fait?
L'ETUDIANT: Je ne sais pas ce que Paul fait.

7. Qu'est-ce que Paul a acheté?
8. Qu'est-ce qu'il fera demain?
9. Qu'est-ce que Georges a fait?
10. Qu'est-ce que Pauline lit?
11. Qu'est-ce qu'elle cherche?
12. Qu'est-ce qu'ils regardent?

LE PROFESSEUR: Qu'est-ce que c'est que le cubisme?
L'ETUDIANT: Je ne sais pas ce que c'est que le cubisme.

13. Qu'est-ce que c'est que le jeu de boules?
14. Qu'est-ce que c'est que l'art gothique?
15. Qu'est-ce que c'est que la pelote?
16. Qu'est-ce que c'est que l'impressionnisme?
17. Qu'est-ce que c'est que l'architecture romane?

L. Formez des questions selon les modèles. Employez *lequel, laquelle, lesquels, lesquelles.*

LE PROFESSEUR: Voilà deux livres.
L'ETUDIANT: Lequel préférez-vous?
LE PROFESSEUR: Voilà des oranges et des bananes.
L'ETUDIANT: Lesquelles préférez-vous?

1. Voilà deux crayons.
2. Voilà deux stylos.
3. Voilà deux maisons.
4. Voilà deux voitures.
5. Voilà deux gâteaux.
6. Voilà deux pommes.
7. Voilà deux bananes.
8. Voilà deux verres de vin.
9. Voilà des épinards et des petit pois.
10. Voilà des pommes et des cerises.
11. Voilà des carottes et des tomates.
12. Voilà des Renault et des Simca.

M. Demandez à:

1. Mlle ______ qui elle cherche.
2. Mlle ______ ce qui se passe.
3. M. ______ qui est venu.
4. Mlle ______ ce qu'elle fait.
5. M. ______ avec qui il est allé au bal.
6. M. ______ qui a apporté les disques.
7. Mlle ______ sur quoi elle écrit sa composition.
8. M. ______ ce qui est arrivé.
9. Mlle ______ ce que Robert cherche.
10. M. ______ ce qui fait le bruit.
11. M. ______ qui Paul attend.
12. Mlle ______ ce que c'est que le tour de France.
13. Mlle ______ à qui elle parlait.
14. Mlle ______ lequel des livres elle préfère.
15. M. ______ de quoi le professeur a parlé.
16. M. ______ ce que Marie veut.
17. Mlle ______ de qui on parlait.
18. M. ______ ce que c'est que *Le Figaro*.
19. Mlle ________ lesquels de ses cours elle préfère le mieux.

N. Répondez aux questions suivantes, en utilisant les expressions données entre parenthèses.

1. Qu'est-ce que tu as vu? (Je ne sais pas . . .)
2. Laquelle des autos préférez-vous? (C'est la Simca . . .)
3. Qui est-ce qui a terminé le premier? (C'est Jean . . .)
4. As-tu vu le film dont on parlait? (Non, . . .)
5. Qu'est-ce que c'est que le cubisme? (Je ne sais pas . . .)
6. Qui est venu? (C'est votre oncle . . .)
7. Qu'est-ce qui s'est passé? (Je ne sais pas . . .)
8. Qu'est-ce qui fait ce bruit? (C'est le train . . .)
9. Avec qui est-il allé au cinéma? (Voilà la jeune fille . . .)
10. Qu'est-ce que c'est que le style absurde? (Je ne sais pas . . .)
11. Connais-tu la jeune fille dont on parlait? (Oui, . . .)
12. Lequel des romans a-t-il acheté? (C'est le roman de Camus . . .)

Structure: L'emploi des prépositions *à* et *de* devant un infinitif

Phrases modèles

1. Elle avait peur d'être attendue, hésitait à sortir.
2. La boue jaillie l'obligeait à se tapir contre le mur.
3. Elle s'efforçait de ne pas entendre les propos du petit homme.
4. Ils n'avaient plus peur d'élever la voix.
5. Impossible de ne pas entendre le fausset de son père.

Notes de grammaire

Quelquefois on fait précéder l'infinitif qui suit un verbe conjugué, par la préposition *à;* quelquefois par la préposition *de;* quelquefois par aucune préposition.

Hélène continue *à* parler.

Il a peur *de* parler devant vous.

Je vais venir à six heures.

Après les verbes suivants, on emploie *à* devant un infinitif:

aider
apprendre
s'amuser
avoir
commencer
continuer
s'habituer
hésiter
s'intéresser
inviter
se mettre (to begin)
obliger
tenir (to be eager)

Après les verbes suivants, on emploie *de* devant un infinitif:

accepter
avoir (plus un nom—*avoir peur, avoir envie, avoir l'intention*)
s'arrêter
cesser
craindre
décider
demander
dire
s'efforcer
essayer
être (plus adjectif)
oublier
permettre
promettre
refuser
regretter
venir (to have just)

Après les verbes suivants, on n'emploie aucune préposition devant l'infinitif:

aimer
aller
compter
désirer
devoir
espérer
falloir
oser
pouvoir
préférer
savoir
valoir
vouloir

A. Dans les phrases suivantes, substituez les mots suggérés.

1. Avez-vous décidé de venir?
________ aller au cinéma?
________ lui en parler?
________ le faire?
________ inviter Roger?
________ faire le travail?
Avez-vous décidé de faire le travail?
________ refusé ________?
________ étudier la leçon?
________ écrire la composition?

2. Elle s'est mise à crier.
________ chanter.
________ marcher.
Je ________.
________ courir.
________ manger.

3. Nous venons de manger.
   ______________ arriver.
   ______________ finir.
   Je ______________.
   Tu ______________.
   ______________ étudier.
   ______________ commencer.
4. Elle lui a dit de le faire.
   ______________ venir.
   ______________ manger.
   ______________ partir.
   ______ a demandé ______.
   ______________ chanter.
   ______________ partir.
   ______________ étudier.
5. As-tu beaucoup à faire?
   ______ des devoirs ______?
   ______________ à étudier?
   ______________ à écrire?
   ______________ à préparer?
   ___ ils ______________?
6. Les garçons commencent à étudier.
   ______________ parler un peu.
   ______________ comprendre.
   ______________ pleurer.
   ______________ hésitent ______________.
   ______________ sortir.
   ______________ partir.
   ______________ tiennent ______________.
   ______________ bien parler.
   ______________ aller en France.
   ______________ voir ce film.
7. J'ai peur de le faire.
   ______________ parler.
   ______________ commencer.
   ___ l'intention ______.
   ______________ lui en parler.
   ______________ étudier ce soir.
   ______________ partir ce soir.
8. Je suis content de le faire.
   ______________ être ici.
   ______________ aller en France.
   ______ obligé ______________.
   ______________ étudier.
   ______________ apprendre les verbes.
   Je suis obligé d'apprendre les verbes.
   ______________ lire le livre.
   ______ heureux ______________.
9. Ils m'ont aidé à le faire.
   ______________ venir.
   ______________ étudier.
   ______________ travailler.
   ______________ aller en Europe.
   ___ m'ont invité ______________.
   ______________ venir ______.
   ______________ aller au bal.
   ______________ dîner chez eux.
   ______________ passer le week-end chez eux.

B. Complétez les phrases suivantes, en employant *le faire, à le faire, de le faire,* selon le cas.

LE PROFESSEUR: Il ne sait pas ______.
L'ETUDIANT: Il ne sait pas le faire.

1. J'ai oublié ______.
2. Ils continuent ______.
3. Vas-tu ______?
4. Ils nous ont invité ______.
5. Suzette a décidé ______.
6. Je ne peux pas ______.
7. Marc nous aide ______.
8. Voulez-vous ______?
9. Paul sera heureux ______.
10. As-tu essayé ______?
11. Il ne sait pas ______.
12. J'ai commencé ______.
13. Nous venons ______.
14. Ils ont promis ______.
15. Nous apprendrons ______.
16. Il n'aime pas ______.
17. Elle a été contente ______.
18. Il faudra ______.
19. Avez-vous refusé ______?
20. Je lui ai dit ______.
21. Il vaudrait mieux ______.
22. Tu regrettes ______.

23. Ils craignent ________.
24. Georges tient ________.
25. Tu as peur ________.
26. Il compte ________.
27. Il a l'intention ________.
28. Ils ont accepté ________.
29. Nous avons oublié ________.
30. Je viens ________.

C. Répondez aux questions suivantes, en utilisant les expressions données entre parenthèses.

1. As-tu invité Marie à aller au cinéma? (Oui, . . .)
2. Aimez-vous jouer au golf? (Oui, . . .)
3. Votre frère apprend à nager, n'est-ce pas? (Oui, . . .)
4. Elle a commencé à crier, n'est-ce pas? (Oui, . . .)
5. Ont-ils cessé de parler? (Non, . . .)
6. A-t-il décidé de le faire? (Oui, . . .)
7. Pourquoi hésite-t-il à parler? (il a peur du professeur)
8. S'est-il arrêté de parler? (Non, . . .)
9. Elle devrait étudier davantage, n'est-ce pas? (Oui, . . .)
10. Elle s'amuse à le regarder, n'est-ce pas? (Oui, . . .)
11. Avez-vous envie de danser? (Oui, . . .)
12. Pouvez-vous aller en ville ce soir? (Non, . . .)
13. Il a oublié de venir, n'est-ce pas? (Oui, . . .)
14. Aime-t-elle jouer aux cartes? (Non, . . .)
15. Avez-vous beaucoup à faire? (Oui, . . .)
16. A-t-elle essayé de répondre aux questions? (Non, . . .)
17. Quand s'est-il mis à parler? (il y a deux heures)

D. Demandez à:

1. M. ______ s'il peut venir ce soir.
2. M. ______ si Marie a décidé de venir.
3. Mlle ______ si on a invité Paul à venir.
4. Mlle ______ si elle a oublié de venir.
5. M. ______ s'il aime jouer au golf.
6. Mlle ______ si elle tient à aller en France.
7. M. ______ pourquoi il a refusé de manger.
8. Mlle ______ si elle sait jouer du piano.
9. Mlle ______ si elle veut aller au cinéma avec vous.
10. M. ______ pourquoi il n'a pas continué à étudier.

Structure: Le verbe irrégulier *courir (parcourir)*

Phrases modèles

1. Après la déposition de mon gendre, c'était couru.
2. Couru . . . couru . . . On ne sait jamais.
3. Il court vite.
4. Ils courront le risque de ne pas avoir de places.

Notes de grammaire

Voir les formes du verbe irrégulier *courir* dans l'Appendice 1.

A. Dans les phrases suivantes, substituez les mots suggérés.

1. Il court vite, n'est-ce pas?
   Vous ______________?
   Tu ______________?
   Elle ______________?
   ______ lentement ______?
   Roger ______________?
   Nous ______________?
   Lisette ______________?
   Les enfants ______________?
2. As-tu parcouru la France?
   ___ vous ______________?
   ___ il ______________?
   ______________ l'Italie?
   ___ ils ______________?
   ______________ l'Espagne?
   ______________ la Suisse?
   ___ elle ______________?
   ___ elles ______________?
3. Il courait de la maison à l'école.
   Nous ______________________.
   Tu ______________________.
   __________ de l'école à la ville.
   Elle ______________________.
   Roger et Robert ______________.
   __________ du village au bois.
   Claudine ______________________.
   Ils ______________________.
   Je ______________________.
   Vous ______________________.
   __________ de l'église à la gare.
   Elles ______________________.
4. Tu courras vite.
   Vous __________.
   Je __________.
   ______________ lentement.
   Elle ______________.
   Mon ami ______________.
   Nous ______________.
   Ils ______________.
   Elles ______________.
   Ma tante ______________.
   Le cheval ______________.

B. Mettez les verbes des phrases suivantes au passé composé et ensuite au plus-que-parfait.

1. Cours-tu à l'école?
2. Je cours vite.
3. Elle ne court pas bien.
4. Nous parcourons l'Europe.
5. Ils courent de la maison à l'école.
6. Courez-vous à l'école?

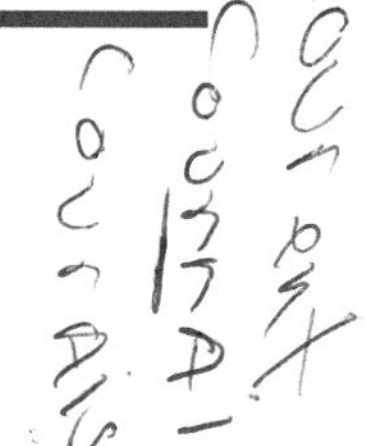

C. Mettez les verbes des phrases suivantes au futur et ensuite à l'imparfait.

1. Je cours beaucoup.
2. Ils parcourent la Suisse.
3. Courez-vous vite?
4. Cours-tu vite?
5. Hélène court de sa maison au village.
6. Nous parcourons l'Allemagne.

D. Répondez aux questions suivantes, en utilisant les expressions données entre parenthèses.

1. En ce temps-là, tu courais beaucoup, n'est-ce pas? (Oui, . . .)
2. As-tu parcouru la Suisse? (Non, . . .)
3. Vous parcourrez la Belgique, n'est-ce pas? (Oui, . . .)
4. Comment court-il? (vite)
5. Courait-elle de sa maison au village? (Oui, . . .)
6. Cours-tu beaucoup? (Non, . . .)
7. Ont-ils parcouru l'Italie? (Oui, . . .)
8. Aimes-tu courir? (Non, . . .)
9. Vous courez beaucoup, n'est-ce pas? (Oui, nous. . .)
10. Aimez-vous courir? (Oui, . . .)

CONVERSATION

Questions

1. Où est Thérèse au commencement du passage?
2. Quel temps fait-il?
3. Où était le père de Thérèse?
4. Que dit l'avocat au père de Thérèse?
5. Qu'est-ce qu'il dit à Thérèse?
6. Pourquoi peut-elle sortir?
7. Le père de Thérèse l'a-t-il embrassée?
8. L'a-t-il regardée?
9. Où se trouve la voiture?
10. Pourquoi le père l'a-t-il fait attendre en dehors de la ville?
11. Comment sont les rues entre le palais de justice et la route de Budos?
12. De quoi parlent les deux hommes?
13. Le père de Thérèse se retourne-t-il vers sa fille?
14. Si Thérèse tombait, l'avocat et son père s'en rendraient-ils compte?
15. L'honneur du nom est-il sauf?
16. A quel office le père de Thérèse aspire-t-il?
17. Quel conseil l'avocat donne-t-il au père de Thérèse?
18. Est-ce que le père de Thérèse croit que le silence est le meilleur remède au problème?
19. Qu'est-ce qu'il veut surtout éviter?

Causeries

1. En répondant aux questions suivantes, préparez une causerie: *Le Cadre du passage.*

   Où se passe l'action du passage? Quel temps fait-il? Quel temps a-t-il fait pendant la journée? Lisez des phrases qui décrivent l'aspect maussade, triste, humide, de la journée. Vers quelle heure de la journée a lieu l'action du passage? A cette heure peut-on voir facilement Thérèse et les deux hommes? Comment sont les rues par où passent les deux hommes et Thérèse? A votre avis, l'auteur a-t-il su créer une ambiance convenable à la scène qu'il présente? Croyez-vous que le sale temps, les rues désertes et noires, la boue, le brouillard, la pluie rendent Thérèse plus misérable et désespérée?

2. En répondant aux questions suivantes, préparez une causerie: *L'Honneur de la famille.*

   Comment s'appelait Thérèse avant son mariage? Qu'a-t-elle fait pour causer un scandale pour la famille? De quoi s'inquiète surtout le père de Thérèse? Que fait-il pour recouvrir le scandale causé par Thérèse? Donnez-en des exemples. Parlez de sa conduite envers sa fille. De quoi sont inspirés les gestes et les actes du père? Comment est la société qui a produit un homme qui s'inquiète plus du nom de la famille que de la misère de sa fille?

Rien ne sera plus entre eux...

Thérèse, son père, et l'avocat sont arrivés devant la voiture qui les attendait.

"Alors, tu es contente?"

Son père semblait enfin s'apercevoir qu'elle était là. Thérèse, d'un bref regard, scruta ce visage sali de bile, ces joues hérissées de durs poils d'un blanc jaune que les lanternes éclairaient vivement. Elle dit à voix basse: "J'ai tant souffert... je suis rompue..." puis s'interrompit: A quoi bon parler? Il ne l'écoute pas; ne la voit plus. Que lui importe ce que Thérèse éprouve? Cela seul compte: son ascension vers le Sénat interrompue, compromise à cause de cette fille (toutes des hystériques quand elles ne sont pas des idiotes). Heureusement, elle ne s'appelle plus Larroque; c'est une Desqueyroux. La cour d'assises évitée, il respire. Comment empêcher les adversaires d'entretenir la plaie? Dès demain, il ira voir le préfet. Dieu merci, on tient le directeur de *La Lande conservatrice:* cette histoire de petites filles... Il prit le bras de Thérèse:

"Monte vite; il est temps."

Alors l'avocat, perfidement peut-être—ou pour que Thérèse ne s'éloignât pas, sans qu'il lui eût adressé une parole, demanda si elle rejoignait dès ce soir M. Bernard Desqueyroux. Comme elle répondait: "Mais bien sûr, mon mari m'attend..." elle se représenta pour la première fois, depuis qu'elle avait quitté le juge, qu'en effet dans quelques heures, elle passerait le seuil de la chambre où son mari était étendu, un peu malade encore, et qu'une indéfinie suite de jours, de nuits, s'ouvrait, au long desquels il faudrait vivre tout contre cet homme.

Etablie chez son père, aux portes de la petite ville, depuis l'ouverture de l'instruction, sans doute avait-elle souvent fait ce même voyage qu'elle entreprenait ce soir; mais elle n'avait alors aucune autre préoccupation que de renseigner exactement son mari; elle écoutait, avant de monter en voiture, les derniers conseils de Duros touchant les réponses que devait faire M. Desqueyroux lorsqu'il serait de nouveau interrogé—aucune angoisse chez Thérèse, en ce temps-là, aucune gêne à l'idée de se retrouver face à face avec cet homme malade: il s'agissait alors entre eux non de ce qui s'était passé réellement, mais de ce qu'il importait de dire ou de ne pas dire. Jamais les deux époux ne furent mieux unis que par cette défense; unis dans une seule chair—la chair de leur petite fille Marie. Ils recomposaient, à l'usage du juge, une histoire simple, fortement liée et qui pût satisfaire ce logicien. Thérèse, à cette époque, montait dans la même calèche qui l'attend, ce soir—mais avec quelle

sali: malpropre
hérissés: (bristling)
poils: (whiskers)

la cour d'assises: tribunal institué pour juger les causes criminelles
plaie: (wound)
préfet: administrateur civil principal d'un département
La Lande conservatrice: nom d'un journal local

M. Bernard Desqueyroux: le mari de Thérèse

étendu: couché

renseigner: donner des renseignements ou des nouvelles à

calèche: voiture

impatience d'achever ce voyage nocturne dont elle souhaite à présent de ne pas voir la fin. Elle se souvient qu'à peine en voiture, elle eût voulu être déjà dans cette chambre d'Argelouse, et se remémorait les renseignements qu'attendait Bernard Desqueyroux (qu'il ne craigne pas d'affirmer qu'elle lui avait parlé un soir de cette ordonnance dont un homme inconnu l'avait suppliée de se charger, sous prétexte qu'il n'osait plus paraître chez le pharmacien à qui il devait de l'argent... Mais Duros n'était pas d'avis que Bernard allât jusqu'à prétendre qu'il se souvenait d'avoir reproché à sa femme une telle imprudence...)

Argelouse: la demeure des Desqueyroux
se remémorait: se rappelait

Le cauchemar dissipé, de quoi parleront-ils ce soir, Bernard et Thérèse? Elle voit en esprit la maison perdue où il l'attend; elle imagine le lit au centre de cette chambre carrelée, la lampe basse sur la table parmi des journaux et des fioles. Les chiens de garde que la voiture a réveillés aboient encore puis se taisent; et de nouveau régnera ce silence solennel, comme durant les nuits où elle contemplait Bernard en proie à d'atroces vomissements. Thérèse s'efforce d'imaginer le premier regard qu'ils échangeront tout à l'heure; puis cette nuit, et le lendemain, le jour qui suivra, les semaines, dans cette maison d'Argelouse où ils n'auront plus à construire ensemble une version avouable du drame qu'ils ont vécu. Rien ne sera plus entre eux que ce qui fut réellement...ce qui fut réellement... Prise de panique, Thérèse balbutie, tournée vers l'avocat (mais c'est au vieux qu'elle s'adresse):

cauchemar: (nightmare)
carrelée: (tiled)
fioles: petits flacons; petites bouteilles
aboient: (bark)

"Je compte demeurer quelques jours auprès de M. Desqueyroux. Puis, si le mieux s'accentue, je reviendrai chez mon père.

—Ah! ça, non, non, non, ma petite!"

Et comme Gardère sur son siège s'agitait, M. Larroque reprit à voix plus basse:

Gardère: le nom du cocher (coachman)

"Tu deviens tout à fait folle? Quitter ton mari en ce moment? Il faut que vous soyez comme les deux doigts de la main... comme les deux doigts de la main, entends-tu? Jusqu'à la mort...

—Tu as raison, père; où avais-je la tête? Alors c'est toi qui viendras à Argelouse?

—Mais, Thérèse, je vous attendrai chez moi les jeudis de foire, comme d'habitude. Vous viendrez comme vous êtes toujours venus!"

C'était incroyable qu'elle ne comprît pas que la moindre dérogation aux usages serait leur mort. C'était bien entendu? Il pouvait compter sur Thérèse? Elle avait causé à la famille assez de mal...

dérogation: changement

"Tu feras tout ce que ton mari te dira de faire. Je ne peux pas mieux dire."

Et il la poussa dans la voiture.

Thérèse vit se tendre vers elle la main de l'avocat, ses durs ongles noirs: "Tout est bien qui finit bien," dit-il; et c'était du fond du cœur; si l'affaire avait suivi son cours, il n'en aurait guère eu le bénéfice; la famille eût fait appel à maître Peyrecave, du barreau bordelais. Oui, tout était bien...

ongles: (fingernails)

barreau: l'ordre ou la profession des avocats
bordelais: de la ville de Bordeaux

COMPREHENSION ET EXERCICES DE VOCABULAIRE

A. Trouvez quatre phrases fausses parmi les suivantes.

1. Ce qui compte surtout pour le père de Thérèse, c'est la misère et la souffrance de sa fille.
2. Avant son mariage Thérèse s'appelait Thérèse Larroque.
3. L'avocat veut savoir si Thérèse va rejoindre son mari.
4. Le mari de Thérèse n'est plus du tout malade.
5. Les deux époux étaient unis par cette défense.
6. Thérèse est prise de panique à la pensée de retrouver son mari ce soir dans la maison à Argelouse.
7. Après quelques jours, Thérèse reviendra demeurer chez son père.
8. Entre temps, son père viendra de temps en temps la voir à Argelouse.
9. M. Larroque attendra sa fille chez lui les jeudis de foire.

B. Identifiez le personnage qui:

1. demande si Thérèse est contente.
2. ira voir le préfet.
3. demande à Thérèse si elle rejoignait dès ce soir son mari.
4. donnait des conseils touchant les réponses que devait faire M. Desqueyroux lorsqu'il serait de nouveau interrogé.
5. n'avait pas peur de rentrer à Argelouse pendant que le procès avait lieu.
6. est prise de panique à la pensée d'y rentrer maintenant.
7. avait eu d'atroces vomissements.
8. ne veut pas que Thérèse revienne chez lui.
9. a causé assez de mal à la famille.

C. Choisissez les mots convenables pour compléter les phrases suivantes.

1. Thérèse, qui a commencé à exprimer sa misère, cesse de parler *a. parce qu'elle pleure et ne peut pas continuer* *b. parce que son père n'écoute plus* *c. parce que son père lui dit de se taire.*
2. Pendant le procès, Thérèse habitait *a. chez son père* *b. à Argelouse* *c. dans un appartement de la ville.*
3. Durant le procès, elle rentrait à Argelouse *a. pour renseigner son mari sur les conseils de l'avocat* *b. pour revoir ses amis* *c. pour éviter les reproches de son père.*
4. Les deux époux ont reconstruit une histoire *a. de ce qui s'était passé en réalité* *b. absurde et illogique* *c. calculée pour satisfaire le juge.*
5. Selon le père de Thérèse, les deux époux devraient *a. se séparer* *b. vivre comme si rien ne s'était passé* *c. divorcer immédiatement.*

DIALOGUE

Le professeur: Le père, autant que personne, condamne sa fille.
Madeleine: Dans quel sens est-elle "condamnée?"
Le professeur: Elle sera obligée de passer le reste de sa vie auprès d'un homme qu'elle déteste.
Madeleine: Mais pourquoi s'y soumet-elle? Moi, je ne le ferais pas.
Le professeur: Pour ne pas ternir davantage l'honneur de la famille. Elle a déjà causé assez de mal. Mais, avez-vous remarqué la rigueur et la finalité de sa condamnation?
Robert: Selon son père, elle fera tout ce que lui dit son mari.
Le professeur: Jusqu'à quand?
Robert: Jusqu'à la mort.

CONVERSATION

Questions

1. Que demande son père à Thérèse?
2. Qu'est-ce qu'elle lui répond?
3. Son père l'écoute-t-il?
4. Qu'est-ce qui compte surtout pour le père?
5. Avec qui parlera le père demain?
6. Que demande l'avocat à Thérèse?
7. Durant l'instruction, où demeurait Thérèse?
8. Pourquoi rentrait-elle de temps en temps à Argelouse?
9. Quand les deux époux étaient-ils unis?
10. Quelle sorte d'histoire recomposaient les deux époux?
11. Bernard avait-il été malade?
12. Pourquoi avait-il eu des vomissements?
13. Maintenant, Thérèse et son mari seront-ils obligés de se dire la vérité?
14. Pourquoi Thérèse est-elle prise de panique?
15. Après quelques jours reviendra-t-elle habiter chez son père?
16. Son père viendra-t-il la voir à Argelouse?
17. Quels sont les conseils que donne son père à Thérèse?
18. Jusqu'à quand devrait-elle rester auprès de son mari?
19. Que dit l'avocat en partant?
20. En réalité, tout est-il bien pour Thérèse?

Causeries

1. En répondant aux questions suivantes, préparez une causerie: *Les Ambitions d'un père.*

   A quel office aspire le père de Thérèse? Quel effet le procès de Thérèse a-t-il sur les aspirations de son père? Qu'est-ce qui compte plus pour le père, son ascension vers le Sénat ou la misère de sa fille? Décrivez les gestes et les actes du père envers sa fille. Parlez des mesures du père pour étouffer le scandale causé par sa fille.

2. En répondant aux questions suivantes, préparez une causerie: *Après le procès.*

   De quoi Thérèse est-elle accusée? Quelle sorte d'histoire son mari et elle ont-ils reconstruite? Qu'est-ce qui s'est passé en réalité? Quelle sorte de vie Thérèse passera-t-elle auprès de son mari? Est-ce qu'elle aime cet homme? Selon son père, comment devrait-elle agir envers son mari? Son père viendra-t-il la voir de temps en temps? Ira-t-elle demeurer chez son père? Jusqu'à quand restera-t-elle auprès d'un homme qu'elle n'aime pas? Cette vie vous semble-t-elle belle?

AMOUR PROPRE ET INTERET

49. *. . . La férocité naturelle fait moins de cruels que l'amour-propre.*

L'amour-propre est l'amour de soi-même, et de toutes choses pour soi; il rend les hommes idolâtres d'eux-mêmes, et les rendrait les tyrans des autres si la fortune leur en donnait les moyens . . .

40. *L'intérêt qui aveugle les uns, fait la lumière des autres.*

157. *La gloire des hommes se doit toujours mesurer aux moyens dont ils se sont service pour l'acquérir.*

180. *Notre repentir n'est pas tant un regret du mal que nous avons fait, qu'une crainte de celui qui nous en peut arriver.*

181. *Le monde récompense plus souvent les apparences du mérite que le mérite même.*

La Rochefoucauld
Maximes

Andre Kertesz. *Fall in the Tuilleries*. 1963. Photo.

Le désert de l'amour

Un des thèmes les plus fréquents du romancier François Mauriac c'est la solitude des hommes. Au milieu des autres, on est seul; on souffre seul; on ne se comprend pas. Mauriac appelle cette distance entre les êtres humains "le désert." Dans les passages suivants, tirés du Désert de l'amour, *Raymond Courrèges se rappelle son adolescence et son premier amour.*

VOCABULAIRE DE BASE

1. *ouvrier (–ère):* travailleur (–se): qui travaille manuellement
   C'était un _______ d'usine.
2. *confondu dans* (confondre): perdu dans; ne pas se distinguer de
   Raymond se sentait _______ la foule d'ouvriers du tram.
3. *cargaison* (n.f.): ensemble des marchandises d'un bateau
   Le vaisseau porte une grande _______.
4. *vaisseau* (n.m.): bateau
   Le _______ était parti du port de Bordeaux.
5. *fendait* (fendre): séparait dans le sens de la longueur
   Le vaisseau _______ l'eau noire et froide.
6. *traversée* (n.f.): voyage par mer
   Notre traversée a été difficile et désagréable.
7. *mal tenu:* sale; malpropre
   L'adolescent était _______.
8. *déchiffrait* (déchiffrer): expliquait ce qui est écrit en chiffres; expliquait ce qui est obscur; trouvait
   Il ne _______ aucune moquerie dans son regard.
9. *se douter* (de): soupçonner; deviner; suspecter
   Comment aurait-elle pu _______ de ses bonnes intentions?
10. *à bout de forces:* très fatigué; las
    Le pauvre était _______.
11. *déliait* (délier): détachait; dégageait
    Il _______ les liens qui tenaient le cheval.
12. *souillé:* sale; malpropre
    Il portait un pantalon _______ de boue.
13. *mépris* (n.m.): sentiment par lequel on juge une personne ou une chose indigne d'estime
    Je n'ai que du _______ pour sa conduite.
14. *supprime* (supprimer): abolis; annule
    Je _______ une pensée noire et très désagréable.
15. *souille* (souiller): salit; couvre de boue ou d'autre saleté; rend sale ou malpropre
    La boue _______ tout.
16. *reliait* (relier): établissait des communications entre; liait de nouveau
    Rien ne nous _______ l'un à l'autre.
17. *à la dérobée:* en cachette
    Il la regarde _______.

Le premier amour

Ce fut un soir comme un autre soir,—à la fin de janvier, alors qu'en ces régions déjà l'hiver décline,—que Raymond, dans le tram d'ouvriers, s'étonna de voir en face de lui cette femme. Bien loin de souffrir d'être chaque soir confondu dans cette cargaison humaine, il se persuadait d'être un émigrant; il était assis parmi les voyageurs de l'entrepont et le vaisseau fendait les ténèbres; les arbres étaient des coraux, les passants et les voitures, le peuple obscur des grandes profondeurs. Traversée trop brève, pendant laquelle il ne serait pas humilié: aucun de ces corps qui ne fût aussi négligé que le sien, aussi mal tenu. Quand parfois son regard rencontrait un regard, il n'y déchiffrait aucune moquerie; tout de même son linge était plus propre que cette chemise mal attachée sur un poitrail de bête velue. Il se sentait à l'aise parmi ces gens—bien loin de se douter qu'il eût suffi d'une parole pour que tout à coup surgît le désert qui sépare les classes comme il sépare les êtres; toute la communion possible était sans doute atteinte par ce contact, par cette immersion commune dans un tramway fendant la banlieue nocturne. Raymond, si brutal au collège, ici ne repoussait pas la tête ballottée d'un garçon de son âge, à bout de forces, et dont le sommeil défaisait le corps, le déliait comme un bouquet.

ces régions: la ville de Bordeaux et ses environs

Bien loin. . .humilié: l'auteur compare le tram s'en allant dans la nuit à un bateau dans la mer.

l'entrepont: (between-decks; steerage)

son linge: ses vêtements

poitrail: poitrine (chest) d'un cheval

velue: recouverte de longs poils (hairs)

il eût suffi d'une parole: une parole aurait suffi, aurait été assez

ballottée: agitée en divers sens; secouée; remuée

défaisait: dégageait, déliait

Or, ce soir-là, il vit en face de lui cette femme, cette dame. Entre deux hommes aux vêtements souillés de cambouis, elle était assise, vêtue de noir, la face découverte. Raymond se demanda plus tard pourquoi, sous ce regard, il n'avait pas d'abord éprouvé la honte que lui donnait la dernière des servantes. Non, aucune honte, aucune gêne; peut-être parce que dans ce tramway il se sentait anonyme, et qu'il n'imaginait aucune circonstance qui le pût mettre en rapport avec l'inconnue. Mais surtout il ne déchiffrait sur ses traits rien qui ressemblât à de la curiosité, à de la moquerie, à du mépris. Comme elle l'observait pourtant! Avec l'application, la méthode d'une femme qui avait dû se dire: "Ce visage va me consoler des minutes misérables qu'il faut vivre dans une voiture publique; je supprime le monde autour de cette sombre figure angélique. Rien ne peut m'offenser: la contemplation délivre; il est devant moi comme un pays inconnu; ses paupières sont les bords ravagés d'une mer; deux lacs confus sont assoupis aux lisières des cils. L'encre sur les doigts, le col et les manchettes gris, et ce bouton qui manque, cela n'est rien que la terre qui souille

cambouis: graisse noire, sale

découverte: non couverte

paupières: (eyelids)

lisières: bords

manchettes: (cuffs of a shirt)

le fruit intact, soudain détaché de la branche, et que, d'une main précautionneuse, tu ramasses."

Et lui aussi, Raymond, plein de sécurité puisqu'il n'avait à craindre de cette inconnue aucune parole, qu'aucun pont ne les reliait l'un à l'autre, il la contemplait avec cette insistance tranquille qui retient notre regard sur une planète... (Comme son front est resté pur! Courrèges le regarde à la dérobée, ce soir, baigné d'une lumière qui ne vient pas du petit bar rutilant, qui est cette lumière d'intelligence dont il est si peu commun qu'un visage de femme soit touché—mais qu'elle y est émouvante alors, et qu'elle nous aide à concevoir que Pensée, Idée, Intelligence, Raison soient des mots féminins!)

rutilant: brillant

Devant l'église de Talence, la jeune femme s'était levée, ne laissant aux hommes abandonnés que son odeur; et ce parfum se dissipa avant que Raymond fût descendu. Il faisait peu froid, ce soir de janvier; l'adolescent ne songeait pas à courir; déjà la brume recelait cette douceur secrète de la saison qui approchait. La terre était nue mais elle ne dormait plus.

recelait: cachait; contenait

COMPREHENSION ET EXERCICES DE VOCABULAIRE

A. Trouvez quatre phrases fausses parmi les suivantes.

1. Les vêtements de Raymond sont sales et mal tenus.
2. Raymond est dans un bateau dans la mer.
3. Raymond se sent mal à l'aise parmi les ouvriers.
4. En face de Raymond, il y a une femme vêtue d'une robe souillée de cambouis.
5. A regarder cette femme, Raymond n'a aucune gêne.
6. Raymond ne voit sur les traits de la femme aucune marque de moquerie ou de mépris.
7. Elle regarde Raymond pendant un instant et puis tourne son regard vers la rue.
8. La femme descend devant l'église de Talence.

B. Choisissez les mots convenables pour compléter les phrases suivantes.

1. L'action du passage a lieu *a. en avril* *b. à la fin de janvier* *c. en été.*
2. L'auteur compare le tram dans la nuit à *a. un bateau dans la mer* *b. un émigrant perdu* *c. un homme sale et mal tenu.*
3. Raymond se sentait à l'aise parmi ces gens parce que *a. tous lui ont serré la main* *b. il se sentait anonyme parmi eux* *c. il se croyait plus distingué qu'eux.*
4. Avec les femmes, Raymond est d'ordinaire *a. suave* *b. sûr de lui* *c. très timide.*
5. Cette femme est assise *a. en face de* *b. à côté de* *c. derrière* Raymond.
6. Elle regarde attentivement Raymond *a. pour voir si Raymond la trouve jolie* *b. pour passer plus facilement ces minutes misérables dans le tram* *c. parce qu'elle trouve les yeux de Raymond intéressants.*

C. Dans les phrases suivantes, substituez les mots suggérés.

1. Je m'en doutais.
   Il ________.
   Elle ________.
   Nous ________.
   Ils ________.
   Robert ________.
   Je ________.
2. As-tu déchiffré le problème?
   ___ vous ________?
   ___ il ________?
   ___ elle ________?
   A-t-elle déchiffré le problème?
   ___ elles ________?
   ___ ils ________?
   ___ tu ________?
3. Il se persuadait d'être à l'heure.
   Nous ________.
   Je ________.
   Tu ________.
   Vous ________.
   Ils ________.
   Elles ________.

4. J'étais assis en face d'elle.
   Nous ________________.
   Il ________________.
   Ils ________________.
   Tu ________________.
   Vous ________________.

   Vous serez assis en face d'elle.
   Tu ________________.
   Je ________________.
   Nous ________________.
   Ils ________________.
   Il ________________.

D. Répétez les phrases suivantes, en remplaçant *travailleur* par *ouvrier.*

1. Ils sont travailleurs dans la fabrique en face.
2. Il est travailleur.
3. C'étaient des travailleurs d'usine.
4. Il se trouvait dans un tram de travailleurs.

E. Répétez les phrases suivantes, en remplaçant *très fatigué* par *à bout de forces.*

1. Le pauvre garçon est très fatigué.
2. Elle était très fatiguée.
3. Vous serez très fatigué.
4. Ils sont très fatigués.

F. Répétez les phrases suivantes, en remplaçant *sale* par *mal tenu.*

1. Les ouvriers étaient sales.
2. Raymond portait un veston sale.
3. Ses vêtements sont sales.
4. Son costume et sa chemise étaient sales.

G. Répétez les phrases suivantes, en remplaçant *sale* par *malpropre.*

1. L'enfant est sale.
2. Cette chambre est sale.
3. L'appartement était sale.
4. Son visage et ses mains étaient sales.

H. Répétez les phrases suivantes, en remplaçant *sale* par *souillé.*

1. Ses mains étaient sales.
2. Son visage était sale.
3. Il portait un pantalon sale de boue.
4. Ses vêtements et son corps étaient sales.

I. Répétez les phrases suivantes, en remplaçant les formes du verbe *salir* par les formes du verbe *souiller.*

1. Il a sali son livre.
2. Nous avons sali le mur.
3. L'enfant a sali le tapis.
4. A-t-on sali la voiture?

J. Choisissez les mots convenables pour compléter les phrases suivantes.

1. J'aime beaucoup la mer, et nous avons eu *a. une cargaison b. une traversée c. une honte* splendide.
2. Le vaisseau *a. fendait b. supprimait c. méprisait* l'eau noire et mystérieuse.
3. Il avait marché toute une journée; il était *a. sûr de lui b. suave c. à bout de forces.*
4. Je trouve ses actes détestables; je n'ai pour lui que *a. du mépris b. du cambouis c. du brouillard.*

K. Trouvez le mot ou l'expression qui correspond au mot ou à l'expression en italique.

1. D'où vient ce *vaisseau*?
2. Elle me regardait *à la dérobée.*
3. A-t-elle pu *déchiffrer* ton écriture?
4. Comment a-t-elle supporté la *traversée*?
5. Il n'a pas voulu *délier* le cheval.
6. Elle *s'en doutait.*
7. Son *mépris* pour lui n'était que trop évident.
8. Rien ne les *reliait* l'un à l'autre.

a. trouver le sens de
b. joignait
c. bateau
d. en vitesse
e. voyage
f. sentiment d'aversion
g. séjour
h. le soupçonnait
i. en cachette
j. détacher

DIALOGUE

Claudine: L'auteur décrit surtout le mauvais côté de ses personnages.
Robert: Thérèse est empoisonneuse...
Georges: Je la trouve odieuse.
Anne: Oui, mais dans sa misère on la plaint...on a pitié d'elle.
Claudine: Et Raymond—quel garçon misérable! Sale et mal tenu, il ne se sent à l'aise que dans un tramway entouré d'ouvriers aussi sales que lui.

Robert: Et s'il prononce une parole, il trouvera le désert qui sépare les êtres.

Anne: Si je comprend bien ce passage, la seule communication possible, c'est dans le silence et l'anonymat.

REVISION ET EXERCICES

Structure: Le verbe irrégulier *vivre (revivre, survivre)*

Phrases modèles

1. Ce visage va me consoler des minutes qu'il faut vivre dans une voiture publique.
2. Voltaire a vécu au 18e siècle.
3. Mon père vit toujours.
4. Il vivra longtemps.

Notes de grammaire

Etudiez les formes du verbe *vivre* dans l'Appendice 1. *Vivre* (to live, to be alive) signifie *exister, être en vie. Habiter* (to live, to dwell) et *demeurer* (to live, to dwell) s'emploient avec des noms qui indiquent un lieu.

Il vivra longtemps.
He'll live a long time.

Il demeure en France.
Il habite en France.
He lives in France.

Habiter s'emploie quelquefois sans préposition devant le nom qui indique un lieu.

Il habite en Suisse. Mes parents habitent à Paris.
Il habite la Suisse. Mes parents habitent Paris.

A. Dans les phrases suivantes, substituez les mots suggérés.

1. Votre mère vit toujours, n'est-ce pas?
   Elle ______________?
   Mon père ______________?
   Mon père vit toujours, n'est-ce pas?
   M. Poirier ______________?
   Le président ______________?
   Les soldats ______________?
2. Tu vivras longtemps.
   Votre oncle ______.
   Elles ______.

Elles vivront longtemps.
Je ______.
Nous ______.
Ma tante ______.
Mon grand-père ______.

3. Il faut qu'elle vive!
______ tu ______!
______ vous ______!
______ mon oncle ______!
______ nous ______!
______ je ______!
______ ils ______!

4. Il revit son enfance.
Mon oncle ______.
Tu ______.
Vous ______.
Elles ______.
Je ______.
Nous ______.

5. Voltaire a vécu au 18e siècle.
Molière ______ au 17e siècle.
Van Gogh ______ au 19e siècle.
Victor Hugo ______ au 19e siècle.
Rabelais ______ au 16e siècle.

B. Transformez les phrases suivantes selon le modèle.

LE PROFESSEUR: Ils habitent en Suisse.
L'ETUDIANT: Ils habitent la Suisse.

1. J'habite en France.
2. Ils habitent en Allemagne.
3. Nous habitons en Espagne.
4. Elle habite à Paris, n'est-ce pas?
5. Mon oncle habite à Londres.
6. Mes amis habitent en Angleterre.

C. Répondez aux questions suivantes, en utilisant les expressions données entre parenthèses.

1. Où habitent-ils? (au Canada)
2. Où habitent tes parents? (le Canada)
3. Quand Molière a-t-il vécu? (au 17e siècle)
4. Elle vit toujours, n'est-ce pas? (Oui, . . .)
5. Votre grand-père vivra longtemps, n'est-ce pas? (Oui, . . .)
6. Où demeure-t-elle? (à Nice)
7. Quand Voltaire a-t-il vécu? (au 18e siècle)
8. Il habite ici, n'est-ce pas? (Non, . . .)
9. Ton oncle vit-il toujours? (Oui, . . .)
10. Où demeurez-vous? (à Bordeaux)

D. Demandez à:

1. Mlle ______ où elle habite.
2. M. ______ où il demeure.
3. Mlle ______ si son grand-père vit toujours.
4. Mlle ______ quand Voltaire a vécu.
5. M. ______ si ses parents demeurent ici.
6. M. ______ où habitent ses parents.

Structure: Les adjectifs et les pronoms possessifs

Phrases modèles

1. Aucun de ces corps qui ne fût aussi négligé que le sien.
2. Quand parfois son regard rencontrait un regard . . .
3. Tout de même son linge était plus propre que cette chemise . . .
4. Raymond, si brutal au collège, ici ne repoussait pas la tête ballottée d'un garçon de son âge . . .

5. Mais surtout il ne déchiffrait sur ses traits rien qui ressemblât à de la curiosité.
6. Ses paupières sont les bords ravagés d'une mer.
7. Il la contemplait avec cette insistance tranquille qui retient notre regard sur une planète.
8. Comme son front est resté pur!
9. Devant l'église de Talence, la jeune femme s'était levée, ne laissant aux hommes abandonnés que son odeur.

Notes de grammaire

Etudiez les adjectifs possessifs.

LES ADJECTIFS POSSESSIFS

	Singulier			Pluriel	
	Masculin devant une consonne	**Féminin devant une consonne**	**Masculin ou féminin devant une voyelle**	**devant une consonne**	**devant une voyelle**
my	mon /mõ/	ma /ma/	mon /mõn/	mes /me/	mes /mez/
your	ton /tõ/	ta /ta/	ton /tõn/	tes /te/	tes /tez/
his, her, its	son /sõ/	sa /sa/	son /sõn/	ses /se/	ses /sez/
our	notre /nɔtr/		notre /nɔtr/	nos /no/	nos /noz/
your	votre /vɔtr/		votre /vɔtr/	vos /vo/	vos /voz/
their	leur /lœr/		leur /lœr/	leurs /lœr/	leurs /lœrz/

L'adjectif possessif s'accorde en genre et en nombre avec le nom auquel il se rapporte.

Mon frère my brother
Ma sœur my sister
Mes frères my brothers
Mes sœurs my sisters

Georges a son livre et sa serviette.
George has his book and his briefcase.

Marie a son livre et sa serviette.
Marie has her book and her briefcase.

Mon /mõn/, *ton* /tõn/, et *son* /sõn/ s'emploient devant les noms féminins qui commencent par une voyelle.

ma sœur
ta chaise
sa serviette
Mais: mon école
Mais: ton amie
Mais: son église

Etudiez les pronoms possessifs.

LES PRONOMS POSSESSIFS

	Singulier		Pluriel	
	Masculin	**Féminin**	**Masculin**	**Féminin**
Mine	le mien /ləmjɛ̃/	la mienne /lamjɛn/	les miens /lemjɛ̃/	les miennes /lemjɛn/
yours	le tien /lətjɛ̃/	la tienne /latjɛn/	les tiens /letjɛ̃/	les tiennes /letjɛn/
his, hers, its	le sien /ləsjɛ̃/	la sienne /lasjɛn/	les siens /lesjɛ̃/	les siennes /lesjɛn/
ours	le nôtre /lenotr/	la nôtre /lanotr/	les nôtres /lenotr/	
yours	le vôtre /ləvotr/	la vôtre /lavotr/	les vôtres /levotr/	
theirs	le leur /ləlœr/	la leur /lalœr/	les leurs /lelœr/	

L'adjectif possessif modifie un nom, tandis que le pronom possessif le remplace.

Paul attend son amie.
Paul's waiting for his girl friend.

Robert attend la sienne aussi.
Robert's waiting for his, too.

Le pronom possessif s'accorde en genre et en nombre avec le nom qu'il remplace.

Henri lit sa leçon, et Jean lit la sienne aussi.

Employé avec les prépositions *à* et *de*, le pronom possessif forme les contractions suivantes:

Avec *à*	**Avec *de***
au mien	du mien
à la mienne	de la mienne
aux miens	des miens
aux miennes (et ainsi de suite)	des miennes (et ainsi de suite)

Notre et *votre* (adjectifs) se prononcent /nɔtr/ et /vɔtr/. *Le nôtre* et *le vôtre* (pronoms) s'écrivent avec un accent circonflexe et se prononcent /notr/ et /votr/.

Avez-vous votre /vɔtr/ livre?
Nous avons le nôtre /notr/.

Notez l'emploi de la préposition *à* avec le verbe *être* pour montrer la possession. Le pronon qui suit *à* pour indiquer la possession c'est le pronom tonique.

A qui sont ces livres?
Whose books are these?

Sont-ils à Paul?
Are they Paul's?

Non, ils sont à moi.
No, they're mine.

A. Mettez au pluriel les expressions suivantes.

1. notre crayon
2. le nôtre
3. ton livre
4. le tien
5. sa sœur
6. la sienne
7. mon ami
8. le mien
9. leur école
10. la leur
11. son cahier
12. le sien
13. votre adresse
14. la vôtre
15. notre tante
16. la nôtre
17. ma cravate
18. la mienne
19. leur ami
20. le leur
21. votre stylo
22. le vôtre
23. ta robe
24. la tienne

B. Dans les phrases suivantes, substituez les mots suggérés.

1. A qui sont ces gants?
   ________ ces livres?
   ________ ce livre?
   ________ cette auto?
   ________ ce cahier?
   ________ cette bicyclette?
   ________ ces crayons?
2. Ces gants sont à moi.
   ____________ à elle.
   ____________ à Paul.
   Ces gants sont à Paul.
   Cette auto ________.
   ____________ à mes parents.
   ____________ à eux.
   Ce livre ________.
   ____________ à toi.

C. Remplacez l'adjectif possessif et le nom par le pronom possessif convenable.

1. As-tu vu notre maison?
2. Nos leçons sont difficiles.
3. Il n'a pas vu mon livre.
4. Il n'a pas trouvé sa cravate.
5. Son cahier n'est pas grand.
6. Tes compositions sont intéressantes.
7. A-t-il acheté ton auto?
8. Mes cousins sont arrivés.
9. Notre cours est intéressant.
10. Ils n'ont pas vendu leur maison.
11. Leur livre est joli.
12. As-tu trouvé tes chaussettes?
13. Je n'as pas lu votre composition.
14. Mes valises sont arrivées.
15. As-tu vu ma robe?
16. Votre frère est sympathique.
17. Ta maison est jolie.
18. Ils n'ont pas trouvé leurs hôtels.
19. As-tu vu ses livres?
20. Vos lettres sont intéressantes.

D. Formez des questions selon le modèle.

LE PROFESSEUR: Jacques a son livre. Et vous?
L'ETUDIANT: Et vous, avez-vous le vôtre?

1. J'ai mon crayon. Et toi?

2. Paul a sa composition. Et Hélène?
3. Jacques a son livre. Et Pauline et Georges?
4. Jacqueline a ses livres. Et vous?
5. Elle a sa clé. Et moi?
6. Il a ses lettres. Et Jean?
7. J'ai mon billet. Et toi?
8. Georges a son argent. Et moi?
9. J'ai mon crayon. Et Suzanne?
10. Suzette a ses compositions. Et les autres?
11. Nous avons nos cahiers. Et toi?
12. Tu as ta voiture. Et nous?
13. J'ai ma composition. Et vous?
14. Georges a ses livres. Et Paul?
15. Nous avons nos réservations. Et vous?
16. Nous avons notre valise. Et Paul?
17. J'ai mon stylo. Et vous?
18. J'ai ma cravate. Et toi?
19. Ils ont leurs journaux. Et nous?
20. J'ai ma serviette. Et toi?
21. Tu as tes lettres. Et Jacques?

Structure: Les adjectifs et les pronoms démonstratifs

Phrases modèles

1. . . . alors qu'en ces régions déjà l'hiver décline.
2. Bien loin de souffrir d'être chaque soir confondu dans cette cargaison humaine. . .
3. Aucun de ces corps. . .
4. Il se sentait à l'aise parmi ces gens.
5. Toute la communion possible était sans doute atteinte par ce contact, par cette immersion commune. . .
6. Or, ce soir-là, il vit en face de lui cette femme, cette dame.
7. Peut-être que dans ce tramway. . .
8. Ce visage va me consoler. . .
9. Cela n'est rien que la terre. . .
10. Et ce parfum se dissipa avant que Raymond fût descendu.
11. Déjà la brume recelait cette douceur secrète. . .

Notes de grammaire

Etudiez les adjectifs démonstratifs (this, that, these, those):

1. *Ce* s'emploie devant un nom masculin qui commence par une consonne.
   Ce film est très bon.
2. *Cet* s'emploie devant un nom masculin singulier qui commence par une voyelle.
   Cet enfant est méchant.
3. *Cette* s'emploie devant un nom féminin singulier.
   Cette jeune fille est jolie.
4. *Ces* s'emploie devant un nom pluriel masculin ou féminin.
   Ces hôtels sont modernes.
   Ces maisons sont très belles.

L'adjectif démonstratif, comme tout autre adjectif, s'accorde en nombre et en genre avec le nom qu'il modifie.

Notez l'emploi des suffixes *-ci* et *-là*. *-Ci* indique une personne ou un objet qui est proche, et *-là* indique une personne ou un objet qui est loin de la personne qui parle.

Georges va acheter cette cravate-ci, et moi je vais acheter cette cravate-là.
George is going to buy this tie and I'm going to buy that tie.

Etudiez les pronoms démonstratifs:

Singulier		**Pluriel**	
celui-ci (m.)	this one	ceux-ci (m.)	these
celui-là (m.)	that one	ceux-là (m.)	those
celle-ci (f.)	this one	celles-ci (f.)	these
celle-là (f.)	that one	celles-là (f.)	those

Suivis de la préposition *de*, les pronoms *celui*, *celle*, *ceux*, et *celles* indiquent la possession.

Votre appartement est joli. Celui de Marc est joli, aussi.
Your apartment is pretty, and Mark's is, too.

Ses compositions sont bonnes, mais celles de Roger sont meilleures.
His (her) compositions are good, but Roger's are better.

N'employez pas les suffixes *-ci* et *-là* quand le pronom démonstratif est suivi d'une préposition ou d'un pronom relatif.

Je trouve sa voiture assez belle. Celle de Georges est plus jolie, et celle que je vais acheter est la plus jolie de toutes.

Ceci (this) et *cela (ça)* (that) désignent quelque chose qui n'est pas nommé.

Ça c'est bon.
That's good.

J'ai étudié ceci hier soir.
I studied this last night.

J'ai acheté cela pour vous.
I bought that for you.

A. Répétez les expressions et les phrases suivantes.

1. ce garçon-ci; celui-ci; cet enfant-là; celui-là; ces stylos-ci; ceux-ci; ces livres-là; ceux-là
2. cette église-ci; celle-ci; cette maison-là; celle-là; ces femmes-ci; celles-ci; ces cravates-là; celles-là
3. Voilà des gants; des gants de Marc; ses gants; ceux de Marc.
4. L'auto de Paul est plus jolie que celle de Marc.
5. Ce chapeau est plus cher que celui de Madeleine.
6. J'ai acheté cela pour vous. Ça c'est bon.
7. Il aime ça, n'est-ce pas? Ceci est joli.

B. Remplacez les adjectifs démonstratifs et les noms qu'ils modifient par les pronoms démonstratifs convenables.

1. Il voudrait ce stylo-ci.
2. Connais-tu ces étudiants-là?
3. Je ne connais pas ces étudiantes-là.
4. Il aime mieux cette maison-là.
5. Préférez-vous cet hôtel-ci?
6. Il va acheter cette cravate-ci.
7. Il achètera ces gants-ci.
8. Avez-vous vu ces films-là?
9. Il préfère ce stylo-là.
10. Je prendrai cette bicyclette-là.
11. Il n'aime pas ces maisons-ci.
12. Cet homme-là est méchant.
13. Il préfère cette soupe-là.
14. Ces hôtels-là sont modernes.

C. Dans l'exercice suivant, ajoutez des phrases selon le modèle.

LE PROFESSEUR: Voilà deux restaurants.
L'ETUDIANT: Celui-ci est plus beau que celui-là.

1. Voilà deux hôtels.
2. Voilà deux livres.
3. Voilà deux églises.
4. Voilà deux étudiants.
5. Voilà deux cathédrales.
6. Voilà deux maisons.

D. Dans l'exercice suivant, ajoutez des phrases selon le modèle.

LE PROFESSEUR: Voilà des légumes.
L'ETUDIANT: Ceux-ci sont moins chers que ceux-là.

1. Voilà des bananes.
2. Voilà des bonbons.
3. Voilà des fruits.
4. Voilà des carottes.
5. Voilà des pommes.
6. Voilà des haricots verts.

E. Demandez à:

1. M. _____ s'il préfère ce livre-ci ou celui-là.
2. M. _____ s'il préfère ces livres-ci ou ceux-là.
3. Mlle _____ si elle préfère cette auto-ci ou celle-là.
4. M. _____ s'il préfère ces cravates-ci ou celles-là.
5. Mlle _____ si elle aime mieux ces gants ou ceux de Robert.
6. Mlle _____ si elle préfère cette auto-ci ou celle de Marc.
7. M. _____ s'il aime mieux le chapeau de Marc ou celui de Paul.
8. Mlle _____ si elle aime mieux les compositions de Suzanne ou celles de Roger.

F. Transformez les phrases suivantes selon le modèle.

LE PROFESSEUR: J'aime l'auto de Paul. Pauline aime l'auto de Jeanne.
L'ETUDIANT: J'aime l'auto de Paul et Pauline aime celle de Jeanne.

1. J'aime mieux la cravate de Robert. Henri aime mieux la cravate de Paul.
2 Il a le stylo de Jeanne. J'ai le stylo de Suzette.
3. Voilà les livres de Jacques. Voilà les livres de Georges.
4. Il préfère les chemises de Georges. Je préfère les chemises de Jean.

5. Voilà l'auto de Georges. Voilà l'auto de Roger.
6. Elle préfère le crayon de Pauline. Je préfère le crayon de Marc.
7. Je préfère la maison des Martin. Hélène préfère la maison des Vincent.
8. Nous aimons les robes de Suzanne. Ils aiment les robes de Jeannette.
9. Voilà les gants de mon frère. Voilà les gants de Jacques.
10. Le livre de Marie est beau. Le livre de Georges est plus beau.

G. Répondez aux questions suivantes, en employant les pronoms démonstratifs convenables.

1. Préférez-vous cette auto-ci ou celle-là?
2. Préférez-vous ce cours-ci ou celui-là?
3. Préférez-vous cet hôtel-ci ou celui-là?
4. Préférez-vous cette maison-ci ou celle-là.
5. Préférez-vous ces livres-ci ou ceux-là?
6. Préférez-vous ces églises-ci ou celles-là?
7. Laquelle est plus jolie, l'auto de Marc ou celle de Paul?
8. Il aime cela, n'est-ce pas?
9. Marie préfère ceci, n'est-ce pas?
10. Aimes-tu ces chemises-ci ou celles de Robert?
11. Ça c'est bon, n'est-ce pas?
12. Préférez-vous ces livres-ci ou ceux du professeur?
13. Quel stylo préfères-tu, celui-ci ou celui-là?
14. Quel stylo préfères-tu, celui de Marie ou celui de Suzanne?
15. Lesquels sont moins chers, ces gants-ci ou ceux-là?
16. Lesquels sont moins chers, les gants de Marie ou ceux de Suzanne?

CONVERSATION

Questions

1. Où se trouve Raymond Courrèges?
2. Quelle heure de la journée est-ce?
3. A quoi Raymond compare-t-il le tram dans la nuit?
4. Quelle classe d'hommes est dans le tram?
5. Comment sont leurs vêtements?
6. Raymond se sent-il à l'aise parmi ces gens? Pourquoi?
7. Comment sont les vêtements de Raymond?
8. Qu'est-ce qui suffit pour faire surgir le désert qui sépare les hommes?
9. Comment est le garçon à côté de Raymond?
10. Qui est assise en face de Raymond?
11. Comment sont les hommes des deux côtés de cette femme?
12. Raymond éprouve-t-il de la honte ou de la gêne en regardant cette femme?

13. D'ordinaire, Raymond se sent-il à l'aise avec les femmes?
14. Pourquoi Raymond n'est-il pas gêné en regardant ainsi cette femme?
15. Raymond lit-il de la moquerie ou du mépris sur les traits de la femme?
16. La femme regarde-t-elle attentivement Raymond? Pourquoi?
17. Où la femme descend-elle?
18. Quel mois de l'année est-ce?
19. Est-ce qu'il fait très froid?
20. Y avait-il de la brume ce soir-là?

Causeries

1. En répondant aux questions suivantes, préparez une causerie: *Raymond Courrèges.*

   Est-ce un adolescent? Quel âge aurait-il, alors? Comment est son corps? Comment sont ses vêtements? Trouvez des adjectifs pour le décrire. Pourquoi se sent-il à l'aise dans un tramway d'ouvriers? Comment se sent-il d'ordinaire avec les jeunes filles? Pourquoi ose-t-il regarder la femme en face de lui?

2. Commentez la phrase: "... il eût suffit d'une parole pour que tout à coup surgît le désert qui sépare les classes comme il sépare les êtres."

   Pour Mauriac, que signifie le mot "désert"? Donnez des exemples de la distance entre "les classes" et "les êtres." La communication est-elle possible dans le silence et l'anonymat? Pourquoi ou pourquoi pas? Pourquoi la parole est-elle la source des malentendus? Donnez-en des exemples. Parlez du "désert" qui sépare Thérèse et son père, Thérèse et son mari, Raymond et "la dernière des servantes."

Le jeu des regards

Le lendemain à la même heure dans le même tram, Raymond va revoir cette femme— Maria Cross. Alors recommencera le jeu des regards.

Le lendemain, la lubie de Maria Cross durait encore puisque Raymond, dans le tramway, vit l'inconnue assise à la même place, et ses yeux calmes reprenaient possession du visage de l'enfant, voyageaient autour des paupières, suivaient l'orée des cheveux obscurs, s'attardaient à la lueur des dents entre les lèvres. Il se souvint de ne s'être pas rasé depuis l'avant-veille, toucha du doigt sa joue maigre, puis cacha honteusement ses mains sous la pèlerine. L'inconnue baissa les yeux et il ne s'aperçut pas d'abord que, faute de jarretelles, une de ses chaussettes avait glissé et découvrait sa jambe. Il n'osait la tirer, mais changea de position. Pourtant, il ne souffrait pas: ce que Raymond avait haï chez les autres, c'était le rire, le sourire, même retenu; il surprenait le moindre frémissement aux commissures d'une bouche, savait ce que signifiait une lèvre inférieure mordue... Mais cette femme-là le contemplait avec une face étrange, à la fois intelligente et animale, oui, la face d'une bête merveilleuse, impassible, qui ne connaît pas le rire... lorsqu'elle fut descendue devant l'église de Talence, et qu'il ne vit plus que le cuir de la banquette, un peu affaissé là où elle s'était assise, Raymond ne doutait plus de la revoir le lendemain; il n'aurait pu donner à son espoir aucune raison valable; simplement, il avait foi. Ce soir, après dîner il monta dans sa chambre deux brocs d'eau brûlante, décrocha son tub, et le lendemain se reveilla une demi-heure plus tôt, parce qu'il avait décidé de se raser chaque jour, désormais.

Les Courrèges eussent pu observer durant des heures le bourgeon d'un marronnier sans rien comprendre au mystère de l'éclosion; de même ils ne virent pas au milieu d'eux ce prodige: comme un premier coup de bêche met au jour le fragment d'une statue parfaite, le premier regard de Maria Cross avait décelé dans le collégien sale un être neuf. Sous la chaude contemplation d'une femme, ce corps à l'abandon fut pareil aux jeunes troncs rugueux d'une forêt antique et où, soudain, bouge une déesse engourdie. Les Courrèges ne virent pas le miracle, parce que les membres d'une famille trop unie ne se voient plus les uns les autres. Raymond était depuis des semaines un jeune homme soucieux de sa tenue, converti à l'hydrothérapie, sûr de plaire et occupé à séduire, que sa mère le considérait toujours comme un collégien malpropre. Une femme, sans prononcer de paroles, par la seule puissance de son regard, transformait leur enfant, le pétrissait à nouveau, sans que les Courrèges reconnussent sur lui les traces de cet enchantement inconnu.

lubie: caprice; fantaisie

orée: bord

rasé: (shaved)
l'avant-veille: le jour avant hier

pèlerine: manteau court

faute de jarretelles: parce qu'il manquait une jarretelle
jarretelles: ruban élastique qui tient la chaussette ou le bas
haï: détesté
retenu: modéré
commissures: points de jonction des lèvres
mordue: blessée avec les dents

affaissé: (sunken)

foi: espérance; croyance
brocs: grands vases de bois ou de métal servant à porter des liquides
décrocha: détacha
tub: bassin dans lequel on se lave
bourgeon: bouton qui pousse sur les branches des arbres
marronnier: (chestnut tree)
l'éclosion: manifestation; naissance
bêche: (shovel)
décelé: découvert

rugueux: (rough)

soucieux: inquiet; préoccupé
tenue: manière de se tenir, de se vêtir, de se soigner
hydrothérapie: traitement des malades au moyen de l'eau froide et chaude
pétrissait: formait

Dans le tramway qui n'était plus éclairé, à l'époque où les jours allongent, Raymond osait à chaque fois un geste nouveau: il croisait les jambes, découvrait des chaussettes soignées et tirées, des souliers comme des miroirs (il y avait un cireur à la Croix de Saint-Genès); il n'avait plus de raisons pour cacher ses manchettes; il mit des gants; un jour, il se déganta et la jeune femme ne put se défendre de sourire à la vue de ces ongles trop carminés où une manucure avait eu fort à faire: mais, rongés pendant des années, ils eussent gagné à ne pas attirer encore l'attention. Tout cela n'était que l'apparence d'une résurrection invisible; la brume amassée dans cette âme peu à peu se dissipait sous cette attention grave, toujours muette, mais que l'accoutumance rendait plus familière. "Il n'était peut-être pas un monstre et, comme les autres jeunes hommes, détenait le pouvoir de capter le regard d'une femme; plus que son regard peut-être!" En dépit de leur silence, le temps seul tissait entre eux une trame qu'aucun mot, qu'aucun geste n'eussent pu rendre plus résistante. Ils sentaient qu'une heure était proche où s'échangerait la première parole, mais Raymond ne faisait rien pour en hâter l'approche: forçat timide, il lui suffisait de ne plus sentir ses chaînes; ce lui était pour l'instant une joie suffisante que de devenir un autre tout à coup. Avant que l'inconnue l'eût regardé, n'était-il réellement qu'un écolier sordide? Nous avons tous été pétris et repétris par ceux qui nous ont aimés et pour peu qu'ils aient été tenaces, nous sommes leur ouvrage,—ouvrage que d'ailleurs ils ne reconnaissent pas, et qui n'est jamais celui qu'ils avaient rêvé. Pas un amour, pas une amitié qui n'ait traversé notre destin sans y avoir collaboré pour l'éternité. Le Raymond Courrèges de ce soir, dans le petit bar de la rue Duphot, ce garçon de trente-cinq ans, serait un autre homme si en 19.., étant en classe de Philosophie, il n'avait vu s'asseoir en face de lui, dans le tramway du retour, Maria Cross.

cireur: qui cire et nettoie les souliers

se défendre: s'empêcher
carminés: très rouges
rongés: mangés (bitten)

détenait: possédait

tissait: (wove)
trame: (web)

ce lui était pour l'instant: pour le moment, c'était pour lui
un autre: un nouvel être

pétris: formés
pour peu qu': (if in the least)
ouvrage: œuvre; travail

COMPREHENSION ET EXERCICES DE VOCABULAIRE

A. Trouvez cinq phrases fausses parmi les suivantes.

1. Le lendemain Maria Cross se trouve à la même heure et dans le même tram assise en face de Raymond.
2. Sûr qu'elle serait dans le tram, Raymond s'était rasé le matin.
3. Maria continue à regarder attentivement et sans moquerie le visage de Raymond.
4. Raymond décide de se raser tous les jours.
5. Désormais il sera soucieux de sa tenue.
6. Les autres membres de la famille de Raymond se rendent compte de la transformation du garçon.
7. Maria Cross a de l'admiration à la vue des ongles longs et fins de Raymond.
8. Quant à Raymond, il se croit toujours un monstre, incapable de plaire aux femmes.
9. Nous sommes tous formés, influencés par nos contacts avec d'autres.
10. Raymond, lui, est différent; sa rencontre avec Maria Cross n'a laissé aucune trace.

B. Choisissez les mots convenables pour compléter les phrases suivantes.

1. Se rendant compte qu'il ne s'était pas rasé, Raymond *a. a peur b. a honte c. est en colère.*
2. Ce que Raymond déteste chez les autres, c'est *a. le rire b. des vêtements malpropres c. la timidité.*
3. Après sa deuxième rencontre dans le tram avec Maria, Raymond *a. est maussade et triste b. doute de la revoir c. est sûr de la revoir.*
4. *a. Le regard de Maria b. L'insistance de sa mère c. Un professeur d'école sympathique* a transformé ce collégien sordide.
5. Raymond se dit que peut-être il n'est pas *a. mauvais étudiant b. timide et gêné devant les femmes c. un monstre.*

DIALOGUE

Guy: Quand j'étais au collège, j'étais un peu comme Raymond.
Paul: Oui? Comment?
Guy: Je ne cirais jamais mes souliers; je portais une chemise sale ou propre—ça m'était égal.
Paul: Et qu'est-ce qui t'a transformé?
Guy: Une jeune fille, naturellement!
Paul: Moi, aussi, j'étais comme Raymond.
Guy: Oui?

Paul: C'est que je me sentais mal à l'aise avec les jeunes filles.
Guy: Toi? Tu blagues!
Paul: C'est vrai. Je n'osais leur parler.
Guy: Eh bien, mon vieux, tu as bien changé.

CONVERSATION

Questions

1. Le lendemain à la même heure où se trouve Raymond?
2. Qui est assise en face de lui?
3. Comment regarde-t-elle Raymond?
4. Raymond s'était-il rasé le matin?
5. Que déteste Raymond chez les autres?
6. Où descend Maria?
7. Raymond croit-il la revoir une autre fois?
8. Pourquoi le lendemain Raymond s'est-il réveillé une demi-heure plus tôt?
9. La famille de Raymond reconnaît-elle la transformation du garçon?
10. Quels gestes dans le tram Raymond osait-il?
11. Comment sont maintenant les ongles de Raymond?
12. Pourquoi sont-ils rongés?
13. Comment sont ses souliers?
14. Raymond se croit-il toujours un monstre incapable de plaire aux femmes?
15. Maria et Raymond se sont-ils parlé?
16. Sommes-nous tous formés et transformés par les contacts avec d'autres personnes?
17. Raymond est-il différent à cause de son contact avec Maria Cross?

Causeries

1. En répondant aux questions suivantes, préparez une causerie: *Le nouveau Raymond.*

   Raymond est-il maintenant soucieux de sa tenue? Se rase-t-il tous les jours? Ses souliers sont-ils cirés? Comment sont ses vêtements? Son corps est-il toujours sale et mal tenu? Comment sont ses ongles? Décrivez ses nouveaux gestes. Se croit-il toujours un monstre? Est-il peut-être capable de plaire aux femmes? Est-il toujours si timide et fermé? Qu'est-ce qui a causé la transformation du garçon?

2. Commentez la phrase suivante: "Pas un amour, pas une amitié qui n'ait traversé notre destin sans y avoir collaboré pour l'éternité."

   Décrivez comment les contacts avec d'autres changent notre vie.

APPENDIX 1 VERBES

Verbs with regular forms

Infinitive	**parler** *to speak*	**finir** *to finish*	**attendre** *to wait*
Present participle	parlant	finissant	attendant
Past participle	parlé	fini	attendu
Present	je parle tu parles il parle elle parle nous parlons vous parlez ils parlent elles parlent	je finis tu finis il finit elle finit nous finissons vous finissez ils finissent elles finissent	j'attends tu attends il attend elle attend nous attendons vous attendez ils attendent elles attendent
Present subjunctive	je parle tu parles il parle elle parle nous parlions vous parliez ils parlent elles parlent	je finisse tu finisses il finisse elle finisse nous finissions vous finissiez ils finissent elles finissent	j'attende tu attendes il attende elle attende nous attendions vous attendiez ils attendent elles attendent
Imperfect	je parlais tu parlais il parlait elle parlait nous parlions vous parliez ils parlaient elles parlaient	je finissais tu finissais il finissait elle finissait nous finissions vous finissiez ils finissaient elles finissaient	j'attendais tu attendais il attendait elle attendait nous attendions vous attendiez ils attendaient elles attendaient
Future	je parlerai tu parleras il parlera elle parlera nous parlerons vous parlerez ils parleront elles parleront	je finirai tu finiras il finira elle finira nous finirons vous finirez ils finiront elles finiront	j'attendrai tu attendras il attendra elle attendra nous attendrons vous attendrez ils attendront elles attendront

Conditional	je parlerais	je finirais	j'attendrais
	tu parlerais	tu finirais	tu attendrais
	il parlerait	il finirait	il attendrait
	elle parlerait	elle finirait	elle attendrait
	nous parlerions	nous finirions	nous attendrions
	vous parleriez	vous finiriez	vous attendriez
	ils parleraient	ils finiraient	ils attendraient
	elles parleraient	elles finiraient	elles attendraient
Literary past	je parlai	je finis	j'attendis
	tu parlas	tu finis	tu attendis
	il parla	il finit	il attendit
	elle parla	elle finit	elle attendit
	nous parlâmes	nous finîmes	nous attendîmes
	vous parlâtes	vous finîtes	vous attendîtes
	ils parlèrent	ils finirent	ils attendirent
	elles parlèrent	elles finirent	elles attendirent
Imperative	parle	finis	attends
	parlons	finissons	attendons
	parlez	finissez	attendez
Conversational past	j'ai parlé	j'ai fini	j'ai attendu
	tu as parlé	tu as fini	tu as attendu
	il a parlé	il a fini	il a attendu
	elle a parlé	elle a fini	elle a attendu
	nous avons parlé	nous avons fini	nous avons attendu
	vous avez parlé	vous avez fini	vous avez attendu
	ils ont parlé	ils ont fini	ils ont attendu
	elles ont parlé	elles ont fini	elles ont attendu
Future perfect	j'aurai parlé	j'aurai fini	j'aurai attendu
	tu auras parlé	tu auras fini	tu auras attendu
	il aura parlé	il aura fini	il aura attendu
	elle aura parlé	elle aura fini	elle aura attendu
	nous aurons parlé	nous aurons fini	nous aurons attendu
	vous aurez parlé	vous aurez fini	vous aurez attendu
	ils auront parlé	ils auront fini	ils auront attendu
	elles auront parlé	elles auront fini	elles auront attendu
Pluperfect	j'avais parlé	j'avais fini	j'avais attendu
	tu avais parlé	tu avais fini	tu avais attendu
	il avait parlé	il avait fini	il avait attendu
	elle avait parlé	elle avait fini	elle avait attendu
	nous avions parlé	nous avions fini	nous avions attendu
	vous aviez parlé	vous aviez fini	vous aviez attendu
	ils avaient parlé	ils avaient fini	ils avaient attendu
	elles avaient parlé	elles avaient fini	elles avaient attendu

Conditional past [handwritten: COND. P.P.; WOULD HAVE]	j'aurais parlé	j'aurais fini	j'aurais attendu
	tu aurais parlé	tu aurais fini	tu aurais attendu
	il aurait parlé	il aurait fini	il aurait attendu
	elle aurait parlé	elle aurait fini	elle aurait attendu
	nous aurions parlé	nous aurions fini	nous aurions attendu
	vous auriez parlé	vous auriez fini	vous auriez attendu
	ils auraient parlé	ils auraient fini	ils auraient attendu
	elles auraient parlé	elles auraient fini	elles auraient attendu
Past subjunctive	j'aie parlé	j'aie fini	j'aie attendu
	tu aies parlé	tu aies fini	tu aies attendu
	il ait parlé	il ait fini	il ait attendu
	elle ait parlé	elle ait fini	elle ait attendu
	nous ayons parlé	nous ayons fini	nous ayons attendu
	vous ayez parlé	vous ayez fini	vous ayez attendu
	ils aient parlé	ils aient fini	ils aient attendu
	elles aient parlé	elles aient fini	elles aient attendu
Imperfect subjunctive [handwritten: never used]	je parlasse	je finisse	j'attendisse
	tu parlasses	tu finisses	tu attendisses
	il parlât	il finît	il attendît
	elle parlât	elle finît	elle attendît
	nous parlassions	nous finissions	nous attendissions
	vous parlassiez	vous finissiez	vous attendissiez
	ils parlassent	ils finissent	ils attendissent
	elles parlassent	elles finissent	elles attendissent
Pluperfect subjunctive	j'eusse parlé	j'eusse fini	j'eusse attendu
	tu eusses parlé	tu eusses fini	tu eusses attendu
	il eût parlé	il eût fini	il eût attendu
	elle eût parlé	elle eût fini	elle eût attendu
	nous eussions parlé	nous eussions fini	nous eussions attendu
	vous eussiez parlé	vous eussiez fini	vous eussiez attendu
	ils eussent parlé	ils eussent fini	ils eussent attendu
	elles eussent parlé	elles eussent fini	elles eussent attendu

Regular *–er* verbs with stem spelling changes

Infinitive	**commencer** *to begin*	**manger** *to eat*	**appeler** *to call*
Present participle	commençant	mangeant	appelant
Past participle	commencé	mangé	appelé

Present	je commence	je mange	j'appelle
	tu commences	tu manges	tu appelles
	il commence	il mange	il appelle
	elle commence	elle mange	elle appelle
	nous commençons	nous mangeons	nous appelons
	vous commencez	vous mangez	vous appelez
	ils commencent	ils mangent	ils appellent
	elles commencent	elles mangent	elles appellent
Present subjunctive	je commence	je mange	j'appelle
	tu commences	tu manges	tu appelles
	il commence	il mange	il appelle
	elle commence	elle mange	elle appelle
	nous commencions	nous mangions	nous appelions
	vous commenciez	vous mangiez	vous appeliez
	ils commencent	ils mangent	ils appellent
	elles commencent	elles mangent	elles appellent
Imperfect	je commençais	je mangeais	j'appelais
	tu commençais	tu mangeais	tu appelais
	il commençait	il mangeait	il appelait
	elle commençait	elle mangeait	elle appelait
	nous commencions	nous mangions	nous appelions
	vous commenciez	vous mangiez	vous appeliez
	ils commençaient	ils mangeaient	ils appelaient
	elles commençaient	elles mangeaient	elles appelaient
Future	je commencerai	je mangerai	j'appellerai
	tu commenceras	tu mangeras	tu appelleras
	il commencera	il mangera	il appellera
	elle commencera	elle mangera	elle appellera
	nous commencerons	nous mangerons	nous appellerons
	vous commencerez	vous mangerez	vous appellerez
	ils commenceront	ils mangeront	ils appelleront
	elles commenceront	elles mangeront	elles appelleront
Conditional	je commencerais	je mangerais	j'appellerais
	tu commencerais	tu mangerais	tu appellerais
	il commencerait	il mangerait	il appellerait
	elle commencerait	elle mangerait	elle appellerait
	nous commencerions	nous mangerions	nous appellerions
	vous commenceriez	vous mangeriez	vous appelleriez
	ils commenceraient	ils mangeraient	ils appelleraient
	elles commenceraient	elles mangeraient	elles appelleraient
Literary past	je commençai	je mangeai	j'appelai
	tu commenças	tu mangeas	tu appelas
	il commença	il mangea	il appela
	elle commença	elle mangea	elle appela

	nous commençâmes vous commençâtes ils commencèrent elles commencèrent	nous mangeâmes vous mangeâtes ils mangèrent elles mangèrent	nous appelâmes vous appelâtes ils appelèrent elles appelèrent
Imperative	commence commençons commencez	mange mangeons mangez	appelle appelons appelez

Infinitive	**essayer** *to try*	**acheter** *to buy*	**préférer** *to prefer*
Present participle	essayant	achetant	préférant
Past participle	essayé	acheté	préféré
Present	j'essaie tu essaies il essaie elle essaie nous essayons vous essayez ils essaient elles essaient	j'achète tu achètes il achète elle achète nous achetons vous achetez ils achètent elles achètent	je préfère tu préfères il préfère elle préfère nous préférons vous préférez ils préfèrent elles préfèrent
Present subjunctive	j'essaie tu essaies il essaie elle essaie nous essayions vous essayiez ils essaient elles essaient	j'achète tu achètes il achète elle achète nous achetions vous achetiez ils achètent elles achètent	je préfère tu préfères il préfère elle préfère nous préférions vous préfériez ils préfèrent elles préfèrent
Imperfect	j'essayais tu essayais il essayait elle essayait nous essayions vous essayiez ils essayaient elles essayaient	j'achetais tu achetais il achetait elle achetait nous achetions vous achetiez ils achetaient elles achetaient	je préférais tu préférais il préférait elle préférait nous préférions vous préfériez ils préféraient elles préféraient
Future	j'essaierai (j'essayerai) tu essaieras	j'achèterai tu achèteras	je préférerai tu préféreras

	il essaiera	il achètera	il préférera
	elle essaiera	elle achètera	elle préférera
	nous essaierons	nous achèterons	nous préférerons
	vous essaierez	vous achèterez	vous préférerez
	ils essaieront	ils achèteront	ils préféreront
	elles essaieront	elles achèteront	elles préféreront
Conditional	j'essaierais (j'essayerais)	j'achèterais	je préférerais
	tu essaierais	tu achèterais	tu préférerais
	il essaierait	il achèterait	il préférerait
	elle essaierait	elle achèterait	elle préférerait
	nous essaierions	nous achèterions	nous préférerions
	vous essaieriez	vous achèteriez	vous préféreriez
	ils essaieraient	ils achèteraient	ils préféreraient
	elles essaieraient	elles achèteraient	elles préféreraient

Irregular verbs

In this list, the number at the right of each verb corresponds to the number of the verb, or of a similarly conjugated verb, in the table which follows. An asterisk (*) indicates that *être* is used as the auxiliary verb in the compound tenses. Verbs without the asterisk require *avoir* as the auxiliary verb.

Verb	No.
accueillir (*to receive*)	13
admettre (*to admit*)	24
*aller (*to go*)	1
*s'en aller (*to go away*)	1
apercevoir (*to perceive*)	32
*apparaître (*to appear*)	8
appartenir (*to belong*)	38
apprendre (*to learn*)	31
*s'asseoir (*to sit down*)	2
atteindre (*to attain*)	11
avoir (*to have*)	3
battre (*to beat*)	4
*se battre (*to fight*)	4
boire (*to drink*)	5
bouillir (*to boil*)	6
combattre (*to combat*)	4
comprendre (*to understand*)	31
compromettre (*to compromise*)	24
conduire (*to drive, to conduct*)	7
connaître (*to know*)	8
conquérir (*to conquer*)	9
construire (*to construct*)	7
contenir (*to contain*)	38
convaincre (*to convince*)	39
convenir (*to agree*)	41
courir (*to run*)	10
couvrir (*to cover*)	35
craindre (*to fear*)	11
croire (*to believe*)	12
cueillir (*to pick, to gather*)	13
découvrir (*to discover*)	35
décrire (*to describe*)	16
défaire (*to undo*)	19
détenir (*to detain, to keep*)	38
détruire (*to destroy*)	7
*devenir (*to become*)	41
devoir (*to owe, to have to*)	14
dire (*to say*)	15
disparaître (*to disappear*)	8
dormir (*to sleep*)	27
écrire (*to write*)	16
élire (*to elect*)	23
*s'endormir (*to fall asleep*)	27
*s'enfuir (*to run away*)	21
*s'ensuivre (*to follow, to result*)	37
entreprendre (*to undertake*)	31
entretenir (*to maintain*)	38
*s'entretenir (*to talk*)	38
entrevoir (*to catch a glimpse of*)	43
envoyer (*to send*)	17
éteindre (*to extinguish*)	11
être (*to be*)	18
faire (*to do*)	19
falloir (*to be necessary*)	20
fuir (*to fly, to flee*)	21
haïr (*to hate*)	22
interdire (*to prohibit*)	15

*intervenir (*to intervene*) 41
lire (*to read*) 23
méconnaître (*to disregard*) 8
mentir (*to lie*) 27
mettre (*to put*) 24
*mourir *to die*) 25
*naître (*to be born*) 26
nuire (*to hurt, to harm*) 7
obtenir (*to obtain*) 38
offrir (*to offer*) 35
ouvrir (*to open*) 35
paraître (*to appear*) 8
parcourir (*to travel over*) 10
*partir (*to leave*) 27
*parvenir (*to reach*) 41
peindre (*to paint*) 11
permettre (*to permit*) 24
plaindre (*to pity*) 11
*se plaindre (*to complain*) 11
plaire (*to please*) 28
pleuvoir (*to rain*) 29
poindre (*to dawn*) 11
poursuivre (*to pursue*) 37
pouvoir (*to be able*) 30
prendre (*to take*) 31
pressentir (*to have a presentiment*) 27
prévoir (*to foresee*) 43
produire (*to produce*) 7
promettre (*to promise* 24
rabattre (*to beat down, to reduce*) 4
recevoir (*to receive*) 32
reconduire (*to see home, to show out*) 7
reconnaître (*to recognize*) 8
reconstruire (*to rebuild*) 7
recouvrir (*to cover completely*) 35
recueillir (*to collect, to gather*) 13
*redevenir (*to become again*) 41
rejoindre (*to rejoin*) 11
remettre (*to postpone*) 24
renvoyer (*to send back, to dismiss*) 17
reprendre (*to regain*) 31
restreindre (*to restrict*) 11
retenir (*to reserve*) 38
*revenir (*to come back*) 41
revoir (*to see again*) 43
rire (*to laugh*) 33
savoir (*to know*) 34
séduire (*to seduce, to delude*) 7
sentir (*to smell*) 27
*se sentir (*to feel*) 27
servir (*to serve*) 27
*se servir de (*to use*) 27
*sortir (*to go out*) 27
souffrir (*to suffer*) 35
soumettre (*to submit*) 24
sourire (*to smile*) 33
*se souvenir (*to remember*) 41
*subvenir (*to supply, to provide for*) 41
suffire (*to suffice*) 36
suivre (*to follow*) 37
surprendre (*to surprise*) 31
survivre (*to survive*) 42
*se taire (*to keep quiet*) 28
tenir (*to hold*) 38
traduire (*to translate*) 7
transmettre (*to transmit*) 24
vaincre (*to vanquish*) 39
valoir (*to be worth*) 40
*venir (*to come*) 41
vivre (*to live*) 42
voir (*to see*) 43
vouloir (*to want*) 44

Infinitive	**1. aller** *to go*	**2. s'asseoir** *to sit down*	**3. avoir** *to have*
Present participle	allant	s'asseyant	ayant
Past participle	allé	assis	eu
Present	je vais tu vas il va elle va nous allons vous allez	je m'assieds tu t'assieds il s'assied elle s'assied nous nous asseyons vous vous asseyez	j'ai tu as il a elle a nous avons vous avez

	ils vont elles vont	ils s'asseyent elles s'asseyent	ils ont elles ont
Present subjunctive	j'aille tu ailles il aille elle aille nous allions vous alliez ils aillent elles aillent	je m'asseye tu t'asseyes il s'asseye elle s'asseye nous nous asseyions vous vous asseyiez ils s'asseyent elles s'asseyent	j'aie tu aies il ait elle ait nous ayons vous ayez ils aient elles aient
Imperfect	j'allais	je m'asseyais	j'avais
Future	j'irai	je m'assiérai	j'aurai
Literary past	il alla	il s'assit	il eut
Imperative	va allons allez	assieds-toi asseyons-nous asseyez-vous	aie ayons ayez

Infinitive	**4. battre** *to beat*	**5. boire** *to drink*	**6. bouillir** *to boil*
Present participle	battant	buvant	bouillant
Past participle	battu	bu	bouilli
Present	je bats tu bats il bat elle bat nous battons vous battez ils battent elles battent	je bois tu bois il boit elle boit nous buvons vous buvez ils boivent elles boivent	je bous tu bous il bout elle bout nous bouillons vous bouillez ils bouillent elles bouillent
Present subjunctive	je batte	je boive	je bouille
Literary past	il battit	il but	il bouillit

Infinitive	**7. conduire** *to lead*	**8. connaître** *to know*	**9. conquérìr** *to conquer*
Present participle	conduisant	connaissant	conquérant
Past participle	conduit	connu	conquis
Present	je conduis tu conduis il conduit elle conduit nous conduisons vous conduisez ils conduisent elles conduisent	je connais tu connais il connaît elle connaît nous connaissons vous connaissez ils connaissent elles connaissent	je conquiers tu conquiers il conquiert elle conquiert nous conquérons vous conquérez ils conquièrent elles conquièrent
Literary past	il conduisit	il connut	il conquit
Imperative	conduis conduisons conduisez	connais connaissons connaissez	conquiers conquérons conquérez
Conversational past	j'ai conduit tu as conduit il a conduit elle a conduit nous avons conduit vous avez conduit ils ont conduit elles ont conduit	j'ai connu tu as connu il a connu elle a connu nous avons connu vous avez connu ils ont connu elles ont connu	j'ai conquis tu as conquis il a conquis elle a conquis nous avons conquis vous avez conquis ils ont conquis elles ont conquis

Infinitive	**10. courir** *to run*	**11. craindre** *to fear*	**12. croire** *to believe*
Present participle	courant	craignant	croyant
Past participle	couru	craint	cru
Present	je cours tu cours il court elle court	je crains tu crains il craint elle craint	je crois tu crois il croit elle croit

	nous courons vous courez ils courent elles courent	nous craignons vous craignez ils craignent elles craignent	nous croyons vous croyez ils croient elles croient
Future	je courrai	je craindrai	je croirai
Literary past	il courut	il craignit	il crut

Infinitive	**13. cueillir** *to pick, to gather*	**14. devoir** *to have to*	**15. dire** *to say*
Present participle	cueillant	devant	disant
Past participle	cueilli	dû, due (f.)	dit
Present	je cueille tu cueilles il cueille elle cueille nous cueillons vous cueillez ils cueillent elles cueillent	je dois tu dois il doit elle doit nous devons vous devez ils doivent elles doivent	je dis tu dis il dit elle dit nous disons vous dites ils disent elles disent
Present subjunctive	je cueille tu cueilles il cueille elle cueille nous cueillions vous cueilliez ils cueillent elles cueillent	je doive tu doives il doive elle doive nous devions vous deviez ils doivent elles doivent	je dise tu dises il dise elle dise nous disions vous disiez ils disent elles disent
Literary past	il cueillit	il dut	il dit

Infinitive	**16. écrire** *to write*	**17. envoyer** *to send*	**18. être** *to be*
Present participle	écrivant	envoyant	étant

Past participle	écrit	envoyé	été
Present	j'écris tu écris il écrit elle écrit nous écrivons vous écrivez ils écrivent elles écrivent	j'envoie tu envoies il envoie elle envoie nous envoyons vous envoyez ils envoient elles envoient	je suis tu es il est elle est nous sommes vous êtes ils sont elles sont
Future	j'écrirai	j'enverrai	je serai
Literary past	il écrivit	il envoya	il fut
Imperative	écris écrivons écrivez	envoie envoyons envoyez	sois soyons soyez

Infinitive	**19. faire** *to do, to make*	**20. falloir** *to be necessary*	**21. fuir** *to fly, to flee*
Present participle	faisant	——	fuyant
Past participle	fait	fallu	fui
Present	je fais tu fais il fait elle fait nous faisons vous faites ils font elles font	il faut	je fuis tu fuis il fuit elle fuit nous fuyons vous fuyez ils fuient elles fuient
Present subjunctive	je fasse	il faille	je fuie
Future	je ferai	il faudra	je fuirai
Literary past	il fit	il fallut	il fuit

Infinitive	22. **haïr** *to hate*	23. **lire** *to read*	24. **mettre** *to put*
Present participle	haïssant	lisant	mettant
Past participle	haï	lu	mis
Present	je hais tu hais il hait elle hait nous haïssons vous haïssez ils haïssent elles haïssent	je lis tu lis il lit elle lit nous lisons vous lisez ils lisent elles lisent	je mets tu mets il met elle met nous mettons vous mettez ils mettent elles mettent
Literary past	il haït	il lut	il mit

Infinitive	25. **mourir** *to die*	26. **naître** *to be born*	27. **partir** *to leave*
Present participle	mourant	naissant	partant
Past participle	mort	né	parti
Present	je meurs tu meurs il meurt elle meurt nous mourons vous mourez ils meurent elles meurent	je nais tu nais il naît elle naît nous naissons vous naissez ils naissent elles naissent	je pars tu pars il part elle part nous partons vous partez ils partent elles partent
Future	je mourrai	je naîtrai	je partirai
Literary past	il mourut	il naquit	il partit

Infinitive	28. **plaire** *to please*	29. **pleuvoir** *to rain*	30. **pouvoir** *to be able*
Present participle	plaisant	pleuvant	pouvant

Past participle	plu	plu	pu
Present	je plais tu plais il plaît elle plaît nous plaisons vous plaisez il plaisent elles plaisent	il pleut	je peux (puis) tu peux il peut elle peut nous pouvons vous pouvez ils peuvent elles peuvent
Present subjunctive	je plaise	il pleuve	je puisse
Future	je plairai	il pleuvra	je pourrai
Literary past	il plut	il plut	il put

Infinitive	**31. prendre** *to take*	**32. recevoir** *to receive*	**33. rire** *to laugh*
Present participle	prenant	recevant	riant
Past participle	pris	reçu	ri
Present	je prends tu prends il prend elle prend nous prenons vous prenez ils prennent elles prennent	je reçois tu reçois il reçoit elle reçoit nous recevons vous recevez ils reçoivent elles reçoivent	je ris tu ris il rit elle rit nous rions vous riez ils rient elles rient
Present subjunctive	je prenne	je reçoive	je rie
Literary past	il prit	il reçut	il rit

Infinitive	34. **savoir** *to know*	35. **souffrir** *to suffer*	36. **suffire** *to suffice*
Present participle	sachant	souffrant	suffisant
Past participle	su	souffert	suffi
Present	je sais tu sais il sait elle sait nous savons vous savez ils savent elles savent	je souffre tu souffres il souffre elle souffre nous souffrons vous souffrez ils souffrent elles souffrent	je suffis tu suffis il suffit elle suffit nous suffisons vous suffisez ils suffisent elles suffisent
Present subjunctive	je sache	je souffre	je suffise
Future	je saurai	je souffrirai	je suffirai
Literary past	il sut	il souffrit	il suffit
Imperative	sache sachons sachez	souffre souffrons souffrez	suffis suffisons suffisez

Infinitive	37. **suivre** *to follow*	38. **tenir** *to hold*	39. **vaincre** *to conquer*
Present participle	suivant	tenant	vainquant
Past participle	suivi	tenu	vaincu
Present	je suis tu suis il suit elle suit nous suivons vous suivez ils suivent elles suivent	je tiens tu tiens il tient elle tient nous tenons vous tenez ils tiennent elles tiennent	je vaincs tu vaincs il vainc elle vainc nous vainquons vous vainquez ils vainquent elles vainquent

Present subjunctive	je suive	je tienne	je vainque
Future	je suivrai	je tiendrai	je vaincrai
Literary past	il suivit	il tint	il vainquit

Infinitive	**40. valoir** *to be worth*	**41. venir** *to come*	**42. vivre** *to live*
Present participle	valant	venant	vivant
Past participle	valu	venu	vécu
Present	je vaux tu vaux il vaut elle vaut nous valons vous valez ils valent elles valent	je viens tu viens il vient elle vient nous venons vous venez ils viennent elles viennent	je vis tu vis il vit elle vit nous vivons vous vivez ils vivent elles vivent
Present subjunctive	je vaille	je vienne nous venions tu viennes vous veniez il vienne ils viennent.	je vive
Future	je vaudrai	je viendrai	je vivrai
Literary past	il valut	il vint	il vécut

Infinitive	**43. voir** *to see*	**44. vouloir** *to want*
Present participle	voyant	voulant
Past participle	vu	voulu
Present	je vois	je veux

	tu vois il voit elle voit nous voyons vous voyez ils voient elles voient	tu veux il veut elle veut nous voulons vous voulez ils veulent elles veulent
Present subjunctive	je voie	je veuille
Future	je verrai	je voudrai
Literary past	il vit	il voulut
Imperative	vois voyons voyez	veuille veuillons veuillez

APPENDIX 2

Lexique

Abbreviations

adj.	adjective	pers.	personal
adv.	adverb	pl.	plural
art.	article	poss.	possessive
conj.	conjunction	prep.	preposition
f.	feminine	pron.	pronoun
inter.	interrogative	rel.	relative
m.	masculine	s.	singular
n.	noun		

à to, at, in; **— moins que** unless; **— pied** on foot; **— présent** now; **— travers** across, through
abandon m. abandonment, relinquishment
abandonner to abandon, to give up
abîme m. abyss, precipice
d'abord first, at first
aboyer to bark
abri m. shelter
abriter to shelter; **s'—** to take shelter
accord m. agreement; **d'—** in agreement, O.K.
accorder to grant
âcre sour, acrid
accrocher to hang up, to hook; **s'—** to cling to
s'accroupir to squat
achat m. purchase
acheter to buy
achever to finish, to complete
acier m. steel
adieu m. farewell, good-by
s'adosser to lean against
adroit, –e skillful, clever
affaisser to depress; **s'—** to sink down, to be bent down (by age)
affirmer to assert
affluer to flow into, to abound, to flock
affreux, affreuse horrible, terrible
africain, –e adj. African; **Africain** n. (an) African
Afrique f. Africa
agacer to irritate, to annoy, to provoke
s'agenouiller to kneel down
agir to act; **s'— de** to be a question of, to concern
agripper to grip, to clutch
aider to help
aiguille f. needle
ailleurs elsewhere; **d'—** besides, moreover
aimer to like, to love
aîné, –e elder, eldest, senior
ainsi thus, so; **— que** as, as well as
air m. air, appearance, look; **avoir l'—** to seem, to look
aisance f. ease, freedom
ajouter to add
Algérie f. Algeria
alléchant alluring
allécher to allure
Allemagne f. Germany

allemand, –e adj. German; **Allemand** n. (a) German
aller to go; **s'en —** to go away; **Comment allez-vous?** How are you?
alors then, so
âme f. soul
s'améliorer to better, to improve
amener to bring, to lead
amer, amère bitter
amertume f. bitterness
ami, –e friend
amitié f. friendship
amour m. love
amoureux, amoureuse in love, enamored
amusant funny, amusing
s'amuser to have a good time
an m. year
ancien, ancienne old, antique, former
anéantir to destroy, to annihilate
ange m. angel
anglais, –e adj. English; **Anglais** n. (an) Englishman
animé, –e lively
année f. year
annonce f. announcement
annoncer to announce
antipathique displeasing
antre m. cave
août m. August
apaiser to calm, to soothe
apercevoir to perceive, to see, to glance at; **s'—** to find out, to become aware of
appareil m. machine, mechanism, array; **— de photo** camera
apparence f. appearance, likelihood
apparent apparent, plain
apparenté related, connected
appartenir (à) to belong (to)
appel m. call
appeler to call; **s'—** to be named
applaudir to applaud; **s'— de** to be satisfied with
appliqué –e attentive, studious, diligent
appliquer to apply, to stick; **s'— à** to apply oneself to
apport m. share, contribution
apporter to bring
apprendre to learn
apprivoiser to tame
s'approcher to draw near
appui m. support, sill
appuyer to support, to press; **s'—** to lean, to rely on
âpre tough, rugged, harsh
après prep. and adv. after, afterward; **d'—** according to; **— que** after; **—-demain** the day after tomorrow
après-midi m. and f. afternoon
arbre m. tree
arbrisseau m. young tree
arbuste m. shrub
argent m. silver, money
aride dry
armée f. army, forces
armure f. armor
arôme m. flavor
arqué, –e arched, bandy, bent, curved
arracher to root up, to pull out, to drag
s'arranger to manage, to agree
arrêter to stop, to arrest; **s'—** to stop
arrière (en) behind
arriéré, –e backward, mentally retarded
arrivée f. arrival, coming
arriver to arrive (at), to come, to succeed (in), to happen
arroser to water, to sprinkle
arrosoir m. watering-can
artisan m. workman, craftsman
asile m. rest home
asperges f.pl. asparagus
aspiration f. aspiration, breathing in, longing
aspirer to breathe in; **— à** to long for
s'assembler to gather together
assentiment m. assent, agreement
s'asseoir to sit
assez enough, rather; **— bien** pretty well
assiette f. plate
assistance f. attendance, help, audience
assister to help; **— à** to attend
s'assoupir to doze off, to grow sleepy, to die away (of sound)
assourdir to deafen, to muffle (of sound)
assurément assuredly
athée n. and adj. atheist, atheistic
âtre m. fireplace
s'attarder to linger, to stay late
atteindre to reach, to attain
atteinte f. attack; **porter — à** to impair
attendre to wait (for)
attente f. expectation, waiting

attention f. attention; **faire — à** to watch out for
attirer to attract
attrait m. attraction
aucun, –e no, any; **— . . . ne** no, nobody, no one
audace f. boldness, daring
au-delà de beyond
au-dessous de under, below
au-dessus de above
aujourd'hui today
auprès de with, beside
aussi also, too, therefore; **— . . . que** as . . . as
aussitôt immediately, directly, at once; **— que** as soon as
autant de as much as, as many as; **— . . . que** as much . . . as
auteur m. author
autobus m. bus (in the city)
automne m. fall
automobile f. car
autour de around
autrefois formerly, in former times
autrement otherwise
autruche f. ostrich
avaler to swallow
avance **en —** early; **à l'—** in advance
avant before
avantage m. advantage
avantageux, avantageuse advantageous, profitable
avant-veille f. the day before yesterday
avare stingy
avec with
avenir m. future
aveu m. confession, avowal
aveugle adj. blind
avion m. airplane
avis m. opinion, view
aviser to warn; **s'—** to discover
avocat m. lawyer
avoir to have
avouer to confess
avril m. April

bâcler to bungle, to do hastily
bagages m.pl. luggage
bâiller to yawn
baiser to kiss
balancer to waver; **se —** to swing
balayer to sweep
balbutier to stammer, to mumble
ballotter to toss, to shake
banal, –e common, petty
banlieue suburbs, outskirts
barbe f. beard
barrage m. barrier, dam
barreau m. iron bar, bar (justice)
barrière f. railing, barrier, gate
bas, basse low
bateau m. boat
bâtiment m. building
bâtir to build
bâtisse f. masonry, building
se battre to fight
bavarder to babble, to prattle
beau, belle beautiful, fine, handsome
beacoup (very) much, many, a great deal
bêche f. spade
bégayer to stutter
bélier m. ram
belliqueux, belliqueuse quarrelsome, warlike
bénir to bless
berceau m. cradle
bercer to rock, to lull asleep
béret m. cap
berner to fool
besoin m. need; **avoir — de** to need
bête n.m. beast, animal
bête adj. stupid
bêtifier to act foolishly
beurre m. butter
bibliothèque f. library
bicyclette f. bicycle
bien m. goods, property, wealth
bien adv. right, well; **— portant** in good health
bienfait m. kindness, favor
bière f. beer, coffin
bifteck m. steak
bigarrer to variegate, to mottle
bigarrure f. medley, mixture, splash (of color)
bile f. gall, ill humor
billard m. billiards, billiard table
billet m. ticket
blague f. joke; **sans —** really?
blaguer to banter, to humbug, to joke
blanc, blanche white

blancheur f. whiteness, brightness
blé m. corn, wheat
blême pale, sallow
blessant wounding
blesser to injure, to hurt, to offend
blessure f. wound, offense
bleu blue
bleuâtre bluish
se blottir to squat, to cower, to crouch
blouse f. tunic, blouse
boire to drink
bois, m. wood
boisé –e wooded, timbered
boisson f. drink, beverage
boîte f. box, casket, case
boiter to limp
boiteux, boiteuse lame, limping
bon, bonne good, kind, fine, nice
bonbon m. candy
bond m. jump, leap, bound
bondé, –e chock-full
bondir to bound, to frisk
bonheur m. happiness; **au petit —** anyhow, at random; **par —** luckily, fortunately
bonhomme m. (pl. **bonshommes**) good-natured man
bonjour m. good morning, good afternoon
bonne-maman f. grand mamma
bonsoir m. good evening, good night
bord m. edge, margin, border
bordelais, –e (native) of Bordeaux
borne f. boundary, limit
borné, –e bounded, limited, narrow (minded)
borner to bound, to limit; **se —** to be content with
bosse f. bump, hump, hunch
bouche f. mouth
boucle f. curl, lock (of hair)
bouclé, –e curly
bouder to sulk, to be sullen
bouderie f. pouting, sulkiness
boue f. mud, dirt
bouger to move, to stir, to budge
bouillir to boil, to simmer
bouilloire f. kettle
bouleverser to overthrow, to upset
boulon m. bolt
bouquet m. bunch
bouquin m. old book
bourdon m. bumblebee
bourdonnement m. humming, buzzing
bourdonner to buzz, to hum
bourgeon m. bud, shoot
bourgmestre m. burgomaster
bourse f. purse, scholarship, stock exchange
boursouflé, –e bloated, swollen
bout m. end, extremity
boutique f. small shop
bouton m. bud, button
braise f. embers
branchage m. branches, boughs
bras m. arm
brassard m. badge, arm band (for funerals)
brave good, honest, worthy
brebis f. ewe, one of the pastor's flock
bredouiller to stammer, to stutter
bref short, concise; **en —** in a few words
brillant, –e sparkling, brilliant, bright
briller to shine, to glitter, to sparkle
brin m. blade, bit
brindille f. sprig, twig
brisé, –e broken, shattered, harassed
briser to break, to shatter, to smash
broc m. pitcher, jug
broder to embroider
se brosser to brush
brou m. husk (of a walnut)
brouhaha m. hubbub, uproar
brouillard m. fog, mist
brouiller to mingle, to confound
bruit m. noise; **un faux —** a false report
brûler to burn
brume f. haze, mist
brusquement suddenly
buanderie f. wash-house, laundry
bûche f. log
bureau m. office, desk; **— de tabac** tobacco shop
but m. aim, purpose

ça pron. that; **— va?** O.K.?
cabane f. hut, cabin
cabinet m. office; **— de travail** study
cabriolet m. gig, cabriolet, one-horse carriage
cadavre m. corpse
cadeau m. present, gift
cadet m. youngster, junior
cadre m. frame, setting
café m. coffee, café

cafetière f. coffeepot
cahier m. notebook
cahot m. jolt, bump
caillou m. pebble
cajoler to coax
caisse f. case, box
calcul m. calculation, arithmetic
calèche f. open carriage
calme n.m. calm, quietness; adj. calm, serene
calmer to still, to quiet; **se —** to grow calm, to compose oneself
camarade m. and f. friend
camaraderie f. friendship
cambouis m. engine grease
campagnard, –e country-like
campagne f. country
canne f. cane, walking stick; **— à pêche** fishing rod
canotier m. straw hat
canton m. district, canton
cap m. cape, headland
capitonner to pad
caprice m. whim, fancy
capricieux, capricieuse whimsical
capter to capture
car m. bus
car for, because
caresser to stroke
cargaison f. cargo
carmin m. rouge
carré n.m. and adj. square
carrelé, –e tiled
carrière f. profession, career
carriole f. light covered cart, van
cartable m. school satchel
cas m. case, instance
casser to break
cauchemar m. nightmare
cause f. motive, occasion, reason; **à — de** because of
causer to cause, to talk, to chat
causerie f. short talk
cavalier m. rider
cave f. cellar
ce pron. this, that, these, he, she, it, they
ce, cet (f. **cette**) adj. this, that; pl. **ces** these, those
ceci this
céder to give up, to surrender
ceinture f. sash, belt
cela that
célèbre famous, celebrated
célébrer to perform, to celebrate
celui (f. **celle**) pron. the one; pl. **ceux, celles**
cent hundred
centaine f. about a hundred
centuple hundredfold
cependant nevertheless
certes most certainly
c'est-à-dire that is to say
chacun, –e each
chagrin m. sorrow, grief, affliction
chaise f. chair
chalet m. cottage
chambranle m. door casing
chambre f. room; **— à coucher** bedroom
champ m. field
champignon m. mushroom
chance f. luck; **avoir de la —** to be lucky
chancre m. ulcer, tumor
chandail m. sweater
chandelle f. candle
chanson f. song
chanter to sing
chapeau m. hat
chaperon m. hood; **— rouge** Little Red Riding Hood
chaque each
charbon m. coal
charge f. load, burden, task, responsibility
charger to load, to entrust; **se — de** to take upon oneself
chasser to hunt
chasseur m. hunter
château m. castle
chatouille f. tickling
chatouillement m. tickling
chatouiller to tickle
chaud warm, hot; **avoir —** to be warm
chauffer to heat
chaume f. thatch, stubble
chaumière f. thatched house
chaussette f. sock, stocking
chaussure f. shoe, boot
chaux f. whitewash
chef-d'œuvre m. masterpiece
chemin m. road, path; **— de fer** railroad; **en —** on the way
cheminée f. chimney
chenille f. caterpillar

cher, chère dear, expensive
chercher to search for, to look for
chevalet m. sawhorse
chevelure f. (head of) hair
chevet m. head (of a bed), bedside
chez at (to, in) the house (office) of
chien m. dog
chiffre m. figure, number, cipher
chimie f. chemistry
chimiste m. chemist
chique f. quid (of tobacco)
chœur m. choir
choir to fall
choisir to choose
choix m. choice
chose f. thing; **quelque —** something
chou m. cabbage; **— de Bruxelles** Brussels sprouts
chou-fleur m. cauliflower
choyer to pet, to fondle
chute f. fall
ciel m. sky
cil m. eyelash
ciment m. cement, concrete
cimetière m. cemetery
cinq five
cinquante fifty
cinquième fifth
cintre m. hanger (clothes), curve of an arch
cintrer to arch, to curve
cire f. wax
cirer to shine (shoes, floor)
citoyen, citoyenne citizen
citron m. lemon
citronnade f. lemonade
civil en — in plain clothes
clair clear
clavier m. keyboard
clef (clé) f. key
cloche f. bell
clocher to limp, to go wrong
clou m. nail
clouer to nail
cœur m. heart
cogner to bump, to beat; **se —** to strike, to bump
coiffer to dress, to curl
coiffure f. headdress, hair arrangement
coin m. corner
colère f. anger
colline f. hill
colombe f. dove
combien how much, how many
commander to order
comme like, as; **— d'habitude** as usual; **— ci — ça** so-so
commencement m. beginning
comment how, in what manner; **—?** Pardon me?
commentaire m. remark
commerçant m. merchant
commode n.f. chest of drawers; adj. convenient, easy
commun common
commutateur m. switch
complaisant, –e kind, obliging
compréhensible understandable
comprendre to understand
compromettre to compromise, to expose
compte m. reckoning, account, amount; **tout — fait** in any case, all things considered
compter to count, to reckon
concierge (m. and f.) porter, doorkeeper
conduire to drive, to conduct, to take (people)
confiance f. trust, confidence
confidence f. secret
confier to entrust; **se —** to confide, to rely
confondre to confound, to confuse
confrère m. colleague
congé m. holiday, leave, notice of dismissal
conjecture f. guess
connaissance f. knowledge, acquaintance
connaître to know, to be acquainted with
consacrer to devote
conseiller to advise
consommé m. clear soup, beef tea
consommer to consume, to use
conte m. tale; **— de fées** fairy tale
content, –e satisfied, pleased, glad
contradictoire contradictory, inconsistent, conflicting
contrainte f. constraint, compulsion
contraire m. n. and adj. contrary, opposite
contre against
convaincre to convince, to persuade
convenable suitable, proper, decent
convenir to suit, to agree
convoitise f. cupidity, covetousness
co-propriétaire co-owner
coquelicot m. red poppy

coquet, coquette coquettish, stylish
corbillard m. hearse
cordon m. strand, twist, string
corne f. horn
corps m. body
corridor m. hall
corriger to correct
corsage m. bodice, blouse
Corse f. Corsica
corse adj. Corsican; **Corse** n. (a) Corsican
corvée f. unpleasant job or task, toil
coteau m. slope, hillside
coucher to put to bed; **se —** to go to bed
coucher m. bedtime; **— du soleil** sunset
coude m. elbow
couler to flow
couloir passage, gangway
coup m. blow, stroke, hit; **à — sûr** certainly; **— d'œil** glance; **— de pied** kick
couper to cut (off)
cour f. yard, court, courtship
courant, –e usual, current
courber to curve, to bend
courir to run
couronne f. crown
couronner to crown
courrier m. mail
cours m. class, course; **au — de** during; **en —** going on
course f. race
court, –e short, brief; **être à — de** to be short of
coût m. cost
couteau m. knife
coûter to cost
coutume f. habit, custom, usage, practice
couvercle m. cover, lid
couverture f. blanket
couvrir to cover, to wrap up
crachat m. spittle
cracher to spit
craie f. chalk
craindre to fear
crainte f. fear
cramoisi, –e crimson
cravate f. necktie
crayon m. pencil
crépuscule m. twilight, dawn
creuser to dig
crever to burst, to break open, to die, to perish
croire to believe
croiser to cross
croupir to stagnate, to be sunk in
cuir m. leather
cuire to cook, to boil, to bake
cuisine f. kitchen
cuisse f. thigh
cuivre m. copper, brass instruments
culotte f. breeches, short trousers
culte m. worship, creed, religion
cultivé –e cultured, educated

dame f. lady
davantage adv. more
débarquer to land, to disembark
se débrouiller to get along, to handle a situation, to manage
décéder to die
décembre m. December
déchiffrer to decipher
décidé, –e determined
décoiffer to undo (one's hair)
découper to cut, to carve
découverte f. discovery
découvrir to discover, to find
décrire to describe
décrocher to unhook
dédicace f. dedication
dédier to dedicate, to consecrate
défaire to undo, to untie
défendre to defend, to protect, to forbid; **se —** to deny
déferler to unfurl, to break into foam
défunt, –e n. and adj. deceased
déganter to unglove; **se —** to take off one's gloves
dégrossir to rough down, to polish up
déguiser to disguise
déjà already
déjeuner m. lunch; **petit —** breakfast
délier to untie, to unbind, to loosen
demain tomorrow; **à —** see you tomorrow
demander to ask; **se —** to wonder
démangeaison f. itching
démarche f. gait, step, walk
déménager to move out
demeurer to live, to dwell
demi half
demoiselle f. young lady

démontage m. dismounting
dénoncer to denounce, to inform on
dent f. tooth
dentelle f. lace
dénudé, –e bare, denuded, stripped
se dépêcher to hurry
dépenser to spend
dépit m. vexation; **en —** in spite of
déposer to put down
déprécier to underrate
depuis since, for
déranger to disturb; **se —** to trouble
déréglé, –e out of order, lawless, wild, immoderate
dérégler to put out of order, to upset
dernier, dernière last; **— fois** last time
dérober to steal, to rob; **à la dérobée** stealthily
déroger to derogate, to condescend
descendre to go down, to get out, to stay (at home)
désespérer to despair, to give up hope
désespoir m. despair
désigner to point out, to indicate, to nominate
désolé, –e very sorry, grieved
désormais henceforth
dessein m. design, plan, project; **à —** on purpose
dessin m. drawing
dessiner to draw
dessous under, below
dessus on, upon, over
détaché, –e detached, unconcerned
détacher to unloose, to unfasten
détendre to unbend, to relax
détenir to possess, to keep, to detain
détourner to turn away
détresse f. distress
deuil m. mourning
deux two
devant in front of, before
deviner to guess
dévisser to unscrew
devoir m. duty, homework
devoir to owe, to be obligated to, to have to
Dieu m. God
dimanche m. Sunday
dire to say, to tell; **vouloir —** to mean; **c'est-à-—** that is to say
se diriger to make one's way toward a place to head for
discours m. discourse, speech
disparaître to disappear, to vanish, to pass away
disparu, –e missing, extinct
disponible vacant, available
disque m. record; **tourne-—** record player
se dissiper to vanish, to be squandered away
divertir to divert, to entertain
dix ten
dodeliner (de la tête) to wag one's head, to nod
doigt m. finger
domicile m. residence, dwelling
don m. gift
donc then, so; **dites —!** say!
donner to give; **— sur** to look out on
dont whose, of whom, of which
doré golden
dormir to sleep
dos m. back
douceur f. sweetness, pleasure; **—s** sweets, candy
douillet, douillette downy, soft, delicate
doute m. doubt, suspicion, fear
douteux, douteuse doubtful
drap m. cloth; **— de lit** sheet
draperie f. drapery
dressage m. training
dresser to erect, to train
droit, n.m. straight, right; adj. right
drôle funny, comical; **— de** quaint, strange
dur hard, harsh
durcir to harden, to make hard

eau f. water
ébahi, –e astonished
ébahir to astonish; **s'—** to be astonished
écarter to turn aside, to drive away; **s'—** to deviate, to err
échapper to escape
écharpe f. scarf
éclaboussement m. splashing, spattering
éclair m. lightning
éclairer to light
éclat m. splinter, splendor, sudden bursting; **— de rire** burst of laughter
éclosion f. hatching, blossoming
école f. school
écolier, écolière schoolboy, schoolgirl

écouter to listen (to)
écrire to write
écriture f. hand writing
écrivain m. writer, author
écureuil m. squirrel
effaroucher to terrify, to frighten
effectivement actually, in reality, indeed, that is so
efficace efficient
s'effondrer to fall in, to break down, to collapse
s'efforcer to strive, to do one's utmost to do something, to try
égard m. respect, regard; **à cet —** in this respect; **en — à** considering
égaré, -e lost, stray, misled
s'égarer to lose one's way
église f. church
élan m. start, spring, onthrust
s'élancer to bound, to dash, to rush
élégance f. stylishness
élève m. and f. student
élever to raise; **s'—** to rise
elle she, it, her; pl. **elles** they, them (f.)
éloge m. praise
éloigné, -e remote, distant
éloigner to remove, to drive away; **s'—** to go away
embarras m. obstruction, trouble, fuss
embarrassé, -e perplexed
embaumer to embalm, to perfume
embellir to beautify
embêtant annoying
s'embêter to be bored, to be annoyed
embrasser to comprise, to kiss
embrouiller to confuse
émerveiller to amaze; **s'—** to marvel
émmuré, -e closed in, imprisoned
émoi m. emotion
émouvant, -e moving, touching
empanacher to plume, to adorn
s'emparer de to seize
empêchement m. hindrance
empêcher to hinder, to prevent; **s'— de** to keep from
empêtrer to entangle, to trammel **s'—** to become entangled, embarrassed
empiler to stock, to pile up
employé m. clerk, employee
employer to use
emportement m. transport, passion
emporter to carry away; **l'— sur** to triumph over
emprisonnement m. confinement
emprisonner to imprison
emprunt m. loan
emprunter to borrow
ému, -e moved, touched
en prep. in, at, to by, while; pron. some, any, of it
encaisser to cash
enchanté, -e delighted
enchantement charm, delight
encombrant cumbersome
encombrer to obstruct, to crowd
encontre **à l'— de** against
encore yet, still, more; **— une fois** again
encre f. ink
endormi, -e asleep, sleepy
endormir to make sleep; **s'—** to fall asleep
endosser to put on
endroit m. place, spot, right side (of material)
enfant m. and f. child
enfer m. hell
enfermer to enclose, to lock in, to confine
enfilade f. suite, series
enfiler to thread, to pierce
enfin at last, finally
enforcer to drive in, to break open, to thrust
enfourcher to bestride, to pierce
s'enfuir to run away
engagement m. obligation, entrusting, pledging
engueuler to scold, to tongue lash
enivrer to intoxicate, to elate, to inebriate
enlaidir to make ugly, to disfigure; **s'—** to grow ugly
enlever to carry away, to remove
ennuyer to annoy, to bore
ennuyeux, ennuyeuse tedious, dull
enrayer to stop, to lock, to brake
enrouler to roll up
ensemble adv. together; n.m. whole mass
ensuite then, afterward
s'ensuivre to follow, to result
entasser to fill up, to accumulate
entendre to hear, to understand; **s'—** to agree
entente f. agreement
enterrement m. burial
s'entêter to be obstinate

entier, entière whole, entire, complete
entour à l'— de around
entre between
entrée f. entrance, entry
entrepont m. between-decks, steerage
entreprendre to undertake
entrer to enter, to come in; **faire —** to show in
entretemps meanwhile
entretenir to keep up, to maintain; **s'—** to talk, to maintain
entretien m. keeping, talk
entrevoir to catch a glimpse of
envers prep. toward, to; n. m. wrong side, back
envie f. desire, longing; **avoir — de** to feel like
environ adv. about; n.m.pl. **—s** neighborhood
envoyer to send
épais, épaisse thick
épaissir to thicken
épars, —e scattered
éphémère ephemeral, short-lived, transitory
épier to spy
épigastre m. epigastrium
épine f. thorn
éplucher to pick, to peel
éponge f. sponge
éponger to mop
époque f. time, period, age
errer to wander, to err
erreur f. error, mistake
escalier m. stairs
escompter to discount, to forestall
espèce f. species, kind, sort
esprit m. wit, mind
esquisser to sketch, to outline
essuyer to wipe
est m. east
estaminet m. coffee house, tavern
estrade f. stage, podium
et and
état m. state, condition; **Etats-Unis** United States
été m. summer
éteindre to extinguish
étendre to extend, to stretch out; **s'—** to stretch oneself, to reach
étendu, —e outstretched, wide
étinceler to sparkle, to glitter
étincelle f. spark
étioler to etiolate, to blanch; **s'—** to droop, wilt
étoile f. star
étoilé, —e starry
étonnant, —e astonishing, wonderful
étonnement m. astonishment, surprise
étonner to astonish, to amaze; **s'—** to be astonished
étouffer to suffocate, to choke
étourdi, —e confused
étourdir to make dizzy
étrange strange, odd
étranger, étrangère, n. foreigner, alien; adj. foreign, alien
être m. being, creature
être to be, to exist; **n'en — qu'à** to be only to; **— sûr (sûre)** to be certain
étroit, —e narrow, tight, limited; **à l'—** narrowly
étroitesse f. narrowness
étude f. study, learning
étudiant, n.m. student; n.f. **étudiante**
étudier to study, to learn
eux m. they, them
évangile f. gospel
s'évanouir to faint, to vanish, to die away
évasion f. escape, flight
événement m. event
évidemment of course, clearly
éviter to shun, to avoid
exact, —e right, correct
examen m. examination, inspection
exemplaire m. sample, specimen
exhiber to present, to display
expérience f. experience, experiment; **faire des —s** to experiment
explication f. explanation
exprès on purpose
s'exprimer to express, to utter

face f. face, visage; **en — de** opposite, across (the street)
fâcher to anger; **se —** to grow angry
facile easy
facilement easily
façon f. way, manner; **sans —s** without ceremony
faible weak

faillir to fail, to be on the point of
faim f. hunger; **avoir —** to be hungry
faire to do, to make; **cela ne fait rien** never mind; **combien cela fait-il?** how much does that come to?
fait m. fact, act; **en —** in fact
falloir to be necessary
fameux, fameuse famous
famille f. family
fantôme m. ghost
farouche wild, savage, shy
fatigant tiresome
fatigue f. tiredness
fatigué, –e tired
faubourg m. suburb
fausset m. falsetto
fausseté f. falsity, treachery
faute f. mistake, fault; **— de** for lack of
fauteuil m. armchair
fauve m. wild beast
faux, fausse false, wrong
félicitations f. congratulations
féliciter to congratulate
femme f. woman, wife; **— de chambre** maid
fendre to cleave, to split
fenêtre f. window
fermer to close
féroce ferocious
fête f. festive occasion, holiday
feu m. fire, fireplace
feuillage m. foliage
feuille f. leaf, sheet
feuilleter to turn over (pages of a book)
février m. February
ficus m. fig tree (figier)
se figer to curdle, to be very cold, to set
fil m. thread
filet m. net, streamlet
fille f. daughter, girl
fils m. son
fin f. end
final, –e last, final
finir to finish
fiole f. phial
firmament m. sky
flamme f. flame
flâner to stroll
fléchir to bend, to persuade, to yield
fleur f. flower
fleurir to blossom
fleuve m. river
foi f. faith, hope
foire f. fair, market
fois f. time, occasion; **une —** once; **à la —** at the same time
follement foolishly, unwisely, extravagantly
fond m. bottom, foundation; **à — de train** at full speed; **de — en comble** from top to bottom; **au — de** at the back, in the main
fondre to melt
forçat m. convict; **mener une vie de —** to drudge and slave
formulaire m. blank, printed form
fort, –e strong; **être — en** to be good at
fossette f. dimple
foudre f. lightning
fougueux, fougueuse fiery, impetuous, wild
fouiller to search, to dig
foulard m. silk scarf
foule f. crowd
fournil m. bakehouse
fourrure f. fur
foyer m. house, hearth
fracas m. noise, din, fracas
fraîcheur f. freshness, coolness
frais m. pl. expenses, costs
frais, fraîche adj. fresh, new, recent, cool
fraise f. strawberry
français, –e adj. French; **Français** n. (a) Frenchman
frapper to strike, to hit, to beat
frêle frail, weak
frelon m. hornet
frémir to quiver, to shudder
frémissement m. quivering
frère m. brother
friand, –e dainty, fond of
friper to crumple, to rumple
frire to fry
frisé, –e curled, kinky
friser to curl, to border upon
frit, –e fried
froid cold; **avoir —** to be cold
frôlement m. grazing, rustling
frôler to touch slightly
fromage m. cheese
front m. forehead
frotter to scrub, to rub, to polish
fulgurant –e flashing
fumer to smoke

fumeux, fumeuse smoky
fumoir m. smoking room
funèbre a. funeral, mournful; **oraison —** funeral oration
fur au — et à mesure de in proportion to, gradually
furieux furious, mad
fusil m. gun, rifle

gagner to earn, to win; **— sa vie** to make one's living
gai, –e merry, cheerful
galette f. flat cake, biscuit
gant m. glove
garantie f. guarantee, warrant
garçon m. boy
garder to keep, to take care, to preserve; **se — de** to beware of, to abstain from; **se —** to keep, to last
gardien m. guardian, keeper
gare f. railway station; **—!** beware!
gaspiller to spoil, to waste, to squander
gâteau m. cake, cookie
gâter to spoil
gaufre f. waffle
gaufré, –e embossed, corrugated
gémir to groan, to moan
gendarme m. constable
gendre m. son-in-law
gêner to embarrass, to trouble
genou m. knee
genre m. genre, kind, sort, gender
gens m. pl. people; **— de passage** travelers
gentil, gentille nice, kind, pleasant
gentillesse f. kindness, gracefulness
gentiment kindly
geôlier m. jailer
germer to sprout
gésir to lie; **ci-git** here lies
geste m. gesture, motion
gifler to slap
glace f. mirror, ice, ice cream
glacer to freeze, to frost (a cake)
glisser to slip, to slide
gloire f. glory
goût m. taste
goûter to taste
grâce à thanks to
graine f. seed
grand, –e big, tall, great
grandiose majestic, imposing
grappe f. bunch, cluster
gras, grasse greasy, fat, oily
gratis adv. free, for nothing
gratter to scratch, to scrape
grattouiller to itch
gratuit, –e free
grave grave, important, serious, severe
gravir to climb
gravité f. seriousness, severity (illness), gravity (physics)
gré m. will, inclination; **de bon —** willingly
grêle f. hail
grelotter to shiver
grenier m. loft, garret, attic
griffe f. claw, paw
griffonner to scribble
grille f. railing
grimace f. grin
grimper to climb
grincer to grind, to creak, to gnash (teeth)
gris, –e grey, dull
se griser to become intoxicated
gros, grosse big, large, heavy
guêpe f. wasp
guère but little, not much, not many, barely; **ne —** scarcely, hardly
guérir to cure, to heal, to recover
guerre f. war, hostilities
guetter to be on the lookout for, to await
guimpe f. nun's veil
guise f. way, humor, fancy
gustatif, gustative gustative, gustatory
gustation f. tasting

s'habiller to get dressed
habit m. dress, costume; pl. **—s** clothes
habitant m. inhabitant, resident
habiter to live, to dwell
habitude f. habit; **avoir l'— de** to be accustomed to
habituel, habituelle usual
haïr to hate
hameau m. village
haricot m. bean
hâte f. haste; **avoir — de** to be in a hurry to
se hâter to make haste
hausser to raise, to increase

haut –e high
hebdomadaire weekly
hein? eh? what?
herbe f. herb, grass
se hérisser to bristle
héritage m. inheritance, legacy
héritier m. heir; **heritière** f. heiress
heure f. hour, time; **de bonne —** early; **à l'—** on time
heureux, heureuse happy
heurt m. knock, clash, shock
heurter to strike against, to run against
hier yesterday
histoire f. story, history
hiver m. winter
hocher la tête to nod
homme m. man
honnête honest
honte f. shame; **avoir —** to be ashamed
horaire m. schedule
hospice m. almshouse, asylum
hôte m. host, guest
huile f. oil
huit eight
humeur f. mood, temper
humide damp, wet, moist
humidité f. humidity
hurler to howl, to roar, to shriek

ici here; **par —** this way
il he, it; **ils** m. pl. they
immanquablement inevitably, without fail, for certain
impitoyable pitiless, merciless
importer to matter; **n'importe qui** anyone; **n'importe quoi** anything; **n'importe quand** anytime
impressionnant, –e moving, impressive
impuissant, –e powerless
inanimé –e inanimate, lifeless, unconscious
incertain, –e uncertain
incertitude f. uncertainly, doubt
inclinaison f. tilting, sloping
s'incliner to kneel, to bow
inconnu, –e n. and adj. unknown
inconsistance f. unsubstantiality, looseness, inconsistency
indécis, –e undecided
indigne unworthy, infamous
inerte inert, sluggish
infirmière f. nurse
infliger to inflict, to impose
ingrat, –e ungrateful; **l'âge —** the awkward age, adolescence
inhumain, –e inhuman, cruel
inhumer to bury
inquiéter to alarm, to disturb; **s'—** to be anxious
inquiétude f. anxiety
insensible insensitive
insignifiant, –e insignificant
insociable unsocial
installer to install, to fit up, to establish; **s'—** to settle
instant m. instant, moment
instituteur m. schoolmaster, teacher
institutrice f. schoolmistress
intention f. intention, purpose; **avoir l'— de** to intend to
interdire to prohibit
interdit m. interdict
interrompre to interrupt
intervenir to interfere, to interpose, to intervene
intriguer to puzzle, to perplex
invité m. guest

jacassement m. chatter, idle talk, cry, shout
jaillir to spring up, to shoot, to gush forth, to flash (light)
jais m. jet
jaloux, jalouse jealous
jamais never
jambe f. leg
janvier m. January
jardin m. garden
jarretelle f. stocking suspender
jaune yellow
jeudi m. Thursday
jeune young
joli, –e pretty, nice
joue f. cheek
jouer to play
jouet m. toy
jour m. day
journal m. newspaper
juger to judge, to pass sentence on, to be of the opinion
juillet m. July

juin m. June
jupe f. skirt
jurer to swear, to promise
jusqu'à prep. until, up to, to; **— ce que** conj. until

kermesse f. country fair
kilo(gramme) kilogram (2.2 pounds)
kilomètre m. kilometer (0.6 mile)
kiosque m. magazine stand

la art. f. the; pron. her, it
là there; **—-bas** over there
lac m. lake
lâche adj. cowardly; n.m. coward
lâcheté f. cowardice
lacune f. gap, void
laisser to allow, to let, to leave **— de côté** to omit, to abandon
lait m. milk
langue f. tongue, language
laque f. lacquer, lac
laquer to lacquer
large wide, broad, extensive
larme f. tear
las, lasse weary
lassitude f. weariness
laver to wash; **se —** to wash oneself
léger, légère adj. light
légion f. legion; **La Légion d'Honneur** the Legion of Honor
lendemain m. next day
lentement slowly
leur pers. pron. to them, them
leur poss. adj. (pl. **leurs**) their; **le leur, la leur, les leurs** poss. pron. theirs, their own
se lever to get up, to stand up, to rise
lèvre f. lip
libre free, vacant
lien m. bond, tie, band
lieu m. place, room, spot; **avoir —** to take place
limbe m. limb, rim, edge; **Limbes** limbo
linéament m. lineament, feature
linge m. linen, underwear
linteau m. lintel
lire to read
lisière f. border, outskirt
lit m. bed
livre m. book
livrer to deliver; **se —** to surrender, to devote oneself
loger to lodge (with, in), to billet
loi f. law
loin fair; **au —** in the distance; **de —** from afar
lointain n.m. distance
lointain, –e adj. distant, far off, remote
loisir m. leisure
longer to keep to the side of, to skirt, to hug (a coast)
longtemps pl. a long time
lors then; **— de** during
lorsque when
louer to rent
lourd, –e heavy
lubie f. whim, fancy
lucide lucid, bright
lueur f. glimmer, light, gleam
lui pers. pron. he, him, her, it; **—-même** himself
luire to shine, to gleam
lunaire lunar
lundi m. Monday
lustre m. luster, splendor

mâcher to chew
madame f. Mrs., madam
mademoiselle f. Miss
magasin m. store
mai m. May
maigre skinny
main f. hand
maintenant now
maire m. mayor
mairie f. city hall
mais but
maison f. house; **à la —** at home
maître m. master; **— d'école** schoolmaster
mal n.m. pain, harm, trouble; **avoir — à** to have pain in; **faire — à** to harm; **aller —** to feel sick
mal adv. badly
malade n. m. and f. patient, sick person; adj. sick, ill
maladroit, –e clumsy
malentendu m. misunderstanding

malgré in spite of
malheur m. misfortune
malheureusement unfortunately
malle f. trunk
manchette f. wristband, cuff
manger to eat; **salle à —** dining room
manière f. way, manner; pl. manners, mannerisms
manquer to miss, to fail; **— de** to lack, to neglect
manteau m. coat
marchandise f. goods, merchandise
marche f. step, stair, march; **— pied** footboard, pair of steps
marcher to walk
mardi m. Tuesday
marée f. tide
marge f. margin, border; **en — de** on the fringe of
mari m. husband
se marier to get married
marron n.m. chestnut; adj. maroon
marronnier m. chestnut tree
mars m. March
marteau m. hammer
martyr m. martyr
martyre m. martyrdom
mater to bring to heel, to bring down
matin m. morning, forenoon
matinal, –e early
matinée f. morning, forenoon
maussade cross, sulky, unpleasant
mauvais, –e bad, evil, ill, wicked
mauve purple, mauve
méchant –e wicked, naughty, spiteful
méconnaître to ignore, to disregard
mécontent, –e dissatisfied
médecin m. physician, doctor
se méfier de to mistrust
meilleur, –e better; **le —** the best
mélanger to mix, to blend
se mêler to mingle with; **— de quelque chose** to take a hand in something
même adv. even; adj. and pron. same, self, very; **de — que** just as; **à — la bouteille** straight out of the bottle
mener to lead
mensonge m. lie
menu, –e slender, small, minute
mépris m. contempt
mépriser to scorn, to despise
mer f. sea
mercredi m. Wednesday
mère f. mother
mériter to merit, to deserve
merveille f. marvel, wonder; **à —** excellently, wonderfully well
merveilleux, merveilleuse marvelous, wonderful
métier m. trade, profession
mettre to put on, to lay, to place; **se —** to begin, to set about
meuble m. piece of furniture
mi adv. half, mid, middle; **à — chemin** halfway; **la — août** the middle of August
midi m. noon; **le Midi** the South of France
mien (le), mienne (la), miens, miennes (les) mine, my own
mieux better; **le —** the best; **aimer —** to prefer
milieu m. middle, midst, milieu
mille thousand
millier a thousand
minuit m. midnight
missel m. missal, book of devotions
modeste modest, reserved, humble, unpretentious
moindre less; **le —** the least
moins less; **le —** the least; **au —** at least; **à — que** unless; **— . . . que** less . . . than; **— de . . . que** less . . . than
moitié f. half
monde m. world; **tout le —** everyone
monologue m. soliloquy
monotone monotonous
monsieur m. Mr., sir, gentleman
monter to go up; **— à cheval** to ride a horse
se moquer de to make fun of
morceau m. morsel, bit, piece
mordre to bite, to gnaw
morgue f. mortuary
morne dull, sullen
mot m. word
moteur m. engine
mou, molle soft, weak, feeble
mouche f. fly
moucheter to spot, to speckle
moue f. pout; **faire la —** to purse one's lips, to pout
mouiller to wet, to moisten
mourir to die

mousse f. foam, moss
mousseux, mousseuse foaming, sparkling
mouton m. sheep
Moyen-Age m. Middle Ages
muet, muette dumb, mute
mur m. wall
muselière f. muzzle
musicien m. musician

nager to swim
naissance f. birth
naître to be born
naufrage m. shipwreck
navré, –e heartbroken, very sorry
ne — . . . **pas** not; — . . . **que** only; — . . . **jamais** never; — . . . **aucun** no, not any, no one; — . . . **plus** no longer, no more; — . . . **ni** . . . **ni** neither . . . nor; — . . . **pas du tout** not at all; — . . . **personne** no one; — . . . **nul (nulle)** no one at all; — . . . **rien** nothing; — . . . **guère** hardly
néanmoins nevertheless, however
négligemment carelessly
négliger to neglect
neige f. snow
neiger to snow
net, nette clean, pure, neat
nettement clearly, cleanly
netteté f. clearness, cleanness
neuf nine
neuf, neuve new, fresh
niche f. kennel, niche, nook
nid m. nest
nimbé, –e haloed
Noël m. Christmas
nœud m. knot; — **de papillon** butterfly bow
noir, –e black
noiraud, –e swarthy
noircir to blacken, to smear
non-lieu m. no ground for prosecution, no suit
nonne f. nun
notre (pl. **nos**) our
nôtre (le, la) ours, our own pl. **les nôtres**
nourrisson m. suckling infant
nourriture f. food
nous we, us, ourselves
nouveau (nouvel, nouvelle, nouveaux, nouvelles) new, recent, fresh
nouvelle f. (piece of) news
novembre m. November
nu, –e naked, bare
nuage m. cloud
nuire to hurt, to harm
nuit f. night
nul, nulle adj. no, not one, worthless, void; pron. nobody
nullement not at all
numéro m. number
numéroter to number

objecter to raise an objection, to interpose an objection
obole f. obolus, mite, farthing
obstination f. stubbornness
obstiné, –e stubborn
s'occuper to keep oneself busy, to be interested in, to attend to
octobre m. October
œil m. eye pl. **yeux**
offenser to give offence to; **s'**— to take offence at, to be shocked
office m. duty, service (religious)
oisif, oisive idle, unoccupied
oisiveté f. idleness
ombrageux, ombrageuse suspicious, shy, touchy
ombre f. shade, shadow
oncle m. uncle
onctueux, onctueuse unctuous, oily
ongle m. nail
onze eleven
opale f. opal
or and yet, but
orage m. thunderstorm, storm
ordinaire usual, common, customary
ordonnance f. order, enactment, regulation, prescription (doctor's)
orée f. edge, skirt (of a wood)
oreille f. ear
oreiller m. pillow
orgueil m. pride, haughtiness; **gonflé d'**— puffed up with pride
oser to dare
ou or
où where; **n'importe** — anywhere; rel. adv. when
oui yes
outil m. tool, implement

ouvrage m. work, piece of work
ouvrier m. workman
ouvrir to open

paille f. straw
pain m. bread; **— d'épices** gingerbread
paix f. peace, quiet
palais m. palace, court, palate
palper to feel
panne f. breakdown (of a car or plane)
pantalon m. trousers
papillon m. butterfly
Pâques f. Easter
par by, through; **— suite de** owing to; **— hasard** by chance
parabole f. parable
paraître to appear, to seem, to become visible, to be published (of books); **il paraît que** it seems that
paravent m. screen
parbleu! why, of course!
parce que because
pardon m. forgiveness
pardonner to forgive
pareil, pareille like, similar, such
parent, –e n. relation, kinsman; **les —s** parents
parer to adorn, to embellish
parfois sometimes
parler to speak, to talk
parmi among
parodier to parody
paroisse f. parish
parole f. word, promise, saying
parsemer to strew, to spread
partager to share
parti m. party, decision; **prendre le — de** to side with
partie f. part, game
pas m. pace, step; **à deux —** not far
pas adv. no, not, not any; **— un** no one
passage m. thoroughfare, way
passager, passagère adj. transitory, momentary; n.m. passenger
passé m. past
passer to pass time, to spend time; **— un examen** to take an exam; **— outre** to proceed further, to disregard; **se —** to happen; **se — de** to do without
passe-temps m. pastime
pasteur m. protestant minister, shepherd
pâte f. dough, paste
pâté m. pie, pastry, blot (ink), block (house), mud pie
patiner to skate
pâtisserie f. pastry shop
patron m. employer, master, boss
patte f. paw
paupière f. eyelid
pauvre poor, unfortunate
pauvreté f. poverty
pavé m. paving stone, pavement
paysage m. landscape, scenery
pêche f. peach, fishing
se peigner les cheveux to comb one's hair
peindre to paint
peine f. trouble; **à —** scarcely; **sous — de mort** under pain of death
peintre m. painter
pelage m. coat, wool, fur (of an animal), pelt
peler to peel, to strip off
pèlerine f. cape, mantle
pencher to incline, to bend down; **se —** to bend forward
pendant during
pénombre f. semi-darkness
pensée f. thought
perdre to lose
perfide perfidious, false
périr to perish, to decay
perle f. pearl, bead
perroquet m. parrot
perruche f. parakeet
persister to persist, to maintain
persuader to convince
perte f. loss, ruin, fall; **à — de vue** out of sight, as far as the eye can see
pesant, –e heavy
pesanteur f. heaviness, weight, gravity (in physics)
peser to weigh, to consider
petit, –e small; **—-fils** grandson
pétrir to knead, to mould, to form
peu little; **— de** few of; **un —** a little
peuple m. nation, multitude, lower classes
peuplé, –e populated
peur f. fear, terror; **avoir — de** to be afraid of
peut-être perhaps

pharmacien m. pharmacist, druggist
pièce f. room, play
pied m. foot
pierre f. stone
piété f. devotion, piety
pieux, pieuse pious, religious
pincettes f.pl. tongs, pincers
piquet m. stake
piscine f. swimming pool
placard m. cupboard, closet, poster
place f. (public) square, seat, place, room
plaie f. wound, scar
se plaindre de to complain about
plaire to please, to be pleasing
plaisanterie f. joke, jest
plaisir m. pleasure
planche f. board, plate
plat, –e flat, level, insipid, low
platane m. plane tree
plateau m. tray, flat part, plateau
plâtre m. plaster
plein, –e full
plénitude f. fullness, plenitude
pleurer to cry
pleurs m.pl. tears
pleuvoir to rain
pli m. wrinkle, pleat
plisser to fold, to crumple, to pleat
pluie f. rain, shower
plume f. feather, pen
plupart f. **la —** the greatest part; **la — du temps** usually
plus adv. more; **le —** the most; **— de . . . (que)** more . . . (than); **ne . . . —** no more, no longer
plusieurs several
plutôt rather, instead
pluvieux, pluvieuse rainy
poche f. pocket, bag
pochette f. small pocket, fancy handkerchief
poêle m. stove
poids m. weight, burden
poignant, –e sharp, heart-gripping, thrilling
poignée f. handful, handle; **— de main** handshake
poignet m. wrist
poil m. hair (animal)
poindre to dawn, to break, to come up
poing m. fist
point m. point, place, stitch; **ne —** no, not at all
poire f. pear
poirier m. pear tree
pois m. pea
poisson m. fish
poivre m. pepper
poli, –e polite
poliment politely
pomme f. apple; **—s frites** French fries
pommette f. cheek bone
pommier m. apple tree
pompier m. fireman
poncif m. conventionalism
pont m. bridge
porc m. pig, pork
porcelaine f. china(ware)
porte f. door
portée f. reach, range; **se mettre à la — de quelqu'un** to come down to someone's level
portefeuille m. portfolio, wallet
portière f. car door
poser to put, to lay down (something)
posséder to own
pot m. pot, jug, jar
potage m. soup
pouce m. thumb
poule f. chicken
poumon m. lung
poupée f. doll
poupon m. baby
pour for, in order to, to; **— que** in order that; **— peu que** if only, if ever, however little; **— de bon, —de vrai** in earnest
pourquoi why
poursuivre to pursue
pousse f. shoot, sprout
pousser to push, to grow
pouvoir m. ability, control, power
pouvoir to be able (can); **il se peut** it is possible
précaution f. caution, prudence
précautionneux, précautionneuse cautious
préjugé m. prejudice, preconceived idea
premier, première first
prendre to take; **— un repas** to take a meal
près (de) near (to)
presque almost
pressentir to have a presentiment or a foreboding

se presser to make haste; **être pressé** to be in a hurry
prétendre to claim
prétention f. pretension, claim, demand, expectation
prêter to lend
prévoir to foresee, to forecast, to provide for
prier to pray, to ask for
prière f. prayer
printemps m. spring
procès m. process, trial
prochain, –e adj. next, following; n.m. neighbor
proche near
professer to profess, to practice, to teach
professeur m. teacher, professor
profil m. profile, side face
profiter to derive profit, to take advantage
proie f. prey, booty
se promener to walk, to take a walk
promesse f. promise
promettre to promise
propos m. purpose, talk; **à —** by the way; **à quel —?** what about?
propriétaire m. owner; **co-propriétaire** co-owner
puis then
puissant, –e powerful
purpurin, –e approaching crimson, purplish

quand when; **— même** anyway
quant à as for
quarante forty
quatorze fourteen
quatre four
quatrième fourth
que rel. pron. whom, which, that; inter, pron. what; conj. that, than; **ne . . . —** only
quel, quelle adj. what, which
quelque, quelques some, a few
quelque chose something; **avoir —** to have something wrong
quelquefois sometimes
quelques-uns, quelques-unes some, a few
quelqu'un somebody, someone
qui who, whom, which
quiconque whoever, whosoever
quinze fifteen
quitter to leave
quoi what
quoique although
quotidien, quotidienne daily

rabattre to beat down, to lower, to reduce
racine f. root
raconter to tell, to relate
radeau m. raft
raide stiff, rigid, steep; **tomber — mort** to fall dead as with a stroke
raideur f. stiffness, rigidity
radieux, radieuse beaming, radiant
raison f. reason; **avoir —** to be right
raisonnable sensible
ralentir to slow down, to slacken
ralentissement m. slackening
ramoner to sweep, to clean out
ramoneur m. chimney sweep
rampe f. banister, footlights (theater)
rancune f. spite, grudge, bitterness
ranger to put in order; **se —** to side with, to place oneself
se rappeler to remember, to recall
rapport m. relation, relationship
raser to shave
rassembler to gather together, to collect
ravage m. havoc, ravage
ravissant, –e ravishing, delightful
rayon m. beam, shelf
receler to conceal, to hide
recevoir to receive
récit m. story, narrative
réciter to say, to recite
réclamation f. claim, complaint
réclamer to reclaim, to require, to protest
recoin m. nook, recess
reconduire to see home, to show out
reconnaissance f. gratitude
reconnaître to recognize, to admit (a mistake)
recueillir to collect, to gather; **se —** to concentrate one's thoughts
redouter to dread, to fear
se redresser to straighten (oneself)
réel, réelle real
réfectoire m. dining room, dining hall
refermer to reclose, to shut, close up again
réfléchir to think, to reflect

réflexion f. reflection, thought, consideration
regard m. look, glance
regarder to look at, to behold, to consider, to concern
régime m. diet, government
règle f. rule, ruler, measuring stick
rejoindre to rejoin, to overtake
relier to bind (books), to connect
religieuse n.f. nun
religieux, religieuse, adj. religious
reliure f. cover, binding of a book
remémorer to remind, to remember, to call something to mind
remercier to thank
remettre to put back, to postpone **se —** to recover, to start again
remords m. remorse
remplacer to replace, to supersede
remplir to fill
remuer to move, to stir, to shake (one's head)
renard m. fox
rendre to give back; **se —** to go, to give up; **se — compte de** to realize
renflement m. swelling
renifler to sniff
renseignement m. information
renseigner to inform; **se —** to make inquiries
rentrer to come back (in), to return (home)
renverser to spill, to knock down; **se —** to fall over
renvoyer to send back, to dismiss
repas m. meal
repère m. **point de —** reference, guide mark
répéter to repeat
répondre to answer
réponse f. answer, reply
repos m. rest
se reposer to rest
repousser to reject, to spurn, to repel
reprendre le dessus to regain the upper hand
réprimander to reprove
répugnance f. aversion, dislike, reluctance
répugner to revolt at, to feel reluctant to do something
réputé, –e well-known
respirer to breathe
se ressembler to look alike, to resemble
ressusciter to revive, to come to life again
reste m. rest, remainder; **—s** remains
rester to remain, to stay
restreindre to restrict, to limit
résultat m. result
résulter to result
résumé m. summary
retard m. delay; **en —** late
retenir to hold, to keep back, to restrain, to reserve (a room)
retirer to draw away, back
retour m. return, coming back
retourner to return, to go (come) back
retrouver to find again, to meet; **se —** to meet each other
réunion f. meeting
réunir to gather, to assemble; **se —** to meet
réussir to succeed
réussite f. success
rêve m. dream
se réveiller to wake up
revenir to come back
rêver to dream
revers m. lapel, reverse side, misfortune
revoir to see again; **au —** good-by
rhume m. cold; **attraper un —** to catch cold
ribambelle f. swarm, whole lot
rien nothing
rigoureusement strictly, rigorously
rigoureux, rigoureuse rigorous, strict
rire m. laughter; **un — moqueur** a sneer
rire to laugh, to joke
rivage m. bank, shore
rive f. bank
rivière f. river, stream
rôder to prowl, to ramble
roi m. king
roman m. novel
romancier, romancière n. novelist
rompre to break, to snap
rompu, –e broken; **à bâtons —s** by fits and starts
rond, –e round
rosbif m. roast beef
rose n.f. rose; adj. pink
rôti m. roast (meat)
rôtir to roast
rouge red
rougeâtre reddish
rougir to redden, to blush
rouler to roll, to drive, to travel
rousseur f. redness; **tache de —** freckle
routine f. sheer habit, practice

rude rough
rudement roughly, harshly, very, awfully
rue f. street
rugueux, rugueuse rough, gnarled
ruse f. trick, craft; **user de — s** to practice deceit
russe adj. m. and f. Russian; **Russe** n. (a) Russian
Russie f. Russia
rustique rustic, rural, artless
rustre n.m. boor; adj. boorish, rude, countrified
rutiler to glow, to gleam red

sable m. sand
sain, –e healthy; **— et sauf** safe and sound
salir to get dirty, to stain
salle f. room, hall
salubre healthy, wholesome
saluer to greet, to salute
salut hi! (in salutation)
samedi m. Saturday
sanglot m. sob
sans without; **— doute** probably; **— que** conj. without; **— cesse** without cease, increasingly
santé f. health
sapin m. fir tree, pine
Sardaigne f. Sardinia
sarrau m. smock, frock, overalls
saupoudrer to sprinkle, to powder
savoir to know, to know how; **c'est à —** it remains to be seen; **ne plus — où donner de la tête** to be overwhelmed
savourer to enjoy
saynète f. playlet, sketch
sciure f. sawdust
scruter to investigate, to scrutinize
sec, sèche dry
secouer to shake off
séduire to seduce, to delude
Seigneur m. the Lord, God; **seigneur** nobleman
sel m. salt
selon according to; **— moi** in my opinion
semaine f. week
semblable (à) similar (to)
sembler to seem
semer to sow
semi semi, half
sensible sensitive
sentiment m. feeling
seoir to suit, to become
sept seven
septembre m. September
serpent m. snake
serré, –e tight, thick, close, dense
serrer to press, to tighten, to keep close to; **— la main** to shake hands
servante f. maid
serviette f. napkin, towel, briefcase
servir to serve, to be of use
seuil m. doorstep
seulement only
sévère strict, hard
siècle m. century
sien (le), sienne (la), siens, siennes (les) his, hers, his own, her own
singer to imitate, to ape
singulier, singulière singular, peculiar, odd
sinon if not, otherwise
soie f. silk
soif f. thirst; **avoir —** to be thirsty, to be eager
soigner to take care of, to attend, to nurse
soigneusement carefully
soin m. care, attention; **manque de —** carelessness
soir m. evening; **demain —** tomorrow evening; **hier —** last night
soit agreed; **soit. . . soit. . .** either. . . or
soixante sixty
sol m. earth, soil, ground, floor
soldat m. soldier
soleil m. sunshine, sun
solennité f. solemnity
solitaire alone, lonely
solitude f. loneliness
somme f. amount, sum, total, nap; **en —** in short; **— toute** upon the whole, when all is said and done
sommeil m. sleep, drowsiness; **avoir —** to be sleepy
sommet m. summit, top
son m. sound
son (f. sa; pl. **ses**) his, her, its
songer à to think of, about

songeur, songeuse dreamy, pensive, thoughtful; **d'un air —** musingly
sort m. fate, lot, destiny
sorte f. kind; **en quelque —** as it were; **de — que** so that
sortilège m. spell, charm
sortir to go (come) out, to leave
sot, sotte n. fool; adj. foolish, stupid
sottise f. silliness, silly thing, folly
sou m. cent, penny
souci m. worry, care
soucieux, soucieuse anxious, thoughtful
souffle m. breath, puff (of wind)
souffrir to suffer, to bear
souhaiter to wish
souiller to stain, to soil
soulager to relieve
soulier m. shoe
souligner to underline
se soumettre (à) to submit (to)
soumis, –e subjected
soupçon m. suspicion, distrust
soupir m. sigh
soupirer to sigh
sourcil m. eyebrow; **froncer les —** to frown
sourd, –e n. deaf man, deaf woman; adj. deaf
sourire m. smile
sourire to smile
sous under
soustraire to take away, to subtract; **se — à** to avoid, to escape
soutien m. help, support
souvenir m. souvenir, memory
se souvenir de to be reminded of, to remember
souvent often
spectacle m. sight, spectacle
splendide wonderful
stylo(graphe) m. fountain pen
subir to undergo, to endure
subit, –e sudden, unexpected
subsister to live, to remain
subvenir à to provide for, to supply
successeur m. successor
sucre m. sugar
sud south
sueur f. perspiration
suffire to be sufficient, enough
suggérer to suggest
Suisse f. Switzerland
suisse adj. Swiss; **Suisse** (f. **Suissesse**) n. (a) Swiss
suite f. sequel, series, sequence; **de —** immediately
suivant, –e adj. following, next; prep. according to
suivre to follow, to attend (class), to result; **à —** to be continued; **à faire —** to be forwarded
supprimer to suppress, to do away with
sur on, upon, over, about
sûr, –e sure, certain, safe; **à coup —** for sure
surnom m. nickname
surprendre to surprise
surtout above all, chiefly, overall
survivre to survive
susciter to raise up, to excite
sympathique likeable

ta your
tabac m. tobacco
tableau m. blackboard, painting
tablier m. apron
tabouret m. stool
tache f. spot, stain
tâche f. task, job
tacher to spot, to soil
tâcher (de) to try, to endeavor
tacheter to speckle, to mottle
tacite understood, implied
taie f. pillowcase
taille f. size, waist
tailler to cut (out), to carve, to sharpen (a pencil)
se taire to be silent, to be quiet
talon m. heel
talus m. slope
tambour m. drum, drummer; **— de ville** town crier
tandis que while, whereas
tant so much, so many; **— mieux** so much the better; **— pis** so much the worse, too bad
tante f. aunt
tantôt presently, just now
taper to slap, to strike, to stamp (a foot)
se tapir to cower, to squat, to crouch
tapis m. carpet

taquiner to tease, to torment
taquinerie f. teasing
tard late; **tôt ou —** sooner or later
tarder to delay, to loiter, to be long
tarif m. rate
tartine f. bread and butter, slice of bread, bread with jam
tas m. pile, heap, lot
tasse f. cup
tasser to heap up
tâtonner to fumble, to grope
taudis m. hovel
taureau m. bull
te you, yourself
teint m. complexion, hue
teinte f. tint, color
tel, telle such, like, so
tellement so, so much; **— que** so that
temps m. time, weather; **en même —** at the same time; **de — en —** sometimes, from time to time
tendre to stretch, to reach, to hold out, to lead
ténèbres f.pl. darkness, gloom
ténébreux, ténébreuse gloomy, dark
tenir to hold, to keep; **— à** to prize, to value, to be eager to; **— de** to take after; **se —** to cling to, to believe; **s'en — à** to abide by, to confine oneself to something
tentation f. temptation
tentative f. attempt
tenter to attempt, to try, to tempt
terminer to end, to finish
se ternir to tarnish, to fade
terre f. earth, land, ground
se terrer to burrow
terrier m. hole, burrow
terrifier to frighten
terroir m. soil
tes your
tête f. head; **en —** in front; **tenir — à** to face
têtu, –e stubborn
thé m. tea
théière f. teapot
tic m. habit, mannerism
tiède lukewarm
tien (le), tienne (la), tiens, tiennes (les) yours, your own
tiens! well! oh dear! oh!
tiers adj. third
tige f. stalk
timbre m. stamp, timbre (of voice, instrument)
timbré, –e sonorous, crazy
tirelire f. moneybox
tirer to pull, to shoot, to draw (apart); **se —** to get out; **s'en —** to manage
tisane f. infusion (of herbs); **— de camomille** camomile tea
tisser to weave
tissu m. cloth, material
toi you
toilette f. dress, attire
toit m. roof
tomber to fall
ton (f. **ta,** pl. **tes**) your
ton m. tone, voice
tonnerre m. thunder
tort n.m. wrong; **avoir —** to be wrong; **à —** wrongly
tôt early; **le plus — possible** as soon as possible
toujours always
tour f. tower
tour m. turn
tourbière f. peat moss
tourmenter to torment, to torture, to trouble, to worry
tousser to cough
tout adv. very, quite; **— de suite** right away; **— à coup** suddenly; **— à fait** completely; **— à l'heure** a little while ago, in a while
toux f. cough
tracer to draw, to delineate
traîner to linger, to loiter; **se —** to drag oneself along
traitement m. treatment, salary
trajet m. distance, way
trame f. course, plot
tram(way) m. streetcar
transi, –e benumbed, chilled
traversée f. crossing, passage
traverser to cross
traversin m. bolster (of a bed)
treillis m. trellis, lattice, grid
tremper to soak
trente thirty
très very

tricoter to knit
triomphe m. triumph
troisième third
se tromper to be mistaken
trop too, too much, too many
trottoir m. sidewalk
troubler to upset, to disturb
troupe f. troop, forces
tu you
tub m. tub, (sponge) bath
tuer to kill
tuile f. tile
tumulte m. uproar, confusion
turc, turque adj. Turkish; **Turc** n. (a) Turk
Turquie f. Turkey

un, une one, a
uni, –e united
utile useful, helpful
utiliser to use, to utilize
utilité f. usefulness, utility

vacances f. pl. vacation
vaciller to flicker, to waver
vague n.f. wave; adj. vague, uncertain
vain, –e vain, fruitless, frivolous
vaincre to conquer, to overcome, to defeat
vainement in vain
vaisseau m. vessel, ship
vaisselle f. plates and dishes; **faire la —** to do the dishes
valable valid, good
valeur f. value, worth, price
valise f. suitcase, bag
vallon m. vale
valoir to be worth; **— mieux** to be better
vanter to praise; **se —** to boast, to brag
vaste wide, great
veau m. calf, veal
veille f. sleeplessness, watching, eve, preceding day; **la — au soir** the night before
veillée f. evening
veiller to watch, to sit up (all night), to watch by, to look after
veilleur m. watcher; **— de nuit** night watchman
veilleuse f. night lamp, watchlight
velours m. velvet
velu, –e hairy, shaggy
vendredi m. Friday
venir to come, to arrive; **— de** to have just; **faire —** to send for; **— à bout de** to master
vent m. wind, breeze
vente f. sale, selling; **en —** for sale
ventre m. stomach, abdomen
venue f. coming, arrival
ver m. worm
véritable genuine, true
vérité f. truth; **en —** truly
vernir to varnish, to japan, to polish **cuir verni** patent leather
vernis m. varnish, polish, glaze
verre m. glass
vers m. verse, line (of poetry)
vers prep. toward, about
vert green
veste f. coat, jacket
veston m. jacket
vêtement m. clothes
vêtir to dress
vêtu dressed
viande f. meat
vide empty
vie f. life, lifetime; **en —** alive; **à —** for life; **— au grand air** outdoor life
vieillard m. old man
vieille f. old woman
vieillesse f. old age
vieillir to grow old, to make old
vierge virginal, maiden; **forêt —** virgin forest
vieux, vieil adj.m. old, aged; **vieux** n.m. old person
vif, vive adj. live, alive, living
vigne f. vine, vineyard
vignoble m. vineyard
ville f. town, city; **en —** downtown
vin m. wine
vinaigre m. vinegar
vinaigrette f. oil and vinegar dressing
vingt twenty
vingtaine about twenty
violet, violette adj. purple
violette n.f. violet
vis f. screw
visage m. face, countenance, aspect

vis-à-vis adv. opposite; prep. toward
visser to screw
vite adj. quick, swift, speedy; adv. quickly, swiftly
vitre m. windowpane
vitré, –e glazed, glassy
vivacité f. liveliness, ardor
vivre to live
voici here is, here are
voie f. way, route, track
voilà there is, there are
voile f. sail
voir to see
voisin, –e neighbor
voiture f. car, carriage
voix f. voice; **à haute —** aloud
volcan m. volcano
voler to fly, to steal
volonté f. will, willpower
volontiers gladly, surely
vomir to vomit
vomissement m. vomiting
votre (pl. **vos**) your
vôtre (le, la), vôtres (les) yours, your own
se vouer to devote oneself
vouloir m. will; **bon —, mauvais —** good will, ill will
vouloir to wish, to want; **— bien** to be willing; **— dire** to mean
voulu, –e required, deliberate, intentional
vous you
voyage m. trip, voyage; **faire un —** to take a trip
voyager to travel
vrai, –e true, real
vraiment really, truly, indeed
vue f. sight, view
vulgaire common, everyday, vulgar

y there, in it, on it, to it
yeux m.pl. eyes (s. **œil**)

INDEX

(Page numbers refer to first page of each section in which entry appears whether or not the entry is the main subject of that Structure section.)

PHONETIC SYMBOLS

/i/	Paris
/e/	côté, les, parler, parlez, j'ai
/ɛ/	il achète, même, seize, belle, sept, chaise
/ɑ/	pas, âge
/a/	la
/u/	vous
/o/	nos, rose, gauche, côté, beau
/ɔ/	police, restaurant, Paul
/y/	Suzanne
/ø/	deux, délicieuse
/œ/	neuf, sœur, il cueille
/ə/	premier, le
/ɑ̃/	vendredi, dimanche
/õ/	bon
/ɛ̃/	vin, pain, bien, faim, sympathique
/œ̃/	un
/j/	bien, jeune fille
/ɥ/	huit
/w/	oui, bonsoir
/p/	Paris
/b/	bon
/t/	temps, théâtre
/d/	deux
/k/	beaucoup, quinze
/g/	garçon, guerre
/f/	France
/v/	je vois
/s/	ses, classe, voici, français, dix
/z/	mademoiselle, zéro, dixième
/ʃ/	chaud
/ʒ/	je, rouge, nous mangeons
/m/	maman, homme
/n/	nous, bonne, automne
/ɲ/	montagne
/r/	Paris
/l/	le, quelle